「十一五」國家重點出版規劃項目

主編 陳智超

陳垣全集

CHEN YUAN QUANJI

第二十三册

書信

附 陳垣簡譜

北京师范大学出版集团
BEIJING NORMAL UNIVERSITY PUBLISHING GROUP
安徽大学出版社

圖書在版編目(CIP)數據

陳垣全集.第23册,書信/陳垣著.—合肥:安徽大學出版社,2009.8(2021.3重印)

ISBN 978-7-81110-388-5

Ⅰ.①陳… Ⅱ.①陳… Ⅲ.①陳垣(1880～1971)—全集 ②陳垣(1880～1971)—書信集 Ⅳ.①C52 ②K825.81

中國版本圖書館CIP數據核字(2009)第155358號

陳垣全集 第二十三册

書 信

陳 垣 著 陳智超 主編

安徽大學出版社出版發行

(合肥市肥西路3號 郵編230039 電話0551-65107716

網址 www.ahupress.com.cn)

合肥遠東印務有限責任公司印製

責任總編輯 楊應芹 彭君華

本册編輯 朱麗琴 封面設計 孟獻輝

開本 880×1230 1/32 印張 30 字數 584千

2009年12月第1版 2021年3月第3次印刷

ISBN 978-7-81110-388-5

定價 2480.00圓(全二十三册)

1937 年與胡適合影

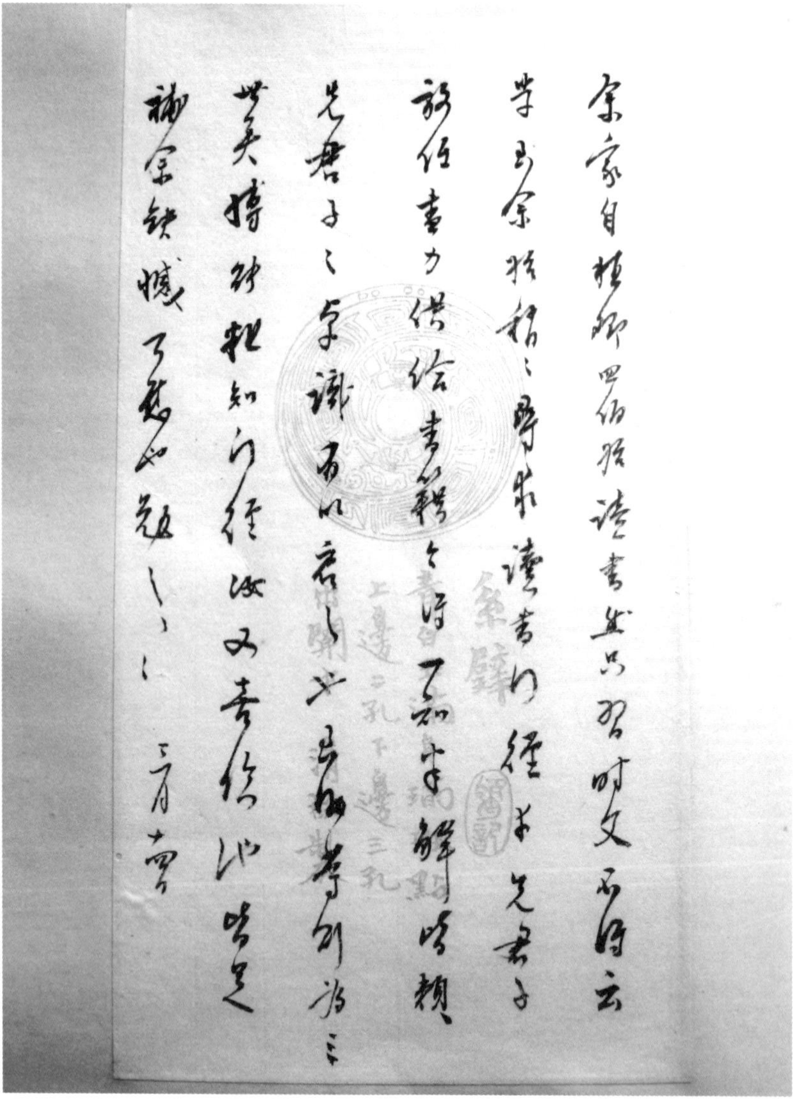

1937年3月家書

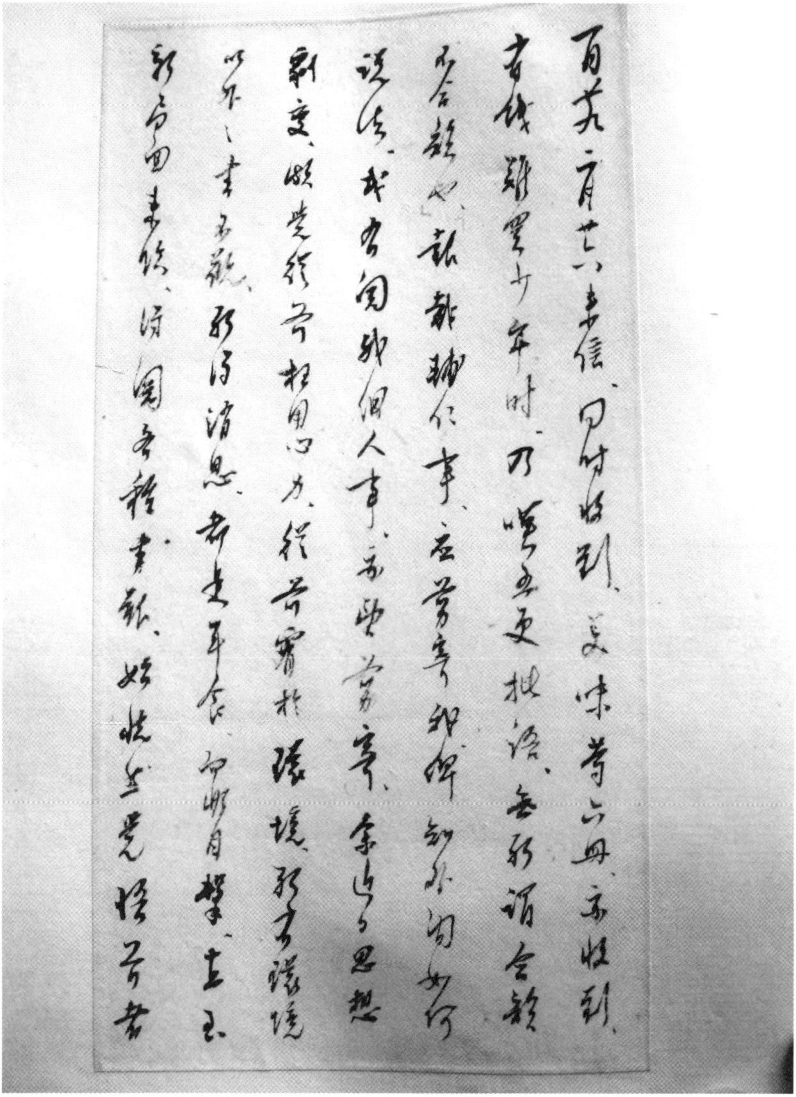

1949年3月家書(上)

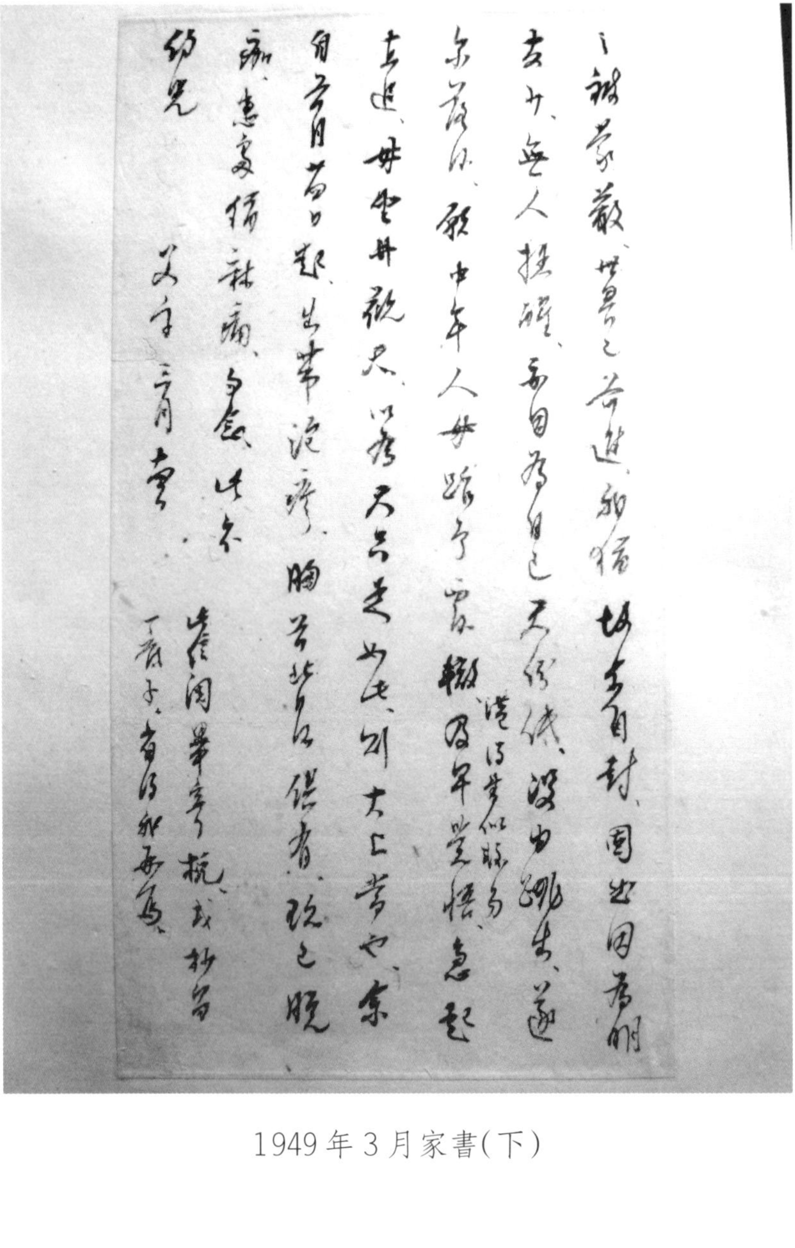

1949年3月家書(下)

目次

書信……一
通電……三
梁士詒……四
英華……六
慕元甫……九
王若璧……一一
黃元蔚……一三
張伯楨……一五
沈兼士……一九
葉恭綽……二二
廖世功……三三
胡適……三五

繆鳳林……六七
王國維……六九
周肇祥……七〇
章士釗……七一
樊守執……七三
故宫博物院致國務院函……七五
故宫博物院同人公啓……七八
容　庚……七九
陳乃乾……八三
方　豪……八五
王重民……一〇二
錢經宇……一〇六
伯希和……一〇七
孟　森……一一二
余嘉錫……一一三

陳寅恪、劉復……一一九
陳寅恪……一二一
臺靜農……一二三
傅斯年……一二八
蔡元培、楊杏佛……一三五
新會旅京同鄉……一三六
北平圖書館……一三七
柳詒徵……一三八
尹炎武……一四〇
福開森……一六二
新會縣修志委員會……一六四
王桐齡……一六九
蔡尚思……一七三
孫楷第、王重民……一七七
王世杰……一七九
黄子獻……一八〇

汪宗衍……一八二
姚從吾……二六四
陳少白……二六五
黄霄九……二六六
張元濟……二六八
王蘧……二七〇
劉節……二七一
啓功……二七二
謝樹英……二七九
陳述……二八〇
柴德賡……二八三
傅增湘……二九九
單士元……三〇八
方國瑜……三一一
厲鼎煃……三一三

顧廷龍……三一六
張長弓……三二〇
朱啓鈐……三二五
楊樹達……三二八
朱傑勤……三三〇
徐宗澤……三三一
中央研究院祕書處……三三二
史樹青……三三三
北平郵政管理局……三三四
鄭天挺……三三五
香港友人……三三六
席啓駉……三三七
輔仁大學工會……三三九
芮歌尼……三四〇
天津中學教師……三四五

馬叙倫……三四六
包賚……三四七
葛砥石……三五八
胡炳賀……三五九
人民教育出版社……三六一
白壽彝……三六三
冼玉清……三六五
陳伯君……三七五
朱師轍……三七七
政協全國委員會學委會……三八一
謝忠樑……三八四
北京市人民政府……三八六
侯外廬、向達……三八七
侯外廬……三八八
侯外廬、熊德基……三八八

北京市人民代表會議祕書處……三八九
董樸垞……三九〇
李青萍……三九一
佚名（一）……三九二
廣東省人民政府……三九四
文學古籍出版社……三九五
周紹良……三九六
北京師範大學海鷗鍛煉隊……三九八
郭沫若……三九九
歐陽錦棠……四〇一
北京市道路工程局……四〇三
政協北京市委員會祕書處……四〇四
趙儷生……四〇五
全國人民代表大會常委會辦公廳……四〇七
科學出版社……四〇九

余惠剛……四一二
唐長孺……四一四
范文瀾、吴晗……四一五
廣揚雜誌編輯部……四一六
傅種孫……四一七
齊燕銘……四一八
李鏡池……四二〇
孫殿起……四二一
孫祚民……四二二
謝國楨……四二三
徐中舒……四二四
廣東省中山圖書館……四二五
中共中央高級黨校……四二七
佚名(二一)……四二八
袁洪銘……四二九

歷史研究編輯部……四三九
中國科學院編譯出版委員會……四四〇
張慶雲……四四二
鄭明勤……四四三
謝仲墨……四四四
辛樹幟……四四六
潘拙庵……四四八
何錫麟……四四九
北師大教育系四年級同學……四五一
北師大數學系四(一)班同學……四五三
北師大化學系三年級同學……四五五
北師大歷史系二(三)班同學……四五六
北師大越南留學生……四五七
新會修志會……四五八
北師大患病同學……四六〇

南京市文物保管委員會……四六一
岑仲勉……四六二
金燦然……四六三
中華書局上海編輯所……四六五
中華書局……四六六
李濟賢……四六九
丁浩川……四七〇
朱子勉……四七一
外文出版社……四七二
歷史博物館……四七三
葛一之……四七五
陳明柱……四七六
鄭逸梅……四七七
楊殿珣……四七八
汪祖澤……四七九

王啓初……四八〇
曹聚仁……四八二
荷蘭學者……四八四
王芸生……四八六
廣州美術館……四八七
上海中醫學院醫史博物館……四八八
盧弼……四八九
鄧拓……四九〇
人民日報……四九一
高季平……四九四
蒙文通……四九五
中華書局辭海編輯所……四九六
楊志玖……四九七
趙紫宸……四九八
陳彬和……四九九

周叔迦……五〇〇
陰法魯……五〇二
華南農學院……五〇三
聶崇岐……五〇四
人民出版社……五〇五
任金柱……五〇七
趙世暹……五〇八
余　遜……五〇九
近代史研究所南京史料整理處……五一〇
陳奇猷……五一一
楊廷福……五一二
蔡　迪……五一七
向　達……五一八
張舜徽……五一九
陳叔通……五二一

余鎬堂……五二三
張執一……五二四
謝公惠……五二五
張立民……五二六
李小文……五二七
佚名(三)……五二八
陳　凡……五二九
張　懷……五三一
黃鴻光……五三二
劉乃和……五三三
新會縣政協……五三五
常任俠……五三六
康　生……五三七
蔣天格……五三八
歐陽祖經……五四一

張旭光……五四三
佚名(四)……五五〇
曹仕邦……五五一
中國佛教協會……五五二
劉鈞仁……五五三
林　鈞……五五四
黎錦熙……五五五
安若定……五五六
朱　謙……五五七
檔案工作編輯委員會……五五九
黎照寰……五六〇
陳夢家……五六一
張雅琴……五六二
朱永邦……五六三
天津市藝術博物館……五六五
黨支部……五六六

陳約（自此以下爲家書）……五六七
陳樂素……七八二
羅永昌……八八九
陳雪晶……八九九
陳善……九〇一
陳維鑣……九一〇
族人……九一一
陳珞卿……九一三
施如英……九一八
陳振傑……九一九
陳致易……九二〇
陳珍漢……九二一
陳秀嬋……九二五
陳智仁……九二六
劉慧如……九二七

附

陳垣簡譜……九二九

陳垣全集之三十七

書信

安徽大學出版社

通電

（一）一九一三年五月

各省都督、民政長、議會鑒並轉各報館：

國會成立，友邦承認，薄海内外，嚮治喁喁，正宜羣策羣力，共奠國基。豈意權利消長之間，遂啓私人競爭之漸。或者故作謠言，或則張皇武力，將不惜以大衆艱難締造之民國，博個人互鬭之孤注。垣、瑞霖、霄九，目不忍見生靈無辜，重罹兵燹。竊思共和以來，五族人民，尚無意見，何有南北。今地方中央，互生惡感，大抵皆少數激烈之言論，與利禄孜孜所造成，並非出南北人民之公意。用敢敬告，大家深念國家淪亡之痛，毋爲一般奸雄所用。尤望各都督、各政黨、各報館顧全大局，同任維持。此後政爭悉循法軌，持論一趨大公，毋復挑撥，致生厲階。須知甘爲戎首，即是罪魁，目視手指，勿謂四萬萬同胞盡可欺也。衆議院新會議員陳垣、譚瑞霖、黄霄九叩。虞。

〔載民國二年五月二十日﹏廣東新會醒報﹏〕

梁士詒〔一〕

（一）約一九一七年一月二十二日

燕老有道：

譽丈〔二〕北旋，具述我公近狀，至慰。竊以爲今中國重心，内則在河間〔三〕，外則在日本。夙聆尊論，於此兩方面均有不滿之意，故私心甚願我公於此兩點心理有所轉移也。聞譽丈言，則我公論調固已大異疇昔，此真令人嘆服而竊慰者矣！國民黨首領地醜德齊，莫能相尚，雖欲虚與委蛇，不知向誰下手也。國人眼光，均以我公爲財神，是可注意。憶曾與公言，謂此所謂財神，能運用財而已，非富於財者也。而國人不察，羣以爲財神者，即富於資財之謂。今之有欲利用公者，多存此觀感也，幸留意焉。敬候起居，不一一。垣謹肅。

一月廿二日。

〔據影印件〕

〔一〕梁士詒（一八六九—一九三三）：字翼夫，號燕孫，廣東三水人。北洋政府舊交通系首領。辛亥革命後曾任總統府祕書長、交通銀行總理、財政部次長（代理部務）、稅務處督辦、安福國會參議院議長、國務總理等。一九三三年在上海病死。

〔二〕譽丈：葉恭綽。

〔三〕河間：馮國璋。

英　華〔一〕

（一）一九一七年五月八日

頃言翻刻舊籍事，與其倩人繕鈔，毋寧徑將要籍借出影印。假定接續天學初函理編爲天學二函、三函……分期出版，此事想非難辦。細思一過，總勝於鈔，鈔而又校，校而付排印，又須再校，未免太費力。故擬仿涵芬樓新出四部叢刊格式，先將超性學要（廿一册）付影印，即名爲天學二函，並選其他佳作爲三函，有餘力並覆影初函。如此所費不多，事輕而易舉，無繕校之勞，有流通之效，宜若可爲也。乞函商相老〔二〕從速圖之。此事倘行之於數年前，今已蔚爲大觀矣。晨起書此，不勝企盼，即請斂公早安。垣謹白。

五月八晨。

（上智編譯館館刊三卷一期）

〔一〕英華（一八六六—一九二六）：愛國天主教人士。字斂之，號安蹇，又號萬松野人，北京人，滿族。創辦大公報，並與馬良（相伯）共同創辦輔仁大學。援庵在一九一九年四月所作萬松野人言善録跋中說：「余之識萬松野人，因言善録也。丁巳（一九一七年）春，居京師，發願著中國基督教史，於是搜求明季基督教遺籍益亟，更擬仿朱彝尊經義考、謝啓昆小學考之例，爲乾隆基督教録，以補四庫總目之闕，未有當也。已而得言善録，知野人藏此類書衆，狂喜，貽書野人，盡假而讀之，野人弗吝也。余極感野人，野人亦喜有人能讀其所藏，並盼他日匯刻諸書，以編纂校讎之任相屬，此余訂交野人之始也。」

〔二〕相老：馬良（相伯）。

（二）一九一七年十一月八日〔一〕

別後廿四日到上海，訪朱、馬兩先生〔二〕，起居均適，可以告慰。在徐匯藏書樓閱書四日，頗有所獲。明末清初名著，存者不少，恨無暇晷遍讀之也。廿九晚離上海，現在奈良遊覽，尚未能到東京。知念謹先聞，並候元甫〔三〕先生均好。

北京天氣比此間冷，幸珍衛，夫人均此致候，不一，不一。

〔上智編譯館館刊三卷一期〕

〔一〕此函發自日本奈良。
〔二〕朱、馬兩先生：朱志堯與馬良。
〔三〕元甫：慕元甫。

慕元甫[一]

（一）一九一七年十二月八日

元甫先生有道：

揖别後，不覺又已兩月。天寒，想起居佳勝。過滬時，曾晤馬老先生數次，精神矍鑠如恒，可以告慰。到東後，曾上斂之先生一片，未識得邀青盼否？近接黄鈞選先生書，知曾往還，至慰，至慰！黄公盛稱我公道德學問，嘆爲十丈軟紅塵中，絶所罕見，快慰無已。垣此行目的已達大半，心所欲得之貞元釋教目録，已在西京得之，此書言景教與佛教關係有確證，惜中國無傳本，唯日本與高麗有之。破邪集爲明季攻擊天主教之書，在中國久成禁本，其中頗多關於教爭歷史，爲考古者所萬不可缺之書，不得以其狂吠而棄之也。日本有翻印本，然亦在禁書之列，垣在東西京遍尋不獲，今在大阪得之，亦奇遇也。拙著也里可温，此間學者，頗表歡迎，將引起此邦學界之注意，他日所得，當不止此。唯宋元鎮江志彙刻，此書日本尚未有傳本，當仍在國内求之。趙孟頫、潘昂霄毁教兩碑，已在至順鎮江志第十卷發見。般若院本僧寺，不知其何以歸入道觀類？其他資料，尚有爲拙著所未引者，三版時當一一增入。至順鎮江志，誠考也里可温者之寶藏，無論如何難覓，不可不備一部也，足下有志乎？垣臘盡當歸國，聞徐匯張司鐸〔二〕説，教中同志有刊公教叢書之議，未知能成事實否？望公與斂公有以促成之。徐匯藏教中名人舊著不少，正不止一寰有詮已也。惜垣無暇，不能在滬寢饋數月，至爲憾事！垣欲仿開元釋教目録之例，爲乾隆基督教目録，網羅乾隆以前教中名著叙跋，而著録論列之，此志未知何日償也。斂之先生常晤面否？見時乞爲道及，不另，專此並候著安。斂之先生均此。陳垣拜啓。十二月八日，時客東京。

〔抄件〕

〔一〕慕元甫：當時在中國大學教英文。

〔二〕張司鐸：名璜，字漁珊，徐匯藏書樓主任。

王若璧〔一〕

（一）一九一九年十月二十五日

迭奉手書，未嘗裁答，非嬾也，以無甚可告，又復不能作虛語，故屢欲執筆而復閣置也。兄到吉月餘，未有着落，誠爲焦灼。前函未照寄港簽字者，防鮑督〔二〕有函復三水〔三〕，不過三水未轉寄來京，中間又催三水作函，似不甚妥耳。兄冒險出關，壯志可佩。然究屬無把握，故去時弟尚爲兄躊躇也。今竟若此，奈何！秋深關外氣候嚴寒，旅館淒凉，孑身無侣，得無有月落參横而動征人之感者乎？昨晚國民公報又被封矣，筆墨生涯實不堪再執。足下聞此，其又何如？專復，並請

旅安，不一一。

冷齋吾兄大鑒。陳垣上。十月廿五日。

〔原件藏中國社會科學院近代史研究所，下同。〕

〔一〕王若璧（一八九二—一九六〇）：字冷齋，福建閩侯人。一九一六年畢業於保定軍校。參加護國、護法運動。一九二〇年曾協助援庵清點文津閣四庫全書。盧溝橋事變時任宛平縣長。建國後任中央文史館館員。

〔二〕鮑督：鮑貴卿，時爲吉林督軍。

〔三〕三水：梁士詒。

（二）

示悉。是皆二閏先生所爲，與順天報所常載者同一鼻孔出氣，不足校也，明眼人自知之。垣今日在途上得二語，録出請政：「失於此者必得於彼，可以取償。得於此者必失於彼，應當警覺。」二語極有哲理，可以息傲，可以平妬，可以解貪，可以制忿。生命一册請還向園。吾最喜者爲馮將軍傳，真可爲軍人模範也。此請冷兄晚安。垣復。五日。

黄元蔚[一]

（一）

君豪先生執事：

惠書敬悉，經轉呈三水[二]。檢報一節，似不可過用嚴厲手段，因日本勸告事起，吾輩當激勵國人敵愾心。若政府與報界過傷感情，則反令彼生欣幸心，甚則以爲日本此舉爲得當亦未可知也。高明必有見及，贅筆一提，欲就正於有道耳。叔明前兩日始出京，國民會議議員，前曾電知與梓翁接洽，想達尊覽。粤額十名，執事不可不占一席。見獵心喜，恕不負此一行也。中央鑽營者甚烈，可笑。三水雖曾薦數人於粤，未必有效，望執事自留意。因執事行時未嘗及此，特爲勸進。餘不一一，并問起居。垣拜啓。十一月九日。

〔一〕黄元蔚（一八八五—？）：字君豪，廣東南海人。曾赴日本留學。歸國後歷任吉林撫署祕書、財政部僉事等。一九二五年底任財政部次長。

〔二〕三水：梁士詒。

張伯楨〔一〕

（一）一九二〇年三月二十四日

篁溪先生有道：

日間正擬趨候，適接來示，敬聆一是。韶兄信本即轉去，因聞其已赴滬，故擬俟其返津乃寄去何如？四庫事有此計畫，尚未舉辦，係用點石，可省讎校之勞。將來擬招商承辦，聞每部約需七八千元云。張園、生壙兩記均拜讀一過，既令人佩，尤令人羨也。近刊數種敬呈政。中有拙著叙跋，亦足見近來鄙志之所存，恐不足當大雅一盼耳。此頌著安！

弟陳垣謹狀。三月廿四日。

〔一〕張伯楨（一八七七—一九四六）：字任材，又字滄海，别號篁溪，廣東東莞人。三次赴日本留學。回國後長期在司法部任職，直至一九二八年國民政府遷都南京。晚年以著述爲業，有滄海叢書五輯。

（二）一九二〇年六月十七日

箟溪先生惠鑒：

連奉手教，亟欲一遊名園。近因檢查四庫全書事，每日須上午八時往館，下午七時返寓，故此並無暇日爲遊觀之樂，有負雅意，至可惜也。稍暇自當趨晤，但不能確定何日耳。專復，順頌

著安！陳垣敬啓。六月十七日。

（三）

箟溪先生有道：

前星期日造訪，閽者言公病不能見客。正深懸念，繼知公是日有信與梁公，知非病者。頃接來教，知公是日實因祭墓外出也。是否東莞館有兩司法部張先生乎，不然閽者何如是云云也。韶兄最近在滬來信言，一星期後可返津，到時自將尊函轉去。至前屬交梁公信，久已交去，聞渠已復兄矣。謹復，並候

著安！弟陳垣上。四月九日。

（四）

昨日往遊香山，故韶兄午來未遇。日暮返宅，電詢之，知已即夕返津矣。今早已將前月來函加數行寄去。前日及今日來示亦收到，惟前函云贈我南海尺牘真蹟，未收到也。足下何時徙宅，尚望示知，以便通訊。此請篁溪先生晚安！垣頓首。四月十二日。

（五）

篁溪先生著席：

承示敬悉。雜誌等已拜讀一過，甚佩。弟近來人事匆匆，並無著作，檢兄云云，想係舊話耳。大學〔一〕規模不大，不足以辱高明。將來倘事擴充，正思借助一切。天氣漸炎，唯珍衛爲慰。弟陳垣頓首。

〔一〕大學：指輔仁大學。

（六）一九三四年十二月二十四日

滄海先生賜鑒：

承惠書，藉悉起居萬福爲慰。李君尚未北旋。世兄〔一〕事自當盡力，能否如吾等所期之數，未可知也。知念先復，並頌

台祉！弟期陳垣謹上。十二月廿四日。

〔一〕世兄：伯楨子涵鋭（次溪）。

沈兼士（一）

（一）一九二二年

兼士先生道右：

承示譯稿兩篇。吐谷渾一篇，敝處未有研究，不敢置一詞。艾君一篇，敝處所知亦少，謹舉數條如左，以備參考。

著利氏紀事之法人特里高肪於利氏抵京後數年來中國，一六二〇年返歐，著有中國史揭要。當其在華時，曾著有傳教遊歷之書，紀利瑪竇事甚詳。二書皆辣丁文。其人與利氏意見極相左，甚不以利氏舉動爲然。蓋謂利氏多循中國人舊俗（如稱道孔子等），曲學阿世也。

艾田嘗官知縣，見祥符縣志。譯文謂其未嘗爲知縣，應再考。譯稿有疑義處，特用藍筆標識。

注七謂一六二八年李九功出教，應考。李九功係李九標之弟。李九標著口鐸日抄，自崇禎三年（一六三〇）起，至崇禎十三年止，凡八卷，今滬上尚有傳本。此書記艾儒略（意大利國人）講道之言，卷首均有李九功參定題名。一六二八年爲崇禎元年，謂李九功於是年出教，不可信。

注三、注四、注七引明史均作第若干章，章字應改卷字。

又原引明史藁數，當係縮印小字本，與今通行大字本如殿本等皆不合，似應改正。

兹呈上拙著一賜樂業教考及艾儒略著利先生行跡各一册。内有關於艾田事跡，已有紅筆旁識，請察閱。原譯稿並歐文原書二册均繳。拙著摩尼教考已油印，並呈政。此頌撰安。垣謹復。廿六日。

〔原件藏近代史研究所，下同。〕

〔一〕沈兼士（一八八六—一九四七）：浙江吳興人。語言文字學家。早年留學日本。歷任北京大學研究所國學門主任、輔仁大學國文系教授、文學院院長等。臺静農先生在輔仁大學創校點滴一文（載香港大成雜誌第八二期）中說：「兼士先生與援庵先生是好友，兼士先生主持北京大學研究所國學門時，曾聘援庵先生任導師。兼士先生始終任輔大文學院長，援庵先生曾休假一年，即由兼士先生代理。」

（二）一九二二年九月二十七日

頃因事須即日南下，未及告别，至歉。大約一個月即可回京，相見仍不遠也。摩尼教稿遵命送上三分，火祆教稿亦已印就，並呈上。〔二〕乞以此稿發刊，取銷前稿爲幸。藏經六册敬珍復，匆匆不盡，即請

撰安！

兼士先生。弟垣謹上。九月廿七夕。

火祆稿提要未及作，但大旨已盡在目録中，似不必詞費也。又及。

〔二〕指摩尼教入中國考及火祆教入中國考兩文，前者發表於北京大學國學季刊一卷二號，後者發表於一卷一號。

葉恭綽〔一〕

（一）約一九二二、二三年

譽老尊鑒：

昨日北大研究所國學門主任沈兼士先生送來考古學室藏器拓本一單，屬轉呈尊處，並希有所賜教。又明清史料整理會藏明季清初重要文件極夥，能惠臨一覽，尤所歡迎。公暇請先期電示云云。專此謹達，並候起居。垣上。七日。

〔原件藏上海圖書館〕

〔一〕葉恭綽（一八八一——一九六五）：字譽虎，廣東番禺人。民國初年曾任交通總長、鐵道部長。愛國民主人士。

（二）前信後兩月

承詢集寶展覽會，爲同鄉王斧軍所發起。斧軍文昌人，舊國會議員，自號黼室逸客，好蓄古玉，所藏在吳窓齋諸人之上，粵中稱爲古玉大王。約同發起者馬叔平，北大同人，蔡元，清華教授，及張溥泉。皆新近從洛陽、彰德試驗掘地回京者也。又高曙青，觀象臺臺長。會場擬借中央公園，余以爲不如在北大第三院。因北大研究所有小規模之考古學室，可以一併展覽。又北大研究所國學門主任沈兼士兩月前曾函請轉約我公參觀研究所（有明清史料多種，頗有一顧之價值）。當時以尊恙未痊，故未轉達。今欲乘此交卷，苟不以貴人事忙見拒，幸復我。沈函檢呈，此上嚳老座右。陳垣頓首。六月卅日。

〔原件藏上海圖書館〕

（三）一九二五年六月二十二日

承示敬悉，參觀故宮券費一元，寒士輒嘆不能普及。此次藉援照滬案減價外，並陳列書畫，所以廣招徠，亦以示普及也。唯事起急遽，裝置器具，尚未做齊，故是簡率。又書畫本以齋宮所藏爲富，因開封手續繁難，故只將懋勤殿、永和宫二處所藏零件便於取携者提出，未暇嚴加甄别，東山、南樓並得入選，亦此故也。承示云云極感。此後再有陳列，當悉加以罩護，以稱尊屬。至昨日所陳懋勤殿二十軸，原藏該殿厨房南間，倘我公見之，必更感喟。此上譽老道右。垣謹復。六月廿二日。

〔手稿〕

（四）一九二六年冬

譽老尊鑒：

愧非叔向，竟遇祁奚，感紉之情，非可言喻。滿擬此事一了，即走出並道謝忱，奈邏者言去仍未去〔一〕，匆匆又十餘日。恐廑系不已，謹先奉告，習慣亦無所苦，乞勿念也。餘情已托樊君轉致。

年前示我圓仁行記，比知尊處有日本佛教全書，近朝鮮又刊行一朝鮮佛教總書，尊處曾見及否？曾見其目録有慧超往五天竺國傳三卷，知新羅尚有存本，則敦煌殘帙，不足專美於前矣！此傳爲西域史家重要典籍，一旦發見足本，其欣幸爲何如耶！孟冬漸冬，唯起居萬福。

〔手稿〕

〔一〕一九二六年八月，奉系軍閥張作霖準備武力接收故宮博物院，援庵與馬衡等盡力抗爭。張宗昌命憲兵司令逮捕援庵，雖迫於輿論，當日下午釋放，但派兩名憲兵至家中監視，歷時一百餘天。

（五）一九二七年一月一日

譽老座下：

承示明碑，敝處藏有拓本。日前騶從晉京，曾電詢一次，不遇爲悵。兹乘樊君來津賀歲之便，謹以新刊二千歲日曆爲公壽。此書撰之五六年〔一〕，每發明一表格，必病胃數日，如是者三。今雖幸告成，而髮亦漸白矣。倘蒙賜以題詠，尤所欣感。專此，並頌年禧。陳垣謹上。十六年元日。

〔原件藏上海圖書館〕

〔一〕指中西回史日曆。

（六）一九二七年

承示募修萬松塔疏，甚盛甚盛，謹附名繳還。萬松著述今存者從容録、請益録、答通玄百問三種外，據湛然集尚有萬壽語録、釋氏新聞二種。能購求遺帙，匯而刻之至佳。答通玄百問篇帙無多，尚無單行本，倘公能自書嵌於壁，亦一大功德也。萬松塔自明萬曆以來，即有豕肩掛簷、酒甕環砌之誚，迄今三百餘歲，中經兩次修理，此等情況依然如昨，實緣植基太小，近市太甚之故，無可如何也。得訊曾親履其址，照原議，門由大街入，須收用西廣豐一部、橋洪全部，若改由磚塔胡同入，則只收用兩店之後截，西廣豐門面不縮小，橋洪更不用全收，較易爲力。且由磚塔胡同入，名實亦相符。試略圖如左，請酌核萬松著述。遐庵居士座右。垣知聞。

照甲辦法則西廣盛〔一〕油鹽店須收用其門面三之一，橋洪羊肉鋪須收用其全部。

照乙辦法則兩店只收用其後截，西廣盛之門面不用縮小，橋洪店更不用全收，於古跡商情，兩有裨益，而塔由磚塔胡同入，不由缸瓦市入，名實亦相符〔二〕。

〔手稿〕

〔一〕前文稱「西廣豐」，據萬松精舍同人民國十六年六月呈京兆官産處文，應爲西廣豐。

〔二〕信函後援庵畫有一圖。

（七）一九二八年三月十三日

承詢，醫籍考八十卷，多紀元胤撰，元胤號柳沜，爲德川氏醫學世家多紀元簡長子。其書仿朱彝尊經義考體例，條舉中國歷代醫籍撰人卷數，著其存佚，録其序跋，及諸家詳論，加以考訂，精審無比。道光以前中國醫籍搜羅殆遍，爲醫史學一巨著，中國人未之先也。久耳其名，戊申暑假，與曼殊上人同懷兄蘇墨齋，訪書東瀛，得見此書稿本於富士川游博士家，云將付刊，故未借録。今事隔二十年，未知何如。曾見其零星刊本，爲産科一部分。又曾從鄰蘇老人遺書，今存大高殿者，見其傷寒一部分，惜皆不全。柳沜卒於文政六年（一八二三），所著尚有疾雅三十卷，名醫公案五十卷。又有體雅、藥雅、脈法、醫林撮要、柳沜目録、柳沜日鈔、香泉日抄、伊香山日抄、屏巷隨抄、心跡雙清堂隨抄、柳沜文集、聿修堂醫書目録等。其治學方法，一如乾嘉諸老，吾嘗謂柳沜爲日本醫史學界之錢竹汀，信非虛也。專復譽翁館長。垣謹上。三月十三日。

〔北海圖書館月刊第二卷第六號〕

（八）一九二八年三月十五日

示詢富士川先生，名游，字子長，本漢醫學世家，然篤好治史。曾入廣島醫學校，習西洋醫學，後游柏林者二年，歸國主中外醫事新報編輯，並著日本醫學史巨帙，考據精詳，條理縝密，爲東方醫史界空前傑作，真不愧子長者也。垣謁先生於東京時，先生年已四五十，今當六七十矣。久與醫學界消息隔絶，未知先生近狀何如？只聞先生於數年前，以醫史學之努力故，同時得文學、醫學兩博士頭銜，士論榮之。先生舊居似在醫科大學旁之本鄉區西片町，然事隔二十年，中經地震，未必無改，苟至醫科大學一詢，當無不知者。此復

譽公館長。垣謹上。三月十五日。

〔北海圖書館月刊第二卷第六號〕

（九）一九二九年三月十七日

遐公道右：

承唁至感。年來忙於校課，親友音問多疏，殊不值得。暌違愈久，欲言愈多，更

不知從何說起，以故擱管輒止。間從報中及南中來人詢起居，藉悉近祉爲慰。西北之游，本有是志，所慮者公款。至於個人（用費）關係，各校盡可代籌。唯此間工作未完者多，正待結束。近爲中央研究院歷史語言研究所整理敦煌出土經卷，擬先將前京師圖書館所藏八千卷目録編印，次將已佚或希有之品影印爲敦皇零綈第一集第二集……丙寅夏公發起敦皇經籍輯存會，蒙曾費數月之力，就館録其目名敦煌劫餘録，尚有首尾殘闕不知名者三百餘卷，擬一併景印，以俟識者，想亦公所樂聞也。常盤大定編印之支那佛教史跡七巨册已出齊，曾見及否？我不自謀，他人越俎而謀之，真堪愧煞。萬松塔修葺後頗雅觀，唯門扁尚闕，久欲請公書『萬松老人塔』五字横額並重修年月，鑿於石楣。前晤鶴初，曾屬致意，想曾道及。原石厚與三疊磚齊，今另紙爲度，乞書就寄守僧，命工刻之爲荷。前年尊處借逖先書數種，係蒙經手，公曾函彼謂決保不失，去年渠有書來索，幸檢還之。原函呈閲，專此，並頌撰安。陳垣謹上。三月十七日。

月前曾有近著史諱舉例寄呈，想察及。兹又付上輔仁學誌一册，乞指正。

〔原件藏上海圖書館〕

（一〇）一九六〇年九月

遐翁大鑒：

十三日示悉。月前有人間接函詢元大德南海志殘本，曾答復如另紙，今繕呈請正。

來示稱李文溪集有贈陳大震序，敝藏粵十三家集本文溪集無此文，只有重修南海志序，係指宋淳祐志，距元大德志凡五六十年，與陳大震無涉，未知尊示所云「文溪集贈陳大震序」見於何本文溪集，幸不吝見告。

至陳大震南海志序，阮通志及道光南海志藝文略均載有全文，不必求之崇禎志。元南海志只有陳大震一部，萬曆、乾隆各志序均提及，亦不必專藉曹元忠跋，未知尊意以爲何如？崇禎志舊鈔本據中國地方志綜録，北京圖書館有之。謹復，即頌

台祉！

〔手稿〕

（一一）一九六一年三月三十一日

遐老：

示悉。道藏入門書未見有狠佳者，唯明白雲霽道藏目録詳注四卷尚可一閱，有退耕堂影印文津閣四庫本。此致

敬禮！陳垣。三月卅一日。

〔手稿〕

（一二）一九六一年九月二十三日

一，元以前有金藏，名大金玄都寶藏。二，元編道藏在平陽，不在白雲觀，白雲觀有明正統藏。

〔信稿摘要〕

（一三）一九六二年七月七日

大著談藝録敬謹收到，拜讀一過，如閱宋人説部，至感興趣。

〔信稿摘要〕

廖世功〔一〕

（一）一九二四年二月十五日

叙疇仁兄史席：

尊藏大唐西域記，弟始即疑爲四庫全書所據之底本，今細考之，果然，誠可寶也。書眉簽注之人爲祖之望，之望蓋當時繕書處之分校官，名見四庫提要卷首。書内間有墨點，其一點者行也，三點者葉也。四庫書每半葉八行，行廿一字，此繕寫時計算行款之標識也。篇首方印不甚明，當爲翰林院印。進到各書，例於篇首用翰林院印，此見於乾隆三十九年五月上諭者也。卷十一第七葉「式修供養」以後一段廿九行凡五百十六字，爲宋、元藏本所無，蓋據明藏本增入者也。四庫提要（地理類四）未檢校宋、元、明藏本，僅以理想推定自「今之錫蘭山」句起，至「無量功德」句止三百七十字爲明人附記之語，此館臣之疏略也。日本縮印大藏經，以宋、元、明、高麗四本互勘，特將此五百十六字移附卷末，至審慎也。此爲吴氏西爽堂刊本，四庫提要所稱爲吴氏刊本者是也。不知何時流出海外。今君乃於海外復得之，其可寶貴爲何如耶！閲畢敬繳，並綴數語如右，以誌欣賞。弟陳垣謹啓。甲子二月十五日。

〔此兩函原件，均爲汪向榮先生所贈。〕

〔一〕廖世功：字叙疇，上海嘉定人。民國初年曾任駐法使館祕書、駐巴黎總領事。

（二）一九二四年四月十一日

叙疇先生道右：

前日晤教，快慰生平。大著已録副，謹送呈。如有他著或新著，尚乞不吝賜示，先睹爲快。此頌撰安。弟陳垣謹白。四月十一日。

胡適〔一〕

（一）一九二四年六月四日〔二〕

適之先生：

奉書狂喜，即檢閱黄氏日抄全文，知當時摩尼確已混入道教，觀其所謂「記其始」者可知。又云「摩尼之法之嚴，雖久已莫能行，而其法尚存，庶幾記之以自警，並以警後之人」云，則崇壽宫（崇壽宫元時尚存，延祐四明志卷十八載之，在慈谿縣西北鳴鶴鄉云）形式上久已變爲道宫，張希聲特溯其原始也。此等事他日道藏出齊後，當必更有發見。數月前有友告我嘉定赤城志（台州叢書本）卷卌七有知州李謙戒事魔詩十首，可知閩浙沿海一帶，如明、台、温、福、泉等州，皆盛行摩尼，不獨南宋時閩學受其影響，即北宋時道學家所倡導之太極、兩儀、陰陽、善惡、天理人欲等對待名詞，殆無不有多少摩尼興味也。先生以爲何如？謹復，並謝賜教。弟陳垣。六月四日。

〔一〕原件藏近代史研究所，下同。

〔一〕胡適（一八九一——一九六二）：字適之，安徽績溪人。
〔二〕胡適時爲北京大學教務長，國學季刊編輯部主任。

（二）約一九二六年十一月八日

適之先生惠鑒：

日前奉上一函，關於中西回史日曆英文名有所領教。嗣經友人之解釋，已照付印。所有叙例點句，及每段首行低格等等，均照尊屬辦理。又將現代評論大著印作廣告，當能多銷一二部。此書有一日商代理在日本賣預約，將來日本銷數恐怕多於中國也。中國人數雖多，但讀書人比日本少，奈何！北京現在窮極，嘗詢書店近日買賣如何，據云有些日本買賣可做云云。然則北京書行買賣，現在亦靠幾個日本人支持也，可哀已。巴黎之遊，想大有所得，便幸示知一二，以慰饑渴。專此，即頌旅安。弟陳垣謹上。十一月八日。

附印件數紙。

（三）一九三二年二月二十日

適之先生撰席：

不晤又二日，知公務極忙，未敢造謁。茲有友人田君〔一〕所撰西洋史表解四册，謹代呈一覽。是否有出板之價值，乞不吝賜教爲幸。專此，並請晚安！弟垣謹上。二月廿夕。

〔一〕田農。

（四）一九三三年一月十七日〔一〕

適之先生撰席：

賜示大著蒲松齡生年考子細讀過，石印本聊齋詩集亦子細讀過。先生所考定蒲松齡生年及年歲，精確不可移易，至佩至佩。

因墓表有又十年爲雍正之三年一語，是蒲松齡卒於康熙五十四年乙未，其說不可移易。

又降辰哭母詩有「因言庚辰年，歲事似饑荒」句，崇禎十三年庚辰淄川一帶確係饑荒，有淄川、青邱諸志可證。假定庚辰是庚午之譌，則崇禎三年庚午淄川一帶並無饑荒，是蒲松齡生於崇禎十三年庚辰，其説亦不可移易。

生於庚辰卒於乙未，自然係年七十六。山左詩鈔引張元所作蒲松齡墓表作七十六，垣嘗見曲阜孔氏所鈔聊齋文集，附録之墓表亦作七十六（此集今歸燕京大學圖書館）。七十六之説誠然不可移易。

唯先生所下判決書，斷定全集皆係捏造，愚見頗爲被告抱冤。今欲效先生爲魔的辯護士，希望能撤銷原判或延緩判決，再事偵查。

據墓表，聊齋詩集有六卷，今所傳本當然不全。但石印本既與清華本不同，似不得獨謂石印本爲僞。又山左詩鈔所載十一首未鈔入，亦不得即指爲僞之證。

假定在石印本中找出有他人混入之詩，則此集可疑。假定在石印本中找出時、地、人物等等有與聊齋生平不合，則此集亦可疑。

今因三首詩年歲不符，遽斷定全部詩爲僞，似乎太過。因東菑句下有「淄東有薄田數十畝」注，遂斷定爲非本人詩，亦似不可。因此係注本事，非解東菑。

書賈謀利，以甲集冒充乙集，改頭換面欺人，事所恒有。若文人作詩數百首，冒充古人詩集求售，事尚罕聞。因集中所詠多用本事，且有擬白香山想東遊五十韻，及用東坡石鼓歌韻二首，均非易辨。若爲謀利計，所得幾何，似不必如此大賣氣力。且全集詩格雖不高，然穩鍊中時見佳句，恰是蒲秀才本色，似不得遽詆爲歪詩。

在未有確實證據證明該三詩因何致誤之前，我用我的所謂理校法推定其致誤之由如左，請高明賜教。

甲子重經又廿年句，原文當爲又十年，偶誤爲廿年。校者因相信他年過八十，遂改七十述懷爲八十。次又改戊寅仲夏之五十八爲六十八。次又改五十知非之己巳除夕爲己未。次並改墓表之七十六爲八十六，以符甲子重經又廿年之句。不知「甲子重經又廿年，健全腰腳勝從前」二語，根本就有毛病。普通算壽都係十年一算，今忽由六十超過七十算到八十，而謂「健全腰腳勝從前」，是八十歲的腰腳勝過六十，似乎不近情理。且二詩全無衰老狀態，並謂「杖履翛然樂有餘」，似劉孺人此時尚未死，故翛然自得如此。可見此詩原爲七十述懷，校者過信廿字，遂據以改題目並改墓表也。

尊見以爲何如？姑備一說，以待將來確證之發見。專此，並頌

著安不一！陳垣謹上。一九三三年一月十七日。

〔原件藏近代史研究所，下同。〕

〔一〕一九三二年八月，援庵搬家至後門内米糧庫一號，胡適此時住米糧庫四號，自此至七七事變，兩人做了近五年的鄰居。

（五）一九三三年一月十八日

適之先生著席：

昨上一函，故爲魔的辯護士，瞎説一通，未識能延緩判決日子否？石印本聊齋文集有王士禛序，及曹大安傳、明湖泛舟等篇，均爲孔氏本所無，先生以年代證其謬，甚善甚善。大著評近人考據方法，細讀數過，獲益不淺。謹珍復，請即發表，俾大家先睹爲快也。中國思想史講本有副餘，請檢賜一分爲幸。聊齋集一部呈繳。即頌

著安！ 陳垣謹上。一月十八日。

（六）一九三三年二月十三日〔一〕

適之先生撰席：

豐盛胡同譚宅之菜，在廣東人間頗負時名，久欲約先生一試。明午之局有伯希和、陳

寅恪及柯鳳蓀、楊雪橋諸先生，務請蒞臨一叙爲幸。主人爲玉笙先生瑩之孫、叔裕先生宗浚之子〔二〕，亦能詩詞、精鑒賞也。專此，即頌晚安。弟垣謹上。十三晚。

〔一〕此函載於胡適往來書信選下册（中華書局一九八〇年出版）。編者原注：「此信時間無可考」。

〔二〕譚祖任。

（七）一九三三年三月七日

適之先生：

承教極感。譯「罷」譯「别」之語尾，皆係表示過去的動作。其表示未來的動作或語氣關係的，另有譯法，不譯爲「罷」爲「别」。承教後又作一表，擬加入文中，謹呈上。並因先生之提示，爲使人明瞭起見，特將「了」字音譯等表題目改爲過去動詞語尾音譯表，未識有當否？關於此字，曾請教蒙古語專家田司鐸，今將來函呈覽並謝提示之意〔一〕。大著文存，敝處僅存有一集、三集，第四集或第二集，鄴架有存本，各賜一部至感。三月七日。

〔手稿〕

（八）一九三三年四月一日

適之先生撰席：

大著細讀一過，無懈可擊，當然可以成立。唯信四十二章經爲漢譯，似太過。樹下一宿，革囊盛穢，本佛家之常談。襄楷所引，未必即出於四十二章經。

且襄楷上書，永平詔令，皆言浮屠，未嘗言佛。故袁宏後漢紀釋曰：「浮屠，佛也。」後漢書西域傳論言「佛道神化，興自身毒，而二漢方志莫有稱焉。張騫但著『地多暑濕，乘象而戰』，班勇雖列其奉浮圖不殺伐，而精文善法導達之功靡所稱述。」據此則范蔚宗所搜集之後漢史料實未見有佛之名詞及記載。因佛之初譯爲浮屠或浮圖，猶耶穌之初譯爲移鼠或夷數，謨罕默德之初譯爲摩訶末或麻霞勿也。今四十二章經不言浮屠，或浮圖，而數言佛，豈初譯所應爾耶？此四十二章經問題，與大著本旨無關，但襄楷句似稍嫌著實，賢者以爲何如？專此，即頌

撰安！弟垣謹上。四月一日。

〔一〕此函爲討論元祕史譯音用字考一文的問題。

大稿一帙並繳。

〔手稿〕

（九）一九三三年四月五日

適之先生撰席：

關於四十二章經，牟子理惑論，及漢明感夢等問題，近二十年來，中東西學者迭有討論，垣何敢置一詞。前函因大著發見真誥與四十二章經之關係，不禁狂喜，又因其中有一二語似過信四十二章經，故略陳管見。今來示謂欲爲此問題結一總賬，甚盛甚盛。謹將前函未盡之意，再申明之。其有諸家已經論及者，恕不復及。

後漢詔令奏議，皆用「浮屠」，不用「佛」，具如前函。三國志裴注引魏略天竺國一段，凡八用浮屠，亦未嘗一用佛。其中兩稱浮屠經，亦不稱佛經。至陳壽始以浮圖與佛參用（范書陶謙傳采三國志劉繇傳文，亦浮屠與佛參用）。至袁宏始純用佛，並以佛釋浮屠。至范蔚宗，於漢詔議仍用原文，於自述則用佛。

不獨佛一名詞如此。沙門之初譯爲桑門，魚豢歷舉桑門之異譯，曰疏問、疏聞（一本作疏間，當有誤衍）、晨門，亦不及沙門。是魚豢所見之浮屠經，尚未有沙門之譯也。今四十二章經數言沙門，亦豈初譯所應爾？

根據以上史料，遂得有以下之標準：

一、後漢至魏中葉，尚純用浮屠。

二、三國末至晉初，浮屠與佛參用。

三、東晉至宋，則純用佛。

依此標準，遂有以下之斷定：

一、後漢有譯經，可信。後漢有四十二章經譯本，亦或可信。現存之四十二章經爲漢譯，則絶對不可信。

二、襄楷所引爲漢譯佚經，可信。襄楷所引爲漢譯之四十二章經，亦或可信。襄楷所引爲即現存之四十二章經，則絶對不可信。

依此斷定，遂推論到牟子理惑論，及現存漢譯諸經，皆不能信爲漢時所譯撰。

大著説，我們檢查現存的一切後漢三國的譯經，從安世高到支謙，沒有一部經裏不是稱佛的，沒有一部經裏佛稱爲浮屠的。難道這些譯經都不可信爲後漢三國的譯本嗎？難道這些舊譯本都已經過了後世佛教徒的改正嗎？

我今答復先生說，三國的譯經除外，若現存漢譯的經，沒有一部不稱佛，不稱沙門，沒有一部稱浮屠，稱桑門，就可以說是沒有一部可信爲漢譯的。假定其中有真是漢譯的，就可以說是都已經過後世佛徒的改竄，絶不是原來的譯本了。

大著又舉出四證，證明佛之名詞，在漢已成立。第一證即是現存之漢譯諸經，第二證即是牟子理惑論。依愚說，現存漢譯諸經及牟子，均在被告之列。在其本身訟事未了以前，沒有爲人作證的資格。我今可答辨第三證：

大著第三證引袁紀延平元年記西域事，有「本傳曰」云云，據惠棟說，本傳謂東觀記西域傳，東觀記既有佛道之稱，則是後漢時已有佛道之稱。惠氏此說，不審何據。據吾所考，本傳殆指司馬彪續漢書西域傳，因袁紀所引「本傳曰」雖少，而引「本志曰」甚多。所引「本志曰」之文，今皆見司馬彪續漢書五行志。略舉如下：

建武二年正月，日有蝕之，引本志。見司馬五行志六。

永初六年六月，河東水變色，赤如血，引本志。見司馬五行志三。

延光三年十月，鳳凰見新豐，引本志。見司馬五行志二。

陽嘉元年十月，望都狼食數十人，引本志。見司馬五行志一。

陽嘉二年八月，洛陽宣德亭地圻，引本志。見司馬五行志四。

建和三年四月，雨肉大如手，引本志。見司馬五行志二。

元嘉元年十一月，五色大鳥見巳氏，引本志。見司馬五行志二。

永康元年八月，黄龍見巴郡，引本志。見司馬五行志五。

光和四年，驢價與馬齊，引本志。見司馬五行志一。

中平二年二月，南宫雲臺災，引本志。見司馬五行志二。

後漢紀所謂「本志」，既皆指司馬彪書，則所謂「本傳」，亦應指司馬彪書。據藝文類聚七十六所引，此正續漢書天竺國傳之文。不知惠氏何以指爲東觀記。司馬彪既是晉人，當然有佛道之稱。則大著所舉第三證，似可撤消也。

至第四證所引三國志劉繇傳，是我所公認的。可惜陳壽是三國末至晉初的人，我已排他在上文所舉第二標準中之浮屠與佛參用一行，不能爲後漢已用佛字之證矣。

至漢明感夢事，四十二章經與牟子均載之。關於張騫、秦景諸人，已有人論及，唯傅毅似尚未有人注意。毅之爲蘭臺令史，在章帝建初中年。若明帝永平中，毅尚在平陵習章句，何能有與帝問對之事？世俗傳説，佛家或可隨筆記載，史家則不能不細勘當時史實。故袁宏記此事，不得不去傅毅而改爲「或曰」，至范蔚宗天竺國傳，更不能不加「世傳」二字以存疑，此史家縝密之法也。

考證史事，不能不縝密。稍一疏忽，即易成笑柄。孫仲容爲清末大師，其所著牟子理惑論書後，據牟子以證老子河上注爲僞，謂牟子多引老子，而篇末云所理止三十七條，兼法老子道經三十七篇。今所傳河上公注本老子，分八十一章，而漢藝文志載老子有傅氏經説三十七篇。彼此互證，知漢人所見老子，固分三十七章。今河上注不爾，足明其爲僞本云云。

夫河上注之真僞，另一問題。然因河上注分八十一章，遂謂與牟子所見之老子道經三十七篇不合，遽指爲僞；不知河上注道經，何嘗非三十七篇？所謂八十一篇者，與德經四十四篇合計耳。一言以爲智，言不可不慎。故垣更不敢多言矣。幸高明有以教之。

又牟子書本名治惑論，唐人避高宗諱，改爲理惑，有時又稱辨惑。北宋熙寧元年所刊之北山録注解隨函，尚引作治惑，而今則鮮有稱其原名者。拙著史諱舉例曾論及此，兹之所稱並從俗，乞諒。癸酉清明日陳垣。

〔原稿〕

（一〇）一九三三年四月六日

適之先生：

大稿一帙敬繳（並一函）。昨晚寫一函稿頗亂，特着人謄過送上，乞不吝指正。承開示弘明集各篇敬悉。弘明集内多好文字，唯關於史的都不甚可靠，奈何！即頌午安！弟垣謹上。六日。

〔原件藏近代史研究所，下同。〕

（一一）一九三三年四月六日

適之先生：

頃上一函，第三行真誥與牟子之關係，應爲真誥與四十二章經之關係，特此更正。即請晚安！弟垣上。六晚。

(一二) 一九三三年四月八日

適之先生撰席：

承示極感。前函謂范蔚宗所搜集之後漢史料，實未見有佛之名詞及記載，係指後漢時之後漢史料，如永平詔、襄楷疏等，非謂魏晉以來之後漢史料也。假定能在現存漢譯諸經及牟子外，找出彼此公認之證據，如東觀記等，則前函第一標準，即可取消。唯在未得此種證據以前，姑暫保守原標準，以待將來之發見。

至來示謂一名詞之成立，非短時間所能做到，信矣。然現存之四十二章經，其譯名(不獨佛、沙門等)與後代之譯經，亘千餘年，無甚差異，豈不與歷史演變之旨相戾乎？唐時已有大食法，然不能名唐時之大食法爲回回教。元時已有也里可温，有聶思脱里，然不能名元時之也里可温及聶思脱里爲基督教，或天主教。今屠敬山之蒙兀兒史記有基督教之名，柯先生之新元史有天主教之名，此正與司馬彪、范蔚宗書有佛之名同一例也。

魚豢著書，事止明帝，説見史通。其仕當在中年，其卒當在魏末。來示據張鵬一補傳，謂豢卒在太康以後，則豢當有百歲，未知何據。且卒年先後，本無關係，祇問其著書之年，是否早於陳壽、司馬彪四五十年耳。張氏補傳謂其記趙王幹卒、司馬文王西征事，當陳留王景元二年，其書非止明帝。然豢以私人資格，編撰八十九卷之書，固非短時間所能卒業。其開始搜集史料，必早在齊王芳之世。劉子玄親見其書，當有所據。其所謂弟子別號，合有二十九，不能詳載，當係指其他譯名，未必仍係桑門之異譯。因桑門異譯，既已詳載，並無沙門，故前函謂豢所見之浮屠經，未有沙門之譯也。

來示又謂一名詞之用與不用，由於個人嗜好者居多，未必可用來證明某名出現或成立的先後，因舉韓退之送文暢序之純用浮屠爲證，似也。然此惟文家之於文辭則然耳，若史家之於記述，自當名從主人，豈能憑其嗜好。嘗見今人爲文，有稱天主教爲景教者。若著清史宗教志，稱天主教爲景教，豈非笑話？退之之送文暢序是文辭，魚豢、范蔚宗之書是記述，似不能以相比例。

來示又謂假令後漢譯經中真無佛與沙門之譯名，那麼陳壽、司馬彪諸人用的佛字，又是從何處得來的？此自易解答，陳壽、司馬彪蓋在三國譯經中得來耳。

來示又謂我過信教外史家，而抹殺教中一切現存後漢譯經及牟子等，誠然誠然。竊以爲信供不如信證，故每在教史以外求證，亦孔子所謂「孝哉閔子騫，人不間於其父母昆弟之言」之意也。佛家記載如可信，吾何爲不信，奈其可信者甚少何。故嘗謂研求教義，自當尋之内典，研求教史，不能不證之外典也。

至承示方法論的緊要問題，敬謹受教。但前函意見，係研究未成熟以前一種假定，並未著論公表。倘無此次大著之賜示，此種假定，亦只蘊藏胸中，以待印證，似於方法，尚無大礙。且我近來並不是研究此等問題，平日對此等問題，亦無甚深研究。倘所賜示者係已經發刊之稿，當不置一詞。唯因賜示在未發表以前，故欲供給一點軍糧，俾大稿益加邃密。後復接第二次來示，故聊爲友誼的比賽，非敢與大軍對壘也。癸酉清明後三日。陳垣。

（一三）一九三三年四月十日

適之先生：

《真誥考定稿》拜讀，敬繳。此書在《道藏》從未有人理會，先生得此荒地，一經開採，即發見至寶，豈不可賀。以視《四十二章經》、《牟子》等曾經多人採掘，不易見寶，迥不侔矣。此次數承見教，獲益良多。先生絶頂聰明，是不可及的。先生的研究態度及方法是亟當師法，而亦苦材力不逮的。能時時賜教督促，則幸甚幸甚。專復，並問

大安！ 弟陳垣謹上。四月十日。

（一四）一九三四年五月十六日

適之先生矜鑒：

奉手教，厚意拳拳，令人感泣。尊體不適已隔一日，想已復元爲念。垣因居廬未滿百日，未敢詣人，即翁先生〔一〕來平，亦未往視，抱歉萬分。滬印名理探係新寄到，故以奉贈。馬士英洗冤録則以與桃花扇有關耳。謹此叩謝，並祝健康！ 期陳垣稽顙。五月十六日。

〔一〕翁先生，翁文灝。下函之詠霓同。當年二月，翁在南京至杭州途中車禍重傷，四月底返北平入協和醫院治療。

（一五）一九三四年五月二十八日

適之先生大鑒：

手教敬悉。董事任期應俟下届開會時增入。詠霓先生函，遵屬送地質調查所。惟事

前未有機會與翁先生接洽，欲請先生爲之先容也。專此奉懇，並候

撰安！弟期陳垣謹上。五月廿八日。

（一六）一九三四年秋

元典章校例已遵示改正數點，仍不甚愜意，奈何！兹將序目録呈，乞正。承示垂柳詞故事，謝謝，已照轉諸公矣。專此，即請

適之先生撰安。垣謹上。

（一七）一九三四年九月十日

適之先生：

拙著元典章校補釋例災梨已畢，謹將校稿呈閲，專候大序發下即可刷印。同時史諱舉例亦刻就未印，並呈一覽。如有所指示，當於未印前改正也。此頌

撰安！弟期陳垣謹上。九月十日。

（一八）一九三四年九月十三日

適之先生：

正值開學時候，要先生作序，〔一〕似不近情。但此書剛剛刻好，既承金諾在前，知對此題目必有好些新議論，足補土法之不足，亟所願聞也。王念孫避家諱一節甚新，頃已剜補入文，謹此致謝。即頌

撰安！弟期陳垣謹上。九月十三。

〔一〕指元典章校補釋例之序言。

（一九）一九三四年十月十三日

適之先生：

昨談甚快。大序原稿，報館適寄還。「敘訂古書」之「敘」字，係照原稿，再印時擬挖改

「考」字何如？此頌晨安！弟期陳垣謹上。十三日。

原稿珍復。

（二〇）一九三四年十一月十五日

適之先生：

聞台從北還，正擬趨詣，知公必忙，是以未果。大序早已刻好，謹送上單印本十二册。又釋例四册，一册呈先生，一册請轉叔雅先生，又二册分送同好。承示說儒，謝謝，並照轉。南方人士云云，安能盡如人意，聽之可矣。即頌晚安！弟期陳垣謹上。十一月十五。

（二一）一九三五年八月六日

適之先生著席：

今早九時輔仁有會，十一時基金會之約恐不能到。李氏藏敦煌卷，據來目，除大部分佛經外，可取者不過三二十卷。普通寫經，精者市價不過百元，次者更不值錢，來目索價太昂，購買殊不相宜。鄙意只可抵押，抵押之數，可以到貳萬元，惟應要求者一事，應注意者一事。據弟所知，李氏藏有世界僅存之景教宣元本經，此目並未列入，恐尚有其他佳卷。此目之外，應要求加入吾人所已知或已見過之稀有珍本。又來目不注行數及長短尺寸，此中伸縮力甚大，最易發生弊病，應注意本主或關係人不至將各卷割裂。鄙見如此，謹請公酌，原目並繳，順候晨安。弟陳垣敬上。八月六日。

〔原稿〕

（二二）一九三六年七月二十日

適之先生晚安！七月廿日。示敬悉。四庫提要紀氏底稿，爲天津徐端甫購去。謹先奉復，餘容面罄。即頌

〔原件藏近代史研究所，下同。〕

（一一三）

大稿要細讀，今先將慈禧尊號全文寫呈，並請早安。

適之先生　垣上

孝欽[8]慈禧[1]端佑[2]康頤[3]昭豫莊誠[4]壽恭[5]欽獻[6]崇熙[7]配天興聖顯[8]皇后

一至三，同治時所加。四至七，光緒時所加。八、八則宣統時所謚也。若就其生時稱呼，則應去八、八而加太字。

（一一四）

開元間關於吐蕃及金城公主文件續繕寄。中有吐蕃表長七百五十餘字，隋唐語體散文，除佛典外，恐不容易再找一篇有如是之長也。究竟此等可算爲當時語體文否，何以限於翻譯的？便幸有以教我。此上適之先生。弟垣。廿七日。

(二一五)

適之先生：

日前談隋書外國傳語體文，今已檢出，另紙抄呈。又唐時與突厥往來文件亦有同樣文體，不知是當時白話否？此外類此者尚多，稍暇當續呈。敝店對於此項貨物銷路頗窄，故只可請貴行代爲發行也。此候

興居！弟垣謹上。五月卅日。

(二一六)一九三八年三月八日

適之先生著席：

違教不覺八閲月。此次教育文化基金會開會，先生回國出席否？此間消息隔膜，無由知悉。輔仁經費支絀，去年董事會議先生主席，曾議決今年向基金會請求補助，兹特擬就申請書，

由豐浮露教授責呈，並請其晉謁台端，領教一切，乞多多幫忙爲幸。垣八個月來無所用心，僅刻成舊五代史輯本發覆一册，已另寄小兒樂素呈正。短書不足觀，聊以告知近狀而已。專此，即頌著安！南中知舊均此不一一。弟陳垣謹上。三月八日。

弟沈兼士附候。

（二七）一九四七年底

適之先生：

久未晤教，想起居佳勝。拙著清初僧諍記，卅三年清明付梓，卅六年冬至始克出書，謹以一部奉呈，未識有玩物喪志之嫌否？專此，即頌年禧。弟陳垣謹上。卅六年小除夕。

樂素小文一篇並代呈。

（二八）一九四八年十二月七日

適之先生：

大跋在楊守敬寫給梁鼎芬的信裏，發見楊守敬光緒十九年還沒有水經注疏的著作，又發見水經注疏要删卷首光緒五年己卯潘存的題詞是捏造的，最爲有趣。

但此兩札年月，大跋係以王先謙水經注會校本及復堂日記之刻成爲根據，推定其最早當在光緒十九年或更後一年。鄙見則以梁節庵、葉浩吾在鄂時代爲根據，斷定此札須照尊説更移後四年。理由是光緒十九年癸巳，梁節庵尚未到鄂。據梁氏家乘，壬辰至丙申，節庵在焦山及南京，丙申以後始常在鄂。又據葉浩吾撰塊餘生自紀，癸巳至丁酉，浩吾在鄂，但丁酉秋即離鄂返滬。然則此札當在丙申節庵到鄂之後，丁酉浩吾離鄂之前。札中所署四月十三日，光緒廿三年丁酉四月十三日也，時惺吾年五十九，節庵三十九，浩吾三十五。大跋謂葉浩吾在當時大概最少年，卅五亦不算少。結論：光緒廿三年（一八九七）楊守敬還没有水經注疏的著作。是否有當，謹請教。即頌道安。陳垣。卅七年十二月七日。

大稿一册敬繳。

〔抄稿〕

（二九）一九四九年四月二十九日〔一〕

適之先生：

去年十二月十三夜得到你臨行前的一封信，討論楊惺吾鄰蘇老人年譜中的問題，信末說：「今夜寫此短信，中間被電話打斷六次之多，將來不知何時才有從容治學的福氣了。」當我接到這信時，圍城已很緊張，看報上説你已經乘飛機南下了。真使我覺得無限悵惘。

記得去年我們曾談過幾回，關於北平的將來，中國的將來，你曾對我説：「共產黨來了，決無自由。」並且舉克蘭欽可的我選擇自由一書爲證。我不懂哲學，不懂英文，凡是關於這兩方面的東西，我都請教你。我以爲你比我看得遠，比我看得多，你這樣對我説，必定有事實的根據，所以這個錯誤的思想，曾在我腦裏起了很大的作用。但是我也曾親眼看見大批的青年都已走到解放區，又有多少青年，正在走向這條道路的時候，我想難道這許多青年——酷愛自由的青年們都不知道那裏是「決無自由」的嗎？況且又有好些舊朋友也在那裏，於是你的話在我腦裏開始起了疑問，我當時只覺得這問題有應該研究的必要。在北平解放的前夕，南京政府三番兩次的用飛機來接，我想雖然你和寅恪先生已經走了，但是青年的學生們却用行動告訴了我，他們在等待着光明，他們在迎接着新的社會，我知道新生力量已經成長，正在摧毁着舊的社會制度。我没有理由離開北平，我要留下來和青年們一起看看這新的社會究竟是怎樣的。

當北平和南京的報紙上刊載着我南飛抵京的消息，這就看出南京政府是要用我們來替他們捧場的，那對於我們有什麽好處呢？現在我可以告訴你，我完全明白了，我留在北平完全是正確的。

今年一月底，北平解放了。解放後的北平，來了新的軍隊，那是人民的軍隊，樹立了新的政權，那是人民的政權，來了新的一切，一切都是屬於人民的。我活了七十歲的年紀，現在才看到了真正人民的社會，在歷史上，從不曾有過的新的社會。經過了現實的教育，讓我也接受了新的思想，我以前一直不曾知道過。你説「决無自由」嗎？我現在親眼看到人民在自由的生活着，青年學生們自由的學習着、討論着，教授們自由的研究着。要肯定的説，只有在這解放區裏才有真正的自由。以往我一直是受着蒙蔽，適之先生，是不是你也在蒙蔽着我呢？

在這樣的新社會裏生活，怎麽能不讀新書，不研究新的思想方法。我最近就看了很多很多新書，這些書都是我從前一直没法看到的，可惜都是新五號字，看來太費力，不過我也得到一些新的知識。我讀了中國革命與中國共産黨和新民主主義論，認清了現在中國革命的性質，認清了現在的時代。讀了論聯合政府，我才曉得共産黨八年抗日戰爭的功勞，這些功勞都是國民黨政府所一筆抹煞的。讀了毛澤東選集内其他的文章，我更深切的了解了毛澤東思想的正確，從而了解到許多重要的東西，像土地改革的必要性，和我們知識份子的舊的錯誤的道路。讀了史諾的西行漫記，我才看到了老解放區十幾年前就有了良好的政治，我們那時是一些也不知道的。我深深的受了感動，我深恨反動政府文化封鎖得這樣嚴緊，使我們不能早看見這類的書。如果能早看見，我絶不會這樣的渡過我最近十幾年的生活。我愛這本書，愛不釋手，不但内容真實、豐富，而且筆調動人，以文章價值來説，比水滸傳高得多，我想你一定不會不注意的。況且史諾作這書的時候是一九三六年，那時你正在美國，難道你真没有看見過嗎？讀了蕭軍批評，我認清了我們小資産階級知識份子容易犯的毛病，而且在不斷的研究，不斷的改正。我也初步研究了辯證法唯物論和歷史唯物論，使我對歷史有了新的見解，確定了今後治學的方法。

説到治學方法，我們的治學方法，本來很相近，研究的材料也很多有關係，所以我們時常一起研討，你並且肯定了我們的舊治學方向和方法。但因爲不與外面新社會接觸，就很容易脱不開那反人民的立場。如今我不能再讓這樣一個違反時代的思想所限制。這些舊的「科學的」治學的方法，在立場上是有着他基本錯誤的，所以我們的方法，只是「實證主義的」。研究歷史和其他一切社會科學相同，應該有「認識社會，改造社會」兩重任務。我們的研究，只是完成了任務的一部份，既有覺悟後，應即扭轉方向，努力爲人民大衆服務，不爲反人民的統治階級幫閒。

說到實證，我又該向你說一個我的想法。最近有一天，我去過你住的東廠胡同房子裏，現在有别的朋友住着。我和朋友談天的時候，記憶清楚地告訴我，這屋子從前是怎樣的陳設，舊主人是怎樣的研究水經注。你搜羅水經注的版本到九類四十種之多，真是盡善盡美了。可是我很奇怪，你對政治的報告，何以只看蔣介石那一本，不注意毛澤東那一本呢？你是和我的從前一樣，真不知道嗎？我現在明白了毛澤東的政治主張和實際情況，我願貢獻你這種版本，校正你孤證偏見的危險。

我一直不同意你在政治上的活動，但是我先前並不知道你在服務於反動統治政權，我只是以爲學術與政治是可以分開來看的。這種錯誤的看法，直到最近才被清除。我才知道了「一切文化服從於政治，而又指導了政治」。

你在政治上的努力，直到今日，並未減少。昨天北平人民日報載你二十二日在舊金山發表一段說話，說「中國政府如證明其力能抵抗共產主義，則不待求而美援必自至」，又說

「政府仍有良好之海軍與强大之空軍，如使用得宜，將爲阻止共産黨進入華南之有力依恃」。你還在做着美國帝國主義與中國的國民黨反動統治政權的橋樑，你還有如此奇特的談論，這使我不禁驚異，難道你真不知道借來的美援和那少數反人民的統治集團的力量可以抵得過人民的武裝嗎？難道你真看不出中國應走的道路嗎？現在和平的談判，被蔣介石他們拒絕了。戰爭的責任從來就該他們擔負，他們還應該負下去。南京已經解放了，全國解放，爲期不遠。如果分析一下，中國革命是無産階級領導的世界革命的一部份，在全世界愛好和平的人民已經團結起來的今日，任何反人民的武力也要消滅的。

在三十年前你是青年的導師，你在這是非分明，勝敗昭然的時候，竟脱離了青年而加入反人民的集團，你爲什麽不再回到新青年的行列中來呢？

我以爲你不應當再堅持以前的錯誤成見，應當有敢於否定過去觀點錯誤的勇氣。你應該轉向人民，要有爲人民服務的熱情。無論你是崇拜美帝也好，效忠國民黨也好，是爲個人的知恩感遇也好，但總應該明白這是違反人民大衆的意思，去支持少數禍國殃民的罪魁。

我現在很摯誠的告訴你，你應該正視現實，你應該轉向人民，翻然覺悟，真心真意的向青年們學習，重新用真正的科學的方法來分析、批判你過去所有的學識，拿來爲廣大的人民服務。再見吧！希望我們將來能在一條路上相見。陳垣。一九四九，四，廿九。

〔一〕此函發表於一九四九年五月十一日的人民日報及五月十七日的進步日報，題爲給胡適之先生一封公開信。

繆鳳林〔一〕

（一）一九二四年六月二十五日

贊虞先生足下：

十四日手書並支那内學院頒到新校三藏法師傳均拜領。此傳爲慧立未定稿，立卒後，復流離分散，至彦悰乃錯綜原文，序次爲十卷。史料猶是，然裁剪編纂，已非慧立昔時之舊，故其中差舛恒有。如六七卷八九卷之間，月日均轇轕不清；九十卷之間，三年正月一條，叙述重複：其顯而易見者也。今校本搜集同類史料，稽其同異，臚列行間，用力之勤，至可欽佩。（昔法師在西域，見彼中銘塔，於如來降神、成道、涅槃等日，諸説混淆，通列其上，續高僧傳法師傳所謂「有云或云」，今校本即用其例。）惟第六卷以下，月日譌舛，全未校出，不無遺憾。豈以其細已甚，未及注意耶？曩讀此傳（常州天寧寺本），曾以長術校之，發見矛盾不少，今録如後，識小固不賢責也，唯教之爲幸。〔二〕此頌撰安！弟陳垣謹上。六月廿五日。

〔原稿〕

〔一〕繆鳳林（一八九八—一九五九），字贊虞，浙江富陽人。一九二三年畢業於南京高等師範史地部，入南京支那内學院研究佛學。先後在東北大學、中央大學任教。

〔二〕此函附録即書内學院新校慈恩傳後一文之附録本傳甲子紀誤。

王國維〔一〕

（一）一九二五年二月二十日

靜安先生道右：

承示李珣事，至快，即檢茅亭客話李四郎條。四郎名玹，字廷儀，其先波斯國人，隨僖宗入蜀。兄珣，有詩名。玹舉止温雅，以鬻香藥爲業云。因憶舊唐書敬宗紀有長慶四年波斯大商李蘇沙進沉香亭子材事（並見李漢傳），珣、玹其蘇沙後耶？若然，則尹鶚詩所謂「胡臭薰來也不香」者，亦嘲其素業也。録之以博一粲。十四年二月廿日。

〔手稿〕

〔一〕王國維（一八七七—一九二七）：字靜安，號觀堂，浙江海寧人。當時任清華研究院教授。

周肇祥〔一〕

（一）一九二五年七月五日

承示茅亭客話李玹事，極快。玹兄珣，花間集卷十二有其詞。後閱何光遠鑒誡録（卷四）始知爲土生波斯。今承示茅亭客話，又多一證，快感何如？玹以鬻香藥爲業，因憶舊唐書敬宗紀有長慶四年波斯大商蘇沙進沈香亭子材事（並見李漢傳），李珣、玹其蘇沙後耶？若然，則尹鶚詩所謂「胡臭薰來也不香」者，亦嘲其世業也。録呈以博一粲。專此敬謝，並候起居。垣頓首。七月五日。

〔手稿〕

〔一〕周肇祥：字養庵，浙江紹興人。曾任臨時參政院參政，北京古物陳列所所長。

章士釗〔一〕

（一）一九二五年十月二十八日〔二〕

去冬故宫一見，倏忽經年。前介劉君借校名理探，聞擬刊行〔三〕，甚感甚感。原譯十卷，惜敝篋所藏只有五公稱五卷，其十倫府五卷尚未見。李所譯又有寰有詮，明史藝文志著録道家，蓋三百年前物理化學也。百年來此學進步甚速，寰有詮遂不足觀，唯名學進步稍遲，故名理探尚有一讀之價值。鄙意久欲刊行，以公同好，人事匆匆未果。又欲倩人將原譯、近譯及拉丁諸名，製一對照表，附諸卷末，亦未果。曾以此意告劉君，未識採納否？劉君又詢傅汎際原名。傅葡萄牙人，原名Franciscus Furtado，效華俗，字體齋。一五八七年生，一六〇八年入耶穌會，一六二一年來中國，傳教浙江、陝西等處，一六五三年卒於澳門。李之藻明史無傳，省、府、縣志亦無傳。民國八年曾採諸書爲補撰一傳，另檢呈，似亦可附刊卷末。希裁正。陳垣。十月二十八日。

〔一〕章士釗(一八八一——一九七三)：字行嚴，湖南長沙人。一九一八年任護法軍政府祕書長，一九一九年爲南方「和議」代表。一九二一年春得黎元洪資助，出國考察。

〔二〕此函載於甲寅周刊第一卷第十七號(一九二五年十一月七日出版)。章士釗(孤桐)有按語云：「援庵先生宏識奇士，當今無輩，於古來中西教學相互源流，考覈尤精。愚粗治邏輯，曩從借明李之藻所譯名理探鈔本，以資參校，援庵欣然録副見賜，此誼迄未敢忘。近倩劉君子行將李譯校核箋注，並將原譯、近譯及拉丁諸名一一引列，復承援庵多所指正。」

〔三〕援庵在一九二六年所作名理探跋中云：「名理探爲三百年前之名理學，原譯十卷，此本僅五卷。丁巳(一九一七)間予得自英斂之先生，斂之得自馬相伯丈。辛酉(一九二一)、甲子(一九二四)，章行嚴、胡適之二君先後從余録一副本。乙丑(一九二五)行嚴任編譯館總裁，介彭澤劉君子行(奇)假余原本覆校，欲付刊未果。」

樊守執〔一〕

（一）一九二六年

承示一月九日申報 四庫全書中之疑案一則，謂十三經注疏正字爲浦鏜撰，非沈廷芳撰。此自是四庫館失考之過。沈作浦聲之傳已明言此書爲浦撰矣，其所以誤爲沈撰者，則因稿在沈家，採進時混爲沈作，四庫館不加考察，遂有此失。今謂「廷芳乾隆初召試鴻博，當日編纂四庫全書時，或亦躬與其事，利鏜已前卒，遂將正字書據爲己有」。此亦未考事實者也，試爲足下陳之。

一、四庫編纂之例，除官撰諸書外，生存人不録。故四庫書以生存人得録者僅一畢沅撰之關中勝跡圖志，可參考簡明目録地理類關中勝跡圖志條。沈廷芳縱能躬與四庫事，何能私自爲此。

二、沈廷芳曾否躬與四庫事至易考。四庫書成後，凡曾參預其事者，無論生卒，均得列名四庫總目卷首。今四庫總目卷首所列職名三百五十餘人，並無廷芳名，廷芳何能爲此。

三、據汪中撰沈廷芳行狀，廷芳卒於乾隆三十七年，三十八年始下命編纂四庫全書，時廷芳已前卒矣。

有此三點，則申報所言，豈非臆説？足下以爲如何。

〔抄件〕

〔一〕樊守執，字右善，福建人。二十年代曾爲援庵助手。

故宫博物院致（北洋政府）國務院函（一）

（一）一九二六年一月五日

逕啓者：本院組織，内分古物、圖書二館，圖書館内又分圖書、文獻二部。文獻部所藏，悉爲有清一代史料。除實録、起居注等已纂有成書，尚堪檢閲外，餘如朱批諭旨、留中奏摺等，皆散帙零編，搜討不便。加以年代久遠，塵封積寸，狼藉異常，非予清釐，恐終廢棄。曩者内閣大庫舊檔，當局曾以賤值出售紙商，麻袋八千，易鈔半數，不俟秦火，已淪劫灰。兹幸本院成立，關於有清一代史料，保存編纂，職有專責。擬利用此等史料，編纂清通鑒長編及清通鑒紀事本末，以與清史相輔而行，用垂不朽。唯院中所藏史料，尚虞不足。查清舊軍機處檔案，現存集靈囿，自雍正以來，二百年間，軍事機密，胥具於是。今境遷事過，無所忌諱，是宜公表於世，以資考證。且此項文件，與宫中所藏檔案，關係至密，往往一檔分載兩處，或兩種記載相互發明，合之兩美，離之兩傷，亦宜匯聚一處，加以整理。考歷代官私書目，史料傳者，大抵編勒成書，方能流布。其以散帙傳者，未之前聞。即已有成書，如唐二十二朝實録之見於高氏史略者，除順宗一朝外，至明多已不傳。宋代史料之見於晁、陳二家書目，如元豐廣案百卷，嘉祐御史臺記五十卷，國朝會要總類五百八十八卷，至明朝亦已不傳。元代史料之見於明初文淵閣書目，如經世大典七百八十一册，太常集禮稿百册，大元通制四十五册，至清初亦已不傳。以此類推，清代遺文，失今不圖，後將何及。查德、法等國所有各機關過時檔案，均移存文獻館，以爲編纂國史之用。本院現爲保存有清一代文物典章起見，用特函請貴院，將舊存軍機處檔案移存故宫博物院文獻部，以便從事整理。一面分類陳列，並可勒成專書，一舉兩得，豈不較勝於束之高閣，徒供蠹魚，終歸湮没也。又集靈囿圖書室所藏書籍，内多有關清代掌故，兹擬照松坡圖書館前例，請將該項書籍同時撥歸本院圖書館，俾供衆覽，並作編纂參考之用。貴總理闡揚文化，素具熱心，故宫博物院之成，亦夙蒙贊助，倘清代史料，得藉此編製成巨帙，傳示將來，豈惟本院之幸，實國家之盛業也。特此函乞准予施行，實紉公誼。此上國務總理。中華民國十五年一月五日。

〔一〕關於此函，單士元先生在回憶陳援庵師一文（載北京師範大學陳垣校長誕生百年紀念文集）中曾説：「辛亥革命後，北洋政府袁世凱曾將清王朝軍機處檔案，從清故宫中遷至舊國務院，在集靈囿樓上儲藏，塵封鼠嚙十餘年。到一九二七（按：應爲六）年，其時北洋政府總理爲許世英，是援師的舊識。商之於許，要求將軍機處檔案和楊守敬觀海堂藏書，一併移交故宫博物院。已得同意，但須有一公函。給舊國務院的公函，當時説是由援師來起草。我雖未親閲援師手書，但從文字觀之，非有學識者不能寫出那樣文字。當日援師命我還有其他一、二人，至集靈囿交給負責管理此項檔案和圖書的朱師轍先生。朱先生接到公函，朗誦一通，拍案稱許。軍機處檔就是在這時又回故宫，皮藏於故宫所屬大高玄殿中，這批檔案才得保存下來，它現在已是中國第一歷史檔案館最重要的歷史檔案。」故將此函收入集中。

故宫博物院同人公啓

（一）一九二六年八月二十一日

敬啓者：本院賴同人兩年之辛勤工作始得成立，使歷代重寶公諸國人。今聞政府有改組之議，同人關係既深，對此不能不交换意見以鄭重其事。兹訂於本月二十三日（星期一）下午三時在神武門内委員會開茶話會，敬祈賁臨是幸。

故宫博物院同人公啓。八月廿一日。

〔據單士元先生追記，此函爲援庵起草，召集故宫同人商討如何應對北洋政府改組故宫博物院，以保護故宫文物。〕

容　庚〔一〕

（一）一九二六年十一月九日

希白先生惠鑒：

廣倉書目早收到，因第一、二集未有，故未購。即接六日示敬悉。日曆〔二〕書簽前因羅先生〔三〕赴滬未回，急於印刷，已請叔平先生〔四〕書之。承示極感厚誼。宫院事弟久不聞問，拓片目代取附呈，其有紅點爲識者須定拓云。明粵東遺民及宋東莞遺民録月前已覓得並已函知令弟〔五〕，唯前接令弟來訊云不日往厦門，故復函直寄厦。來示云云，似令弟尚在粵也。便乞示知爲幸。專復，並頌

撰安！　弟垣謹上。十一月九日。

〔以下各件均藏中山圖書館〕

〔一〕容庚（一八九四—一九八三）：廣東東莞人。古文字學家、考古學家。一九二六年北京大學研究所國學門畢業，歷任北京大學、燕京大學、嶺南大學、中山大學教授。
〔二〕日曆：中西回史日曆。
〔三〕羅先生：羅振玉。
〔四〕叔平先生：馬衡。
〔五〕令弟：容肇祖。

（二）一九二七年

希白先生惠鑒：

承屢索稿件無以應。頃接顧頡剛先生來函言，元西域人華化考下卷，國學季刊已停辦，可否由中山大學季刊續登之云云。弟與中大尚未發生關係，而與燕大則關係甚深，與其由中大季刊發表，何如在燕大學報發表。未識尊處需用此等稿件否？或嫌接續國學季刊不便，亦請示復，以便向北大索回原稿轉寄也。此頌

文安！弟垣謹上。廿八日。

（三）一九二七年九月八日

希白先生：頃有友託購金文編一部，未識星期六（十日）台從晉城否？希留下，欲於是日到貴寓取書。先此奉告，並頌

撰安！　弟垣上。八日。

（四）一九二七年九月十二日

書價十七元二角，敬繳。廣倉藝術叢書卅一册，富晉取價八十元，未識能有法子便宜的否？此候

希伯先生學安！　弟垣敬上。十二日。

（五）一九二八年九月九日

希白先生：史諱舉例本不成著述，前承爲燕京學報索稿甚殷，適弟急於需款，故以塞責。當時曾希望在學報第四期完全登出，實爲條件之一。昨聞擬另印單行，似與原議不符，未識是編輯會公意否？今特聲明，能照原議至佳，不能，則弟極願繳還原價（或附息），將稿收回，恕免令經手人爲難也。即希示復以便繳款爲幸。此頌

台安！弟陳垣上。九月九日。

（六）

希白先生著席：

違教久，忽接惠書，知有桃溪集新抄本可以假借，雅意可感。但現因另有所營，暫不擬索閱，先此復謝，并候

起居！陳垣謹上。四月九日。

陳乃乾〔一〕

（一）一九二六年十一月二十二日

乃乾先生道右：承示並國學均拜領。李之藻傳未曾在他處發表，登國學無不可，但無甚精彩，恐貽笑方家耳。原刻第十二行有「卓犖通人」句，通爲過之譌，幸改正。拙著中西回史日曆及二十史朔閏表，能在中國書店書目中登一價目否？有人購者可由尊處與敝處直接接洽也。

謹頌撰安！　弟垣上。十一月廿二。

〔一〕陳乃乾（一八九六—一九七一）：名乾，以字行，浙江海寧人。版本、目録學家。國學雜誌編輯、中國書店經理。建國後主持中華書局影印部工作。

（二）一九六四年十二月〔一〕

乃乾同志：

頃談甚快。嘉興又續藏第卅二函有千山剩人禪師語録二本，甚欲託人在上海圖書館影鈔一部，未識有可能否？如果可能，需款若干，示知當照繳上。費神之至，即祝晚安。〔信稿，下同。〕

〔一〕此信稿後有援庵注語：「一九六四年十二月廿九日復汪（宗衍）信曾提及此。」

（三）〔一〕

乃乾先生著席：

昨談甚快。陳老有岑刻舊唐書校勘記前序點煩一篇屬呈正。謹此，並頌

台安！

〔一〕此函以劉乃和名義發出。

方豪〔一〕

（一）一九二六年十二月六日

遠辱惠書，喜東南之得朋，欣慰何似！唯猥以萬松相比，令人愧怍。靈言、主制等作已奉寄，今又寄呈數種，乞督收。諸書或已絶版，或非自刊，故寰有詮未刊，不能備寄。最近印有二種，則非論道之書，廣告如另紙。尚望時賜教言，商量學術，固所願也。專頌台祉。陳垣謹覆。十二月六日。

杭州謝三太傅祠舊址爲元時也里可温之最大天主堂，聞今已改作菜市，明年擬遊杭一登臨其地，届時或可晤教，至足樂也。方先生史席。垣又及。

〔方豪與勵耘老人往返書札殘賸稿，載台灣傳記文學第十九卷五期、二十卷四、五期，下同。〕

〔一〕方豪（一九一一—一九八〇）：字杰人，浙江杭州人。一九二二年入杭州天主堂修道院，一九三五年晉陞爲司鐸，一九三八年在益世報（昆明）負責宗教與文化副刊。一九四一年起，任浙江大學、復旦大學、輔仁大學教授，後任台灣大學教授。牟潤孫先生悼亡友方杰人——陳援庵先生與方豪（載一九八〇年十二月二十四日香港新晚報）中說：「杰人出身於杭州天主教的修道院，他之治史學是由於與老師陳援庵先生通信的關係。修道院中的修士本不能與外人通信，他爲了熱心求學問難，偷着給援庵老師寫信，才引導他走上治中國史學的路，極爲難能可貴。杰人念念不忘援老，抗戰期間他在後方寫文章稱援老爲愛國的史學家，援老逝世，他在臺灣寫文章紀念援老。他偶爾來香港，必來看我，很關心祖國，雖因有人陪着他未敢明白說出，但他十分嚮往祖國的心意曾借着問援老的事向我作過不止一次的暗示。」

（二）一九二七年四月十九日

杰人仁兄惠鑒：

迭惠書，均悉。前因杭滬未靖，至稽裁答。所譯拉丁文論猶太教一段，具見用功，唯原文材料，悉譯自弘治、正德及康熙二年碑，不如仍求之漢文原本爲愈。竊嘗有一譬：先以中幣換英幣，又由英幣換法幣，復換德幣，如是展轉兑換，若欲得回中幣之原價，恐所虧鉅矣。以漢文譯外國文，復由外國文譯回漢文，其意義之損失，當復如是。嘗見有未見景教碑原文，特由外國文譯本言景教碑事，繙爲漢文，有至足笑者，正坐此病，似當注意也。足下英年好學，至可欽佩！　公教大學現有湖北司鐸三人在校讀書，將來成績，必有可觀。　天主教文藝復興，端賴此後起之秀也。　第一次寄上之書籍，係公教大學祕書所辦，事後詢知包裹不得法，想未收到之故，係因封面破壞，無由投遞也。　今再檢上教宗通牒二份、辯學遺牘三種一册、靈言蠡勺一册、主制羣徵一册、蹇齋賸墨一册、萬松心畫一册、萬松聯一對、火祆教入中國考一册、摩尼教入中國考二册，共爲一包，掛號另郵寄。　火祆、摩尼二種，曾登北京大學季刊，稍有添改，此係稿本。　又承詢四庫書目考異五卷，書成未刊。　武州石窟寺記，久已絶版，故無由寄奉。　杭州近狀如何？　至爲懸念。　頰復有所述造否？　便幸告我。惠函請寄西安門本寓爲便。　專復，並頌學安。　弟陳垣謹復。　四月十九日。

（三）一九二七年六月十三日

五月三日手書敬悉。　聖教詞典極需要，未識日文基督教大辭典曾見及否？　術語名詞不易訂定，日人對此頗有經驗，且與我同文，似可參考也。　元西域人華化考下卷，只有油印本，今已無存。　此文原付北京大學國學季刊發表，因季刊久未再出，又未便取回另印，故至今無下卷也。　承詢予是否爲耶穌教教友，亦應有一問。　余數月前曾演講回回教入中國歷史，人多疑余爲回回教徒。近爲輔仁大學（即公教大學改名，現已報部立案）校長，人又疑我爲天主教徒。不知我實一宗教史研究者而已，不配稱爲某某教徒也。檢舊牘，得尊處來書論虞德園事，德園在明季佛教中負盛名，曾爲利馬竇序畸人，文存德園集中，頗有嘲諷語，故今本畸人不載。未識足下曾見此文否？德園事跡甚多，以無關天教，故無所用之。此書辟邪紀實爲曾國藩幕府著，志在引起人反對洪楊敵愾，義和拳未嘗不受此書影響也。此書余所見者有數板，多寡不一，蓋逐漸增刊者。庚子後已無刊本，間在冷攤中見之耳。足下留意文獻，將來成就，正未可量。南方炎熱，幸爲道珍衛。不一，不一。杰人仁兄足下。弟陳垣謹復。六月十三。

（四）一九三九年八月九日

傑人司鐸大鑒：

迭接七月六日及廿一日書，敬悉執事謂搜羅史料應極廣博，運用史料應極縝密，諒哉言乎！然孤陋寡聞，沾沾自喜，則何從廣博？先入爲主，成見自封，又何能縝密也？願執事明以教我。笻竹寺元碑疑係保護寺觀聖旨碑，凡大寺觀多有之，特有傳有不傳耳。大理崇聖寺至大四年碑久傳於世，今笻竹寺碑待執事傳之，亦佳話也。某教士謂鎮江碑有「受教者悉爲也里兒」一語，未審何據。至順志載大興國寺碑，固作「悉爲也里可温」也。伏開鵬司鐸被捕已一星期，至爲焦慮。亦未司鐸安否，乞致意。餘未一一，專復，並候道安。

陳垣謹上。八月九日。

〔影印件，下同。〕

（五）一九四三年三月二十八日

傑人司鐸道鑒：

一月收到十二月四日大函，即於廿二日分三日寄上佛教考十一函，未識能否接到？昨日始接一月廿五日大函，此函遲到了，因樂素二月二日來函早收到。快者廿餘日，遲者竟達七十餘日也。樂素來函，極言司鐸招待殷勤，至爲感激。惟自接伊抵遵第一函後，至今未接第二函，甚以爲念。三月三日曾復伊一函，由尊處轉，亦未知收到否？兹遵屬鈔上西遊録一帙，乞察收。愚前欲注之未成。此録除老學叢談引用八百餘字外，至元辯僞録亦曾引用千餘字。相片一張乞代致樂素。餘未一一，即請道安。弟垣謹上。三月廿八日。

（六）一九四三年四月七日

三月廿八日曾寄上足本西遊録抄本十一葉，想已收到。即日接二月廿一日大函詢耶律〔一〕刻像，未見，耶律墓則數年來並未出城，不知其何若也。關於耶律舊稿二首，想見過。姑檢呈天然年譜序，請交樂素爲幸。專復，即頌傑人司鐸道安。弟垣謹上。卅二年清明後二日。

〔一〕耶律：指耶律楚材。

（七）一九四三年四月七日〔一〕

耶律楚材在金國未爲忠臣，不知尊處何以取之也？

〔一〕此函録自方豪對日抗戰時期之陳援庵先生一文（載臺灣傳記文學第十九卷第四期，一九七一年十月出版）。文中說：「民國三十二年六月二日爲元代開國勛臣耶律楚材逝世七百年紀念，是年東方雜誌在重慶復刊，該誌第三十九卷第一號即有拙文一篇，以爲紀念；余又於重慶益世報文史副刊，刊出兩期特輯。其時僻處貴州遵義，因手頭無足本西遊録，亦無先生昔年在燕京學報第八期發表之耶律楚材之生卒年，清明後二日先生即寄來單印本，附短札云：（見上）」

（八）一九四三年七月十七日

杰人司鐸著席：

五月廿七日手書前數日收到，今日復接四月廿六日手書。此函在途中八十日，頗恢復前世紀交通狀況，亦可異也。副刊〔一〕諸文拜讀，足見惟日孜孜，企羨之至。廿五期如有賸餘，幸寄一讀。四月函中提及慶祝論文，令人顔汗。此事須得德望並重者方可行之，鲰生非其人也。且文人相輕，自古而然，恐一有讚歎，則又爲不讚歎者生嗔，非公所及料也。去年春在司鐸書院談話，龔司鐸記之。此一席話，本爲諸司鐸曾作一文曰書南宋初河北新道教考後而發，不足爲外人道也。公非外人，特檢呈一閲。餘未一一，即頌道安。陳垣敬上。七月十七日。

〔影印件，下同。〕

（九）一九四三年十一月二十四日

杰人司鐸大鑒：

九月廿二日來示敬悉，但稱謂太謙，殊不敢當，乞以後勿復如此，幸甚。至司鐸園地講師之稱，係根據去年來書，今云實係教授，更爲可賀〔一〕。此間司鐸書院亦有雋才，如龔司鐸者，文字俱佳，後起之秀也。教會學校甚少注意書法，近風氣大變，司鐸書院能書者漸有其人，亦破天荒之事也。其意義道教考廿三頁曾暢言之，想猶憶及。至於史學，此間風氣亦變。從前專重考證，服膺嘉定錢氏；事變後頗趨重實用，推尊崑山顧氏；近又進一步，頗提倡有意義之史學。故前兩年講日知録，今年講鮚埼亭集，亦欲以正人心，端士習，不徒爲精密之考證而已。此蓋時勢爲之，若藥不瞑眩，厥疾弗瘳也。未知南中風氣如何？素患難，行乎患難，願與同人共勉之。天主教史論叢純是翻印舊作，篇頁頗鉅，已告葉兄，未識能否寄達耳〔二〕。專復，即頌道安。弟陳垣謹上。十一月廿四日。

前函書就待發，適接七月二十日函。此函在途四閲月（信皮一紙付呈），可謂復太古之遺風矣。所言漁山年譜事，「舊學商量加邃密」，快慰何如，謹此並謝。十一月廿四日，垣又及。

〔一〕方豪先生在與勵耘老人往返書札殘剩稿一文中說：「三十一年一月十日，勵耘老人特在輔仁大學附設司鐸書院演講國籍司鐸之新園地，龔士榮筆記。老人特賜寄一份。他提到我：『方豪司鐸今任國立浙江大學講師，爲國籍司鐸在國立大學教書之創舉。』」

〔二〕天主教史論叢全名爲民元以來天主教史論叢，葉德禄編輯。葉爲廣東梅縣人，輔仁大學歷史系第一届畢業生。

（一〇）一九四三年十二月〔一〕

十二月四日書收到，敬頌道安，不一一。

〔一〕方豪在愛國史家陳援庵先生文中說：「記得那年（一九四三年）冬，曾得先生寄來書全謝山先侍郎府君生辰記後單印紙，上附十六字（按：見上信），那是先生和輔仁大學處境最險惡的時期，教職員被捕極多，陳先生也不能不爲學校着想，而稍加謹慎了。」

（一一）一九四五年三月十四日

清初僧諍記抽印本，卅年四月曾寄港樂素轉呈一册，未識已入尊覽否？ 今刻木本新成，謹以一部奉貽，乞不吝指正爲幸。即頌杰人司鐸文安。陳垣謹上。三月十四日。

（一二）一九四五年十一月十日

杰人司鐸道鑒：

久不通訊，正以爲念，頃奉七日來航示並附件一束，如入山陰道上，接應不暇，快慰何如。真理雜誌及益世報副刊登載鄙著數篇，皆多年舊作，曾經他處發表，真所謂陳編，閱之增愧，未知有注明轉載字樣否？復旦學報創刊號未見，目録有鄙著訂誤一篇，〔一〕先睹爲快。文章天下之公器，有人指正，求之不得者也，便幸裁示爲感。垣老矣！恐不能復有所造述，關於天主教史及日曆等，皆二三十年前所致力，此調不彈久矣。今得諸君子爲之接力，豈不甚善！專復，即希爲道自愛，不既。弟陳垣謹上。十一月十日。

〔同第一函〕

〔一〕指魯實先陳氏中西回史日曆冬至訂誤一文。

（一三）一九四五年十二月一日

杰人司鐸道鑒：

十一月廿日手示敬悉，大著論叢等三册亦均收到。公教論文，學人久不置目，足下孤軍深入，一鳴驚人，天學中興，舍君莫屬矣。魯君訂誤，已承寄示。士貴有諍友，蒙何幸得此。正擬廣爲傳揚，以誌吾過。惜此書早已絶板，不然將魯君之表刊附卷末，豈不甚善？華北淪陷八載，人才消散，奎壁所聚，乃在西南。來示所述諸公，恨未能一一奉手，晤時爲致傾慕之意，實所厚盼。專復，即頌道安不一一。弟陳垣謹上。十二月一日。

另有謝魯君書，乞代轉。

〔影印件，下同。〕

（一四）一九四六年二月二十三日

杰人司鐸道鑒：

在平晤野聲主教，〔一〕具悉近狀安和，至以爲慰。承寄示新政論及益世報大文〔二〕，閲竟爲之顔汗。徐昭法言「恐一有讚歎，又爲不讚歎者生嗔」（語見僧諍記四三頁），足下不虞有生嗔者乎？本月十一日寄上三册，一爲僧諍記，忘記往時曾呈教否？此記與佛、道二教考爲弟國難中所撰「宗教三書」之一，前數篇因派系糾紛，殊眩人目，然此煙幕彈也，精神全在中後篇。以足下慧眼觀之，當作何批評，幸有以告我。二爲謝三賓考，乃柴君精心結構之作，在近年出板界中似尚是第一流文字。柴君現在白沙女子師範學院任教，未識曾晤及否？三爲表微未定稿五篇。未定稿不能與外人看，認君非外人也。雖已付印，但未出板，尚可修改。且付印本已有修改與油印本不同者，如有所見，幸不吝指示。專此復謝，並頌道安。弟陳垣謹上。卅五年二月廿三日。

又表微小引一頁付呈，較前寄者已修改數字。

又前接十二月十日書論書法，近讀來書，書法已大有進步，足見留心此道。有志竟成，大爲可賀。書道入門，宜注意筆畫先後，習慣一成，不易改變。即如「成」字寫法，必須先撇後畫，不然則無法寫好。此例極淺，然非直諒之友，誰肯説破，純恃自己悟入耳。高明必能悟入也。又及。

〔一〕于斌。

〔二〕指方豪愛國史家陳援庵先生一文。

（一五）一九四六年四月二十四日

杰人司鐸道鑒：

三月五日由渝來書早收到，頃又接四月十八日由京來書，敬悉一切。郵局匯款已取出，用台端名義送去，回條一紙夾呈。〔一〕至國大代表云云，敝處絶不過問此事，不知尊處消息從何處得來，殊可笑也。龔司鐸雅材，曾晤面否？昨有回教友人楊君敬之來談，並開列回教徒在各大學任教授者凡十五六人，想不及天主教徒在大學任教者之多也，尊處有此等調查否？月前野聲主教來平，領教多次，佩慰無已，晤時幸道及。專復，並候道安。陳垣謹上。四月廿四日。

〔一〕馮承鈞賻金。

（一六）一九四六年五月七日

杰人司鐸道鑒：

前接四月十八日函並交馮宅萬元，已將回條於四月廿四日寄上（天主堂轉）。兹接五月四日函，未見提及，念念。又日前接到嚴君〔一〕託友人交來五千元，未聲明用途，想是交馮宅，已代交去。掣回領帖，恨未知嚴君住址，兹接來示，幸不誤也。嚴君大作拜讀，精審之至，佩服無已。國事蜩螗如此，尚有好學之人，私心竊慰。拙著所以將譚澐所推清以前冬至著於編者，本欲藉此知儒略曆每年後天之日數耳，今嚴、魯諸君博考歷朝史實冬至，正可知各朝曆與清時憲曆相差之日數，豈不甚善！古人所謂「舊學商量加邃密」者即指此，幸爲我謝嚴君，並祝其進步一日千里也。國大代表云云無此事，亦無此想，前函已及。各地誤傳，奈何？專復，即頌撰安。弟陳垣謹上。五月七日。

〔一〕嚴敦傑。

（一七）一九四六年七月十七日

杰人司鐸道鑒：

旬日未晤，公事稍暇否？兹擬請駕於明十八日上午夏十一時莅寓暢談，並以燒鴨作午膳。座中只有伏司鐸及孫子書楷第先生，渠久欲一瞻豐采也。專此奉約，即候道安。弟陳垣謹上。七月十七日。

（一八）

舊藏有關教案文獻〔一〕一紙，謹以奉呈，藉作紀念。此上杰人司鐸。陳垣。

〔一〕四川教案文獻。

（一九）

謹介北大史系三年生宋君伯胤上謁，乞賜延見爲幸。此上
方豪司鐸。陳垣。

（二〇）〔一〕

一版三行爲志下，應加入愛慕中國之原因，覓中國貨句方不突兀。
一版十三行師範學校上，應有地名。
一版十九行上文有同年，下文是年二字可省。
二版二行五年十月在前，四行七月在後，不合。
二版十行侍寢食句，應酌改。
三版三四行是年明年等字不清晰，兩是年可省。明年應改爲二十四年。

三版廿一行卒六十二云云，民國廿六年，照中國算，公才六十一。
四版十六行有二十九年字樣，十八行今年二字應删。

〔一〕對方豪作雷故司鐸鳴遠事畧所提修改意見。

王重民〔一〕

（一）一九二六年

承示詢易州龍興觀道德經碑。此碑今尚在，數月前有人過易州尚見之，係唐景龍二年刻。績語堂碑録載其全文，又有唐廣明元年道德經殘幢，原在泰州，今移置焦山，績語堂碑録亦載之。未知曾見及否？謹復重民先生。弟陳垣。十五日

〔王夫人劉脩業先生提供影印件〕

〔一〕王重民（一九〇三—一九七五）：字有三，河北高陽人。一九二九年畢業於北平師範大學，後在北平圖書館任編纂委員兼索引組組長。

（二）一九二六年

即檢道藏輯要，有太上道德寶章翼二卷，爲白玉蟾章句，程以寧闡疏。又有太上道德經釋辭二卷，爲王一清撰。似均道藏所無，未知兄處已見及否，謹此奉達重民學兄。弟陳垣。十九。

〔劉脩業先生贈原件〕

（三）一九三三年十二月二十日

有三先生撰席：

不晤兼旬，前接手書，知尊體稍有不適，未識現在何似，想已康復，爲念。巴黎之遊〔一〕既可決定，則語學練習正須加緊耳。賀表撰人尚未考出，大約是孔傳熹手筆，惜無文集可證。區區屢費清神，至深感佩。孟彤〔二〕遽逝，痛不可言，初不料其短命至此，奈何奈何！專此，即請大安。弟陳垣拜啓。十二月廿日。

〔劉脩業先生提供影印件〕

〔一〕由北平圖書館派往法國國家圖書館，整理研究敦煌遺書等。

〔二〕孟彤，趙士煒。援庵於此年夏曾爲其中興館閣書目輯考作序。

(四) 一九六二年三月九日〔一〕

友三先生史席：

久未晤教爲念。二月廿日來示早收到。承詢徐光啓集在抗日戰爭時期徐宗澤有重編本？我亦記不清楚抗日時期徐宗澤有無增訂徐光啓集，但只記得他在一九三三年有增訂徐文定公集，未知尊處所詢者是否此本？

廣州華南農學院梁家勉同志亦正在新編徐光啓集，所擬凡例極佳。既是同志，分道揚鑣好，還是彼此合作好，謹爲介紹，可否去信聯繫，請酌。此祝

健康！陳垣。三月九日。

〔劉脩業先生提供影印件〕

〔一〕王重民時爲北京大學圖書館系主任。

（五）一九六二年六月四日

解釋庖言係代庖之言……甚是。〔一〕明刻書影，實在可據，足下既看清楚，庖言二字可作定論。

〔信稿摘録〕

〔一〕援庵於一九六二年六月二日光明日報發表關於徐光啓著作中一個可疑的書名一文，懷疑徐氏庖言之「庖」爲「庖」之誤。王重民即日來函，據明刻書影，證明「庖」字不誤。

錢經宇〔一〕

（一）約一九二六年

近讀貴雜誌第廿三卷廿一號姚君大榮辨晝徵録記王石谷與吴漁山絶交事之誣，佩其精審。既又謂漁山入教不足爲諱，尤徵卓識。漁山不獨入教，且曾爲教士傳教三十餘年。信仰自由，有何足諱？鄙著跋漁山致石谷尺牘一篇，特録呈，並附原牘（另寄）影本。可否登貴雜誌卷端，以與姚作參證，請酌。〔二〕經宇先生撰席。陳垣謹上。

〔原稿〕

〔一〕錢經宇，東方雜誌主任。

〔二〕此跋作於一九一九年九月，後以吴漁山與王石谷書跋爲題發表於東方雜誌第二十七卷第二號（一九三〇年一月）。

伯希和[一]

(一)一九二七年七月十二日

伯希和先生史席:承贈大著十五册,至爲感謝。又九册,已於五月卅一日轉交王國維先生。但交王先生之第三日,即聞其沈淵而死,未識其所著韃靼考已寄尊處否,至爲可惜。承詢李問漁所著之徐光啓傳,即徐文定公集卷首之徐文定行實,又丁志麟所著之楊廷筠傳,即附於代疑篇末之楊淇園行實。前已檢寄各一部,乞爲查收。又顧頡剛所著之古史辨,亦已檢寄。楊廷筠所著書,千頃堂書目内,尚見有數種,但原書尚未尋得。尊處所得之楊廷筠事實,能賜示尤感。元史譯文證補所稱闊於也里可温之北固山下殘碑,即至順鎮江志之大興國寺碑,想尊處已見之也。

阿尼哥子孫事蹟，在他人文集中，尚未有發見。巴黎圖書館所藏之名理探十倫，能用照像法照出否？需費幾何，便乞示知爲盼。鄙人近著有足本西遊録校注，印成後將請教。專此，謹頌
著安！陳垣敬上。七月十二日。

〔原件藏巴黎吉美博物館〕

〔一〕伯希和（Paul Pelliot，一八七八—一九四五）：法國漢學家，法蘭西學院教授，通報主編。一九〇六至一九〇八年曾從敦煌掠走大量珍貴文物。一九三三年初又來華。

（二）一九三一年三月二十六日

伯希和先生道鑒：

敬啓者：本月八日爲編輯蔡先生〔一〕六十五歲紀念論文集事由，上次所務會議所派各人開會討論議決各項，另紙奉聞〔二〕。此事在中國爲創舉，萬祈共襄其成，以求盡善，公私至感。專此，敬請

著安！

陳寅恪 陳垣
趙元任 劉復
弟 李濟 林語堂 敬啓
朱希祖 傅斯年

中華民國廿年三月廿六日

〔此件現藏巴黎吉美博物館〕

〔一〕蔡先生：蔡元培。

〔二〕此函附蔡子民先生六十五歲紀念論文集編輯會議録。

（三）一九三三年一月二十三日

伯希和先生撰席：

頃談俄京所藏元祕史來歷，當係俄主教拍雷狄斯於同治十一年（一八七二）在中國所得之本〔一〕。今承先生攝影分贈北平圖書館，吾人至深感謝。此本卷一首葉有「玉雨堂印」及「韓氏藏書」印，卷十五末葉有「韓泰華印」、「小亭」二字朱文印。

韓泰華字小亭，錢塘人，道光間官陝西，晚居金陵，著有無事爲福齋隨筆二卷，潘祖蔭刻入功順堂叢書，又著有玉雨堂書畫記四卷，爲自刻玉雨堂叢書十種之一。今景教碑側刻有大字云「咸豐己未武林韓泰華來觀」云云，即此人也。此本元祕史即其所藏。連筠簃元祕史張穆跋所謂「道光廿七年復從仁和韓氏借得影鈔原本，校對無訛」，即此本也。後爲拍雷狄斯所得。

此本卷七末葉有小字一行云：「嘉慶乙丑元宵從刻本補寫訖，通介叟記。」卷九末葉又有小字一行云：「嘉慶乙丑二月廿一日從刻本補寫，七十八叟識。」通介叟係鮑廷博自號，讀畫齋叢書　玉山逸稿有通介居士鮑廷博跋。鮑廷博與錢大昕先生同生於雍正六年（一七二八），至嘉慶十年乙丑（一八〇五）正七十八歲。則此本實原爲鮑氏知不足齋所藏。鮑氏從永樂大典鈔出，又曾從刻本補寫，後歸韓氏者也〔二〕。

往年垣曾由上海涵芬樓假得顧千里原校本，以校葉氏刻本，得訛誤數百條。葉氏所據本係文廷式鈔本，今又藏敝處。垣甚欲以先生所贈圖書館之鮑本，合文本再校一次。文本從顧本出，顧本從刻本出；鮑本從大典出，大典本亦從刻本出，而分卷不同，蓋鈔入大典時變爲大典卷數（五一七九至五一九三），而不依刻本原來之卷數也。管見如此，先生以爲何如？乞不吝賜教爲幸。專此，即請晨安。陳垣謹上。一九三三年一月廿三夕。

〔原稿〕

〔一〕關於此本，可參考援庵元祕史譯音用字考第四節俄本來歷。

〔二〕援庵在信稿此段上有批語：「知不足齋叢書第廿三集各書跋多稱『通介叟』。廿二集鑒誡稱『通介老人』。廿三集澠水燕談録、石湖三録、庶齋老學叢談、灤京雜詠等跋均稱『通介叟』。」

孟　森〔一〕

（一）約一九二七年

承詢拙著朔閏表回回曆所根據。拙著所根據者係史實，史實以唐武德壬午爲元（即月分之元），不以隋開皇己未爲元（即宮分之元）。回回曆雖有宮分月分，然其實用月分，明志實誤。嘉慶間錢竹汀先生大弟子元和李尚之鋭曾著回回曆元考駁正之，其説略見羅士琳續補疇人傳。其曆元即其紀元，其遷都即其建國之年，非另爲一事也。謹此奉復，並頌著安。

〔原稿〕

〔一〕孟森（一八六八—一九三八）：字蒓孫，號心史，江蘇武進人。明清史專家。曾任南北各大學教授多年，時爲南京中央大學歷史系教授。

余嘉錫〔一〕

（一）一九二八年三月二十八日

季豫先生撰席：

頃奉手示，敬悉。昨在報中拜讀大著，至爲佩服。承詢周亮工著述撤出四庫原因，據乾隆檔乾隆五十二年八月十一日，内閣奉上諭在覆勘文淵等閣所藏四庫全書，據詳校官祝堃簽出周亮工讀畫録、吴其貞書畫記，内有違礙猥褻之處，已照簽撤改矣。祝堃著交部議叙，欽此。所謂違礙者，因讀畫録詩有「人皆漢魏上，花亦義熙餘」之句也。所謂猥褻者，因書畫記有春宵祕戲圖也。此事年前王君似曾詢及，事冗未暇詳答，晤時乞轉致爲荷。現在通行之簡明目録，有係乾隆四十七年趙懷玉據四庫館初成稿本録副南歸刊刻者，故李清、周亮工之書目具存。至乾隆五十二年三月始發見李清諸史同異録，内有順治與崇禎相同四事一條，指爲悖謬，因而連累他書，同年八月又發見周亮工等書，遂一併撤出。趙本簡目未及照改，故與庫書不符。粤刻簡目每半葉九行，行廿一字，以爲常，間有特疏特密者，即撤出填補者也。又四庫提要内原有引周亮工語數十處，後皆挖改，敝處有詳表，文繁不録。乾隆五十二年四月初二日檔，有撤出各書後填補空函辦法一件，五十三年十月廿日檔，又有先後奏請撤出銷毁書單一件，另紙録呈。此等掌故，求之私家記載，多不可得，古人所以願讀蘭臺、東觀書也。爲之一笑。專復並頌撰安。弟垣謹上。三月廿八日

附録檔案

臣等遵旨，將現在銷毁李清書四種，應行補足空函之處，與紀昀公同商酌。查得四庫全書每分六千餘匣，均只於匣面按次標刻第幾函字様，其書則各自分部，不相聯屬，並無通身流水卷數，是以屢次奉旨添書撤書，皆可通融辦理。此次所毁李清書四種，南北史合注一種，係在史部别史類中，諸史同異録及不知姓名録二種，係在子部類書類中，此二類備抄之書尚多，均可按其時代，另檢别種約計卷數多寡依次補入，不見抽換之跡。惟南唐書合訂一種，係在史部載記類中，此類書籍甚少，現在别無備抄之書，無可補入。查從前武英殿裝潢全書，向因册數函數厚薄不匀，有奏定襯紙之例，現在四閣書内襯紙者甚多，今此書僅只六册，匀裝此空匣之内，即可不必再補。再現在刊刻總目，應一併查明改正。所有臣等

公同商酌通融辦理緣由，理合奏請皇上訓示遵行。謹奏。

右乾隆五十二年四月初二日檔。臣等者，軍機大臣也。

諸史同異録　此書係李清撰。因書内妄稱世祖章皇帝有與明崇禎相同四事，悖誕不經，續辦三分書，繕進一分，内未照底本删去，當蒙指示，前經奉旨將全書銷毁，並將李清所撰各書，概行查毁。此係文淵閣繕進之本，其悖妄語句已經原辦之總校删去，全書應毁。

南北史合注　此書係李清撰。應毁。

南唐書合訂　此書係李清撰。應毁。

列代不知姓名録　此書係李清撰。應毁。

書畫記　此書係吴其貞撰。因書内所載春宵祕戲圖，語多猥褻，奏明應毁。

讀畫録　此書係周亮工撰。因詩内有「人皆漢魏上，花亦義熙餘」，語涉違礙，經文淵閣詳校簽出，奏請銷毁，並將周亮工所撰各書，一概查毁。此係文淵閣繕進之本，其違礙語句已經原辦之總校挖改，全書應毁。

閩小記　此書係周亮工撰。應毁。

印人傳　此書係周亮工撰。應毁。垣案：周亮工尚有書影及同書二種，後亦一併撤出。

國史考異　此書不著撰人姓名。内多引用錢謙益辯證，奏明應毀。垣案：此書潘檉章撰，已刻入功順堂叢書。

右乾隆五十三年十月二十日檔。

〔録自王重民編四庫抽毀書提要稿〕

〔一〕余嘉錫（一八八四—一九五五）：字季豫，湖南常德人。古文獻學家、目録學家、史學家。一九二八年以後在輔仁大學、北京大學任教。一九四八年以四庫提要辨證一書當選中央研究院院士。臺靜農先生輔仁大學創校點滴一文中説：「這一新興的大學，主要教授多未從其他大學物色，而是從大學範圍以外羅致來的。因爲援庵先生居北平久，結識的學人多，一旦有機會，也就將他們推薦出來。如國文系主任余嘉錫先生，現在都知道他的博學，是一位嚴謹的考據學者，他原是前清舉人，在北京作過官，自己説是六品小京官。」援庵在一九六二年十一月爲余嘉錫論學雜著所作序言説：「季豫先生一九二七年入京，不久他就來看我，我們談起彼此治學的經過，各有甘苦，頗能契合。後來他到輔仁大學中文系任教，見面的機會較多，研史論學，互有啓發，每談至深夜，不知疲倦。抗日戰爭期間，論學諸友紛紛離京南下，能談者漸少。余與先生同在一校工作，又同住一街爲鄰，早晚相見，來往就更多了一些。這時先生以種種關係，未能離京，雖然當時生活比較艱苦，仍能不虧操守，淡泊自持，惟以讀書教學爲事。」

（二）

王季平之名當爲王稱，吾於錢氏〔一〕所舉之外，又得二證焉。學海類編之西夏事略、張邦昌事略，原即東都事略之一篇，均題曰王稱撰，可見曹溶所據之本原作「稱」字。一也。海源閣藏宋蜀刻二百家名賢文粹，其序題王稱撰，又爲眉州人，則與撰東都事略者同爲一人無疑，「偁」之當作「稱」是亦一證。二也。

〔録自余嘉錫四庫提要辨證卷五〕

〔一〕錢氏：錢綺。

（三）

季豫先生著席：

大唐西域記卷十一（四部叢刊景宋本）第七頁背三行「式修供養」後，明本羼輯入五百十六字。四庫提要地理類四知其誤，從「今之錫蘭山」句數起，認所衍共三百七十字，四庫全書本遂改爲小注雙行，守山閣、墨海金壺本因之。而不知「今之錫蘭山」句上一百四十六字亦明本衍文。此蓋未見宋、元藏本之故。明本大唐西域記衍文一頁另抄呈。明藏之誤已如此，不獨吳氏刊本。提要又謂讀書志載有玄奘自序，此本佚之。亦謬。今卷一目録之後一段，即玄奘序論，讀書志所引數語具在其中，何得云佚？拙著辯機考（第七節末略與此書有關）並檢呈，乞不吝指正爲幸。專此，即頌午安。

〔手稿〕

（四）

昨函西域記序，高麗藏本尚有「祕書著作佐郎」敬播序，爲宋、元、明藏所無，故全唐文及拾遺亦未收入，未識可藉尊著介紹於世否？此頌晨安。

〔手稿〕

（五）

大著拜讀，僭易數字，以報雅意。間有擬去而復留者，其他雖去而可留者尚多也，請勿泥鄙意爲幸。專此，即請晚安。

〔手稿〕

陳寅恪、劉復[一]

（一）一九二九年一月三十日

寅恪
半農先生均鑒：

承示傅先生十二月十四日函，敬悉一切。敦皇經卷之最難整理者，莫過於首尾不完失去標題之卷。前方家胡同圖書館所藏之八千六百卷，到館已十餘年，尚有三百餘卷未知爲何經。今中央研究院歷史語言研究所欲爲此等研究，似宜先將前方家胡同圖書館所藏目録刊布；一面搜集海内外公私所藏，陸續介紹於世，以引起研究者之注意。民十一年，弟長該館時，曾費數月之力，按日逐卷翻檢一過。大約十之九是佛經，而法華經占十之三，金剛、金光明等經各占十之一五，涅槃、維摩等經各占十之一，餘經不過百種。蓋劫掠之餘，精華已盡矣。唯披沙揀金，尚時有至寶。民十五同人組織敦皇經籍輯存會，弟被推爲採訪部主任，曾登報徵求私家所藏，應者絶少。乃就館録存其目，名敦煌劫餘録，凡十餘册。會現停頓，稿亦擱置。如果歷史研究所需弟擔任此事，可將弟所輯敦煌劫餘録加以整理，用中央研究院名義出板。至傅先生所示辦法三項，暫時月三百元亦足。現擬從二月起繼續校録無名經卷，經費請按月直接匯至弟處（翊教寺二號），不用函催，則事易辦也。專復，即頌撰安！　弟陳垣謹上。一月卅日。

〔影印件〕

〔一〕陳寅恪（一八九〇——一九六九）：江西修水人。時在清華研究院任教並兼任中央研究院歷史語言研究所歷史組組長。劉復（一八九一——一九三四）：字半農，江蘇江陰人。文學家、語言學家。時任歷史語言研究所研究員。

陳寅恪〔一〕

（一）一九三五年三月十七日，往函

寅恪先生撰席：

大序〔二〕拜謝。今已刻就呈覽。卅一頁後七行噉欲谷、五十二頁後十一行托爾斯太二處亦酌改。復校一過，殊不愜意，頗自悔災梨之無謂也。尚乞不吝賜教爲幸。此頌晨安。弟期垣謹上。三月十七日。

〔一〕陳寅恪：見前。

〔二〕大序：指爲元西域人華化考木刻本所作序。

（二）一九四〇年七月三十一日

寅恪先生史席：

大序〔一〕頒到，同人聚觀，正如故鄉消息久斷，聞有人來，羣相問訊也。甚感。惟文中疵病未承指出，遽爾流布，豈不貽笑方家耶？不勝皇恐。專此復謝，並候旅安不一一。弟垣謹上。七月卅一日。

〔影印件〕

〔一〕大序：指明季滇黔佛教考序。

臺靜農〔一〕

（一）約一九二九年十二月三日

靜農仁弟：

來書並撰集二册，久收到，遲遲未復，爲歉。集部後總集無撰人姓名而有朝代者，仍可按朝代編入各朝中；其有姓名而無朝代者，頗不易考，檢史姓韻編或可得之。若能將嚴輯全上古文按筆畫繁簡先編一姓氏通檢，則檢尋較易。此種工作，似尚未有人爲之，亦一憾事也。近百年史之研究，僕爲門外漢。史料愈近愈繁。凡道光以來一切檔案、碑傳、文集、筆記、報章、雜誌，皆爲史料。如此搜集，頗不容易。竊意宜分類研究，收縮範圍，按外交、政治、教育、學術、文學、美術、宗教思想、社會經濟、商工業等，逐類研究，較有把握。且既認定門類，搜集材料亦較易。前數年上海申報五十年紀念特刊，即此種辦法，足下曾見及否？別久極念，暇幸過我一談。即問近佳。垣謹復。十二月三日。

〔影印件，下同。〕

〔一〕臺靜農（一九〇二—一九九〇）：字簡伯，安徽霍邱人。歷任輔仁大學、山東大學、國立女子師範學院教授。抗戰勝利後去台灣，任台灣大學中國文學系主任。他在輔仁大學創校點滴一文中說：「沈兼士先生與援庵先生是好友，兼士先生主持北京大學研究所國學門時，曾聘援庵先生任導師，我就是他在研究所的學生。」「他約我爲輔仁的講師，出我的意外。」「我是十八年入輔大爲講師，二十年七月改副教授兼祕書，九一八次年回皖。」

（二）約一九三〇年八月十七日

靜農仁兄鑒：

全上古六朝文姓氏通檢稿本在兄處否？頃有人欲借閱，最好連兄所編者一併交來一閱爲幸。此問秋安。陳垣謹上。八月十七日。

（三）一九三五年二月三日〔一〕

靜農先生：

昨遊廠甸，在大雅齋見有舊仿黄小松刻扇骨一持，尚有似意，敬以奉呈，乞哂存爲幸。

專此，即頌潭安。陳垣謹上。二月三日。

〔一〕此函有臺先生一九七三年七月廿二日識語：「此二十四年書。師所賜黃小松刻扇，去年目寒去日本視大千八兄，託以轉贈大千矣。」

（四）一九三六年九月二十一日〔一〕

靜農仁弟著席：

前晤莊公，知台從有到青機會，即極力慫恿玉成其事。今奉來示，知已到青，爲之大慰。青地絶佳，常在海濱獨坐，即是無上快樂。人情複雜，似不必介意。待人處世，只有忠信篤敬四字。以弟飽經憂患，定能領略。至於待遇之多寡，更不足計較矣！仍望努力，勿作吾京兆之想爲幸。匆匆不盡欲言，即頌大安。陳垣謹上。九月廿一日。

皖峰〔二〕又病，其勢不輕。幸已轉佳，仍在西什庫醫院。如有去信，勿作憂鬱之譚，令其傷感爲要。再者，聞霍邱裴氏有王覺斯鐸行書手卷〔三〕，未識能一探其有轉讓意否？垣又及。

〔一〕臺先生有識語：「此二十五年書，時余初至山東大學；明年七月四日到北平，又三日，七七事變起。靜農記。」

〔二〕儲皖峰。

〔三〕臺先生有識語：「覺斯此卷，家君曾詢諸裴氏子，皆不知此卷下落。按此卷中華書局曾經影印，係覺斯書贈湯若望者，故援師欲得之。靜農記。」

（五）一九四二年六月二十五日

靜農老弟著席：

久未通訊，奉四月二日手書，有如面晤，至爲欣慰。嗣接五月廿五日潛女來函，知我弟曾有不適，想此信到時早已康復如常矣！念念。皖峰夫人日前孑身來平，擬攜二子還鄉，現因道阻，暫留此間，情殊可憫，幸生活尚能維持耳。南中知舊，常見者誰，爲我道候爲盼。專此，即頌著安不一一。垣謹上。六月廿五日。

（六）一九四五年十一月十日

靜農仁弟史席：

久别爲念。本月二日回青峰〔一〕信時適接到十月廿日來函，未暇即復，曾將寐叟一箋託青峰轉上〔二〕，信皮照來信寫重慶白沙，未知能否收到，念念。今有伯喈先生一函，隨報剪寄。兩漢樂舞考在輔仁發表何如？專復，並頌大安。霽、建諸兄〔三〕均此。垣謹上。

十一月十日。

〔一〕青峰：柴德賡。

〔二〕臺先生有識語：「日本降後始與援師書候起居。師見余字習倪鴻寶體，因以所藏沈寐叟一箋寄賜，寐叟亦習倪書者。癸卯夏靜農記。」

〔三〕李霽野、魏建功。

傅斯年〔一〕

（一）一九三〇年一月三十日〔二〕

示悉。元典章甫畢，即着手發敦煌録稿，〔三〕一二日後即可送上。此事頗似欠債，日推一日，大對不起，只有請罪而已。北江手稿，能屬攜來一閱至佳。專復，即頌撰安！

孟真先生史席。弟垣謹上。一月卅日。

〔影印件，下同。〕

〔一〕傅斯年（一八九五—一九五〇）：字孟真，山東聊城人。北京大學畢業後，赴英、德兩國留學。一九二六年回國後，歷任中山大學、北京大學教授，一九二八年起任歷史語言研究所所長。一九四九年任台灣大學校長。

〔二〕傅時爲中央研究院歷史語言研究所所長。

〔三〕指敦煌劫餘録，由歷史語言研究所印行。

（二）一九三〇年十月二十二日

孟真先生史席：

敦煌録不過五百七十五葉，另總目、檢目等約七十葉。從三月起至今，尚印賸檢目四十餘葉。有何法屬其稍爲快些，以免長此不完也（從來來稿，隔夜即交還，未嘗稍一躭擱也）。封面樣子送上。鄙意封面後面加入外國文。尊意以爲何如？如以爲可，即請寫就正面並後面譯文，交京華製板。又有數葉，覆校時不誤，但發印時鉛字脱出混亂（共六葉，已告京華。因係數目字錯，不得不重印）。此當由京華負責重印（如由我們錯的，應由我們負責）。鄙意數目字不能作勘誤表，只有再印之一法。並請尊處裁酌。專此，即請

撰安。弟垣上。十月廿二日。

（三）約一九三三年末、一九三四年初

孟真先生：

謹將封面〔一〕式樣呈閲，是否如此説法，乞示知照印。拙著元典章校補釋例災梨已

畢，謹將校稿呈閲，專候大序發下即可刷印。同時史諱舉例亦刻就未印，並呈一覽，如有所指示，當於未印前改正也。

〔録自手稿〕

〔一〕封面：指元祕史譯音用字考封面。該書由中央研究院雕版。

（四）一九三四年十月三十日

孟真先生撰席：

承示函稿，有數處須商榷，謹列於後。並頌撰安。弟期陳垣謹上。十月卅日。

一、輔仁某君合作句擬删去。因此君係比國司鐸，與輔大無關。且非與合譯，不過遇有疑難請教之耳。

二、重譯衹於人名、地名略加注釋，並非全注，故附注釋句上擬添「略」字。

三、逐月經濟狀況句不明。前與寅恪先生談，二書擬限二年完成。但此項工作不自今日始，已往費用早經支出。假定有成議，願先收還一半，其一半明年六月後收還。

四、著作人不受金錢上之報酬可也，至此書出板時著作人應有此書若干部以贈同好，此節未識有無規定。

五、再板權永歸商人可也，惟合同内著作人於再板時修改或增加，視爲義務，不視爲權利，則著作人直商人奴隸耳。爲之一笑。

原稿敬繳。〔一〕

〔影印件，下同。〕

〔一〕此函爲商榷刊行援庵元祕史音譯類纂及元祕史校記兩稿事。

（五）一九三六年四月四日

孟真先生著席：

奉一日手教，敬悉起居佳勝爲慰。評議會已決定出席，藉聆教益。惟不慣出門，頗覺

矜持，不如適之先生之隨時可動員耳。承示院中可住，尤感厚誼。行期定，當預告。謹此復謝，並頌

撰安！　弟陳垣拜上。四月四日。

（六）一九三六年四月十一日

孟真先生撰席：

前日奉復一緘，想登記室。頃已決定十三日下午三時卅五分平滬通車南下，與適之、莘田先生同車，殊不寂寞。前示研究所可住，甚感。唯以不勉强、不遷動别人爲最要。莘田先生言所中住處無多也。晤教匪遥，不一一。弟垣。四月十一日。

（七）一九三七年四月二十三日

孟真先生撰席：

别後匆匆又一月，想起居佳勝爲祝。弟頃定本月卅日下午六時乘301次車晉京，但到時

夜半，未識所裏有下榻處否？如無，乞飭紀綱預定一旅舍爲幸。屢承照拂，感何可言。接岑先生〔一〕函，知我公愛才如渴，至佩至佩。晤教不遠，餘俟面罄。專此，即頌著安。弟陳垣謹上。四月廿三日。

〔一〕岑先生：岑仲勉。

（八）一九四〇年八月十五日

孟真先生撰席：

違教久，時以爲念。拙著明季滇黔佛教考正印就，欲寄呈，忽接頒到性命古訓辨證二册，如天外飛來。窮日之力細讀一過，歎爲近代奇作。覩西施之容，歸憎其貌。拙著本欲停止寄上，姑藉此示年來飽食之外，非無所用心焉耳。乞不吝賜教爲幸。專此復謝，並頌撰安不一一。弟陳垣謹上。八月十五日。

拙著一册寄樂素轉上。

（九）一九四五年十一月二日

孟真先生史席：

沈、英〔一〕二公來，備知近狀安好，至以爲慰。頃又接九月二日函，敬悉。弟自卅年底出板南宋初河北新道教考後，未嘗發表一文，可謂嬾極。僅爲通鑒胡注表微，尚未出板而虜已降服矣！提要一紙謹呈。道教考想尊處亦未見，俟交通稍便當呈正。精力日衰，恐不能復有所造述。閱報知伯希和先生已作古，更爲之悵然。寅恪先生遊英，常通信否？仲勉先生近況何如？吾二人至今未嘗晤面也。專復不盡欲言。即頌道安。弟陳垣謹上。十一月二日。

〔録自近代學人手跡二集〕

〔一〕沈、英：沈兼士、英千里。

蔡元培、楊杏佛〔一〕

（一）一九三〇年四月三日

中央研究院蔡院長、楊副院長鑒：

懇將北平圖書館一、二月補助費二千元，即日電匯，以資接濟爲禱。垣、藻、衡。〔二〕

〔一〕蔡元培（一八六八—一九四〇）：字鶴卿，號孑民，浙江紹興人。教育家。曾任北京大學校長。楊杏佛（一八九三—一九三三）：江西清江人，名銓。留學美國。時任中央研究院總幹事。

〔二〕藻：馬裕藻。衡：馬衡。

新會旅京同鄉

(一)一九三〇年五月二十四日

致同鄉公啓稿

敬啓者：本邑新舊兩館契據，久已遺失，迭經函粵就鄉人之曾任前清京官並曾充邑館值年者，細爲查詢，均置不復。因循以迄於今，亟應補行印契，以重物權而杜後患。況官廳近有驗契之舉，一再展限，以七月底爲截止之期。警吏迭次來催，迄無以應，尤不能置爲緩圖。查兩館補契税價約需千餘元，而我邑公款不名一錢，勢須另籌辦法。茲定六月一日(星期日)下午二時，約集旅平鄉人到永光寺西街新會新館公同籌議，以利進行。倘再遲遲置之不理，恐將來無契呈驗，官廳加以干涉，或難免將兩邑館充公。事爲全邑顔面所關，凡我鄉人，豈能漠視，務請先生屆時必到，妥籌辦法，俾資補救，萬勿吝玉，至盼至禱。此上先生台鑒。新會館董事陳垣、何嘉蘭謹啓。五月廿四日。

〔油印稿〕

北平圖書館

（一）

奉函垂詢購買壽縣出土古器事，謹答復如後：

此項古物應否保存是一事，本館應否購買又是一事。如果此項古物值得保存，中央博物館及安徽博物館應先購置。區區弍千四百元，中央及省府何至無辦法，而必欲售歸本館。本館經費並不充裕，且係圖書館，非兼辦古物館。古物日有出土，此端一開，本館恐無此力量。在中文購書費内挪購，理由亦似不充足。如果此項古物確係廉值，商人自必爭購，何至迄無購者。至於轉售外人云云，爲售古物者要索高價之唯一用語，無論世界金融吃緊，古物買賣並不如前，即使不欲古物流出外洋，政府亦應有整個計畫，枝枝節節截留無當也。若基金會有款可購，乃另一問題，不在本館範圍之内矣。拙見如此，仍請公決。九月七日。

〔原稿〕

柳詒徵〔一〕

（一）一九三〇年十一月六日

翼謀先生撰席：

久未通候，少濱〔二〕先生北來，具道拳拳盛意，並辱賜近刊，在遠不遺，至感，至謝！

茲有懇者，前因搜集元代史料，得汲古閣毛氏及錢塘吳氏、高郵王氏、南昌彭氏、巴陵方氏等各家所藏元典章，遂爲董刻元典章校補，書凡十卷，已付梓矣。唯董刻據稱出自杭州丁氏，丁氏書今藏盋山，甚願先生就近一查，丁氏原書是否亦有闕佚，抑丁氏原本無闕，而董刻獨自遺漏也。

今將所欲求指示者開列於後，不吝賜教爲幸。專此並頌撰安！不一不一。陳垣謹上。十一月六日。

一、每半葉若干行？行若干字？

一、行款全部是否一律？ 據沈跋董刻所據者紙色分新舊，舊者每半頁十五行，新者每半頁十行。

一、董刻卷九吏部三闕「倉庫官」以下六類，丁本有闕否？

一、董刻卷卅四兵部一之末闕「軍裝」一類，丁本有闕否？

一、董刻目録卅五葉背七、八、九三行，及卅六葉六、七兩行，下層均有闕目。 未識丁本目録同樣闕否？

一、董刻後半部添改之處甚多，尤奇者，各條年月之下常著有日子，爲諸本所無，如卷四九第卅八葉背三行「二十一日」四字，及同卷四十二頁第二行「二十四日」四字是也。未識丁本是否如此？ 統乞檢示，費神容謝！ 垣又啓。

〔柳曾符先生贈影印件〕

〔一〕柳詒徵：（一八八〇——一九五六）：字翼謀，號劬堂，江蘇鎮江人。史學家、文學家，歷任東南大學等校教授。當時任江蘇國學圖書館館長。館在盋山。

〔二〕少濱：朱師轍。

尹炎武〔一〕

（一）一九三一年四月二十六日

元典章校補係君促成，今幸蕆事，謹以一部呈政。此次印書無多，如有賜示，尚可隨時挖改也。此上

石公先生。垣再拜。四月廿六日。

〔録自原件〕

〔一〕尹炎武（一八八九—一九七一）：又名文，字石公，號蒜山，江蘇丹徒人。一九一一年入安徽存古學堂，後入上海中國公學攻讀古文及法律。自一九一九年起，歷任北京農專、北京大學、輔仁大學、中法大學、河南大學、貴陽師範學院教授，並曾任江蘇通志館纂修、國史館纂修。解放後任上海市文物保管委員會委員。

（二）約一九三一年

石公先生撰席：

昨晤袁公〔一〕，得覩祕藏，至爲欣幸。更有一意外之獲，則耶律卷宋跋〔二〕是也。曩讀元史耶律楚材傳，其卒年與元名臣事略相差一年，事略云癸卯，元史云甲辰，致疑者久之。昨觀宋跋，言「公生於庚戌，廿六歲入國朝，庚子年五十一」云云，知元史楚材傳甲辰云者，亦宋公修元史時所加也。宋公蓋誤信楚材神道碑「明昌元年生」之文，認定楚材生於庚戌，卒年五十五，應爲甲辰，而不知神道碑實誤以金章宗即位之年爲明昌元年。因章宗以大定廿九年己酉正月二日即位，明年始改元明昌，楚材實生於己酉，廿七歲入元，庚子當五十二歲。知宋跋所由誤，即知元史所由誤。十年疑悶，釋於一旦，快何如之，謹録呈舊作〔三〕一篇，小技不足觀，因近年張蔚西、王靜安撰耶律年譜，皆承元史之誤，未及訂正，故略申鄙見如此，乞指正。即頌撰安，不一。弟垣謹上。九月廿七日。

〔抄件〕

〔一〕袁公：似指袁同禮。
〔二〕宋跋：宋濂之跋。
〔三〕舊作：指耶律楚材之生卒年一文。

（三）一九三二年四月

石公先生有道：

承示雪橋老人〔一〕雅意，至可感紉，日間當親詣乞題原稿，謹先珍復。曩讀雪橋詩話餘集卷六有「施愚山後裔不振，既葬，被人發冢」等語，因檢洞簫樓詩紀卷十一，知此語出自宋于庭，于庭聞之張竹谿。然考愚山後裔：康熙四十六年丁亥，其次子彦恪曾續編施氏家風述略，梅定九盛稱之；乾隆十二年丁卯，其曾孫念曾曾編先生年譜，杭大宗亦盛稱之（李次青爲愚山事略，並稱念曾乾隆丙辰召試鴻博）；乾隆卅年乙酉，其曾孫企曾猶輯先生遺著二種付諸剞氏，即今所傳愚山外集是也。自康熙廿二年癸亥愚山之卒，至乾隆卅年乙酉，已八十三年，其後裔未嘗不振。宋于庭以道光七年丁亥過宣城，聞先生軼事，時距先生之卒已百四十有五年矣。後裔不振，被人發冢事，縱有之，亦當在五六世以後，則于庭詩注

「既葬」二字，似須省去。未識雪老以爲何如？可否請鑑兄婉達，唯尊裁之，皇恐皇恐。專此，即頌著安。垣謹肅。廿一年清明日。

〔抄件〕

〔一〕楊鍾羲。

（四）一九三五年二月四日

近年拙刻卷首題字多晦聞〔一〕手筆，昨寄上化考〔二〕，已非復蒹葭樓〔三〕體，感愴何如！想公見之必有同慨也。

〔信稿摘録〕

〔一〕晦聞：黄節。

〔二〕化考：元西域人華化考。

〔三〕蒹葭樓：黄節書齋名。

（五）一九五二年四月五日

石公吾師：

承示鍾、王二公函札，〔一〕且慚且感，乞代致意。本擬俟所找書找齊後即復，豈意文山筆話遍找久無着，今僅寄上列女傳集解一部，又柳老〔二〕索諱例、吳譜各一部，又柳老屬鈔笑峰塔銘一首，乞並轉。亮丞去秋作古，柳老似未知，交通史料彙編絶板。季豫世説注未見刊行。葉生〔三〕前年已逝。袁爽秋墨跡曩曾見過，今年却未遇。中國佛教史籍概論以大唐西域記、佛國記係外國地理，故未列入。拙著有大唐西域記撰人辯機一文，登在一九三〇年歷史語言研究所集刊，述辯機與房少奶奶奸通事，未識曾瀆尊覽否。竹汀手簡年月悉已考出如另紙，請正。即頌台祉。清明。

跋錢竹汀手簡〔四〕

錢大昕竹汀手簡十五通，分裱十四開，石公自滬寄我。抽暇一閱，皆竹汀寄家人子弟信，中有「東壁圖書」印，當爲竹汀長子東壁所收藏。今考其年月次第如下：

第一通「我自」至第五通「十一月」，凡六開，皆乾隆三十九年竹汀由河南鄉試正考官轉任廣東學政，九月至十一月寄京家信。信無上下款，時妻王夫人已前卒，蓋寄如夫人浦氏者。信中屢提及大官二官，即東壁、東塾，時東壁九歲，東塾七歲，皆浦所生。第二通有白大人，爲河南鄉試副考官白麟，有制臺何大人，爲河南巡撫何煟，曾加總督銜，故稱制臺。第三第四通有金大人，爲前任廣東學政金士松。

第六通「昨接」，約可廬携眷至蘇城觀競渡。可廬竹汀弟大昭，字晦之，乾隆五十四年竹汀初至蘇州主講紫陽書院，此函當作於是時。

第七通「初七日」，付東塾，蓋乾隆五十五年六月入京祝八十壽時作。信中言「王臬司已落職，書制臺亦罷官」。臬司王士棻，制臺書麟，皆因高郵州僞串冒徵案革職。是年東塾廿三歲，故誡以讀書爲上，閒遊無益。

第八通「昨接」，第九通「今日」，皆付東壁、東塾，訂廿七日接鏡濤夫婦歸寧，冬至前要回去，信中並問阿同、阿閏好否。鏡濤瞿中溶字木夫，竹汀長壻，見潛研堂詩續集七洞庭雜詠詩注。乾隆五十六年結婚，此二信蓋作於五十七年十月，是年十一月初八日冬至，歸寧可住十日。阿同東壁子，名師慎，阿閏東塾子，名師康，時阿同五歲，阿閏一歲。瞿木夫自訂年譜不載鏡濤舊號，不合。

第十通「昨莫」，付東壁、東塾。箋墨與前二札全同，札中所言人事亦相接，蓋同一時作，即乾隆五十七年十一月。

第十一通「前二次」，寄晦之，托小松轉，並候覃溪。乾隆五十九年阮元繼翁方綱任山東學政，晦之佐阮元幕，翁撰復初齋詩卷四十五，甲寅題黄秋盦同知得碑十二圖，有「近與錢家仲，停車意不忘」之句，即在此年。黄易字小松號秋盦，官山東運河同知。

第十二通「别來」，與既勤大侄。既勤係晦之長子東垣，札中問「節内尊大人已解館否，前所訂尊堂同往武林之説，今擬在蘇啓行」，當是嘉慶元年晦之佐阮元浙江學政幕時作，擘經室四集二，有丙辰題錢可廬明經蕉窗注雅圖詩，即在此時。札中又言「張芑堂欲將豐宫瓦刊入金石契」，張芑堂補刻金石契，正在嘉慶元年。

第十三通「涉齋」，與可廬。札無月日，涉齋瞿中溶父，嘉慶二年八月涉齋招竹汀爲洞庭西山之游，見竹汀年譜，此札當作於是年。

第十四十五通「可廬」、「别後」，皆與可廬。二札無月日，共裱一開，箋墨相同，蓋同一年作。札中言「邑志采訪陸續已到，正可删定成書，了此一事」，又言「精神漸漸恍忽，殊可慮」。嘉慶六年長興令延竹汀、可廬總修縣志，八年志成，此二札當作於是年，即竹汀卒前一年。時屢患病，故札中有「恐不能久駐人世」語。

綜核此册，雖寥寥十五簡，但自乾隆三十九年竹汀四十七歲起至嘉慶八年竹汀七十六歲止，綿亘凡三十年。中多有月無年，或有日無月，或月日並缺，今爲一一考出，以質石公。

一九五二年清明。

〔原稿〕

〔一〕鍾泰、王謇，均華東師範大學教授。

〔二〕柳詒徵。

〔三〕葉生：葉德禄。

〔四〕此跋後經修改，發表於文物一九六三年第五期，題曰錢竹汀手簡十五函考釋。

（六）一九五二年七月五日

六月廿日來示早收到。爻山及大莊書均照來信給價允售，但發見大莊書内禮記審議一種，卷一闕第十四頁，屬其設法補足，至今早始來言一時無法補足，只得先購上爻山三册（十萬），寫經二册（萬五），其他俟補足後再議。王校水經、楊注要删均有書，價如另紙。

〔原稿〕

（七）一九五四年四月二十二日

寒假台從北來，未能一晤，至以爲憾。我住院一百十日，三月十七日出院，在家休養，亦已月餘，經過尚好，可以告慰。惟久未得台從南旋後消息，亦未接來示，渴念無已，今試按舊址投寄一緘。滬上有何新聞，文娱有何笑話，幸不吝賜示。

〔信稿摘録，下同。〕

（八）一九五五年五月六日

不通音問，將近一年，語云多病故人疏，石公其疏我耶？我最近飲食終日，無所用心，養得甚好，惟手尚有些麻痹耳。兹寄上去年十一月照片一張，閲之亦可略知近狀。滬上諸君子，不時在念，能給我一二消息否？

（九）一九五五年十二月二十九日

夏五曾接復書，中間消息隔斷，月前忽奉手諭，並與劬翁〔一〕合照一張，知劬翁健康已恢復，欣慰無量，當即將照片虔奉案頭，朝夕瞻對。劬翁如道君，石公如古佛，佛道論衡，在下如親謦欬。忽忽五十餘日，早當復謝，因近印一書，欲與俱，迄未印成，致稽裁答，今歲末不及待，僅先以機師西域記〔二〕一部寄呈，餘俟異日。劬翁大著要義，拜讀一過，豐度猶昔，學衡之流澤長也，傾慕不置。文如公近出版桑園讀書記，已寓日本。少濱先生著清史述聞，欲採及蔣廷黻論文，前作書嘲之，未識能見諒否，晤時幸爲道地。

〔一〕劬翁，柳詒徵。

〔二〕即大唐西域記，後附有援庵所撰大唐西域記撰人辯機，文學古籍出版社一九五五年版。

（一〇）一九五五年十二月三十日

昨復一緘並寄上新印西域記一册，想登記室。科學出版社印拙著中國佛教史籍概論，説是年内出版，故擬等出書後寄呈，一並復十一月九日信，乃等之又等，至昨日不等了，先復信，至今日該社將印出之書送來了。覆閲一過，殊不愜意，恐爲當代賢豪所笑也。然既已刊行，亦聽之。今付上三本，乞分致劬公、森公，此書稿本曾經吾師審閲，如受批評，老師須負一部分責任。有須要請教者，幸開列姓名住址，當照寄。

（一一）一九五六年二月二十五日

青峰北來，言在滬曾謁師門，精神旺盛，至爲欣慰。惟柳老久無消息，想近已痊愈，極念。能惠我一音，爲幸。即日所聞，積微居主〔一〕已作古，思辨同人，又弱一個了。

〔一〕指楊樹達，其書齋號積微居，著作有積微居小學述林等。

（一一）一九五六年三月十日

春寒，楊、柳〔一〕一時俱萎，其爲愴痛何如。

石印道藏闕文錯簡表，具見從者校勘之勞，謝謝。此書是從明刊摺子本改爲方册本，偶不注意，即易有錯落，從頭到尾，將全藏卷葉對勘一遍，實爲必要。惜某年暑假，家人要逛青島，旅費無着，遂將道藏估去，無從一勘，至爲遺憾。原件題目「校勘」二字，似可省去；備注欄内「明刊」二字似可改爲「館藏本」，請酌。

與大師兄〔二〕合照早收到，渠來書屢將張泠僧〔三〕誤爲閬仙〔四〕，昨去書告之，渠謂石公曾見告，但泠僧非僧故改爲仙，余謂閬仙、泠僧皆教部同事，而君與閬仙又是思辨同人，今必欲改泠僧爲閬仙，則將來光隱集中高張何别。名從主人，古有明訓，何必效乾隆之改忽必烈爲呼必賚，徒亂人目乎？若謂非僧不可名僧，則仲尼又何嘗是尼乎？録博一粲。

月前寄上大唐西域記一精裝本，係文學古籍出版社用嘉興藏本影印，已登記室否？

〔一〕楊樹達、柳詒徵。

〔二〕指朱師轍。
〔三〕張宗祥。
〔四〕高步瀛。

（一三）一九五六年三月十六日

十日奉寄一緘，想已得覽，大師兄來信，欲印拙編清史稿列傳檢目。此事與吾師有關，故敢奉告。今將原稿並復函呈閱，閱畢請代付郵筒，至感。

（一四）一九五六年四月十三日

連得三月廿日、廿六日、廿九日書，快慰無量，長日寂寂，以得石公書爲樂，遲未復者，以二十日書言劬堂傳將脱稿，先覩爲快，擬俟傳到乃復，久候未至爲念。

文學古籍出版社選印大唐西域記，本人並未預聞，只因附印拙文，曾徵詢同意，及全書印出，送來精平裝各一部，始知所選者爲嘉興藏。

大師兄以清史稿爲無上著作，其實此書除疆臣及部院大臣諸年表外，其用處尚不如耆獻類徵，不知吾師以爲然否。

錢大昕手簡及跋文，請費神一勘，有須補釋或須删節，及有不妥當之處，統乞不吝糾正示知。

（一五）一九五六年五月二十一日

五月十五日手書並錢竹汀題吕孝子孝行圖卷照片，謹奉到，謝謝。吕孝子圖卷前曾見有王西莊石琢堂題絹本，蓋即此卷分散者。唯錢王二家集不載此文，蓋以爲酬應之作，不欲蕪其集也。如三十年前則必追求此錢大昕題跋，但今昔異尚，今惟吾家東塾墨跡尚不斷收羅。未識此等遺跡，海上間有流傳否？

（一六）一九五七年四月十八日

拙著釋氏疑年録經吾師審定，始敢付梓，但刊行後人不甚注意，近忽暢銷，不解何故，若云向科學進軍，何至垂青至此？南宋初河北新道教考亦然，積存數十部，束閣經年，無人過問，近忽爭購，已告絕版。大抵與中醫、國畫同其命運乎？

（一七）一九五八年三月二十日

別後久未得書，正思念間，忽奉十四日書並錢、阮等手札，不勝雀躍。錢、阮二札均有年月，孫〔一〕札雖闕及半，其中有大母九十，老父七十，又有服闋已半載等語，知係嘉慶六年夏間作。

〔一〕指孫星衍。

（一八）一九五九年三月二十六日

數致劉生書皆得見〔一〕，竹汀等札及東塾聯亦拜收，厚貺何以爲情。鐵君學佛，遺墨固難得；平叔孫爾準，爲述庵、二雲弟子，平日專治訟師惡棍，與民除害，道光元、二年巡撫安徽，此札專言皖事，當作於此時，亦屬難得，不得以大官僚薄之也，吾師以爲何如。

〔一〕劉生，指援庵的學生和祕書劉乃和。尹氏致信劉乃和，説明寄贈清人書札墨跡，爲援庵祝壽。

（一九）一九五九年四月十五日〔一〕

日前寄示東塾等聯，均已轉呈校長，校長謂東塾聯如諫議大夫端拱而道，松龕聯如三日新婦羞澀可人。正擬作復，又奉到繆、羅〔二〕諸札，如敦煌散葉，復出人間。

〔一〕此函以劉乃和名義作復。
〔二〕繆荃孫、羅振玉。

（二〇）一九五九年五月六日

承詢亭林文集初印本卷六「子胥鞭平王之尸辨」後，有「讀隋書」一篇，古今稱國計之富者莫如隋云云，凡五百五十餘言，乃文獻通考卷廿三國用考之文，後印本删之，補入「顧與治詩」及「方月斯詩草序」二篇，目録則删而未補，是爲今本亭林集，即四部叢刊本亭林集。此事十駕齋養新録卷十六「顧寧人」條曾言之。

（二一一）一九五九年八月五日

錢題吕氏孝行圖，曾承留意物色，甚感。現在此軸已由南而北以大衍半數歸於勵耘，可謂巧遇。兹將另郵寄上最近人民畫報一册，其中有一照片，正在披閲長卷，即錢題吕孝子圖卷也。

（二一二）一九五九年十一月十四日

賤辰已平淡度過，尚不致招摇。承長電並武書徐畫，隆情厚意，真使我跼蹐難安，竟不知何以爲謝。

（二三）一九六〇年一月十五日

石公吾師尊鑒：

除夕書奉悉。承示清史稿列傳通檢的錯誤，至感。但孝義1之張良松不誤，總目誤耳。

又忠義3目録楊堂等，應去等字，是矣。但似應添梁崇、李培秀二名。

又列傳15禪布一名，似可不添，禪布係達海之孫，達海傳還有他幾個孩子，單舉禪布似不妥。拙見如此，僅供參考。續有所得，尚望不吝賜示，所謂「舊學商量加邃密」也。

文如本月六日作古，有所聞否？

專復，即頌

春祺！ 陳垣。 一月十五日。

〔録自原件〕

（二四）一九六〇年一月十五日

茲有近人手札真跡十八通、廿八頁，並信封八個，密行細字，言皆有物，實爲近代史資料珍品，謹以奉贈。

（二五）一九六〇年四月十二日

大錯和尚爲公鄉人，前承借我大錯遺集，久思以大錯真跡爲報，昨在廠肆見明人印章題詞墨跡一册，十八開，題者八人，中有陳元長持錢少開札索晤張一鵠之事，又有少開親筆題記。册首有董玄宰、陳眉公書，末有夏樹芳老人題詩，又有眭明永，希姓書家難得，因亟携歸，另郵寄呈，以爲吾師壽。

（二六）一九六〇年五月二十三日

前日偶檢舊篋，見有凌次仲上款錢、阮尺牘一册，記得係吾師所貽，中有殘札兩開，據内容筆跡，是孫淵如的無疑，但此札年月，頗有問題，特爲考定如另紙〔一〕。

〔一〕所考即爲跋凌次仲藏孫淵如殘札一文，後刊於文物一九六二年第六期。

（二七）一九六一年三月二十三日

上海文管會所藏清儒手札，洋洋大觀，屬分甲乙，以便抄寄，雅意可感，惟太費事，不敢多勞，獨陳蘭甫一家有幾通，共幾箋，上款爲誰，能查示足矣。小文一首附呈〔一〕。

〔一〕即跋陳鵬年自書詩卷。

（二八）一九六一年七月一日

頒到東塾楹聯，敬謹拜領，在遠不忘，至可感紉。

（二九）一九六一年十月二十八日

前年跋錢竹汀手簡十五通，内説第二通之「制臺何大人」爲汴撫何煟，「制臺」係「撫臺」二字的偶誤。何煟曾加總督銜，故稱制臺，原函並不誤，誤者我耳，特此更正，並致歉忱。

（三〇）一九六二年六月二十日

恪誦八絶，奬掖備至，且感且愧。〔一〕

〔一〕是月尹炎武有簡陳援庵八絶句。

（三一）一九六三年四月十日

前聞公不適，極感不安，又不便驚擾。頃接手札，如獲至寶，更喜公能揮毫，不勝健羨，僕只能用鋼筆，殊覺不恭。

（三二）約一九六四年

元白〔一〕言滬上有些人願得漁山年譜，唯市上無售處，誠然。今重刷數十部，將五本寄呈，有願得者請贈之，不願得者勿與也。〔信稿〕

〔一〕元白：啓功。

福開森〔一〕

（一）一九三二年五月一日

承詢畿輔通志張留孫碑，天曆年月，是否爲後人所填？謹按通志此碑跋語，不過寥寥數行，其錯誤之點有五。原碑天曆二字，甚爲清晰，誠如尊論，通志修於光緒，乃云年號泐下一字，誤一。原碑首稱趙孟頫奉勅撰書，末稱天曆二年五月，吴全節立石，本係二事，先後不同，今通志將天曆年月冠於孟頫奉勅撰書之上，誤二。留孫卒於至治元年十二月十三日壬子，時孟頫歸里已三年，奉勅撰書，當在至治二年六月孟頫未卒以前，今通志謂孟頫奉勅書撰，在至治元年，誤三。孟頫撰書於至治二年，吴全節立石於天曆二年，立石年月，自應是後人所加，通志詆爲妄填，妄字實爲過當，誤四。且留孫可稱上卿真人，或玄教大宗師，不可稱天師，明載孟頫碑文，今通志循燕都遊覽志之文仍標題爲天師張留孫碑，誤五。有此五點，頗疑纂者並未細讀原碑也。尊意以爲何如？

廿一年五月一日。

〔原稿〕

〔一〕福開森（J. C. Ferguson，一八六六—一九四五）：美國傳教士。北洋政府時曾任總統府顧問。

新會縣修志委員會

（一）一九三三年三月二十二日

修志委員會諸公公鑒：

敬啓者：昨奉公函並總纂聘書一件，伸紙發誦，至爲震駭。總纂何事，垣顧何人，敢膺斯任？方志之作，非獨考古，且以知今。考古之事，取弘治以來諸志，薈其精英，删其蕪蔓，正其謬誤，補其闕漏足矣。知今之事，則須取之官署檔册，檔册不足，須繼以調查。調查固貴得人，指揮尤須通識，選能任使，頭緒紛繁，此非離羣索居者所能辦也。垣離鄉廿年，聲氣隔絶，黄雲紫水，曾未忘懷，孤陋寡聞，從何措手。又況此間事務蝟集，不能遽離，雖欲勉隨諸君子之後，實不可得。再四思維，唯有函請就地另舉賢能，庶易集事。事關桑梓，垣願任一名譽職以效一得之愚。舉凡義例之磋商，門類之增損，體裁之訂定，稿件之勘閲種種，倘有垂詢，自當竭其所知，以稱諸公盛意。聘書敬繳，並頌公綏。陳垣謹上。三月廿二日。

（二）一九三三年五月三十日

〔原稿，下同。〕

志會諸公公鑒：

奉讀一日大函並聘書、志目各一，扣敬悉。諸公必欲以總纂一席相委，且允許不常川駐會，優加體諒，感紉莫名。倘將聘書往復寄還，殊非事體，謹暫行留下，以副雅命。惟總纂不必限定一員，似可增聘一人，垣改爲名譽職，亦不用增加預算。既是一邑之志，應合全邑人材爲之，凡邑中耆碩，均應禮致，以備諮詢，而資啓發。至於纂修年限，應有規定，届時不能竣事，寧可展限，苟無規定，恐書成無日也。承示志目，大致妥善，可先行分區採訪。惟記載事項止於宣統三年，抑止於民國廿年，須先定。鄙意應止於民國廿年。關於職官、宦跡、人物諸門，前志已載者是否複載，抑補續其所未載，須公定。在未公定以前，可先補續前志之所未備。若建置、古跡、藝文、金石諸門，前志已載者，似應仍行採訪，以知其是否存在。闔邑金石，尤應藉此機會盡行椎拓，載其全文，勒成新録。其他詳細義例，一人意見不能決定。且例由事起，進行遇有窒礙，即須隨時改變，此節非返粤與諸公公同酌議不可。鄙意欲覘一邑之是否進步，必須利用歷年統計，曾見有方志調查項目，謹另紙抄呈，俾資參考。倘擇其必要者製爲表格，即可按項填入。其縣署業已調查有案者，志會即可據以編纂。譬如自某年起本縣有公路若干里，汽車若干輛，今已增至若干里、若干輛。自某年起本縣有電燈用户若干家，電話用户若干家，今已增至若干家。苟有細密調查，任舉一端，皆可證明本縣之進步至何程度，如此方爲活方志，非死方志，未審諸公以爲何如？暑假本擬返粤一行，惟輔仁大學下學年適值改組，同事西友例須更换，恐行期較晚。進行各件，應即進行，不必久待。唯分纂、採訪各員，是否已經聘定，請將同人名單並别號、住址、擔任職務等開示，以便隨時請教，實所厚幸。專此，即頌公安。陳垣謹上。廿二年五月卅日。

志目並調查事項附呈。

（三）一九三三年六月四日

志會諸公公鑒：

敬啓者：五月三十日付上快函，想邀公鑒。垣一時未能即返，恐礙會務進行，兹因本邑黄霄九先生還粤之便，特託其代表到會接洽一切，乞賜延晤。又各省縣志輿圖門每附有北平各該縣會館地圖，本邑北平兩館，新志亦應載入。惟契據久無下落，民國初年旅平同鄉曾致函譚亦張、伍夙葆、陳篤初諸公查詢，久未得復，契局迭催繳驗，苦無以應。乞由會就近查明示復，以資保管爲幸。致譚、伍、陳原信鈔呈，即希查照。專此，敬頌公綏。廿二年六月四日。

再者，志會似應設收掌一員，專收掌分發各種文件及接洽纂修會與志委會間之事項，並轉達總纂與分纂、採訪間之意見，其待遇可略如分纂。垣既不能常川駐會，須有一人樞紐其間，方可免隔閡之患。今霄九先生適返家園，若會中能聘霄九先生，及霄九先生允任此職，則大善矣。謹此附陳，並希公決。

（四）一九三三年六月四日

槐庭邑長尊鑒：（一）

久慕鴻名，未親芝范。南中人來，每道吾邑近年善政，下風遜聽，與有榮施。此次垣被舉爲邑志總纂，辭不獲已，深懼不勝，惟盼隨時指示，俾資遵守，至以爲幸。今因邑紳黄霄九先生回粤之便，除公函託其到會接洽一切外，謹附蕪函，藉伸敬意，並叩崇安，惟照不備。

廿二年六月四日。

〔一〕黄槐庭時爲新會縣長。

（五）一九三四年八月四日〔一〕

江門新會書院修志委員會公鑒：

删日之會，垣不能到。總纂一席，實無暇兼顧，仍懇另舉賢能。垣。支。

〔手稿，下同。〕

〔一〕此爲電報文。下文同。

（六）一九三四年八月十一日

江門新會書院修志會：

灰電悉，辭意決，請另推主席。垣。真。

王桐齡〔一〕

（一）一九三三年五月八日

嶧山先生撰席：

承詢元統癸酉進士録蒙古、色目進士有雜居路府州縣者可假定爲民籍，其住居某某録事司者可認爲如清之駐防旗籍云云，竊不謂然。元時録事司之制略如今日之市，與清之駐防旗籍渺不相同。凡諸路治所，民户多者則另置録事司領之，不隸倚郭縣，猶今北平民户不隸大興、宛平二縣而隸北平市也。

元史卷九一百官志諸路録事司條下云：凡路府所治，置一司以掌城中户民之事。若城市民少，則不置司，歸之倚郭縣。在兩京則爲警巡院。獨杭州置四司，後省爲左右兩司。

卷五八地理志大都路左警巡院條下注云：初設警巡院三，至元四年省其一，止設左右二院，分領坊市民事。

卷六二杭州路左右録事司條下注云：宋高宗建炎三年遷都杭州，設九廂。元至元十四年分爲四隅録事司，泰定二年併爲左右二録事司。

福州路録事司條下注云：至元十五年行中書省於在城十二廂分四隅置録事司，十六年併其二，置東西二司，二十年復併爲一。

龍興路録事司條下注云：宋以南昌、新建二縣分置九廂，元至元十三年廢城内六廂，置録事司。

南安路條下云：至元十五年割大庾縣在城四坊設録事司，十六年廢。

廣州路録事司條下注云：至元十六年立。以州之東城、西城、子城並番禺、南海二縣在城民户隸之。

韶州路曲江縣條下注云：元初分縣城西廂地及城外三廂屬録事司。

卷六三衡州路録事司條下注云：宋立兵馬司，分在城民户爲五廂，元至元十三年改立。

據此諸條，則元時録事司之制略可考見，似不如來示所云猶清之駐防旗籍也。元初府、州亦有置録事司者，如上都路之順寧府、晉寧路之河中府、真定路之冀州、廣平路之磁州等是。其後府、州之録事司皆廢，分隸於倚郭縣，惟路之録事司獨存。今將各省録事司之數略表如下：

省及行省	路	録事司
中書省	二九	一九
遼陽行省	七	二
河南江北	一二	一一
陝西	四	二
四川	九	五
甘肅	七	〇
雲南	三七	二
江浙	三十	三一
江西	一八	一三
湖廣	三十	一六

其設置與否，以路之治所民户多寡爲斷。據右表，則當時各省人口之疏密亦略可考見。唯與民籍、旗籍之説無關，只可謂隸屬録事司者係住居各路城厢之人而已。辱承下問，謹據

所知以對，尚乞指正爲幸。又元史本有之史料，來示引新元史不引元史，竊所未喻。專此，並頌著安！　元統後第十癸酉立夏後第二日陳垣謹復。

〔録自底稿〕

〔一〕王桐齡（一八七八——一九五九）：字嶧山，河北任丘人。兩度赴東京大學留學。曾任北京師範大學、清華大學、北京大學教授。

蔡尚思[一]

（一）一九三三年六月三日[二]

尚思學兄撰席：

去年冬間接到一函，即行奉復，想已察及。久未得訊，未審近狀何似，至念。明年行止何如，能賜示一二否？專此，即頌文安。陳垣謹上。廿二年六月三日。

華中大學[三]是何性質？有若干年歷史？學生若干人等等，幸不吝賜示。

〔一〕蔡尚思（一九〇五—二〇〇八）：字中睿，福建德化人。思想家、哲學家。蔡先生在陳垣先生的學術貢獻（收入勵耘書屋問學記一書）中說：「五十多年前，我在北京大學研究所求學，陳垣先生是我最多接談的導師之一。飲水思源，我是永久忘不了他的。」

〔二〕此五函均據蔡先生所贈影印件抄録。

〔三〕時蔡尚思在武昌華中大學任教。

（二）一九三三年六月十六日

尚思足下：

快函並華中大學一覽敬悉，忙未得復爲歉。前函區區之意，固係想念吾尚思，亦因近感熱心教員之難其人。尚思英年，必能超乎流輩，但未識尚思近年生活何如。輔仁局面不大，月二百元以内之數，恐不足招羅賢者。且吾之念念不忘吾尚思者，非愛其主觀之哲論也，愛其滔滔不竭之詞源也。輔仁之所需亦在此不在彼，尚思有意北來乎？幸舉實情告我。專復，並頌撰安。垣謹上。廿二年六月十六日。

（三）一九三三年六月二十四日

尚思足下：

兩快函敬悉。輔仁文史二系原有主任，垣本不欲過問。兹因國文系主任病假，史學系又頗缺斷代史教員，故垣憶及足下。照輔仁史系課程，中國史分六階段，即上古、秦漢、魏晉南北朝、唐五代、宋遼金元、明清。足下所開示之哲學史、政治社會思想史、文化史等，能改任六階段中之一則善矣。又國文系有普通國文，所謂普通國文者，係因各系一年級學生有國文較劣者，一律須補國文一年。每兩星期作文一次，每班約卅人，分四五人擔任。足下可擔任一班，每兩星期並講授一次，即足下所開示之國文、韓文、學術文、文學史等功課也。至於國學概論、諸子概論等，近來擔任此項課目者人甚多，須到年後方能分配。總之，現爲輔仁所需要者，一斷代史，一改作文。後者足下最適宜，前者則請足下斟酌也。抑有言者，甚麽思想史、文化史等，頗空泛而弘廓，不成一專門學問。爲足下自身計，欲成一專門學者，似尚須縮短戰線，專精一二類或一二朝代，方足動國際而垂久遠。不然，雖日書萬言，可以得名，可以噉飯，終成爲講義的教科書的，三五年間即歸消滅，無當於名山之業也。是豈吾所望於尚思者哉！愚戇之言，久爲尚思惜，故藉便一吐，不敢云有當也。其他詳情，非面不能罄。有意北來，幸先見示。匆匆，即頌大安。垣謹上。廿二年六月廿四。

（四）一九三三年七月一日

尚思足下：

承示關於任課問題，量而後進，足徵審慎，至佩。校中延聘教員，例由系主任主持，校長不過畫諾而已。此次因國史二系主任向我徵求熱心教習，遂憶及足下曾有北遊之意，特爲介紹。國文系所要者改作文，史學系所要者斷代史，餘如諸子概論、國學概論等，均已有人擔任。哲學史、思想史等，校中無此功課。來示云云，似適宜之鐘點太少，不足以招致高賢，至爲可惜。姑以俟諸將來。關於治學問題，前函不過偶爾論及，士各有志，不能强同。且僕所反對者係「空泛弘廓」之理論，未嘗反對「博」，更未嘗主張「無博之精」也。來示先博後精之論，僕豈敢有異詞。願足下勉之而已矣！急於南下，匆匆奉復，不盡欲言，唯爲道珍衛。陳垣上。七月一日。

（五）一九四二年八月十二日

中睿仁弟惠鑒：

去年六月九日曾有一函寄上海大夏大學轉交足下，未見回音，以爲足下離滬久矣。前月忽奉手書，藉知起居安吉，至以爲慰。輔仁近狀勉强支持，萬方一概，卜居殊不易也。大著研究法提要拜收，略讀一過，唯有望洋向若而歎，佩甚佩甚。承詢近著，精力日衰，不能復有所造述。間弄筆墨，亦聊以自遣而已。頃寄上數種，乞不吝指正爲幸。專此，即頌著安。陳垣謹上，卅一年八月十二。

孫楷第、王重民[一]

（一）一九三三年六月二十六日

子書
友三二先生鑒：

手教敬悉。遲遲未得復者，一因上學年結束忙，二因改組，西友全換，新人始來，諸事未定，故未敢答復也。乞諒。近頗感熱心教員之難其人，故日前閒談，思及賢者。二公方當盛年，定能超越流輩，但未識惠然肯來否耳？現改組大概已定，正欲徵求二公所願任之科目，請詳細開示，俾得斟酌分配，至以爲盼。匆匆，即請撰安。弟垣謹上。廿二年六月廿六日。

〔一〕孫楷第（一八九八——一九八六）：字子書，河北滄縣人。孫先生曾函告編者他的生平及與援庵交往情況：「父親在鄉間當小學教員，年薪不及百元，供我上小學中學。十四歲上州立小學，傳沅叔（增湘）先生爲直隸提學使，查學至滄州，閱所爲文，甚賞之，傳見嘉獎。中學畢業後，考入北京師範大學國文系，一九二八年畢業後，歷充北平師範大學國文系助教，中國大辭典編纂處編輯，北平圖書館編輯，兼北京大學、輔仁大學講師。一九四一年，日本憲兵接收北京圖書館，憤然棄職家居。一九四二年，輔仁大學教授儲皖峰病逝，經援庵先生介紹入輔仁大學爲專任講師。」「識援老在王重民之後，初次見面在民國二十年。從援老遊，數十年始終無間。所作論文，大多數經援老看過改過，對其佳處，每加好批語，濃墨加圈，背後每對人戲呼之爲滄州才子。所作評明季滇黔佛教考、評南宋初河北新道教考爲援老激賞，賜書引詩：『他人有心，余忖度之。』受知援老如此之深，一生引以爲榮。」王重民：見前。

（二）約一九四一年〔一〕

細讀一過，佩服佩服。「他人有心，予忖度之」，夫子之謂也。夫我乃行之，反而求之，不得吾心，夫子言之，於我心有戚戚焉，此之謂也。末了一段，隨手拈來，即成妙辭，尤見心花怒發，有左右逢源之樂也。謹珍復，兩渾。

〔底稿〕

〔一〕此爲復孫楷第評明季滇黔佛教考文。該文載北平圖書館圖書季刊。

王世杰〔一〕

（一）一九三三年八月二十一日

雪艇部長大鑒：

承以編訂四庫全書未刊本目録事見委，並寄到草目一册，敬悉。垣於圖籍見聞狹隘，謹就所知，剔出確已有刊本及四庫實無此書者共五十餘種，並補入似未有刊本者數種，簽注如另帙。乞即博採衆説，將共認爲未見刊本之書先行付印，庶得早日觀成，至以爲幸。專此奉復，並頌勳祺。陳垣謹上。廿二年八月廿一日。

附草目簽注〔二〕一帙。

〔原稿〕

〔一〕王世杰（一八九一—一九八一）：字雪艇，湖北崇陽人。當時爲教育部長。

〔二〕草目簽注：已收入本集。

黄子獻〔一〕

（一）一九三三年八月

因明譯祕史太略，欲將日文回譯爲漢文，其要點有一名、一句不遺，以便與祕史蒙文對照。

明譯志在語言，故人名地名多略，如八卷二五頁之九十五功臣，名字盡行略去，是也。今譯志在事蹟，故擬照蒙文一名、一句不遺，未知日譯是否如此。蒙文常有對句，略如漢文駢句，文法甚佳，未知日譯是否如此？　此次書名擬照蒙古原文，譯爲忙豁侖祕史，不依日譯作實録。

〔一〕黄子獻，字孝可，曾譯日本那珂通世傳。此時在武昌。援庵請其將日譯元祕史回譯爲漢文。

(二) 約同月

正是想如此譯法，不嫌複沓也。如嫌複沓則與明譯何異。鄙意能按蒙文以句爲單位，先行逐句譯出，然後以漢文文法勾勒聯綴之，自無遺義遺句，未知此法可行否？其原屬對偶，如此次所譯第三段「急征之時」四句，祕史中似此者甚多，能照譯出，文氣自厚。又如第四段，明明説過又説，在漢文中少見，照此譯出，亦可見蒙古文體本來面目。

(三) 一九三三年十月七日

此間每星期有兩次蒙文，每次二小時。因習蒙文之便，曾將祕史蒙文逐句譯出，以與尊處由日文譯出者相互對照，甚有裨益也。

汪宗衍〔一〕

（一）一九三三年十一月二十日

孝博六哥青及：

前承鈔示戴子高致東塾書，極感。昨有上老伯〔二〕一函並東塾年譜資料，想已入覽，但未必能出兄所搜集範圍，甚以無補高深爲愧。兹有懇者，敝藏莘伯〔三〕先生致節广〔四〕書札頗多，大抵有月日無年，能將莘伯先生行狀或生平縱跡大略見示，至所感盼。又莘伯著述除葨楚軒詩集希文兄〔五〕曾惠寄一部外，尚有何種，並乞開示。頃檢敝篋，又有東塾贈倪雲渠詩扇一幀，已殘，有注無題，中有「名園復來，雲渠因事未至」語，不知何園雅集也，謹録呈。老伯乞代致意。即頌撰安！弟垣謹上。十一月廿日。

〔一〕汪宗衍（一九〇八—一九九三）：字孝博，廣東番禺人，汪兆鏞六子。援庵致汪宗衍先生函，除個別注明者外，均録自汪編陳援庵先生論學手簡（于今書屋刊本）及汪先生寄贈的原函影印件。汪宗衍先生在一九七二年二月所作陳援庵先生論學手簡後記中云：「一九三三年夏，援老回粵，時衍方增訂舊作陳東塾先生年譜，持以就正，語及新收東塾復戴子高書墨跡，適衍自陳氏後人假得子高與東塾書原本，出以相眎，援老大喜，欲爲雙璧之合而未果，乃將戴書抄寄，遂有戴子高遺文與年歲之作。自是四十年來書簡往還不輟。愧余學殖荒落，疑莫能釋，或訪求書册，久而未獲，時時郵函叩詢，靡不指示周詳，稀見之本，亦悉力爲衍搜求鈔影，近二十年來，猶源源以東塾資料遠寄，其爲人服務，誠如援老表字之稱也。衍稚性難馴，偶有商榷，援老亦欣然接納，且於增訂本中齒及，尤足令人悚愧。」

〔二〕老伯：指汪兆鏞。

〔三〕莘伯：汪兆銓，兆鏞之從兄。

〔四〕節广：梁鼎芬。

〔五〕希文兄：汪兆鏞第五子，與援庵同爲廣州光華醫學校第一期畢業生。

（二）一九三三年十二月十五日

孝博六兄文几：

月杪兩函並莘伯先生小傳均拜悉，因欲俟明史竊、惺默齋詩收到後並謝，故裁答稍遲，乞諒。昨日二書與老伯舊曆十月十七日手諭同時收到，二書紙包已碎，幸有掛號，郵局尚加意保全。倘封面地址一失，則無從投遞矣！謹謝謹謝。惺默齋文集及詞集，希文兄未嘗寄我，亟欲一讀，能各檢賜一部尤感。東塾類稿此間曾見過兩部，目録及屬鈔各篇，已於前日寄上，想已入覽。其告示碑陰記及林跋係得自另一本。前屬書扇，自惴書劣，故交卷遲遲，稍暇當勉應命。老伯手諭，不欲慶笙集見道希〔一〕之名，尺牘中有涉及道希者，略去何如？孟劬〔二〕先生昨日託人詢問老伯住址，蓋欲直接通訊也。專復，並頌撰安！　陳垣謹上。十二月十五日。

老伯前乞叱名道候。

〔一〕道希：文廷式。

〔二〕孟劬：張爾田。

（三）一九三四年一月十日

孝博仁兄撰席：

廿五日手教並惺默齋集一册敬拜謝。承詢敝藏東塾類稿板心並無「鍾山集」字樣，惟太上感應篇序有二篇，文同而並非一板，可知當時所刻不止一次矣！謹復，即頌撰安。弟垣啓。一月十日。

（四）一九三四年三月十日

孝博六兄足下：

久未通候，精進奚似。王題梅卷詩已考出年月否？一月間曾寄上石臞父子年譜，想已察及。敝藏王氏父子墨跡無多，除廣雅疏證手稿前數卷二百九十餘頁外，有石臞中年書札數通，晚年伯申代作信稿、文稿數通而已。近見有梁節庵光緒十二年刻東塾集八卷，有文數篇爲六卷本所無，想尊處必已見及矣。專此，老伯尊前乞代請安。弟陳垣謹上。三月十日。

垣酷愛莘伯先生字。莘伯手寫詩詞，敝處有紀遊一首、和郭葆生一首、某人一首、浣溪紗、菩薩鬘各一首，爲前賜惺默齋集所未收，是有意刊落否？又及。

（五）一九三四年四月二十五日

孝博六兄矜鑒：

前月因奔本生母周太夫人之喪，曾匆匆回粤，北旋復奉手教，敬悉一切。孟劬先生函並即轉去。梁刻東塾集叙目鈔呈，乞察閲。此據節庵家藏初刻紅印校本，非見之廠肆也。謹復，並頌文祉。老伯尊前乞叱名請安。弟陳期垣頓首。四月廿五日。

（六）一九三四年四月二十八日

孝博先生撰席：

前日匆匆奉復一札後即接到油印本東塾年譜。搜輯之勤，至可欽佩。即日又奉到廿日手教，敬聆一是。東塾遺詩散葉亦拜領。年譜同治五、六、七、八年及十一年，光緒元年、五、六年各條下之「新會陳氏藏」等字幸抹去，因通典值昂，尚非吾有，譚氏諸札仍藏其家，不敢掠美也。石臞題梅卷未見有別證。東塾友人有號小溪者，是何許人，便幸見示。專復並候撰安。弟陳期垣謹上。四月廿八日。

（七）一九三四年五月十三日

孝博六兄足下：

手示敬悉。東塾遺文十篇即抄呈，頗有譌字，均照原刻，未校，希督核。文末有年月爲廖刻所無者，只有格術補序，前函似已録上。兹有懇者，嘉慶間徐星伯松在永樂大典輯出宋會要數百卷，其稿後歸劉翰怡〔一〕，經劉倩人改編。今原稿及劉稿已由北平圖書館借到，擬付剞劂。惟劉稿舛誤殊甚，徐稿亦經割裂，無法付印。今欲回復徐稿之舊亦不可得。去夏聞粤中温氏有宋會要鈔稿，未知此書見存何處，能借校不？（校其割裂痕跡，欲復徐氏之舊，非逐字校對也。）抑或由館遣人就校，或另有其他方便之法，請吾兄細爲調查示復。成兹美舉，亦藝林佳話也。專此奉懇。老伯前並乞致候。弟期陳垣頓首。五月十三日。

〔一〕劉翰怡：劉承幹。

（八）一九三四年五月二十七日

頃復令兄書，將發，奉快函，知老伯跌傷，想已痊愈，爲此馳候。宋會要事，有消息幸再告。此上孝博六兄足下。弟期陳垣頓首。五月廿七日。

（九）一九三四年十一月十八日

孝博六兄撰席：

久未通候，想撰著日富爲頌。前接希文兄函示吉期，即得一聯，所用故事惟兄知之最悉。敝藏有陳慶笙與梁星海論昏禮書，去年曾鈔寄老伯刻入慶笙文集補遺，兄所知也。敝藏又有汪容甫致劉端臨書，劉文興撰端臨年譜曾引之，亦兄所知也。敝藏尚有容甫續昏時致大賓劉仿魏啓，爲年譜所未載。仿魏，端臨父也。垣即用此二札成一聯云：「敢效慶笙談古禮，喜聞容甫續昏書。」頗覺貼切，已將二札合裝一卷，欲以爲贈。未識結昏地點在何處，去信南京未得復，希文兄是否已返粤，乞示知。老伯前並乞叱名請安爲幸。此頌台祉。

弟期陳垣謹上。十一月十八日。

（一〇）一九三四年十二月二十四日

孝博六兄撰席：

連接兩函敬悉。承詢謚法考釋，傳自何人，弟實無此著述。本月三日、六日先後寄呈新刻史諱舉例、元典章校補釋例各一部，是否指此？此係舊作，因排印者散完，遂以禍棗，殊無足觀，勿吝指示也。校例中夾有段懋堂墓誌一紙，係王懷祖手稿。羅叔蘊據道光蘇州府志知有其文，求之廿年未獲，弟以無意得之，傳抄者多，故付影印。（南中諸友有願得者即可寄呈。）又君家龍莊先生著作，書目答問曾採入六種，而著述家姓名略中竟略其姓名，是可異也。弟求龍莊墨跡亦十餘年，夏間得其晚年致湯敦甫長札數通，亦快事也。粵中有何所獲，便幸告我。專復，即頌著安。弟期陳垣謹上。十二月廿四日。

（一一）一九三五年一月十二日

孝博六兄侍史：

承詢容甫續昏，當在乾隆卅九年甲午，前跋誤也，應更正。此事孟慈撰容甫年譜不載，汪氏母行記亦不載，惟致大賓啓尚有附啓一通，今藏江安傅氏〔一〕，可以證明。啓云：

中於二月初三日由浙江水路北歸，因竹君先生有書交中投寧紹台道馮公，中於杭州往拜，約計二月下旬抵家，三月初五前即可上謁左右。

竹君罷安徽學政在癸巳冬，容甫持竹君書由徽州取道杭州赴甬，謁馮當在甲午春，故此知容甫續昏亦在甲午也。使孟慈見吾跋，必須作正誤。然孟慈之誤亦自不少，其作五松園文稿正誤云姚終禮部郎中，姚姬傳實終刑部郎中，此猶可云述他人語也。又云佯狂駡坐句爲先君辛卯暮雨詩結句，今遺詩暮雨詩實無此句。又云辛卯先君年二十七，據年譜當年二十八。一篇之中誤已如此，安得有人爲正正誤耶？尊見苟有異同，幸勿吝賜示，往復商量益加邃密也。去臘廿四日奉復一緘，已察及否？專此，並問動定不一一。弟期陳垣謹上。一月十二日。

傅藏附啓行書，比正啓楷書，尤覺嫵媚，恨不能令君一見也。

〔一〕江安傅氏：傅增湘。

（一一）一九三五年一月三十一日

孝博六兄：

前接十八日函並老伯近作拜讀。竹汀自書詩册有上款否？段誌續寄上八分，已收到否？頃接廿三日函，關於更正容甫續昏年分事，前跋匆匆據朱彬游道堂集平家莊石闕記後題「憶歲壬辰，大興朱學士筠罷安徽學政歸」，以爲朱罷學政在壬辰，則汪謁馮當在癸巳。謁馮在癸巳，則續娶當在癸巳，有傅藏附啓爲證，而未計及朱之罷學政實在癸巳，則謁馮當在甲午也。有兄一問，得即更正，幸甚。傅藏附啓已借影出，付上一分。承詢元刻釋疑韻寶内永康二字不一定係年號，或以其與宋諸陵名相類，故以爲忌，亦未定。此是忌諱，非避諱，章實齋所謂俗嫌是也。原書未見，據潘氏所記，係坊刻射利之書，則大抵村學究所爲，不足爲典據矣。專復，即頌文祉。弟期陳垣謹上。一月卅一日。

老伯前乞叱名道候。

（一三）一九三六年五月十日

東塾年譜及晦聞遺墨拜收。遺墨字太小，可惜。年譜同治十二年八月下未見著録全唐文紀事序，是否有意刊落？匆匆謹謝，並問動定。弟陳垣再拜孝博五〔一〕兄足下。五月十日。

〔一〕應是「六」，原文如此。

（一四）一九三六年五月十八日

孝博六兄著席：

久未通候，勁庵北來，帶到海雲禪藻一部，拜領之下，藉悉老伯大人起居曼福，爲謝爲慰。頃奉手教並張文襄手札。全集所載書札甚少，此札當然不在內。近得莘伯先生致伯端函二通，伯端不知何人，當是粵中一小官僚。又有朱棣垞致梁節堪打油詩一首，詩中本事不甚了了，順天舉人是蔡金湘否？並望見示。敝藏莘伯先生書，有在乙酉正月者云：「今歲以來，一意讀時文，寫楷字。千秋可期，一第難得。儻遂所懷，明春當相見於上京耳！」書法極秀逸可愛，當是得意之筆。屬題册耑，勉强應命，佛頭着糞，大可不必。謹復，即頌撰安。弟陳垣拜上。五月十八日。

老伯大人前叱名道候。

陳石遺撰張相國傳，謂督兩廣時創廣雅書院，故又號廣雅。敝藏文襄光緒二年札，刻「廣雅堂自制蜀箋」七字。石遺曾入文襄幕，其説乃倒果爲因，史事考證之難如此。

（一五）一九三六年六月三日

廿七日惠書並印件敬悉一切，漱紅樓原稿的是「漱」字。伯端藏友朋來信以盛九爲最多，稱鄉愚弟，初疑爲俗吏，不意其能治印也。顧千里書札少見。崑山趙詒琛撰千里年譜，民國十九年姚氏印於上海，想已見。近得道光刻崔東壁遺書十八册，有東塾印記及批語數十條，書衣題字四行云：「此書世間所少，兹特送與蘭甫先生。咸豐己未九月記。珠海老漁時年八十。」蓋南山〔一〕卒前數日所贈也，可加入東塾年譜否？又嘗見東塾擬江文通閩中草木頌，頌粤中草木並序，已收入集外文否？匆匆奉復孝博六兄足下。弟陳垣謹上。六月三日。

〔一〕南山：張維屏（一七八〇—一八五九），字南山，號珠海老漁。

（一六）一九三七年四月二十六日

孝博六兄足下：

久未通候，想老伯、令兄均好。年來有何所獲，幸見告。近得桂星垣玉堂歸娶圖卷，有陳東塾、張南山題詞。東塾詞有年月，可入年譜，未知曾見否？謹録呈，即頌大安不一一。弟陳垣謹上。四月廿六夕。

（一七）一九三七年十月二十八日

孝博六兄文几：

承寄青湖集補編一册，拜領。日前令姪女來平，藉悉尊大人以下均安，至慰。偶閲金文最，有東塾序，署明光緒七年九月，可入年譜不？此頌潭安！弟陳垣謹上。十月廿八日。

（一八）一九三八年二月十四日

孝博六兄著席：

久未通候，忽奉一月廿六日手書，藉知闔府安吉，至以爲慰。去夏復示早已拜收。吴譜誤處略加改正，重新刻木，日間當再呈正。拙著舊五代史輯本發覆十二月五日曾按舊址寄上，不見退回，以爲收到，今奉示始知尚未寓目。短書原不足觀，聊以告知近況而已。頃再寄呈一册，不吝賜教爲幸。專此，即頌潭安。弟陳垣謹上。二月十四日。

（一九）約一九四〇年七月二日

孝博先生大鑒：

承兩次寄來微尚齋詩，均已代爲分贈，謝謝。近接十一日函並郵票五拾元，擬購釋氏疑年録二部，已於廿五日將書二部八册分二包挂號寄上，想已察收。兹將原郵票五拾元寄還，因此間不通用也。專此，並頌台祉不一一。弟陳垣謹上。七月二日。

（二〇）一九四一年九月二日

孝博先生著席：

七月卅一日手書、國幣五十元、鼎湖山志、微尚齋詩續稿二包均先後收到，國幣折二十四元，已交學校。山志謝謝。所需此間何籍，信來當代採購。見雖匯兑不通，不必客氣也。詩續集已分半與孟劬先生。承示疑年録、僧諍記二點均應改正，所誤當不止此，不吝指示爲幸。年來飽食終日，著明季滇黔佛教考外，並著南宋初河北新創三教考以配之，已脱稿，目呈正。希文兄近狀何似，至念。通甫兄函託二生均已録取，乞並轉致。不一，即頌撰祺。

弟陳垣謹上。九月二日。

外郵釋氏疑年録通檢二册。

（二一）一九四一年十一月十九日

孝博先生：

卅一日來書並款早收到，款此間實收卅七元。天然語録外間少見，唯宫中有一部。因非公開閲覽之品，鈔閲極不易。前者塔銘係敝處舊藏，故即時鈔上，語録須展轉乃得見，遲遲奉復，乞諒。計每册百餘葉，每葉四百字，共約十二餘萬言（塔銘、行狀、梅雪詩除外）。可就鈔，不可借出。天短而冷，每日只能鈔四五小時，星期除外（鈔費每千字七角，因就鈔須稍加津貼）。連鈔連校，需時兩月，費百金，粤幣則須毛詩之數矣。有鈔之必要否，候示照辦。光孝寺志謝謝，徧行堂續集即以爲贈。惟今辯序失前半，前序又失後半，此本乃兩序合成，前半未識何人所撰，考出時幸告我。楞伽等三種，敝藏所有，隨函鈔呈。來款卅七元暫存敝處。專此，即頌著安。弟陳垣謹上。十一月十九日。

張漢三老先生在省抑在港？拙著道教考印成將以一部呈政也。

（二二）一九四二年二月十三日

孝博先生著席：

兩月未通函，以爲粤郵未復也。通甫兄已見，天然録提出後又收回。一月十日接電，知決意要鈔，但提取手續甚煩，擬過舊曆年即辦，天時亦較暖而長也。十七日又接十二月廿二日函，知是電前之信。正金款至今仍未收到，因未接該行通知，又無據往取也。瞎堂、千山兩詩集曾見有新印本，粤中如易得，乞代購一部爲幸。天然像尊處有佳本否，年前曾託此間名手摹得一幀，神情奕奕，勝瞎堂集卷首所傳者遠甚。前寄般若心經論，天然録卷十二已載，並聞。專此，即頌著安。弟陳垣謹上。二月十三。

晤通甫兄，知希文兄近狀甚詳，乞代致候爲荷。

（一一三）一九四二年三月二十三日

孝博先生史席：

二月廿七日由通兄轉來一月廿九日函，當已告知款收到。本月十三晚續接來電，頃又奉到由通兄轉來十四日函，敬悉一切。書已鈔得一半，先從第三册書問雜著鈔起，防有中變，亦可得比較有用之一册也。録中著年月者不多，兄必欲鈔之，亦還心願耳。天然像重摹不易，擬拍照寄呈。道教考收到殊意外，郵局云不能寄即退還。今復寄二册，一贈酥醪觀，一請留贈同好。佛教考謂汰僧事在康熙元年，係據丈雪紀年録，見佛教考廿六頁，又三山來年譜一條，録於别紙。二録均康熙時撰，康熙時刻。汰僧爲順治末年尊崇禪僧太過之反響，瞎堂集云云，或不止一次，或三山譜誤記耶？然何解於丈雪録，且康熙四年湯若望敗矣，僧敵既去，何復汰僧，疑不能明也。漁山扇、聯，年譜未載，頗有知也無涯之歎。瞎堂、千山集不急，本已見過，姑欲存一部而已。專復，即頌台祉。弟陳垣謹上。三月廿三日。

（二四）一九四二年五月二日

孝博先生著席：

三月廿三日曾復一月廿九、三月十四日來函，三月十三晚來電，並再付上道教考一册，想均收到。四月廿三日又挂號付上天然語録抄本三册，天然相片二張。計先後來洋百零七元，支寫生八十四元，賞茶房五元，紙九元，餘款九元，暫存敝處。瞎堂、千山集已有，如未寄請不必寄。魏書闕葉補兩張附呈。餘未一一，此請著安。弟陳垣謹上。五月二日。

（二五）一九四二年六月十六日

孝博先生史席：

五月二日曾奉寄一緘並魏書補葉，想已察及。頃接五月十三日大函並南華二册拜收。南華第一册曩年曾寄到，惟第二册以下未見，且未知共出幾册耳。承詢湯案，定讞在康熙四年三月，見實録，楊光先之控湯則在康熙三年七月也。專復，即頌著安。弟陳垣謹上。

六月十六日。

（二六）一九四二年七月十八日

孝博先生惠鑒：

六月十六日曾復五月十三日來函，想已察及。又五月二日曾寄上一函，未知收到否？茲有新印舊著數種，謹以史諱舉例一部寄贈尊覽。至月前鈔書之費，餘款九元，無法匯遠，謹以元西域人華化考二部附呈，如能售出，即將前款取銷，以清手續，何如？專此，即頌著安。弟陳垣謹上。七月十八日。

（二七）一九四二年十月一日

孝博先生惠鑒：

奉八月十二日大教並微尚齋雜文三包十一册，拜領，將以分餉同好。卷五有黄巖王君家傳一篇，本校史學系主任張教授星烺即王君之佳壻，今已鬚眉皆白矣。時序遷移，不勝感歎。專此復謝。順候文祺。弟陳垣謹上。十月一日。

（二八）一九四三年一月四日

孝博先生史席：

久未通訊，忽奉十二月三日手書，藉悉起居安吉爲慰。魏書補葉三紙，講稿一紙敬呈。前承寄微尚齋詩續稿，分贈友人，多有欲得正集者，無以應。倘有存書，幸惠數册。天然譜印就，先睹爲快。專此，即頌著安不一一。弟陳垣謹上。一月四日。

（二九）一九四三年六月十九日

孝博先生撰席：

天然年譜十册早收到，謝謝。分贈同好尚餘二三册。惟四月廿八日來示昨日始得接，在途中五十日，不得謂之快矣！在慘外省人知者甚少，不若千山剩人之能聲聞鄰國也。咸陟堂稿二有天然七十頌，大著未收，豈以其無事實耶？知空畫軸甚難得，敝處近得破山明一直幅，頗脱俗，餘無所獲。專復，即候著安。弟陳垣謹上。六月十九日。

（三〇）約一九五一年底

翁山詩外，余所見國學扶輪社排字本二十卷外，有康熙刻本十八卷。内容兩本相同，而卷數不一。康熙本刻成後於卷八、卷十後，各增一卷，稱爲卷又八、卷又十；排字本則改卷又八爲卷九，卷又十爲卷十二，以次遞改，故有二十卷。茲爲表對照如下：

康熙本	排字本
卷八	卷八（以前同）
卷又八	卷九
卷九	卷十
卷十	卷十一
卷又十	卷十二（以下遞改）
卷十八（嗣出實止十七卷）	卷二十（嗣出實止十九卷）

〔底稿〕

（三一）一九五二年二月二十八日

計開

吳漁山年譜三部　三册　每部五千元

釋氏疑年録（附通檢）二部　十册　每部五萬元

清初僧諍記（排印本）　一册　非售品

通鑑胡注表微　一册　非售品

晚明史籍考　十册　九萬元（此書絶板）

節庵遺詩　二册　一萬元

海藏樓詩　四册　一萬元

滄趣樓詩　四册　一萬五千元

右八種三十五册分三包寄，郵費一萬八千元。

來人民券廿五萬元訖。　一九五二、二、二八。

〔底稿〕

（三二）一九五二年四月二十六日

承示協翁苦不得茚溪之詩，余所藏茚溪語録卷六有偈十三首，除第一首四言，已見拙著語録與順治宮廷董后火化條引用外，餘十二首七言，照録如後，或可供協翁採擷也。

（下録五臺萬年冰懷龍池幻有老祖等十二首，略）

茚溪語録除卷六有偈十三首外，其他各卷尚有偈頌多首，亦詩之流也。特爲録出，以供參證。壬辰端午。

（下録早參等九首，略）

（三三）一九五二年五月十七日

孝博先生：

五月七日函悉。前書曾於四月廿八、九日分兩次寄嶺南轉，本冀有便人帶澳也。書單今附呈，幸點收。希文二月初來信要節庵詩，已寄港。又云近□子實，何以子實又在南京，便告我。匆匆不盡，即頌台祉。陳垣。五月十七日。

計開

元西域人華化考　校勘學釋例　清初僧諍記　以上各兩部

史諱舉例　吳漁山年譜　明季滇黔佛教考　通鑑胡注表微上　通鑑胡注表微下　南宋初河北新道教考　以上各三部

右專刊八種廿六册

雲岡石窟寺之譯經與劉孝標　耶律楚材父子信仰之異趣　耶律楚材之生卒年　大唐西域記撰人辯機　記徐松遺戍事　語録與順治宫廷　明季殉國者陳于階傳　李志常之卒年

以上各兩部

書全謝山先侍郎府君生辰記後一帙

右抽印本九種十四册另一帙

節庵遺詩　海藏樓詩

右代購二種六册

合共十九種四十六册另一帙分六包兩次寄汪德亮轉。四月廿八九日。

〔底稿〕

（三四）一九五二年七月二日

孝博足下：

忞譜、節詩收到，並轉。忞譜八歲後闕一葉，未知是原闕否？費兄確指費隱。曩在舊攤得節庵自書六十生日奏稿一本，擬俟有同情節庵者贈之，今謹以爲贈。黃東發卒年等等，係雜誌補白之文，無單印本。述學年月多誤係一講稿，今檢呈。敝藏有陳東塾與鄭小谷書一通，凡十五箋，集所未載。書首署五月十五日，書中稱譚玉生、鄒特夫皆逝，稱曾滌生爲文正。滌生卒於同治十一年二月，小谷卒於同治十一年十月，此書當作於是年五月。惟書中有「弟新新喪女」語，若指此爲女婉，則此書當作於光緒元年，必不然矣，是否同治十一年春夏之間東塾曾另喪一女耶？此頌撰安。垣。七月二日。

（三五）一九五二年七月十日

孝博足下：

前函疑東塾於同治十一年春夏之間曾喪一女，今考東塾同治七年重刻琅邪臺秦篆係女嫻所摹，及再跋琅邪臺新刻時稱嫻已夭死矣，嫻何年卒無明文。據敝藏與小谷書墨跡，則所謂「新新喪一女」者殆指嫻也。嫻蓋卒於同治十一年春夏之間，可補記載之闕。高明以爲何如？又大著東塾年譜載女律生於咸豐七年，似因遺奠文中有「汝生數月逆夷攻城」語，但下文明言「阿雅死時汝五歲」，雅卒於咸豐十年，女律五歲，則律實生於咸豐六年。六年十一月英人曾礮擊粤城，未克逞，至七年十一月復攻陷省城，擄葉名琛以去，遺奠文所指自是六年事。未知有當否？此頌撰安。陳垣謹上。七月十日。

（三六）一九五二年十一月二十七日

孝博先生：

十三日書奉悉，魏志缺葉及吴譜照寄，非售品。東塾與鄭小谷書原文録呈。敝藏節庵詩鈔本有花王閣稿題詞七古一首，又陶齋上欵扇面有節庵所寫詩數首，録供參考。匆復並祝健康。陳垣謹上。十一月廿七日。

（三七）一九五二年十二月二十九日

孝博先生：

七日書奉悉。澹庵集已見過，謝謝。讀雪山房刻居業堂集一時尚未找得。讀雪山房者，管韞山齋名。韞山八股名家，官御史，有直聲，編居業堂集之管繩萊，其孫也。集刻於道光辛卯，至咸豐己未不到三十年，而南山已云世間所少。今又隔九十餘年，其少更可知。求之覆刻本，有光緒間畿輔叢書本，每行字數與原本同，惟每半頁十行，又删去每篇後各家評語，並删去文九篇，與原本不能相配。應稍假時日徐徐物色之。敝藏亦有南山贈東塾書一部二函，書中東塾批語甚多，書衣題記年月及詞句與尊藏居業堂集完全相同，見照片。蓋南山臨終之一月贈東塾者。南山著國朝詩人徵略，收清人詩文集至夥，恐所贈尚不止此。今吾二家各得其一，亦佳話也。專復，即祝健康。陳垣謹上。十二月廿九日。

（三八）一九五三年一月十九日

孝博先生：

去月廿九日復一書，想收到。居業堂集管刻久未獲，近得一部，尚是原板，可以相配。但曾被人作爲日常讀本，故頗殘舊。因不易得，故留之，擬分日寄上。莫天翁健康否，晤時幸道及。通甫兄仍就養嶺南否？冼大家最近通信地址幸開示。據東塾年譜，知台端輯有東塾集外文，已付梓未，能將篇目鈔示不？日前整理舊書，檢出東塾文録存稿一册，每半頁六行，行十八字，工楷，經字缺筆，間有録存時所加注，文皆少壯時作。中有祭侯君模文及補楊孚南裔異物贊並序，與刻本頗有異同。又有唐宋歌詞新譜序，序末有「道光癸卯四月陳澧書於越臺詞社」一行，足供參證。序中「即坡谷之遺意」句下有「余親串中則有若沈君偉士、朱君墨莊並好填詞，時同結社」等語，足補故事，不徒詞句異同而已。此外尚有曹葛民石屋洞天著書圖贊及與桂星垣等諸書，效建康體，皆集所未載。雖無年月，然皆可考，未識集外文已收否？又未識前曾鈔寄足下否？已忘之矣。與桂星垣書係道光十一年作，答楊黼香書係道光十五年在京寄粤，又一書係道光十八年在粤寄京，答梁玉臣書亦道光十八年作，又一書係道光廿一年作。凡此既可補集外文，又可增加年譜少壯時資料，想尊處聞之必大高興。專此，即頌文祉。陳垣謹上。一月十九日。

（三九）一九五三年一月二十三日

孝博足下：

十九日寄上管刻居業堂集三册並一函，函言東塾與桂星垣等書效建安體，建安似錯寫建康，封發後始覺。諸書今鈔寄，聊作新年獻禮。所考年份如有誤，幸指正。凡年譜多詳於晚近而略於少壯，此爲少壯時資料，實爲難得也。即日又寄出居業堂後三册，附寄亭林考，乞分贈同人，不一一。陳垣。一月廿三日。

（四〇）一九五三年二月十二日

孝博先生：

一月十日函早收到，惟闇齋集至今已一個多月尚未收到，恐已付洪喬矣。因久候闇齋集而聯想到居業堂集亦恐寄失，因分兩次寄，亦恐有一次會寄失。今接到一月卅一日函，心始釋然。承示莫翁等近況，至感。李勁庵現住何處，能賜示否？吾國解放三年，廣大人民生活日好，國際地位日高，公等寄居海外，當必有所感覺，甚願得知一二。專復，並頌春祺。陳垣謹上。二月十二日。

（四一）一九五五年六月四日

孝博先生：

五月廿一日來信收到，遵屬掛號寄交盧達文兄轉上書一單，計十種、三十冊，分五包。祈照收爲幸。此祝

健康！陳垣。六月四日。

〔信稿〕

（四二）一九五五年八月四日

久未通訊，前接盧君轉來五月廿一日函，遵囑寄盧轉上書一單，今已兩月未見來信收

到，至以爲念。又不知最近通信地址，姑寄舊處一詢，便請復知爲幸。

（四三）一九五六年七月六日

孝博先生史席：

久未通候，想起居安吉爲慰。數年前希文兄索我二十史朔閏表，因書絶板，迄無以應，近已重印，欲寄他一部，未知他住址，便請告我。

又廣東省中山圖書館寄來黄蔭普先生捐贈廣東文獻書目一册，黄公何人，能道其略否？中山圖書館未有地址，是省立抑市立？此等圖書館想不止一處，望以所知見示。

南中文教消息有可談者否？協老絶句已印出未？專此，即祝健康！陳垣。七月六日。

（四四）一九五七年六月七日

孝博先生：

不通問者，將近一年，正思念間，忽奉五月廿七日來訊，快何如也！囑抄吳興祚巡海詩，今抄呈，未知有合否？

去歲八月底，曾寄希文兄新印朔閏表一册，諒已收到，便請一提。天一先生健康如何？通甫兄仍居常念佛否？甚念。匆匆不盡，即祝撰安！陳垣。六月七日。

承剪報一則，謝謝。港澳出版有關文史刊物，能寄我者，不吝賜示爲幸。

（四五）一九五七年七月十四日

孝博先生史席：

六月十六日來信並抄件及新亞學報一册，費神謹謝。去年寄下老子想爾校箋，也早拜收，勿念。壽祺堂集康熙刻本有與翁山詩十三首，另紙抄呈。所注年分，係隨手添入，未識正確否，謹供參考。原本「翁山」名字，間被剜去，當是印在乾隆禁燬翁山詩文之後，幸尚可看出。聽説中山大學闢有東塾劫餘室，有所聞否？耑復，即祝健康！陳垣。七月十四日。

（四六）一九五七年八月十四日

孝博先生：

七月廿五日書早收到，六月十九日寄來東方文化及新亞第二期最近才收到，包皮破爛，因紙質太重之故，雖遲幸尚未失，費神，謝謝。專復，即頌大安。陳垣。八月十四日。

（四七）一九五七年八月二十六日

孝博先生：

十四日曾復明信一函，想收到。今日又接屈翁山年譜上册，勿念，容拜讀。即祝健康！陳垣。八月廿六日。

（四八）一九五八年五月二十二日

孝博先生：

四月廿七日手書奉悉，日前賜示鄉土一册，並大著柯九思之卒年，早已收到，謝謝。鄉土前所未見，海外得此，至可寶貴，惟中國名畫録編者似未見拙著漁山年譜，知此書推行尚不廣也。叢刻二部，聞修綆最近已寄出，想不久可收到。

柯九思卒年，精確至佩，未識在何處發表，頗有訛字，想係校者一時疏略（如一處仁宗誤仁京，一處至正三年誤二年）。闞漢卿生卒年，尊處有發見否，幸啓示，南中學術動態不吝見告尤感。專此，即祝健康！　陳垣。五月廿二日。

（四九）一九五八年六月二十一日

孝博六兄：

六月二日手書敬悉，剪報一則並謝。承詢丹丘生稿，據予所知見，有元詩選本一卷，全是詩，又有台州叢書後集覆刻元詩選本。又有繆荃孫、曹元忠輯本，以元詩選爲底本，而增輯題跋詩文，分爲五卷，附録一卷，易名丹丘生集，光緒卅四年武昌息園刊本，兹將柯逢時跋録後。

一九三四年仙居叢書將繆、曹本排印，增補遺一卷，主其事者爲仙居李鏡渠，兹録李跋如後。

以上各本，詩題有紀年者寡，題跋紀年有在至正癸未後者，文繁未録。

來示又詢吳中人物志，傳本極少，自錢録引用後，繆、曹輯本丹丘集附録及仙居本補遺均未見引用，其罕見可想。惟北京館有膠卷本，影自海外，字極細難閲，兹將其中柯九思傳録出。

關於柯九思卒年，本有二説，一至正三年癸未説，出稗史；一至正廿五年乙巳説，出吳中人物志。

元詩選柯九思小傳及錢氏疑年録，四庫存目稗史提要，均主至正乙巳説，提要又誤以稗史之癸未爲癸亥，言：「其叙柯九思之卒，在至正癸亥，至正無癸亥，九思之卒，實在乙巳，此書傳寫誤」云云，殊可笑也。

至曹元忠作丹丘集跋，又據倪雲林、顧仲瑛詩文，别爲至正十二年之説，柯逢時不以爲然。仙居本丹丘集補遺仍有是説，因此柯九思卒年遂有三説。

三說以稗史說爲長，大著本之，最爲有見。惟寶繪録所録丹丘題跋，紀年在至正癸未後者凡十餘段，其中必有僞撰，但何以如是之多，須有解釋。

又稗史丹丘傳，繆、曹輯本及仙居本丹丘集均已附録，柯逢時且曾特引其說，則大著所云「近世學者均未利用」一句，似須斟酌。

來示報道通兄及冼姑等消息，甚慰。希兄近狀如何？身體佳否？住址仍舊否？望不吝賜示。

近見陳慶笙藏東塾批語一册，笑盦題簽，癸酉尊公題記，稱「紹穆道兄於坊肆得此册」，紹穆何人？笑盦是否莘伯？幸見示。

來示又詢及吳譜工料，慚愧，日前寄來新亞、鄉土等雜誌，久無以報，區區復何敢言值。專復，即祝健康！陳垣。六月廿一日。

附三件

一、武昌刻本丹丘生集柯跋

二、仙居叢書本丹丘生集李跋

三、吳中人物志柯九思傳

（五〇）一九五九年三月二十四日

孝博先生史席：
十日手教敬悉。拙著印少，係因題材窄，又用文話，銷路有限之故，但比起木刻來，所印已多了。
近得東塾書團扇面一幀，上款梧生，詩中提及要刻神讖碑事，蓋咸豐庚申爲俞梧生作也。詩另録呈，似可補遺一首。
希兄施手術已痊愈否？念念。協之先生詩已印出否？天一先生書能保存否？便幸示及。耑此，即祝健康！　陳垣。三月廿四日。

（五一）一九五九年十一月二十五日

孝博六兄史席：
久不通消息，正懷念間，忽奉到論再生緣一册，在遠不遺，至爲感謝。惟書前缺去三、四頁，美中不足。倘能再賜我完整者一部，更感謝不盡。無厭之請，尚乞見原。耑復，即祝健康！陳垣。十一月廿五日。

（五二）一九五九年十二月十九日

孝博六兄史席：

五日書並大著屈翁山年譜抽印本收到，資料豐富，用力至勤，佩甚佩甚。容當細讀，謹先復謝。論再生緣及十三經注疏簡端記亦同時收到，費神之至。令兄通甫、希文，久未通候，便時乞爲道及。閲報知令侄德量已光榮加入中國共産黨，尤可致賀。東方學報與日本東方學報同名，是何組織？香港除舊有香港大學外，尚有何大學？統幸賜示。勞之辨靜觀堂集詩二首，遵囑録呈。餘未一一，即祝健康！陳垣。十二月十九日。

（五三）一九六〇年三月七日

孝博六兄史席：

日前接通甫大兄信，驚悉希文兄噩耗，至爲悲痛。我輩幾十年受盡帝國主義的氣，眼見自己國家蒸蒸日上，正應當高興的時候，爲何反而萌厭世之念，不甚可解。通甫兄索敝處所藏莘伯先生遺詩爲惺默、萇楚二集所未刊者，敝處只有四五首，已照鈔去，偶檢舊篋，尚有菩薩鬘一首爲惺默齋詞所未收，今將原詞並信共三紙奉貽，便乞轉去爲幸。昨見友人案頭有香港出版的小説，名金陵春夢，凡四五册，此等書容易購否？容易寄否？港澳近出有何新書，能寄示一書目否？不敢請爾，固所願也。專此，即祝健康！陳垣。三月七日。

（五四）一九六〇年三月二十六日

孝博六兄道席：

三月七日奉上一函後，翌日即接二月廿六日來書。希兄事朋友們也有些責任，爲何在這個時代還讓他去占卦算命，不早給他一個忠告，等他越來越無聊賴呢，可惜可惜！

承詢茚溪森字卷照片，遍尋不獲，似已毁去（因所書實不高明），僅存鈔跋數紙，忘記從何處得來，又忘記曾鈔寄尊處否，兹並鈔上。不睹原跡，徒見其跋，想像而美化之，似尚勝於親睹惡札也。

湯若望與木陳忞一文，單行本已散盡，茲照鈔一分寄上。尚有語録與順治宮廷一文，述茚溪與宮廷事頗詳，想尊處已見過，姑檢寄一本。冼三家要道忞弘贊之書，不提及茚溪，何也？

三月十日書，並新亞學報第三卷第一、二期及藝林一紙，均收到，謝謝！續奉三月十六日書，並書目，及港文匯報對拙作校勘學釋例的介紹，亦收到。子微先生當是熟人，但未知是何人耳。他說「其人其事，本版前已介紹過」，究竟如何介紹，恨不得見，能查出否？茲付上該書十册，祈查收。尊處需要甚麽書，示知當代辦。專復，即祝健康！陳垣。三月廿六日。

附一包内十册

又一包内三件

（五五）一九六〇年四月九日

孝博六兄道席：

三月廿六日奉復一函，並付去關於木陳、茚溪等論文，又校勘學釋例十册，想已收到。

旋接三月廿四日函，並由港寄來金陵春夢三册，及書目數種，均收到，費神之至。另有集成書目，正欲一看，能寄下更佳。

姚大榮墨緣彙觀撰人考係一活字線裝單行本，久已絶板，今鈔一分寄上，祈察存。安岐是安某後人，葉德輝、余紹宋斤斤辨其非微賤、非家人、非寒畯，都可不必。奴才是他們光榮稱號，當時奏摺有自稱奴才而被申斥者，是求爲奴才而不可得也，又何必爲他辯。

梁思孝在文史館，與葉遐翁同住燈草胡同三二號，生活尚過得去，可惜耳目不靈。專復，即祝

健康！　陳垣。四月九日。

附抄本一册。

〔底稿〕

（五六）一九六〇年四月二十日

孝博六兄史席：

本月九日奉復一緘，並付上墨緣彙觀撰人考抄本一帙，想已察收。續接到四月五日來

示並書單一紙，敬悉。今掛號寄上籜石齋集八册一包，又廣雅堂集二册，清代傳記引得一册，合一包，請查收。

關於胡、傅論文集，甚欲一見，郵局能寄，則請寄下爲幸。故宫收得宋拓華山碑，是何本，尚無所聞。耑復，即祝健康！陳垣。四月廿日。

另附二件

（五七）一九六〇年五月十三日

孝博六兄史席：

四月廿三及五月一日手示，並剪報，敬悉。集成書目早收到，胡、傅論文集四册三包，亦先後收到，謝謝。闇齋稿前年曾惠我一部，最近寄來者尚未見。昨日寄上矩園餘墨一册，又掛號寄上西園畫照片大小二張，請查收。遐翁近日情緒較佳。專復，即祝健康！陳垣。五月十三日。

（五八）一九六〇年六月十二日

孝博六兄史席：

五月卅日及六月二日書，均悉，新亞學術專刊亦收到，謝謝。

張西園生嘉靖三十七年戊午（一五五八），見西園存稿卷二贈張儀吉還錢塘詩序，云「戊午之夏，我生之初也。」又卷卅五有初度日與親朋書，云「五月二十四日，不孝萱生之日也。」又卷卅七有回徐韶階公祖書，云「萱七十有七矣」，「己巳以來，兩目爲焚膏所爍，六年間百醫無效，今將瞽矣。」己巳越六年爲甲戌，甲戌年七十七，正是戊午生人，至崇禎甲戌爲七十七也。西園生年無疑義，年八十四卒，則崇禎十四年辛巳（一六四一）也。張鐵橋癸未過西園詩，謂「時先生已捐館」，蓋捐館已二年，非謂先生癸未捐館也。今畫題癸未，當是萬曆十一年癸未，即中舉後之一年，時年才二十六。以上所説，是否有當，僅供參考。洗三姑西園存稿，前年曾託予補抄闕頁，就近索一觀何妨。

輔仁大學在台設立，此間未見報道，承關心此類新聞，不吝剪示，至感。孟子微先生既高隱，似不必再考究，爲此區區費大神，深覺不安。專復，即祝健康。陳垣。六月十二日。

（五九）一九六〇年七月十九日

孝博六兄史席：

六月十二日復五月卅日及六月二日來書，述及張西園生卒年事，未知收到否？未知有問題否？久未得復爲念。專此，即祝健康！陳垣。七月十九日。

〔底稿〕

（六〇）一九六〇年八月十日

孝博六兄史席：

七月廿六日手書敬悉。數日前收到由廣州寄來闇齋集一册，此係第二次拜領，至爲感謝。承詢大德南海志問題，謹答復如另紙。此係管見，請大家不吝賜教。專此，即祝健康！陳垣。八月十日。

（六一）一九六〇年八月二十九日

孝博六兄史席：

八月十九日手教奉悉。關於大德南海志殘本事，擬將拙稿交藝林週刊發表，似不妥。事實上我不過答復來示垂詢，並非有意爲文。在别人轉引我的文章可以，作爲我自己向海外報刊投稿，就非事實。請即函知前途，婉達鄙意爲幸。此頌台祉！　陳垣。八月廿九日。

〔底稿〕

（六二）一九六〇年九月十八日

孝博六兄史席：

五日示悉。偶檢道光南海志藝文略載南海舊志各序甚詳，中有涉及大德陳志者，特爲録出，亦可見大德志之獨一無二，不必致疑也。因檢南海志，觸及番禺續志，憶係希文五兄所貽，手澤猶新，人琴已渺，不禁爲之淒然。專此，即祝健康！陳垣。九月十八日。

附抄件

（六三）一九六〇年九月二十二日

孝博六兄史席：

十八日曾復五日一緘，想已入覽。頃接十一日來示，並附函、剪報等，知台端爲大德南海志稿件事煞費周折，深感不安。今既由黃君負責登出，不是本人投稿，這樣處理，至爲適當，禮謝禮謝。黃君屬爲荼飴卷題簽，本當應命，但久不使用毛筆，恐不能如意。且上頭題者已不止崔顥一人，更不敢着筆了。專復，即頌台祉！陳垣。九月廿二日。

（六四）一九六〇年十月四日

孝博六兄史席：

廿二日曾復十一日函，想已收到。昨接廿日示並附函藝林等，敬悉一切。陳君函屬爲撰稿，雅意可感，奈文思貧乏何！

大德志曹跋無新史料，誠如來示所云。所引文淵閣書目，不能證明其爲元志抑宋志。陳大震志序，阮通志及道光南海志均載有全文，亦不必求之崇禎志。呂桂孫是路教授，路字應注意，曹跋省之，則此志爲一路之志少一證佐矣。藝林轉載曹跋，頗有誤字，比較重要者如文淵閣書目南海志「八册、六册各一部」，誤爲「卅六、四十各一部」，蓋册誤卅，又誤四也。崇禎志，北京館有之，善本書目不載者，不作爲善本也，不得因善本目不載遂謂北京館無之，尊兄以爲何如？專復，即頌台祉！陳垣。十月四日。

附函繳。書成待發，續接廿三日函並稿費收據，無接收理由，謹付還，請代爲處理，費神之至。又及。

（六五）一九六〇年十月三十日

孝博六兄史席：

九月廿九及十月十九日大教敬悉。廣東名家書畫選集尚未收到。敝處最近又發現東塾遺詩一首，寫在一把團扇上，未識從前曾鈔寄左右否（記不得），詞云：「短簿祠邊放櫂遲，春江風煖四絃知，莫彈暮雨蕭蕭曲，正是燈紅月白時。夢惺大兄屬書舊詩，此前四十年作也。壬申二月陳澧。」壬申爲同治十一年，前四十年當爲道光十三年癸巳，短簿祠在虎丘雲巖寺，祀晉司徒王珣。此詩蓋先生初上公車過蘇州時作，時地俱可考，應編在遺詩山塘元夜後，登虎丘浮圖絶頂前。此扇面係與陳古樵合寫，久藏敝篋，初不注意其可補遺詩也。專復，即頌台祉！陳垣。十月卅日。

（六六）一九六〇年十一月三日

孝博六兄史席：

卅日才復一函，翌日即接陳凡兄寄來廣東名家書畫選集。琳琅滿目，頓增鄉邦之思，隆情何以爲報？晤時幸代爲道謝，至感至感。專此，即祝健康！陳垣。十一月三日。

序文第二行「侍詔」是否誤排？抑可通用。

書成續接廿六日來示並黃君屬題荼飴卷籤，勉强書就，殊不稱意，不能用則置之可也。

〔底稿〕

（六七）一九六〇年十二月二日

孝博六兄史席：

十一月十日來信敬悉。記得本年二月間尊處曾擬再借茚溪字卷照片一閱，當時因遍尋無着，以爲燬去，前日無意中發見原件具在，書法雖不高明，尚不至如前此印象之壞，兹特重行寄上，不知現尚需要否？此卷係周邦寧付法卷，原有超海及張照、鄭燮諸人題跋，今只攝慈翁筆跡。全文見茚溪語録法語門，此卷首尾殘缺過半，存者字句亦有不同，惟題款比語録特詳。書於吴門放生精舍，當係康熙初年茚溪住蘇州時手筆。據超海乾隆四年跋，此卷殘缺早已如此，而人猶展轉寶藏之，以至於今，想亦因其稀有難得也。專此，即祝健康！陳垣。十二月二日。

照片九片另郵。

（六八）一九六〇年十二月二十六日

孝博六兄著席：

十二月十日大教敬悉。陳凡兄已來信，並附有藝林一束，意甚誠懇，惜無以報之，至爲仄歉。

承索南宋初河北新道教考，係北平淪陷日寇時作品之一，對象爲當時知識分子，用文言寫出，不通俗，不能多印。各地書店門市部、圖書館各分配幾部，頃刻即盡。因此市上很難看見，海外或竟分配不到了。今搜得二册，另郵寄呈，請查收。專復，即祝健康！陳垣。

十二月廿六日。

外附二册。

（六九）一九六一年一月十八日

孝博六兄著席：

去年十二月廿七日及本年一月八日書並茚溪字卷照片已收到。大著茚溪森及其遺墨亦已見，遺墨不取句語，只取題款，剪裁得法，至佩。茚溪茚字，惠州府志亦誤作茆，據在慘贊木人剩稿有「與昂溪法兄書」，知茚實音昂而非卯。得大著在報上重複申明一次，不至再有人誤念爲茆溪矣。南宋粤士李文溪名昂英，有將昂英誤作昂英念者，今又把茚溪作茆溪，可謂無獨有偶。專此，即頌春祺！陳垣。一月十八日。

（七〇）一九六一年三月二日

孝博六兄史席：

一月十八日曾復一緘，諒登記室。旋接一月十九日大教，敬悉台本清史將近出版，現在已寄到未？我暫不擬購置，但願知其内容及外表，書有何人序言，有無編輯凡例？與史稿大不同之點何在？書型大小，十六開本抑卅二開本？用幾號字排印？有否點句？凡此種種，如果見到，尚望不吝賜示。報刊上有介紹及廣告等，亦望剪寄爲幸，費神之至。即頌文祉！陳垣。三月二日。

（七一）一九六一年四月九日

孝博六兄史席：

三月十二日及十八日來示並清史叙例凡十頁，完全是吾兄親自手寫的，甚過意不去，如果知道是這麽多字，就不敢勞煩了。專此復謝，並頌著安！陳垣。四月九日。

（七二）一九六一年六月二日

孝博六兄史席：

五月十九日函奉悉。承詢緣督、少鹿二公，二公從前皆輔仁大學美術系教員。緣督梅縣人，今年五十九歲，仍任北京藝術學院教師。少鹿名蕃詒，廣西貴縣人，一九三二年六十六歲時，刊行梅花回文畫册後，聞不久即卒。專復，即頌台祉！陳垣。六月二日。

（七三）一九六一年八月四日

孝博六兄著席：

寄來嶺南畫徵略二册，均收到。其一送北京師範大學圖書館，亦已送到，謹此復謝，並致敬禮！陳垣。八月四日。

（七四）一九六二年三月二十八日

孝博六兄史席：

久未接信，忽奉十一日手教，藉知近狀及通甫大兄起居佳勝，至爲欣慰。剪報二則收到，謝謝。史學要籍解題是弟從前講授課目之一，老生常談，無甚高論，是以並未印行，亦未成書，没由請教，乞諒。承示朔閏表永興之誤〔一〕，再版時當改正，謹此覆謝，並頌著安！陳垣。三月廿八日。

〔一〕永興之誤：汪宗衍先生函告：「係指朔閏表年號通檢『永興』重出。七八年三月北京二次印本已删去。」

（七五）一九六二年六月二日

孝博六兄史席：

五月十八日來信收到。東塾雜俎係平津淪陷時古學院諸人所刻，聞公睦對此並不滿意，刻成不久，諸人即敗，書印無多，因此知者絶少。承示，已屬書估代找一部，尚無答復，今將封面叙目跋抄呈，請督收。敝藏也有用東塾雜組格紙抄的讀書札記七厚册，共約六百葉，每葉不一定寫滿，少者或一二行，頗似今人所用之卡片，惜不是東塾親筆耳。册末有潘錫基慕農印，又有疋廬珍藏書畫金石印，君知其人否？專復，即祝健康！陳垣。六月二日。

附四紙。

（七六）一九六二年六月十三日

孝博六兄史席：

陳凡兄來，詢知台端起居安善，至以爲慰。二日寄去東塾雜俎序目，想已收到。光緒十二年梁鼎芬曾刻東塾集八卷，百二十四篇，光緒十八年廖廷相又輯東塾集六卷，二百二篇（序目誤爲二百二十篇），觀其序目，廖似未見梁刻。今節庵遺文有收入東塾集梁序否？特鈔呈備考，並祝大安！陳垣。六月十三日。

（七七）一九六二年八月九日

孝博六兄史席：

七月廿九、卅日兩函並節庵遺稿二册，先後收到，謝謝。惟卷二代張八摺，均不在文襄全集奏議七十二卷中，是否擬作而未經入奏者，待考。專復，即頌台祉！陳垣。八月九日。

子遠兄別卌年，晤時幸致意。

（七八）一九六三年三月十四日

孝博六兄：

迭函並書畫録等早收到。病住院三四個月，近始回家休養，奉復稍遲，乞諒，專此，即頌著安！陳垣。三月十四日。

通甫大兄均此。

（七九）一九六三年七月二十六日

孝博六兄史席：

七月十五日書，敬悉。南臺備要跋係應師大學報同人之請，勉强塞責，原不值識者一顧，承索觀至愧，兹謹另郵寄上一册，乞不吝指正。專復，即祝健康！陳垣。七月廿六日。

通甫大兄晤時幸道及，回憶庭訊盧梭魂〔一〕時，已過半世紀矣，恍如話劇一幕，可笑。

〔一〕庭訊盧梭魂：據汪宗衍先生函告編者：「盧梭魂係廣東順德人，忘其名，似黄節蒹葭樓詩中之盧某即其人。佩服盧梭，因以爲號。宣統間援老偕其訪希文先兄，介謁先父，而先父素性守舊，因以孔孟之道屈之，故有『庭訊』語。」

（八〇）一九六四年一月十四日

孝博六兄史席：

久未通候，忽承寄示廣東藏書紀事詩一册，敬謹收到。我離廣東已半世紀，於鄉邦文獻,至爲膈膜,讀此如遊粵秀山房,如入白雲仙館,何快如之。

惟此刊錯字頗多,校對時似不甚經意,除陳慶笙卒年六十,經尊處改正外,如叙傳之黄應麟、岳柯,生卒表之伍紫坦,78頁之譚裕叔,101頁之王丹瑶,81頁之光緒辛亥,99頁之國學粹報等,觸目皆是,至爲可惜。此刊末附廣東藏書家生卒年表,頗便檢閲。惟既將生卒年考出,甚不容易,何以不按生年排列,如陳璉應在丘濬前,梁儲應在黄佐前,屈大均應在梁朝鐘後等,又如黄佐爲正德十六年辛巳進士,何以不據進士題名碑而據黄文裕公祠牌坊,皆不甚可解。又,順德馮龍官謂古人多以一字爲字,因字曰孟,嘗聞之矣。今41頁龍官小傳謂「龍官字孟蒼意不慊於贈者因自稱孟」,此語究係何解,乞不吝賜教爲幸。專此復謝,即祝健康!並問令兄通甫先生安好! 陳垣。一月十四日。

(八一)一九六四年二月四日

孝博六兄史席:

廿三、廿四日大函,並廣東文徵作者考二册,均收到,謝謝。賤恙已痊,承念至感。文徵作者考頁數一貫到底,至可效法,唯校對仍未盡善,即馮龍官傳寥寥六行,已有治昭兩錯字。校勘之事，誠未易言。專此復謝，並候春安！陳垣。二月四日。

（八二）一九六四年二月十一日

孝博六兄史席：

四日函剛發出，即接廿九、卅日大函，敬悉一切。徐著誤字，已照來示改正，誠有作勘誤表的必要，但第一怕有漏改，第二又怕以不誤爲誤，此責應誰任之。前函致疑龍官稱孟，徐著謂「不慊於贈者」，不知此語何解，故請教，非有疑於孟蒼二字不雅也。古人以孟字蒼字爲名者衆矣，何所謂不慊於贈者。

至於黃君函詢二事，一伍元薇，二學海堂。學海堂與菊坡精舍、應元、越秀、越華等書院均以光緒二十九年十月廢。伍元薇與伍崇曜是一人，吳詩二伍之説，如注崇曜、紹棠，尚不算誤。因粵雅堂叢書前二十集均題伍崇曜跋，其廿三、四、五及廿九、卅等集，則題伍紹棠跋。紹棠，崇曜子，元薇則崇曜初名，尊處解答，已甚明白，不復贅贅。惟徐著27頁伍紹棠上應有伍崇曜名，方合事實。尊意以爲何如？專復，即頌春安！陳垣。二月十一日。

再有請者，徐著卷首題徐紹棨信符撰，男承瑛湯殷校補。承瑛、湯殷是一人，抑二人？如係一人，則湯殷是字，何以敘傳及生卒表均稱字，如係二人，則承瑛、湯殷應平列，何以直列，與徐紹棨信符同例，究竟是一人是二人，請指示。

（八三）一九六四年三月十七日

孝博六兄史席：

二月廿五日書敬悉。徐著得黄君爲作校記，甚是好事，但開卷的梁朝鍾，阮通志藝文略六輔法録條，藝文略八喻園集條，均作梁朝鐘，阮通志列傳二十胡方傳引南澗文集亦作鐘，廣東文徵作者考145頁亦作鐘，清史稿儒林一胡方傳亦作鐘。唯小腆紀傳廿四作鍾，勝朝殉節諸臣録七亦作鍾，南疆繹史摭遺、謚考，鐘鍾互見，喻園集全部作鍾，而卷首王鳴雷所作傳仍作鐘。似此糾紛，校記只云：「鐘應作鍾」，不易釋人迷惑，似應有小小説明。又徐著50頁有「番禺生員陳澧東塾集」一語，此係何人所引，何以如此稱呼，便請示教。專此，即頌春祺！　陳垣。三月十七日。

（八四）一九六四年四月四日

孝博六兄著席：

三月廿七日大函，敬悉「番禺生員陳澧東塾集」九字連讀，百思不得其解，得大函一點，豁然大悟，始知老拙腦力之差，而書之所以貴點句也。謹專函復謝，並頌文安！陳垣。四月四日。

敝藏有東塾爲青皋篆「蜕學齋」額，甚精。跋云：「荀子曰：『君子之學如蜕，幡然遷也』，青皋先生取以名其齋，蓋温故知新之義也。」順及。

（八五）一九六四年四月十四日

孝博六兄著席：

四月四日奉復一函，想收到。頃接四月三日函，並剪報三紙，足見對我關懷，至爲感紉。我所曾辦過的報係時事畫報、震旦日報，陳某所述，不盡符事實，〔一〕誠如來示所云，記載之難如此。

溥儀自傳，是否指我的前半生，此間原有油印本三册，非賣品，近日始見報載有排印本，詢之書局，云書尚未到。

今另郵掛號寄上釋氏疑年録一册，請查收。即頌著安。陳垣。四月十四日。

〔一〕汪寄來春秋雜誌二期陳彬和文。

（八六）一九六四年五月七日

孝博六兄著席：

四月廿五日書敬悉，溥儀自傳，此間已見，羣衆出版社出版。梁黎兒女親家之説，或指乾親未定。

解放後所印元典章，不久銷盡，市上少見。校補板今藏敝處，亦久未印書，近擬刷印一批，印就當即寄上。來示言拙著西域人華化考各種，近年台灣有印本，未知尊處所見有那幾種？用何書店名義出板，是影印抑是排印？幸不吝賜示。專復，即致敬禮！陳垣。

五月七日。

（八七）一九六四年六月十七日

孝博六兄撰席：

海外紀事早收到，華化考及稗海紀遊亦於今日收到。華化考印得不壞，比海外紀事好看，謝謝。元典章校補已印就，十一日掛號寄上一部五册，未知收到否？其它如有所需，幸賜示。專復，即祝健康！　陳垣。六月十七日。

附相片一張。

（八八）一九六四年七月五日

孝博六兄著席：

連接六月廿四、廿六日兩函，敬悉一切。新印東塾年譜四册，亦收到。内容充實，外表美觀，至可寶貴。除謹留一册備讀外，餘俟有好者贈之。先此復謝，並祝健康！　陳垣。七月五日。

冼姑久未通訊，晤時幸道候。再者，年譜印刷極佳，校勘尚欠精審，涉獵一過，除勘誤表所舉外，62、63、119等頁，譜主之名凡五六見，均誤作灃；51頁粟香誤栗香；76頁小谷誤小首；115頁韻有東冬鍾江之目，目誤日。其它句逗誤者尚不少，再板時似須細校。又及。

（八九）一九六四年七月二十六日

孝博六兄著席：

七月十五、十六日書敬悉。台本諱例〔一〕亦由港寄到，敬謝貴友黃君〔二〕盛意。屢蒙郵購各書，從未問價，因零星匯款太瑣碎，極欲以書爲報，未識此意能見諒否？如有所需，示知爲幸。天然年譜封面，遵屬書就夾呈，不一定合用則置之，不必客氣。承示釋録誤字〔三〕至感。集刊能購得最佳，但不敢多勞耳。專復，即頌撰安。陳垣。七月廿六日。

〔一〕台本諱例：台灣盜版史諱舉例。

〔一〕黄君：黄蔭普。

〔二〕承示釋録誤字：據汪宗衍先生函告，指釋氏疑年録今釋條「憺園」誤作「澹園」，「高要」誤作「高安」。

（九〇）一九六四年八月十九日

孝博六兄撰席：

三日四日手示早收到，十日示昨亦收到，惟集刊等久未收到。今日接陳譜校本一册，並附一北京關駐郵局辦事處通知，説郵件内有胡某紀念論文一本，〔一〕根據規定，應予没收等語，這是一次教訓，知念先復。至後寄之集刊三册，何時收到再報。陳譜校本謝謝，天然譜如果内容改動不大，用癸未三號字排印本加句點影印何如。

兹另郵寄上一九六四年師大學報第一期，乞察收。一九六三年師大學報第二期，有拙著一篇，忘記已否寄上，便乞示知。

十日來示附伯任先生〔二〕條敬悉。釋録自序不過老實寫來，並無精意，老先生乃如此過譽，又驚又愧，何以報之。匆復，並候撰安！陳垣。八月十九日。

〔一〕胡某紀念論文：指台歷史語言研究所集刊之故院長胡適先生紀念論文集。

〔二〕伯任先生：陳樾。

（九一）一九六四年八月二十日

孝博六兄撰席：

昨上一函後，即接十日寄來集刊兩包三册，費神之至。前次來示知最近集刊有關涉鄙人文字，亟欲一看，是以勞君遠寄，不料後寄三册都已收到，偏偏此册收不到，可惜可惜。專復，即祝健康！　陳垣。八月二十日。

（九二）一九六四年八月二十六日

孝博六兄著席：

十九、二十日連上兩函，報告胡某紀念論文集未收到事，想已入覽。旋由校組織電詢北京關，至昨日已將原件送回，請釋廑念。但經此麻煩，嗣後非有必要，不敢勞君遠寄矣。

知念謹聞，並候台祉！陳垣。

（九三）一九六四年九月二十七日

孝博六兄撰席：

八月廿六日來示，早收到。同日我亦有一函呈上，九月三日又寄上一九六三年北師大學報第二、第三、第四册，未知收到否？念念。

即日接九月十七日函，内有陳譜第二次勘誤表五份，又集刊第廿四本上册目録一紙，但無信。陳譜印工甚佳，而錯字如許，可惜。集刊目録已見，費神之至，但此册無甚可參考之處，請不必寄下。

前函承詢漁山年譜，暫不擬再排印，因有木刻足用，要看者並不多也。專此，即頌台祉！陳垣。九月廿七日。

（九四）一九六四年十月十六日

孝博六兄著席：

十月六日書並集刊第三十本下册收到，謝謝。九月三日掛號寄上六三年北師大學報第二、三、四期，至十月七日退回，因不能出口。今寄上拙著跋西凉户籍殘卷一篇，係登六三年師大學報第二期的，殊無足觀，聊補郵寄之失而已，請不吝指正爲幸。集刊第三十本上册目録已見，無甚需要參考之處，如未寄，請勿庸寄。

藝林四録未見，陳凡兄久未通訊，惟三録有清兩帝與木陳忞一文，忘記登載藝林何年月日，是尊著否？便請示知，因三録敝處亦未見也。專此，即候興居！陳垣。十月十六日。

日前續讀新印陳譜，發見勘誤表未舉者，尚有9頁第九行，一行之中，澧灃並見；70頁第四行，一行之中，灃字三誤；61頁第二行、98頁第九行、116頁第六行，灃皆誤澧。如果付印時，特别聲明譜主灃字不要誤澧，請其注意，或可減少此誤，尊意以爲何如？

（九五）一九六四年十一月二十三日

孝博六兄撰席：

十月廿四及十一月三日函均悉。冼姑撰廣東僧道著述考，甚盛，但搜採殊不易，未知已成書否？千山剩人語録六卷，嘉興又續藏第卅二函雖有刻本，但嘉興藏全者極少，故有嘉興藏未必印有剩人語録。釋氏疑年録所引，並非敝藏自有之書，僅抄存塔銘等件而已。天然撰剩人塔銘，已見天然録，今抄呈郝洛撰剩人塔銘，未識有用否？再變記未見。專復，即祝健康！陳垣。十一月廿三日。

因向各方尋找剩人録，故奉復稍遲，乞諒。

（九六）一九六四年十二月十一日

孝博六兄撰席：

一日手示敬悉。剩人録序目，已由上海友人抄得，今寄呈。此本係據廣東重刻本。來示要找鼎湖本憨山集，江北刻經處重印本五十五卷即鼎湖本，因稿爲鼎湖棲壑禪師所藏，故號鼎湖本。後此稿爲曹秋岳諸人所抄得，錢謙益加以删訂，由汲古閣出版，是爲虞山本。因此憨山全集傳世者有兩種本，一即所謂虞山本，四十卷，錢謙益所删訂先行出板者也。一即所謂嶺南刻鼎湖本，五十五卷，憨山弟子通炯、劉起相等就憨山原稿所結集者也。五十五卷本後刻，仍冠以錢謙益序，遂有卷數互異之疑，其實兩本同出一源，惟分卷有異。今嘉興續藏所收，四十卷，即虞山本；涵芬樓影印續藏經所收，五十五卷，即鼎湖本。此本總目每卷均注明「古本卷第幾」，即表示兩本分卷不同，所謂古本即指虞山本，虞山本印行在前，故稱古本。是否有當？請指正。專復，即頌撰安！陳垣十二月十一日。

附鈔件七頁另寄。

（九七）一九六五年一月十九日

孝博六兄撰席：

二日手示並世界書局書目，早收到，謝謝。頃又接七日書，知「希與」是人名，可知書貴點句，但今希亦是他高弟，倘非千山詩集有確證，又何從知希與爲人名耶？特未知古下又是否僧名耳。前所抄剩人録叙目，係託人在上海圖書館抄的。

關於夢遊集問題，二十二卷本當另是一本。來示謂江北本卷五十二至五十四題海幢法裔今照、今光收藏，卷五十五題虞山私淑弟子毛晉編校，這完全與涵芬影印續藏經本夢遊集相同，可知江北本即鼎湖本。錢氏二序，兩言四十卷，皆指錢氏自己所删訂之本，非指鼎湖本。鼎湖本之名，本起於錢序，雖未明言五十五卷，而云大師弟子福善、通炯及劉起相所編，則即今涵芬本也。鼎湖本、江北本、涵芬本三位一體，均五十五卷。五十五卷本未刻時，錢氏據以删訂爲四十卷而刻之，是爲虞山本。五十五卷本後刻，其中文字有照虞山本改易者亦並不奇，似不能因此遂謂五十五卷實源出於虞山本也，高明以爲何如？一九一二年日本印大日本續藏經，一九二三年涵芬樓影印日本續藏經名續藏經，共三編，一百五十套，每套五册，計七百五十册，敝藏即有其書。其第二編第卅二套第二至第五册，即憨山夢遊全集五十五卷。黄君商務館老同事謂涵芬未曾影印是書，豈事隔四十年，偶忘之耶？

藝林叢録現只收到第四册。最近曾接冼姑十二月十四日信，筆端尚健。專此，即頌

春祺！陳垣。一月十九日。

（九八）一九六五年二月二十四日

孝博六兄撰席：

一月廿七日來書並二月八日寄來剪報均悉。又承惠照片，如見其人，至爲欣慰。我與令兄通甫同歲，未知尊庚若何？便幸示我。剪報作者獎飾太過，令人感奮。若思君未識何人，非吾兄見示，不知天涯亦有知己也，感謝之至。

來示以未得見憨山集汲古、嘉興二本爲憾，誠然。但憨山集嘉興本即汲古本，錢氏據福善等所集重訂，付汲古雕板，捐置嘉興續藏，編入第五十三、四函，共十六册。今明知京中某處有藏本，但扃鐍甚固，塵封已久，未便借閱爲可憾耳！

陳百庸兄寄來藝林叢録第三、第五編收到，又寄來黑網録一册，人人愛讀，真不愧才子。專復，即祝健康！ 陳垣。二月廿四日。

（九九）一九六五年五月十八日

孝博六兄撰席：

久未通訊爲念。昨接五月九日大札，並剪報二紙，敬悉。拙著回回教入中國考，發表於四十年前，得臘齋先生爲之補正，何幸如之。謝謝吾兄關懷，不然，澳門報紙，敝處又何由得見耶？

成鷟著漁樵問答，昭代叢書丁集有之，字數無多，今特鈔呈（另寄），乞察閱。末附楊復吉跋，稱成鷟爲九谷先生弟，其説本之清詩別裁。九谷方殿元，清史稿附陳恭尹傳（阮通志列傳及廣東文徵作者考均言成鷟爲方國驊子，但未言方殿元爲方國驊子）。

釋氏疑年録今釋條引憺園文集，誤作澹園，承示至感。世界書局翻印通鑒胡注表微，有單行本出售否？便請示及。專此，即頌台祉！陳垣。五月十八日。

（一〇〇）一九六五年六月八日

孝博六兄撰席：

五月廿九、六月一日大札，先後收到。剪報四紙及宋史研究集目録亦收到，謝謝。漁樵問答本與前函同日寄出，中間經過退回，重裝再寄，是以到達稍遲。承示成鷟係九谷從弟，非親弟，此語甚確。沈德潛與方朝拯熟，當稔知其家世。從弟之「從」字實不應省。天然和尚年譜已付重印否？至念。逐鹿陝川康未見。專復，即頌台祉！陳垣。六月八日。

（一〇一）一九六五年八月十三日

孝博六兄撰席：

自接六月十五日函後，久未接書，想起居安吉爲慰。逐鹿陝川康及廣東文獻叢談已由著者寄到，謝謝。

來示謂冼書頗多新名詞，最爲南洋所禁，所謂南洋，指執政者抑指華僑？外國人似不會看漢文書也。所謂新名詞指何等語？

尊藏有東塾爲李夢惺書詩扇，夢惺履歷能見示否？有人説是李應庚，高要舉人。但查高要志選舉表，咸、同間高要舉人似無李應庚。公知其詳否？專此，即頌台祉！陳垣。

八月十三日。

（一〇二）一九六五年九月一日

孝博六兄撰席：

八月十九日手示敬悉。「夢惺多藏金石文字」曾見東塾遺詩注38頁，但夢惺自己是否能書，實一疑問。敝藏東塾及陳古樵與夢惺信，多係答復夢惺求書，無談學問者。夢惺似係一資本家，善堂董事之類。尊藏李應庚篆隸鐘鼎四屏，除署款應庚外，有夢惺印章否？此可證明夢惺是否即李應庚，甚欲得知，便幸見示。東塾與夢惺信，曾有「來函稱贊拙書，此末技耳，鄙人雖老朽，豈肯以寫字稱，即如所云足傳，亦不爲也。且尊處所有拙書亦已多矣。」等語。又，陳古樵與夢惺信，有「承屬作�堂款畫，並惠筆金一函，惟連日忙冗，案上畫

債尚多，謹將原紙並筆金敬復，容俟暇時再擲來爲幸。」等語。玩其詞氣，二公對夢惺似均有所不滿，夢惺究竟是何如人？番禺續志已查過，無李應庚名。

大陸誌六月期代購，雅意可感，但太費事則不必。專此，即祝健康！陳垣。九月一日。

（一〇三）一九六五年九月十七日

孝博六兄撰席：

八日手書敬悉。夢惺名應庚，既有證明，此問題可算解決，謝謝。但夢惺是否番禺人，尚待物證。又夢惺爲何如人，前函推測爲一資本家，善堂董事之類，因古樵與夢惺信常言義學及郵鍪等事。古樵又有李母六十壽序言夢惺振郵單寒，家中落而不悔，因此推想爲「善人」耳，未有確證也。夢惺上款書畫不斷見，夢惺下款惟尊藏篆隸四屏有之。今後如有所獲，尚望不吝賜示。專此，即頌文祉！陳垣。九月十七日。

（一〇四）一九六五年十月十六日

孝博六兄撰席：

久未接信，正思念間，忽得七日來示，知冼姑噩耗，至爲哀悼。其所著廣東釋道著述考，如果釋氏部份已完，可先出版。此等工作本是圖書館員工作，亦是爲人民服務，不必求全責備，且曾經我公審訂，可信其無憾。冼姑不託他人，而獨託公，知公之必不負所託也。聞香港有新亞書院、新亞研究所，是何組織，主持者何人？能見示否？專復，即頌文祉！陳垣。十月十六日。

（一〇五）一九六五年十月二十四日

孝博六兄撰席：

十六日奉復七日來示，想登記室，旋接十四日函並節庵賸稿四册，葉、梁同住，經已照轉。〔一〕此稿印刷似乎太差。

另接到讀嶺南人詩絶句二册，封面寫：「馬寶道余寄」，我與余君不相識，想是尊處所屬託，謝謝。應交款若干，請示知。此作搜羅極富，但印刷方面亦有問題，又厚又重，殊不便觀看，再印時似萬不可用此紙。又此作不用卷而用帙，書中又有佚文，帙之一、帙之二。「之」字又寫成甚似「文」字，驟視之以爲佚文一、佚文二也。又，姓氏韻目注帙數，不易查，不如注頁數，因書口有頁數，無帙數也。又此作印於今日，而不點句，亦一遺憾。以上種種，尊見以爲何如。匆復，即頌文祉！陳垣。十月廿四日。

昨日百庸兄來，藉知近狀安吉，至以爲慰。

又，敝寓門牌改號數，非遷居也。

〔一〕葉、梁：葉恭綽、梁思孝。

（一〇六）一九六五年十一月二日

孝博六兄撰席：

收到節庵賸稿及讀嶺南人詩絶句後，即復一函，想察及。頃接十月廿四日大教，得知新亞新聞，至爲感紉。但中文大學既有校長，又有院長，是否新亞、崇基等書院名目仍舊保存，抑係另分文學、理學等院，便請示及。

又有請者，伍叔葆先生生平事跡及生卒年，君知其詳否？幸不吝賜示。憶卅年前尊公似曾寄過我一篇伍銓萃傳，屬纂入新會縣志，其後志未修成，傳遂不知下落矣。專此，即頌文祺！陳垣。十一月二日。

（一〇七）一九六五年十一月二十三日

孝博六兄撰席：

連接十日、十一日、十三日三函，對伍葆庵先生事跡，不吝賜教，至深感謝。光緒丁酉，余赴北闈，與葆庵同住新會館，葆庵對余備極獎飾，返粤後曾一謁之於光雅里，其後遂無來往。葆庵少年得志，晚似鬱鬱。其所收藏古物，京市從未一遇，未知粤市何如？承示尊公挽葆庵聯，出比第三句「忍話塵陌銅駝」，有否漏字？因對句是「祇回首空樓玉雁」也。又，來示有「節庵原籍潮連」語，不甚明白，便乞示釋。專復，即頌台祉！陳垣。十一月廿三日。

偶檢舊篋，有莘伯先生便箋六紙，附呈，未識有用否？

（一〇八）一九六五年十二月二十九日

孝博六兄著席：

十八日、廿二日手書，均悉。關於找人抄寫剩人語録事，現正搞社會主義教育運動，大家工作甚忙，想不出有妥人可以委託，且書不外借，只可就觀，在京猶易，在滬更難，此事當徐圖之。偶閲郝著剩人塔銘，有「所著書及得法人附記碑陰」語，當即致書滬友，詢問所著書爲何，旋得復書如另紙，原來係散篇文章，並非整部著作。又云有語録十卷，與今本六卷不同，未識何故。專此，即頌年禧！　陳垣。十二月廿九日。

附鈔件一。

（一〇九）一九六六年四月八日

孝博六兄撰席：

三月廿八日大札並廿九日寄來天然譜二册，先後收到，謝謝。天然譜以舊本相對，增改甚多，足徵功力。倘有餘册，再賜一二爲感，因有友欲讀也。

東塾雜俎係北京淪陷時古學院所刻，印書無多，已託書店代找，未識何時到手。

來示得知通甫大兄消息，至念。百庸兄多才多藝，可佩。軍閥列傳未見。承詢近作，愧無以應。專復，即祝健康！陳垣。四月八日。

（一一〇）一九六六年四月二十四日

孝博六兄撰席：

十五日手書並家譜、天然譜、軍閥别傳等均收到，一再謝謝，並謝陳凡兄。

久欲知尊公與莘伯先生親屬關係，閲譜始確知爲同曾祖昆弟。至於莘伯先生之名與芙生老人名字，粤音均同，不以爲嫌，想亦南北朝風也。

寫至此，忽接上海友人寄來顯微膠片一卷，原來係千山剩人語録，大喜。此録雖不是甚麽珍貴之書，但總算少見難得，久欲託人抄寫一部送君，總未有便人。日前偶與上海友人談及，不料他竟全部攝影寄我，凡三百七十餘頁，字體清楚。擬俟曬好後寄省陳凡兄轉上，如何寄去，現尚未定，先此奉復，即頌文安！陳垣。四月廿四日。

（一一一）一九六六年五月十八日

孝博六兄撰席：

五月三日手書奉悉。九日掛號寄廣州陳凡兄轉上千山剩人禪師語録照片十九張，每張影書二十頁，凡三百七十二頁，字尚清楚，但字太細，非放大鏡不能看耳！何時收到，便幸示及，專此，並祝健康！陳垣。五月十八日。

理初詩稿一册，亦收到，謝謝。

（一一二）一九六六年六月十一日

孝博六兄撰席：

五月十九及六月二日大函敬悉。剩人語録本欲託人抄寫一部贈君，友人爲出主意，攝影寄來，似乎省事，但仍需抄寫，乃能閲讀，轉成多事矣。幸需費無多，不必齒及。至擬將原照片送廣州圖書館一節，似不值得，若用鄙人名義，尤非所願。專復，即頌台祉！陳垣。

六月十一日。

（一一三）一九六九年六月二十二日

孝博六兄撰席：

久不通信，忽已兩年。抗暴記不斷收到，具見吾民氣不可侮。頃接六月十五日手示，驚悉通甫兄夫婦去年秋冬間先後逝世，至爲悼念！弟聾聵日甚，坐食無聊！「少壯真當努力，年一過往，何可攀援？古人思秉燭夜遊，良有以也！」專此奉復，並候進步！陳垣。

六月廿二日。

姚從吾〔一〕

（一）一九三四年二月二十八日

海尼士教授所譯元祕史僅見一卷三四頁至二卷一一頁，此外尚未見也。承詢，謹答復如下：一、涵芬樓藏祕史即顧校本，聞最近將在四部叢刊續編印出。二、葉刻底本即文廷式抄本，由顧本出，今藏敝處。三、王注親征録所用之祕史即葉刻，間有異字，是王注之誤，非與葉刻本不同。我近爲祕史譯音用字作一文，尚未敢付印，謹將目録抄呈，改日或爲抄一份呈政也。

〔信稿摘録〕

〔一〕姚從吾（一八九四—一九七〇）：河南襄城人，名士鰲，以號行。歷史學家。一九二〇年北京大學畢業後即留校。曾留學德國。

陳少白〔一〕

（一）一九三四年八月一日

少白先生大鑒：

日前聞台從北來，亟欲奉訪，祇以遭本生先慈之憂，未滿百日，未便詣人。茲擬日間趨候，藉聆教益。近著一册，並呈，即請暑安。期陳垣謹上。八月一日。

〔手稿〕

〔一〕陳少白（一八六九—一九三四）：原名聞韶，廣東新會人。近代民主革命者，早年與孫中山一起從事革命活動，爲中國最早的革命報紙中國日報的第一任社長和總編輯。一九二二年以後主要從事家鄉的建設及著述。一九三四年因病來平休養，年底去世。

黄霄九〔一〕

（一）一九三四年八月四日

九哥大鑒：

十七日函敬悉。删日之會，垣不能到。總纂一席，實無暇兼顧。頃復會中諸公，仍懇另舉賢能。恐信到遲，已由電達，想早收到。至經費一節，倘辦理得人及能親任事，數萬金似不難募集。兄意以爲何如？專復，並候台安。弟期陳垣謹上。八月四日。

〔手稿〕

〔一〕黄霄九（一八八五—一九四〇）：廣東新會人。辛亥革命前在廣州辦人權報，民國成立後與援庵同當選爲衆議員至京。一九三三年五月，援庵接受新會縣修志委員會聘請爲總纂。此次黄霄九回鄉，援庵託其代表到會接洽一切。現在保存一份抄件，是援庵在黄臨行時交他的一份調查及辦事提綱，内容是：「一、預備修若干年？一、預備幾時開辦？一、分纂聘定何人，擔任何門類？一、採訪聘定何人，各區分配？一、現有收掌一職否？一、通函各村紳、學校徵集志目所列各種材料。一、縣署倘有志目所列材料，盡量抄交到會。一、採訪材料未到時，分纂應作之事：舊志編訂，縣署材料採集。一、舊志現存若干種？彭志止於何年，能寄一部到北否？一、津粤直放船情形。一、江門至會城交通情形。一、新會通函地址。一、會館契件。」

〔手稿〕

（二）一九三四年九月三日〔一〕

江門新會城龍勝里中憲第黄霄九兄：

試期已過。垣。江。

〔一〕此爲電文。

張元濟〔一〕

（一）一九三四年十二月十七日

菊生先生尊鑒：

日前傅沅老屬小兒帶上明抄北盟會編前半部共廿六册，因一時未能成行，恐有延擱，已由郵局分五包挂號先行寄上，收到請直接復沅老爲幸。專肅，並頌撰安。期陳垣謹上。十二月十七日。

〔原件藏上海圖書館〕

〔一〕張元濟（一八六七—一九五九）：字菊生，浙江海鹽人。商務印書館董事長。解放後任上海文史館長。

（二）一九五三年六月五日

菊老尊鑒：

承示並追述戊戌政變雜詠一帙，足見身其康强，至以爲慰。憶我公七十生日，孑民先生以敝藏汪龍莊七札之記録與説明爲壽，並列舉札中高壽者八人。今閲十餘年而公已度越諸子矣。中惟毛西河九十四，孑公獨作八十五，當時以爲疑。今乃知此爲我公度越西河之預兆。謹爲拈出，以博一笑。專復，並祝

康寧！陳垣謹上。六月五日。

〔信稿〕

王蘧[一]

（一）一九三五年二月十五日

即日檢寄拙刻二種呈政。卷首題字皆蒹葭[二]體。化考[三]一種，乃用懷仁法搴集而成，典型尚在否？

（信稿摘録）

〔一〕王蘧（一八八四—一九四四）：字秋湄，廣東番禺人。清末曾編輯香港中國日報、有所謂報等。書法家。時在南洋煙草公司工作。

〔二〕蒹葭：指黄節。黄書齋名。

〔三〕化考：元西域人華化考。

劉節〔一〕

（一）一九三五年二月十九日

子植先生著席：手教並拓片敬悉。五十元昂否？減去十元何如？如尊意以爲不昂，亦可購也。原件敬繳，即叩

晨安！弟期陳垣謹上。二月十九日。

〔一〕劉節（一九〇一——一九七七）：號子植，浙江永嘉人。時爲北平圖書館編纂委員會金石部主任。此爲作者對劉二月十八日來信之復函。

啓　功〔一〕

（一）一九三五年五月十八日

元伯先生：

大著拜讀，僭易數字請教，並希望能就正雪老〔二〕也。專復，並頌

撰安！　弟陳垣謹上。五月十八日。

舊著新刻二册，乞代呈雪老。

〔原件，下同。〕

〔一〕啓功（一九一二—二〇〇五）：字元白，滿族。歷任輔仁大學、北京師範大學教授。中國書法家協會主席、國家文物鑒定委員會主任。他在夫子循循然善誘人一文中説：「我是一個中學生，因爲生活困難，等不得逐步升學，一九三三年由我祖父輩的老世交傅增湘先生拿着我的作業去介紹給陳垣先生，當然意在給我找一點謀生的機會。我見了陳老師之後不久，老師推薦我在輔仁大學附屬中學教一班國文。過了兩年，有人認爲我不够中學教員的資

格，把我解聘。老師後便派我在大學教一年級的國文。」

〔二〕雪老，啓功識語：「謂雪橋老人楊鍾羲也。」

（二）

元伯先生著席：不晤又旬日，想起居安善爲慰。前承示陶圃松菊圖照片，頃以製銅板，西友亟欲知其原畫尺寸，未識尊處能否示其大概（高廣），實所厚盼。即頌

著安！ 弟陳垣謹上。八月十二日。

（三）

元伯先生有道：昨談南北宗之説，想係指禪宗而言。禪宗爲中國佛教之一宗，以梁武帝時西來之達磨爲第一祖，五傳而至唐弘忍。弘忍有二大弟子，慧能傳教南方，號南宗；神秀傳教北方，號北宗。其後慧能下又分南岳、青原二支，南岳下又分臨濟、溈仰二派；青原下又分曹洞、雲門、法眼三派。是爲南宗之二支五派。爲表如下：

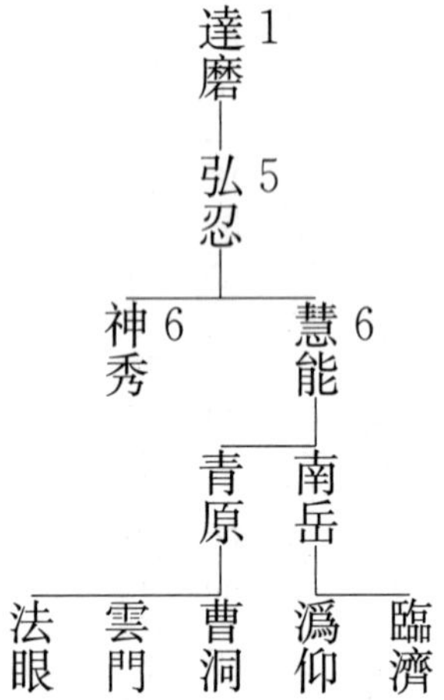

達磨在天竺爲廿八祖，在中國爲禪宗第一祖。慧能在禪宗爲第六祖，在南宗爲第一祖。謹附呈宋高僧傳一册卷八弘忍、慧能、神秀、神會四傳，對南北宗所由起，頗有叙述，請詧閲。陶圃松菊三秋圖著録高六尺五寸，廣三尺，并聞。即頌著安！弟陳垣謹上。一月十四日。

（四）一九三七年二月十三日〔一〕

元伯先生撰席：

昨譚甚快。中華影印之山水册，其末幀題云「乙丑長至後五日爲某某先生擬古十二幀」，按漁山乙丑正在澳門學道，以餘力寫畫本有可能，惟其第五幀題「乙丑長至日畫於桃溪」，桃溪爲漁山常熟故鄉，其爲贋作無疑。此與營丘之作營邱同一破綻，曩時作僞之術尚未工也。謹此以當面談，高明以爲何如？即頌晨安！弟陳垣謹上。二月十三日。

〔一〕當時援庵撰吳漁山年譜，此三函即討論年譜中的問題。

（五）一九三七年二月十三夕

元伯先生：

即午再遊廠甸，失迎爲慊。承示惲跋極感。清暉贈言李長康贈石谷八袟詩亦有「劍門山人真人瑞」之句，則許詩劍門當指虞山，不得云誤也。謹謝，並頌晚安！弟垣拜上。十三夕。

（六）一九三七年四月二十七日

元伯先生大鑒：

承示拜悉。吳藏，上海天繪閣有影印本，已見。張藏，詩與石渠寶笈軸同，今採入譜中呈正。惟石渠軸言戊申九月從毘陵歸虞山，此軸言戊申嘉平客淮上。豈九月歸後，十二月又客淮上耶？譜甫謄清未校，如有謬誤，尚乞不吝賜教爲感。卅日擬往南京一行，未識動身前能一晤否？專此復謝，並候

著安！弟陳垣謹上。四月廿七早。

（七）一九四二年四月十六日〔一〕

元伯先生道鑒：

頃發見前日發印之補葉有錯誤，不能用，請即設法電知撤還爲幸。因原稿多鈔數字也。屢費清神，至歉。專此，即候

晨安！弟陳垣謹上。四月十六日。

勢須勞公再寫，總覺不安於心，奈何！

〔一〕魏書樂志自南宋初即有缺頁，援庵據册府元龜及通典補足，一字不缺。並請啓功先生按原書行款、大小補寫此頁，影印分贈同好。此三函即談此問題。

（八）一九四二年四月十七日

昨談葉末加一行，茲擬加二行。此上

元白先生道右。弟垣謹上。十七日。

此葉自靖康以來亡佚八百載，近始復出。前十五行見册府五六七，後三行見通典一四二，真快事也。

（九）一九四二年四月二十八日

元白先生著席：

蠟紙已送來未？昨晚又校出通典一錯字，即後三行之第二行，「高陽王維等」云云，維當作雍也。祈先將原稿改正爲幸。專此，即頌

晨安！　弟垣謹上。四月廿八日。

〔信稿摘録〕

（一〇）

文和尚康熙間人，武億嘉慶間人，而園公、億二書均與蒼言。假定億爲武億，則園公必非文和尚。園公名去疾，疑是蘇去疾字園仲也。

謝樹英

（一）約一九三五年

擬撰漢以來新氏族考，將元西域人華化考中名氏效華俗一章擴大，由元朝推至各朝，由西域推至東南北各裔，内分四篇：漢魏南北朝，隋唐五代，宋遼金元，明清。所謂新氏族者，因中華新氏代有增加，中華舊氏亦代有新族加入，有來自東部北部者，有來自西部南部者，舉歷朝有名字見於史傳者爲證，證明中國民族自漢以來已有許多民族加入，成爲混合的，而非單純的。故今日只可稱中華民族。

〔信稿摘録〕

陳　述〔一〕

（一）約一九三六年〔二〕

述兄足下：

理叢牘，得兄來書，具見近來聞見日廣，心膽更虛，所謂學然後知不足，必然之過程也，可賀可賀。惟愚見只要心小，膽不妨大。少年人應保存少年人氣象，不必效老年人之多所顧忌也，高見以爲何如？絶句一首呈正，並候旅祉。日前傅樂焕君來文，乞代謝。垣上。十七日。

師法相承各主張，誰非誰是費評量。豈因東塾譏東壁，遂信南强勝北强〔三〕。

〔一〕陳述（一九一二—一九九二）：字玉書，河北樂亭人。遼金史專家。一九三五年畢業於北平師範大學歷史系，在歷史語言研究所工作。建國後在中國科學院民族研究所工作。

〔二〕此函及下一函的影印件，均爲陳述先生寄贈。

〔三〕詩中東塾爲陳澧，廣東人，東壁爲崔述，河北人，考信録作者，故分稱「南强」、「北强」。此詩爲答覆來信所説陳澧點讀崔述考信録批語：「此何必辨」、「此何必注」。

（二）一九三六年三月二十四日

大著細讀晉王與阿保機會晤有兩史源：一、紀年録作天祐二年；一、莊宗列傳作天祐四年。列傳記事，無論撰者及傳寫，數字均易有誤，紀年則按年排列，不易有誤。温公據列傳不據紀年録，足下駁之，是也。惟考異不受代條引列傳亦作二年，吾人若信温公所説不誣，則此二字必是訛字。因册府元龜九五六總序作四年，九八〇引此文亦作四年，可知温公所見之列傳實作四年也。初到江南，住得舒服否，甚念。專復，即頌大安。述兄足下。垣謹上。三月廿四日。

文另寄。

（三）

屢奉大著，藉知近狀安吉，至以爲慰。無善可告，謹檢印件三紙，寄呈台覽。並頌

玉書仁弟萬福不一一。陳垣。

〔寫於名片上〕

（四）一九六一年七月一日

此稿我無意見〔一〕，但發見所引遼天禄三年石匣記，遼文匯漏了整一行廿四字，勘誤表並未校出。

〔信稿摘録〕

〔一〕稿名我國歷史上一種民間組織。

柴德賡〔一〕

（一）約一九三六年

附録一篇，已託皖兄〔二〕轉呈。考證文最患不明白，令人易於誤會；又患有可省不省之字句。關於此二點，希兩兄爲我盡力挑剔，俾得改定，至以爲感。專懇，並頌皖峰、青峰兩兄著安。陳垣謹上。十月十八日。

〔影印件，載文獻一九八〇年第二期，下兩函同。〕

〔一〕柴德賡（一九〇八—一九七〇）：字青峰，浙江諸暨人。一九三三年畢業於北平師範大學史學系。一九三六年入輔仁大學歷史系任教。一九五五年調江蘇師範學院任歷史系主任。

〔二〕皖兄：儲皖峰。

（二）

文中砂石甚多，殊不滿意，請細爲讎勘、譏彈，以便洗刷磨礱，至盼至盼。

（三）

承示各節，應時改定，倘有疑義，仍請不吝指摘，俾加邃密，至以爲感。

（四）約一九三八年

修士文史補習班課程，擬分文、史二部，每週授課約二十小時，年限二年至三年。除講授外，分習作、誦讀、涉獵、參考各門。請撥冗列成一表，日内交還，以便印寄各教區，俾知所學爲何，酌派學生來學也。卅日。

（五）一九四八年二月三日

十五卷學誌〔一〕剛出板，報上即有黃文相新聞一段。學誌作者略歷，誠如尊指，有搜集發表之必要矣。此上

柴丈人！二月三日。名知。〔信稿，下同。〕

〔一〕輔仁學誌。

（六）一九五五年十一月十六日

青峰仁弟：

別已兩月，只來過一信，遲遲未覆，得無怪乎？青矜之詩曰：「青青子衿，悠悠我心，縱我不往，子寧不嗣音。」正可爲弟詠也。與元白函，曾見及。民主德國蒙古史專家拉奇奈

夫斯基，亦曾晤面，能讀元典章校補及釋例，蓋左史倚相之倫也。弟所與遊者，想即此公。

璧子〔一〕不斷見，就中能得一些近狀，至以爲慰。石公十一月九日來書，並與柳公同拍一照見貽，柳七十七，尹六十八，皆安吉，信封是上海天平路四十號，上海市文物管理委員會。

劉玉素尊人仙洲先生，年六十五，最近光榮加入共産黨，聞之羡慕不置，特以奉告，餘未一一。

即祝

健康！　陳垣。十一月十六日。

〔一〕陳璧子，柴夫人。

（七）一九五五年十二月二十日

青峰仁弟：

十一月十四日、廿三日來信均收到。與迺龢書也看見。璧子常來，藉知近狀，至爲欣慰。我是懶寫信的，但時時想起仁弟，有事要請教時，更不方便。兹有附件一函〔一〕抄寄，急欲得知仁弟意見，替我推薦幾部。君子成人之美，不妨放寬尺度。限期迫促，蘇州無航空信爲憾。餘未一一。

即祝

健康快樂！陳垣。十二月廿日。

〔一〕附件爲歷史研究所學術委員會對授給科學獎金之歷史著作的推薦表。

（八）約一九五六年三月〔一〕

半夜提燈入書庫是不得已的事情，又是快樂的事情，誠如來示所云，又是危險的事情。但是兩相比較，遵守來示則會睡不着，不遵守來示則有危險。與其睡不着，無寧危險。因睡不着是很難受的，危險是不一定的，謹慎些當心些就不至出危險。因此每提燈到院子時，就想起來示所誡，格外小心。如此，雖不遵守來示，實未嘗不尊重來示。請放心請見諒爲幸。謹此復謝青峰仁兄。陳垣。

〔一〕一九五六年三月三日收柴函，云：「連日甚寒，請夜間勿去書齋胡同。」此函似即復函。

（九）一九五六年六月一日

青峰仁兄史席：

常州、南京信先後收到。常州信提及鄭部長，竟想不起是何人，能告我否？記憶力真差也。南京信初看如在夢中，再三看，知是真的。此公爲攻胡宿將，年不過六十，尚可用也。

史學會送來中日戰爭資料叙例，謹附上一閲。辛亥革命資料也有叙例否？請參酌。璧子夫人佳否？近北屋懸有程易疇中堂寫書譜一段，中有「璧子」二字相連，日夕晤對巧極。專此，即頌

儷安！陳垣。六一。

（一〇）一九五七年六月七日

青峰老弟：

五月廿七日函奉悉。令文説我病，是有的，曾患腸炎七日，瘦了七磅，這是從心所欲的。

某公給你信，説返京之後，要來看我，歡迎歡迎，你見五日人民日報否？

我現在忽想起一事，弟在外甚活動，我盼望你在蘇州搞好史學系，培養一大班能教課又能研究的學生，使國內找歷史教師的，都向江蘇師院找，則大善矣！吾弟果有意乎！

專復，並祝

儷安！陳垣。六月七日。

(一一)一九五七年十二月三日

青峰老弟：

十一月廿日及廿九日札均收到。前見吾五月間文，以爲無新聞，感到不足。近見吾斥向公文，以爲説得真好，拍手贊成。非吾態度有改變，實君之看法有改變，足見半年來進步爲可賀也，爲可慰也。

苑北〔一〕前者南遊，係受葉公之委託，真可謂行大人之子矣。賤辰承記住，並享以盛饌，諸子殷勤，情不可却，貿然受之，謹謝賢夫婦在遠不遺之厚誼也。酒穌實忙，有時復信稍遲，乞諒。專復，即頌

儷安！垣。十二月三日。

〔一〕啓功。

（一二）一九五八年三月三十一日

青峰仁弟侍史：

通鑑胡注表微已重印，略讀一過，覺資産階級氣味甚深，時時流露士大夫的臭架子，與無産階級相距很遠，奈何。今寄呈一册，足下能爲我仿陸稼書對戰國策例，著一卷通鑑胡注表微去毒否？至所願也。我想自我批評，因學識、精力來不及，只得借助他山。專此，即祝儷安！陳垣。三月卅一日。

〔信稿摘録〕

（一三）一九五八年十月二十八日

你十一月中旬到京開會，當可暢談，藉申積愫，可惜一元諸舊，均與我等分途，會晤時，未必能如前此歡暢耳。

（一四）一九五九年三月二十六日

迭奉手書，迄未暇復。鈞衡來，藉悉賢夫婦近狀安吉，至以爲慰。承示相片，得朝夕晤對，尤感厚意。璧子是去年八月廿七離開我家的，今日足足七個月。眼前事物，樣樣大躍進，思想時趕不及，倒有一點懊惱。曹子桓云：少壯真當努力，年一過往，何可攀援。這真是有經驗之言。賢夫婦均屬壯年，至可欣羨，韶光不可輕放過，幸努力。不宣。即頌

青峰仁弟儷安！

適北京圖書館送來戊戌紀念展覽目録一册，第十四頁有康有爲殿試策小掌故一段，足供談助，特以賸函另郵呈寄。陳垣。三月廿六日。

小妹來長信祝賀我入黨，真是可人。

〔信稿〕

（一五）一九五九年十一月二十一日

賤辰並無舉動，安靜度過，真是輕松愉快。元伯前日來，情緒尚好，已於前星期一宣佈免冠了，可以告慰。

〔信稿摘録〕

（一六）一九六一年六月二日

青峰老弟：

五月廿二日手書奉悉。嘉興藏從開始刻至結束，歷時一百多年，隨刻隨印隨發行，很不容易得全藏。據我所知，從前浙江大學及上海圖書館都有全份，聞洞庭包山亦有全藏，今若將包山所藏的移至蘇州，公開閲覽，至爲盛事。全藏應有二千二百六十册，單續藏、又續藏就占有八百十册，未知包山所藏共有若干册，能查示即知其是否齊全矣。

專復，即頌

儷安！陳垣。六月二日。

(信稿，下同。)

（一七）一九六一年九月十五日

青峰老弟：

七日手書在香山得讀，爲之擊節，盼早日登出。等至今日晉城，適見報，謹此馳賀。仍望源源而來，切盼切盼。此頌

儷安！陳垣。九月十五日。

報載劉三姐巡歷全國演出已畢，憶去年與璧子同看三姐，未能終席，至今耿耿不安，未知璧子懷憾否？更未知何時能補此憾也。

（一八）一九六二年一月二十六日

青峰老弟：

既得十七日書，又讀廿五日文滙報，這是陸秀夫後第一砲，謹祝勝利。讓之屬爲豫公〔一〕遺著序，義不容辭，但恐未能窺見高深，有負期望，兄能爲我捉刀不？前接璧子信，知手已能作書，慰甚。專此，即頌

儷安！陳垣。一月廿六晚。

〔一〕讓之，余遜。豫公，余遜父嘉錫。

（一九）一九六二年二月二十五日

青峰老弟：

敘文收到，大佳。連日因他事太忙，未能細勘，恐念，謹先奉復，並祝

儷安！

垣。二月廿五。

小毛帶來穿籬菓水梭花，精美異常。謝謝。

（二〇）一九六二年四月二十八日

青峰老弟：

廿四日手書並王嗣奭文，細讀一過，極佳極佳。僧諍記著於二十多年前，頗感材料貧乏，且只注意於僧諍，關於愛國一方面未多及。今寫弘儲愛國，必有許多新史料，先睹爲快。

南潛卒年，未細考過，僧諍記説康熙廿八年月南潛撰洞宗世次疑問，係據宗統編年卷廿四宋乾道九年條注引，説是「己巳中秋後五日作」，己巳當是康熙廿八年，若移前六十年，則爲明崇禎二年，頗疑己巳爲康熙四年乙巳之譌，無確據，不敢定。

紀蔭時代與南潛相接，宗統編年説他是康熙廿五年卒，似可信。何日北來，當恢復夜談之樂。璧子佳否，甚念。草草復，即祝

儷安！垣。四月廿八日。

（二一）一九六二年十月

青峰老弟：

一日書奉悉。想今日已抵杭州，特復一書爲紀念。

余丈〔一〕文集目録一紙，已見。余丈生平著作等身，何只此寥寥數首，似應廣搜博採，以免遺憾。綱師圖記，錢集不收，自有道理。蘇州吕孝子圖，錢、王石琢堂皆有題記。王氏手跡，久爲余所得，最近錢卷亦歸勵耘，見八一人民畫報，而錢、王二集均不收此記，獨獨學廬稿收之，故道光蘇州志得採以入九四卷孝義傳。今日風氣，與往日不同，文集應放寬尺度，不得以綱師圖與吕孝子圖二記爲例。未知高明以爲然否？

承命爲余丈文集作序，不敢不敢。惟敝藏余丈跋文數篇，如跋施愚山試鴻博時家書，跋高郵王氏手稿等，每篇約五六百字。如果需要編入文集，届時示知，當録呈。

續通鑑長編，庫本靠不住，不必費心。

歷代通俗演義，敝藏没有，想是誤記。

餘未一一，即祝

旅安！陳垣。立秋夕。

網師圖記拓本能屬人抄示一份否？本欲寄杭州，恐收不到，仍寄蘇州。

〔一〕余嘉錫。

（二二）

來示説貴友愛讀吾書，至爲榮幸。惜佛教考、胡注表微均闕，惟道教考、僧諍記尚有存本，謹檢贈。能給我一個評價，尤所企盼。青峰上座。陳垣。廿二日。

傅增湘〔一〕

（一）一九三七年十月十日

沅老道鑒：

昨談甚快。歸寓後細閲舊唐書補葉，蓋即姚崇十事要説，語出升平源，相傳以爲吳兢撰。通鑒考異卷十二開元元年十月姚元之同三品條曾引全文，温公疑好事者依託兢名爲之，難以盡信，故不取。惟新書則點竄其文入崇傳，新書藝文志小説家有陳鴻開元升平源一卷，疑與温公所引同一書。文中稱姚崇爲馮翊太守，考天寶元年始改同州爲馮翊郡，改刺史爲太守，時崇卒已二十年，先天中何得有馮翊太守？無惑乎温公以爲難盡信也。珂鄉楊升庵乃以此爲舊傳之文，曾取與新傳較優劣，見丹鉛録卷十一，所引復有脱譌。此葉譌脱與丹鉛録同，或即抄自丹鉛録，而謬託爲紹興舊本，殊可笑。其第一行「車駕幸三百里内合朝覲」，文義不明。考異作「車駕行幸，三百里内刺史合朝覲」，語意方顯。王西莊十七史商権八十七曾引楊説，而不知其出自通鑒考異。廣雅本考異又誤升平源爲外平源，甚矣古書之不易讀也！專此，即頌著安。十月十日。

舊書一本並繳。

〔信稿，下同。〕

〔一〕傅增湘（一八七二—一九四九）：字沅叔，晚號藏園居士，四川江安人。曾任教育總長。一九二二年後退職居家，核勘古籍，研版本目録之學。先生與援庵來往信函，經與傅先生文孫熹年先生共同討論、辨認，並查閲了傅老日記，作了如下的編排。

（二）一九三七年十二月十六日

沅老著席：

夜談之樂不易得。承示册府卷五一七振舉門十四頁一行「烈祖之勛舊」下有錯簡，歸後閲之，誠然。此文並見册府卷三一奉先門十七頁。「勛舊」下凡脱五十八字。「加冠」一段末有王奂名，王奂南齊書有傳，此係南齊書卷九禮志文，見殿本卅一頁十八行，「加冠」上脱二百四十二字。下文「伏曼容」一段，亦南齊書卷十七輿服志文，見殿本三頁十四行。「軍容」下脱一百八十八字。「是月殿中侍御史賈玭」爲一段，此段當爲五代之文。惟下文世宗顯德五年一段，世宗上不冠「周」字，知此段之前尚有周太祖廣順年間事一段也。又考南齊二段，自「加冠」起，至「軍容」止凡十七行，係册府卷五七七奏議門九頁十四行「司徒」下脱文錯簡於此。謹聞，即頌晨安。十二月十六日。

（三）一九三七年十二月〔一〕

承詢明本册府五一七卷憲官部振舉門一四頁一行勛舊下，忽接加冠及伏曼容一段，必有錯簡。

今按上半係晉天福五年竇貞固奏國忌事，此奏册府凡三見，三一卷一六頁奉先門與五一七卷一四頁振舉門所載較詳，蓋採自實録。五九四卷一四頁奏議門所載較略，蓋採自會要四卷八頁忌日條。或採自薛史晉高祖紀，見今輯本七九卷二頁。

下半加冠一段，係採自南齊書九卷禮志，見殿本三二頁。又伏曼容一段，係採自南齊書一七卷輿服志，見殿本三頁。

由加冠至一七行「軍容」，係册府五七七卷掌禮部奏議門九頁一四行司徒下戎事上脱文，錯簡在此，正可補其闕。

至於竇貞固奏，勛舊下闕文五十八字，可據三一卷奉先門一六頁補足之。

又五一七卷一四頁一七行之「是月」，究係何月，據會要一七卷一四頁知班條載賈玭此狀，係周廣順三年三月事，知其前一條亦必是周廣順三年三月事，故此條承上文言「是月」也。　謹復。

參考書如下：

册府三一卷奉先門一六頁　　五一七卷振舉門一四頁

五七七卷奏議門九頁　　五九四卷奏議門一四頁

會要四卷忌日條八頁　　一七卷知班條一四頁

薛史七九卷晉高祖紀二頁

南齊書九卷禮志三二頁　　一七卷輿服志三頁

〔一〕此函可能爲前函之定稿。

（四）一九三七年十二月

承示册府五二〇錯簡並宋本各葉起止，謝謝。見方有他役，未能專校此書，謹遵我公所指示，檢校四則，以稱雅意。未知比宋本何如，乞不吝賜教爲感。本文正書，校文旁注。明鈔北盟會編殘册，當年早已全數璧還，請一檢爲幸。見在尊藏存敝齋書，只有近借日知録一册。並聞。垣又及。

册府五二〇校文四則（本文正書，校文旁注）

（十五頁） 倪 此下原衍廿一字，今略 右據舊唐書一八九下（殿本頁十一）儒學祝欽明傳校。

（十七頁） 張 下接十五頁十七行 右據册府五二二（頁五）私曲門，唐會要六一（殿本頁十八）彈劾門校。

（二十頁） 周 下接廿二頁七行 右據舊唐書一三三（殿本頁廿六）李聽傳校。

（又二十頁） 周 下接廿二頁七行 右據唐文粹二八（叢刊本頁十一）表奏書疏門校。全唐文七四四載此文，出於文粹。

（廿二頁）　崔　下接十七頁十一行　右據册府四五五（頁十一）貪黷門校。

（五）一九三七年

昨談薛史竇貞固名字，匆匆未寫頁數，又未注册府對照卷數，今補呈。又册府五五三獻替門頁一六，五五七採撰門頁一五，有竇貞固奏議，薛史未載。

竇貞固名字見薛史：

七六晉高祖紀頁十二；七七晉高祖紀頁三；七八晉高祖紀頁九；七九晉高祖紀頁二，此條見册府三一奉先門頁十六，五一七振舉門頁十三，五九四奏議門頁十四；八〇晉高祖紀頁七；八一晉少帝紀頁二；八三晉少帝紀頁六，此條見册府六四二條例門頁十三；八四晉少帝紀頁一；一四八選舉志頁四，此條見册府六四二條例門頁十三。

（六）

沅老著席：

昨夕未晤爲悵。聞尊藏有釋大汕著離六堂集，能否檢賜一閲？或有其他關於大汕著述，亦盼檢示。專懇，並頌著安。

（七）一九四二年四月十五日

沅老尊鑒：

承索觀所補魏書闕葉，謹縮摹一分呈覽。此葉自靖康以來沈霾千載，南宋、元、明、清諸儒從未及見，今一旦復得之，其快慰爲何如耶！稍暇擬付影印，以廣流傳，想凡有百衲本魏書者無不欲得此一葉也。專此，即頌晚安。陳垣謹上。四月十五日。

〔傅熹年先生提供原信影印件，下同。〕

（八）一九四二年四月二十一日

沅老尊鑒：

承詢魏書補葉出處，前十五行用北宋本補，後三行用唐本補。唐本爲何？大曆卷子本也，見今通典一四二。公試檢之，必嘆其脗合之神也。周書本紀六闕八十八字，蒙亦以景德卷子本補足，見今册府一六四。惜嚴鐵橋輯六朝全文時全未注意及此耳。即頌午安，不一一。陳垣謹上。四月廿一日。

陳仲儒一段，盧抱經已補十六字，並聞。

（九）一九四二年

新補魏書闕葉已影印，謹呈上數紙，乞分貽同好爲幸〔一〕。即請沅老道安。陳垣。

〔一〕傅一九四二年五月七日（舊曆）致張元濟先生函：「陳援安新補得魏書一葉，特取影本奉寄一葉，公視之當否？」同月十五日張復函：「寄示援庵先生補輯魏書一葉，爲之狂喜。通典、通志、册府元龜爲古書一大淵藪，循此推之，舊史缺文必尚可收獲不少也。」見張元濟傅增湘論書尺牘第三八四頁。

（一〇）一九四六年五月五日

沅老尊鑒：

昨夕之會爲亂後第一次，沉享以盛饌，復假以祕籍，快慰何如，謹謝謹謝。薛史輯本發覆一册奉呈，頗有談言微中之處，四十六、七兩葉〔一〕尤顯著，幸垂詧。偶閱竹汀〔二〕自撰年譜，言五十七歲忽得風痹之疾，兩足不能行動，目入夜不能見物。然通鑒注辨正、疑年録、金石文跋尾、元藝文志、十駕齋養新録等均撰次在患風痹之後，尊恙區區，當可以竹汀爲例也。謹此預祝，並叩晨安。陳垣謹上。五月五日。

外附單印尊撰發覆序文二分。

〔一〕此爲勵耘書屋叢刻本之頁碼。作者引舊五代史文，借古喻今，有「此胡用法如此，豈能久處漢地」，「契丹强盛，僅三十年」等語。

〔二〕竹汀：錢大昕。傅增湘先生一九四四年病癱，故借錢大昕事慰之。

單士元〔一〕

（一）一九三八年四月十二日〔二〕

大稿略讀一過，精實詳明，佩服佩服。略爲删易，取便翻譯，非有所掎摭也。略去小注數段，亦是此意，請細酌爲幸。至於兩王世系表，特爲改造。

一、凡無關本文考證之名皆略。

二、補入同、光、宣三朝，以便比照。

三、補入洵、濤，因洵、濤曾使外國，外人多識其名，濤又爲輔仁舊校之房主。

四、補入漪、瀾及大阿哥，因漪、瀾等爲清末重要人物，亦名聞外國。

五、補入伒、僩，因伒、僩現爲本校美術科主任及導師。

如此，則表不寂寞，而且更有關係矣。尊意以爲何如？廿七年四月十二夕。陳垣謹識。

附　慶王恭王世系略表

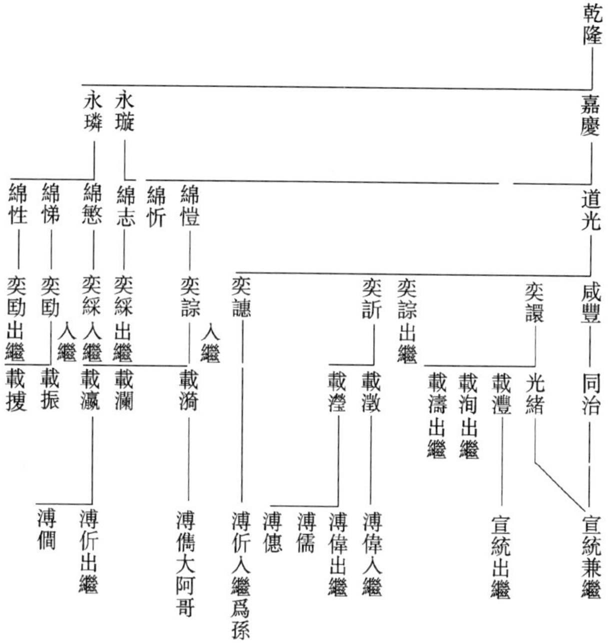

〔單士元先生提供影印件〕

〔一〕單士元（一九〇七—一九九八）：字君實，北京人。長期在故宮工作，任故宮博物院副院長，並先後在輔仁大學、北京師範大學任教。單先生在回憶陳援庵師一文中說：「我得識陳援庵師是在一九二五年。當一九二四年十一月將溥儀驅逐出宮，曾由當日社會上名流學者組成一個清室善後委員會，援庵師是被延聘的委員之一。我當日在北京大學旁聽史學系課程，同時在清室善後委員會任低級職工，是一個工讀學生。」「舊北京大學有研究所國學門之設，援庵師是國學門的導師。我曾於一九二六年在這裏進行歷史研究，援庵師經常教導我們如何讀書，讀什麽書。後來又在文學院北大紅樓開『史學名著評論』課程。」

〔二〕關於此函，單先生在同一文中說：「輔仁大學的本校原來是清代末年載濤的府。一九二五年又將東鄰恭王府買來，即後來輔仁女校。在購買之初，援師和沈兼士師，約古建築專家梁思成、劉敦楨、劉致平和我，視察空府情況。當時援師囑我作一文以考府之歷史。稿成呈師，承援庵師親加批改，復將恭王世系表改作，並將改作意見手書告我。文章改訂精細，至今我仍珍藏。」

方國瑜〔一〕

（一）一九四〇年六月四日

國瑜學兄著席：

久别忽奉四月十三日手書，藉悉近狀，快慰何似！拙著佛教考已付印，兹將目録寄呈。承詢四譯館考，敝處無之，只有四譯館則，已付港轉上，未知郵通否耳！文矩子山集見元詩選，陳旅安雅堂集有四庫本，文中無關雲南者，詩已託人代查，有則鈔呈，無則作罷。謹此奉復，不盡欲言，見熟人幸爲道候。此頌

大安！露封以便檢查。陳垣謹復。六月四日。

〔抄件，下同。〕

〔一〕方國瑜（一九〇三—一九八三）：雲南麗江人，納西族，民族史學家。一九二三至一九三三年就讀於北京師範大學

和北京大學研究所國學門，受教於援庵。雲南大學教授、雲南通志編審。

（二）一九四〇年七月三十一日

國瑜仁弟史席：

十三日手書並唐宋間佛教，略讀一過，甚佩！拙著已印訖，正待訂裝。僕於西南文獻，素乏講求，此文聊寄所感，不值大雅一盼也。四譯館則係敬贈足下者，不必寄還。聞見隨筆見國粹學報六十三期，非馮書也。安雅堂詩二首録呈，未必有用。玉書兄近狀佳否？至念。專復，即頌

撰安！陳垣謹上。七月卅一日。

厲鼎煃〔一〕

（一）一九四一年五月八日

星槎先生著席：

奉示藉知近狀，並欲據近代天算以治春秋，甚盛！甚盛！鄙著朔閏表，係據史傳編排，非能知曆，本不足道。所以不上溯春秋者，因史傳舛誤或可糾正，聖人筆削非所敢議，故斷自漢以來也。間嘗閱貴鄉先輩汪君述學，有荀卿子、賈誼年表，知汪君對年代亦頗注意。然今本述學年曆多誤，殊不可解。粵雅本廣陵對誤乾隆五十二年爲二十五年無論矣，其各本同誤者，如朱先生學政記序，末署旃蒙敦牂；釋印云至正十三年歲在丙戌；江德量墓誌云德量以乾隆五十八年十月辛丑歿，是月無辛丑；馮廷丞碑云廷丞以乾隆五十年十一月乙丑卒，次年十一月乙丑葬，據朱石君撰墓誌，廷丞實以乾隆四十九年十一月八日己未卒，五十年十一月某日葬。江誌撰於汪君卒之前夕，其誤不足異；馮碑精心結撰，何至卒葬年月皆誤。又其先考靈表云乾隆十四年卒，中生凡七歲，與汪喜孫撰年譜異；先母靈表云乾隆五十二年七月辛丑朔卒，是月丙寅朔非辛丑也。哀鹽船文云乾隆三十五年十二月乙卯，儀徵鹽船火，是月癸酉朔無乙卯。洪君妻蔣氏墓誌云乾隆四十二年友人洪禮吉喪其母，洪喪母在乾隆四十一年不在此年也。又開卷第一頁釋闕第一行春秋僖公二十一年傳云云，僖公亦誤。凡此皆顯而易見者，若細加考證，誤當不止此。汪君近在百數十年，述學卷帙無多，付印時又經劉端臨、李申耆諸老審定，今重刊小字本且附有校勘記，然上列諸點全未校出，幸文獻具在，故可確知其誤。倘再閱千百年，文獻散佚，從何正之？即以鹽船火言，爲當日巨災，父老必尚有能道之者，不獨日非乙卯，年亦非乾隆三十五而是三十六年也。事關珂鄉文獻，執事何以教之！近印道教考一册，魏書補一葉，另郵呈正。柳翼老近在何處？想起居安善爲念。專復，並候

著安！弟陳垣謹上。五月八晚。

〔信稿，下同。〕

〔一〕厲鼎煃（一九〇七—一九五九）：字星槎，江蘇儀徵人。二十世紀三十年代在南京國立編譯館工作，並從事契丹文字研究。後在吳淞中學任教。

（二）

星槎先生大鑒：

奉到通訊二期，極感雅誼，聊以拙著爲報。承屬擔任諮詢委員名目，萬萬不敢。數年來，因衰老，校外事概不預聞也。專此復謝，尚乞原宥。即頌

著安！不一不一。弟陳垣謹上。二月十二日。

顧廷龍〔一〕

（一）約一九四二年八月二十五日

起潛先生著席：

屢承惠賜新印圖籍，至感。兹有懇者，常州先哲遺書後編本丹棱文鈔第三卷有謝山全先生述一文，擬請尊處代爲鈔示，因敝處無此書也。專此奉託，費神之至，即頌道安。弟陳垣謹上。八月廿五日。

筱珊〔二〕兄交來扇面，稍暇當寫呈。又及。

〔顧廷龍先生提供影印件，下同。〕

〔一〕顧廷龍（一九〇四—一九九八）：字起潛，江蘇蘇州人。燕京大學碩士。一九三九年與友人創辦並主持上海合衆圖書館。建國後任上海圖書館館長、中國古籍善本書目主編等。

〔二〕筱珊：聶崇岐。

（二）一九四二年九月九日

起潛先生道右：

承示丹棱文集鈔件四葉，敬謹收到，費神容謝。石谿事跡，敝處所知甚少，其詩集亦未見。輔仁學誌今年擬出一合期，印就當寄呈。里堂家訓已由筱珊兄轉到，並轉交輔仁圖書館一册，專此統謝。並候著安。弟陳垣謹上。九月九日。

（三）一九四二年十二月二十日

起潛先生大鑒：

承示敬悉。學校售書定購書須實價現款，郵寄更麻煩，今謹將本宅所有者五種十三册分二包挂號寄呈（照舊價九扣），連郵費共卅五元捌角，希查照爲幸。專復，即頌大安。弟陳垣謹上。十二月廿日。

摩尼教考無單行本。輔仁學誌已屬學校設法找齊，但不一定有也。

（四）約一九四三年一月

十日手示奉悉。前月書價早已收訖，頃接到書畫録等數種，共十二册三份。謹留一份，以一份送輔仁圖書館。其致廉公〔一〕一份暫存，因有不利於公，聞已隱去也。專此復謝，並頌文安。不一一。

〔一〕廉公：顧先生一九八五年八月九日來信説，廉公「可能指（沈）兼士先生」。

（五）一九四三年

承由聶筱珊先生轉到補藤花館石墨目録一册，恬養齋文鈔二册。敬領謝，並寄呈拙著三種三册，分兩包付郵，乞詧收爲幸。

（六）一九四七年

起潛先生道鑒：

滬濱握手，倏又旬日，想起居佳勝。承致學校函，已交主管酌辦。敬鄉樓詩等三種四册亦已遞到，謹謝。拙著刊本現存者有：元西域人華化考八卷，元典章校補釋例六卷，元祕史譯音用字考一卷，舊五代史輯本發覆三卷，吳漁山先生年譜二卷（以上五種木刻）。明季滇黔佛教考六卷，南宋初河北新道教考四卷，通鑒胡注表微二十卷（以上三種排印）。未識貴館悉已入藏否？如有未備，請開示目録以便選寄爲幸。專復，即頌道安不一一。

葵初先生均此致候。

〔手稿〕

張長弓〔一〕

（一）一九四四年八月十一日

常工仁弟惠鑒：

別後倏忽半載，忽奉手書，藉悉近狀安吉，至以爲慰。承詢今本葛洪神仙傳、干寶搜神記，雖非後人僞撰，亦未必盡是元書。苟其中史料有見於范蔚宗書〔二〕者，自可以范書爲主，而説明並見今本神仙傳或搜神記。因范書爲歷來學者承誦，其保存元本部分較葛、干二書爲多，故可引用。至其事實之可信與否，則時代知識及風俗問題，而非本書之真僞問題矣。高明以爲何如？專復，即頌著安。垣謹上。八月十一日。

〔六函原件均張先生哲嗣張弓先生所贈〕

〔一〕張長弓（一九〇五—一九五四）：又名常工，河南新野人。一九二八年至三一年，燕京大學國學研究所研究生。後任河南大學國文系教授。

〔二〕范蔚宗書：范曄後漢書。

（二）一九四五年二月二十八日

長弓仁弟史席：

十月十六大函敬悉近狀，至以爲慰。本届校中寒假甚長，凡兩越月，因省煤也。兹定明日上課，知念謹聞。余近作一書名通鑒胡注表微，大致已就，寫定尚需時日，謹將提要寄呈，藉知近況而已。牟君〔一〕聞在商丘尚佳。晤知舊時，代爲致候一切。即頌台祉。垣謹上。二月廿八日。

〔一〕牟君：牟潤孫。

（三）一九四五年十二月二十三日

長弓仁弟史席：

十月廿二日函雖曰航空，今始接到，可知交通之不便。函中言十二月初返汴，恐未必能實現，茲特復一函，將以試探弟之已否返汴也。表微日内付印，篇目分合與春間所定稍有異同，小引一紙呈閲，尚是敵人降服前手筆。又舊著道教考，吾弟似尚未見，郵寄不易，只可將目録、後記伴函，幸督正。寶鷄奎婁所聚，知舊當不少，晤時能代致意爲感。專復，即頌台祉不一一。陳垣謹上。十二月廿三日。

（四）一九四六年一月二十日

長弓仁弟：

去年十二月廿三日接到十月廿二日來函，當即復一函寄寶鷄。茲接十二月廿三日由開封來函，知寄寶鷄之函不能收到矣。牟君前在商邱張嵐風軍幕，未必[一]近日如何，久不得消息。余近狀尚好，八年杜門習慣，一旦打破，故比敵人降服前爲忙，想有所述作，亦不如日前之静。始知敵人之困我，未必非福我也。太史公言「西伯拘而演周易」云云，至今乃知其言之有味。油印二紙附上，前函未到，閲此亦可略知近況也。專復，即頌台祉。垣謹上。卅五年一月廿日。

〔一〕未必：似爲「未知」之筆誤。

（五）一九四七年四月七日

長弓老弟文几：

接三月十九日書，知通鑒胡注表微尚未收到，擬再寄奉一册，亦未知何時到也。交通不便可歎。日前寄來小説珍存等早收到，但珍存封面用大黑邊，見者皆詫異，不知何以不拘如此？鄙意仍以避俗爲是。潤孫時有信，但未提及論文事，竊以爲余不堪有此也。專復，即頌著安不一一。垣謹上。四月七日。

（六）一九四八年二月二十九日

常工仁弟文几：

十六日手書敬悉。姚校長〔一〕到平，晤譚甚歡。足下課餘著述不倦，至可佩慰，惜僕於文學爲門外漢耳。承詢生活狀況，甚感關懷。然僕向不事家人生産，好在習慣淡泊，子女又皆成立，是以不覺困難。關於介紹拙著文，曾見文訊七卷四期登過一篇相類之文，因此不再登未定。可否寄津，請酌。既是他來索稿，寄去似亦無妨，但登否之權，仍操諸人耳。專復，即問近佳。垣謹上。二月廿九日。

〔一〕姚校長：姚從吾，時爲河南大學校長。

朱啓鈐〔一〕

（一）一九四五年七月四日

承示語嵩語録，求之十年，不知貴陽近有刊本，陋甚。民國廿四年江蘇圖書館第八年刊，曾載語嵩塔銘，撰滇黔佛教考時，亦未之見，蓋自事變後杜門索居，見聞不得不陋也。屬爲塔銘書後，無甚新意，年來從事通鑒胡注表微，諸内典早束高閣，僅就記憶所及，疏其一二，幸垂教焉。

塔銘爲錢邦芑撰並書，篇中「並書」二字，似當補入。碑凡十三行，行七十字，今語録所附塔銘，闕字之外，尚有漏字，謹將敝篋所藏，另鈔呈校。錦江禪燈十一，黔南會燈録二，皆載語嵩爲破山弟子雪臂巒法嗣，今碑中所謂長破杲者，即雪臂巒庚子以前舊號。黔詩紀略作長破果，傳寫誤也。語嵩先參之破雪，乃破雪璽，亦破山弟子。與語嵩同日得法之書雲，即書雲昷，黔詩紀略所稱爲天峰和尚者也。語嵩大弟子佛宗號嵩目，佛海號嵩眉，皆見黔南會燈録四；佛智號醒閒，又作省賢，見五燈全書一零五。遠庵則木陳弟子遠庵僼，見五燈全書七十三。湘潭孝廉郭金臺，隆武丙戌舉人，見小腆紀傳五十八。吳門劉居士，見山暉語録十一與錢中丞書。五燈全書八十七載遠庵爲語嵩掩龕偈，有「三千里外孤筇至，萬指叢中撥手歸」之語，與塔銘所載遠庵舉火偈不同。錦江禪燈十一載語嵩病中示偈，有「吾年五十七，無補法門益，拜掃上天童，老病相摧逼」之語，亦與塔銘所載不合，當是後人緣飾。且生於辛亥，卒於丙午，亦非五十七也。

語嵩與錢邦芑、方于宣關係最深，其住牟尼山，即二人所邀請，今語録與二人書問亦特多。于宣晚節披猖，語録卷十答神生偈，有「休戀途中風景好」之句，曾於黔詩紀略見之；今觀語録卷七與神生法語，又有「無端妬殺人，幾個知休歇，不休歇，惹得子規夜啼月」之語；卷十二與神生偈，又有「佛恩國恩何如報，孝莫親兮忠莫君，今日夜郎珍重汝，金湯法化度迷津」之句，語嵩之於于宣，可謂盡忠告之道。雖其所示句語，孰先孰後不可知，然大意總是勸其不宜出，出則必須忠於君國，惜于宣不能聽，卒至身敗名裂而後已。當語嵩卒時，于宣恐已先卒，塔銘通篇不及于宣一字，殊可注意。貴州通志卅二云語嵩化後，錢邦芑爲作塔銘，方于宣序其語録行世，滇黔佛教考據此以爲于宣當卒在語嵩後，大誤。今觀語録于宣序，乃永曆八年撰，其刊行當在語嵩生前。其所記皆永曆時事，其中人物，錢、方而外，如相國文居士安之、東川吕居士大器、金一程居士源，皆小腆紀傳有傳，莫子偲以爲足備掌故，最稱卓識。往考順治宫庭事，亦曾利用憨璞、茆溪等語録，以補公私記載所不及，偲翁實先得我心也。嘉興藏尚有燕居語録，爲今本嘉興藏目録所未載。今本目録止於又續藏之四十三函，其末數種爲黔南語録，佛教考藏經篇曾論之。其第四十四函之第一種即爲雲山燕居申語録八卷，倘能物色得此，必於黔中掌故，更有裨益。燕居與山暉爭席事，爲吾人所不取，然黔南會燈録稱黔南宗風，興自燕居、語嵩、雲腹三人，則燕居語録似不可不一考也，未識黔中有傳本否？今因語嵩連類及之，處地北而語天南，必又有笑其陋者。匆匆不具。乙酉七月四日。

〔原稿〕

〔一〕朱啓鈐（一八七二—一九六四）：字桂辛，晚年别署蠖公。貴州開陽人。民國初年曾任内務總長。一九二五年創立營造學社。建國後任中央文史館館員。

楊樹達〔一〕

（一）一九四六年三月十五日

遇夫先生史席：

久别，時從豫公〔二〕信中藉悉近狀安吉，至以爲慰。頃奉六日書，詢近年拙著，惟有慚愧而已。國難中曾著宗教三書：一、明季滇黔佛教考六卷。二、清初僧諍記三卷。三、南宋初河北新道教考四卷。皆外蒙考據宗教史之皮而提倡民族不屈之精神者也。從今日視之，殆如夢囈耳！又爲通鑒胡注表微二十篇，近始付印。小引一篇呈正，恐亦不值識者一笑，高明何以教之。大著二頁拜讀，甲骨書已交讓之〔三〕。專復，即頌著安不一一。弟陳垣謹上。三月十五日。

〔楊逢彬先生提供影印件〕

〔一〕楊樹達（一八八五—一九五六）：字遇夫，號積微，湖南長沙人。語言文字學家。早年留學日本。先後在北京師範大學、清華大學、湖南大學任教。中央研究院院士。建國後任中國科學院哲學社會科學部學部委員。

〔二〕豫公：余嘉錫（季豫）。

〔三〕讓之：余遜，余嘉錫之子。

（二）一九五二年十二月二日

遇夫先生：

違教久，奉廿二日書，悦若覿面，欣慰何似。積微居金文説已由科學院送到，稍暇當細加鑽研，以答盛意。來示謙欲法高郵〔一〕，高郵豈足爲君學？況我公居近韶山，法高郵何如法韶山？前屢得駱君紹賓寄示近作，甚欲以此意諗之，不知尊見以爲何如？專此復謝，即頌著安。弟陳垣謹上。十二月二日。

〔同上〕

〔一〕高郵：指王念孫、引之父子。

朱傑勤〔一〕

（一）一九四六年五月十五日

傑勤先生史席：

承示悼馮公〔二〕詩，拜誦。惻愳纏綿，馮公得此可以不朽，佩服佩服。馮長公子先恕本輔仁史學系高材生。甲申〔三〕三月輔仁自祕書長、院長、教授以至助教被日寇拘捕者三四十人，馮公子亦在刊章中。適卧病，日憲兵至榻前揭被，執其手熱甚，聞是病肺，掩鼻而走，遂得免。然自是不起，痛哉！幸馮公次、三公子均已長成，可以告慰。專復，即頌著安。弟陳垣謹上。五月十五日。

〔朱先生寄贈影印件〕

〔一〕朱傑勤（一九一三—一九九〇）：廣東順德人。歷史學家。當時爲雲南大學教授。

〔二〕馮公：馮承鈞。

〔三〕甲申：一九四四年。

徐宗澤〔一〕

（一）一九四六年八月三十日

潤農司鐸台鑒：

二十三日手教敬悉。拙著佛教考本專爲傳教士有所借鏡而作，深盼傳教士能細讀一遍。至於公教史，既有大著各種刊行，我輩似可擱筆。若欲仿佛教考體例，其中如士夫禪悅、遺民逃禪、遺民禪侶、有教無類等篇，明季公教初來，未能深入社會，何從有此史料？又如高僧輩出、傳燈鼎盛等篇，當時公教華籍教士甚少，何從有此現象？故欲成一出色之中國公教史，尚須賴今後之努力，今日能借鏡佛教史，亦可促成公教進步也。高明以爲何如？專復，並頌著安！陳垣謹上。八月卅日。

〔録自上智編譯館館刊二卷三期〕

〔一〕徐宗澤（一八八六—一九四七）：字潤農，上海人，徐光啓十二世孫。上海徐家匯天主堂圖書館館長，並主編聖教雜誌。

中央研究院祕書處

（一）一九四六年

奉復中央研究院祕書處：

敬復者，承奉朱、翁二公〔一〕九日函詢：評議會第二屆第三次大會擬於本年十月中旬在京舉行，屆時能否蒞示等語。九年未預盛會，極願一行。至能否實行，仍視屆時交通爲準。專復。

〔原稿〕

〔一〕朱家驊、翁文灝。

史樹青〔一〕

（一）一九四七年四月二十四日〔二〕

樹青仁弟文几：

二十日惠書並拓片三張，敬謝。高僧傳潘市未有不足奇，乾隆修四庫書時，館中亦未有也。鄙意讀書當隨環境，書籍完備，固可博覽，即遇書籍缺乏，以一二年間，不論經史子集，專精一二種，亦必有所獲，不必俟書籍完備而後能用功也。吾弟以爲何如？專復，春寒幸自珍衛不宣。陳垣謹上。四月廿四日。晤潘中知舊幸爲道候。

〔史先生寄贈影印件〕

〔一〕史樹青（一九二二—二〇〇七）：河北樂亭人。輔仁大學畢業。中國歷史博物館研究員、國家文物鑒定委員會副主任。史先生在勵耘書屋問學札記（收入勵耘書屋問學記一書中）中説：「余生也晚，自一九四一年秋至一九四六年夏，五年之間，在輔仁大學從先生受業。其後，專事文史研究，問學請業，未嘗中斷。」

〔二〕時在東北中正大學任教。

北平郵政管理局

（一）一九四八年九月二日

近來國營事業郵政算是第一進步的，這事大家都感覺得到。鄙意以爲凡事必先有要好的意思，然後能辦好。如果想辦好，未有辦不好的，即使辦得不甚好，人也見諒。若根本不想辦好，那會辦得好呢？我對近年貴局服務精神最稱滿意，謹借貴局求批評的機會，寫此一段奉呈，如果從事郵務人員對人能更「和」氣的，就更美滿了。此致

北平郵政管理局！

地外興化寺街五號住户陳垣　卅七年九月二日

〔録自信稿〕

鄭天挺[一]

（一）一九四八年十月三日

毅生先生惠鑒：

承示航空公司定座單，謹填就，相片二張附呈，出發期請代填。款何時繳？及是否能買來回票？並有何等手續？請隨時賜示遵辦爲感。來示稱謂太謙，不敢當不敢當。專復，即頌

著安！弟陳垣謹上。十月三日。

〔一〕鄭天挺（一八九九—一九八一）：字毅生，福建長樂人。歷史學家。北京大學研究所國學門畢業。歷任北京大學、南開大學教授。

香港友人

（一）一九四九年三月十四日

一月十二日、二月三日信均收到。余思想劇變事，已詳前信。世界大勢所趨，必然做到，早晚而已。已頹敗之勢，無可挽回。學術思想，應從新生的路上走，余甚悔往日之懵然妄覺也。

〔一九四九年四月一日香港華商報〕

席啓駉〔一〕

（一）一九五〇年初

九一八以前，爲同學講嘉定錢氏之學；九一八以後，世變日亟，乃改顧氏日知録，注意事功，以爲經世之學在是矣。北京淪陷後，北方士氣萎靡，乃講全謝山之學以振之。謝山排斥降人，激發故國思想。所有輯覆、佛考、諍記、道考、表微〔二〕等，皆此時作品，以爲報國之道止此矣。所著已刊者數十萬言，言道、言僧、言史、言考據，皆託詞，其實斥漢奸、斥日寇、責當政耳。解放以後，得學毛澤東思想，始幡然悟前者之非，一切須從頭學起。年力就衰，時感不及，爲可恨耳。

〔録自紀念陳垣校長誕辰一百周年，陳垣校長誕生百年紀念文集。〕

〔一〕席啓駉（？—一九六六），字魯思，湖南東安人。思辨社成員，時爲武漢大學教授。

〔二〕指作者在抗日戰爭時期的著作舊五代史輯本發復、明季滇黔佛教考、清初僧諍記、南宋初河北新道教考、通鑒胡注表微。

〔二〕一九五九年五月三十日

魯思先生著席：

久未通候，忽奉瑤章，既感且愧。我耄年入黨，本不足道。月前長孺先生來京，曾爲此事，賜我佳什，已使我不知所措，今又承公奬飾，更使我抱慚無地。連日思想應如何答謝盛意，惟有倍加努力，改造自己而已。毋謂我老耄而舍我，時賜教言，實爲幸甚。專此復謝，並祝

健康！　陳垣。五月卅日。

長孺先生均此致候。

〔原稿〕

輔仁大學工會

（一）一九五〇年三月十四日

昨日本校職工業餘補習學校開學，承當衆公推我爲名譽教員，至爲榮幸。我今想購買各班國文教本全份，看看那一班是我能教的，即擔認那一班或二班，並願與該班教員商洽合作辦法，屆時上課。爲此函請轉達一切爲幸。

輔仁大學工會台照。陳垣。三月十四日。

〔原稿〕

芮歌尼〔一〕

（一）一九五〇年七月二十二日

芮歌尼司鐸：

本月十四日函奉悉，我感謝你關於本校津貼費了好些力量，至所提四項，經請示人民政府教育部，教育部給我們的指示如下：

第一項，新董事會由教會與校長選任，經教部核準，即可成立；

第二項，教會代表對人事聘任有否決權，是絕對不能答應的；

第三項，等於教會與學校財産劃分是可以的；

第四項，也可以辦的。

輔仁成績聲譽能有今日，很不容易，現在同人正轉向團結，比往日情形改進的多，我仍

盼望你們重新考慮，不要偏於一時的感情爲幸。此致

敬禮！

私立輔仁大學校長陳垣。

一九五〇、七、廿二。

〔一〕芮歌尼（H.Rigney）：教會駐輔仁大學代表，輔仁大學理學院長。

（二）一九五〇年七月二十八日

芮歌尼司鐸：

接到你昨天（二十七日）的信，正要答覆，又接到你今天的信。關於董事會的提名問題，只要合乎人民政府的法令，怎麼辦都可以。

關於第二項，在你了解政府政策以後，自動撤銷否決權，這是很合理的。至於你堅決要求不續聘五位教員當給津貼的條件，這仍然是運用否決權，我不能答應這樣的要求。

輔仁開辦二十五年，有這麽多的教職員學生及附屬學校，在今天中國境内，任何人不能隨便説不辦就不辦。如果因爲你堅持這條件，使教會不繼續津貼，那末對於教會，對於學校，對於人民政府，一切後果，你是要負責任的。

我盼望你再慎重考慮，本着爲人民服務的精神，大家合作，辦好輔仁。此致

敬禮！

私立北京輔仁大學校長陳垣。

一九五〇年七月二十八日。

（三）一九五〇年九月四日

芮歌尼司鐸：

得你八月三十日回信，知道我送交你的高等學校暫行規程及私立高等學校管理暫行辦法已經收到。現在輔仁已經開學，我應當清楚的問你，你七月二十九日的聲明，從八月一日起，教會停止撥付輔仁大學的經費，這是否就是教會從此不辦輔仁大學的意思，希望你很快的給我一個明確答覆，我好正式報告中央人民政府教育

部。此致

敬禮！

私立輔仁大學校長陳垣。

一九五〇年九月四日。

〔新輔仁第十五期，一九五〇年九月十六日。下同〕

（四）一九五〇年九月十二日

芮歌尼司鐸：

接到你九月六日的信，知道你們沒有不辦輔仁的意思，並且對中央人民政府教育部頒佈的私立高等學校管理暫行辦法表示當然遵照辦理，這是對的。我已報告教育部了。現在還想問明兩點：

一，來信沒有提到不續聘五位教員的話，是否已經撤消了這項要求？

二，來信有校務重新納入正軌的話，是否就指遵照政府新頒的法令辦理，抑或別有所指？

這兩點，希望你給我一個明白的答覆。此致

敬禮！

私立輔仁大學校長陳垣。

一九五〇年九月十二日。

天津中學教師

（一）一九五一年二月二日

同志們：

來示敬悉。記大同武州山石窟寺，係我三十五年前舊作。根據歷史所載，武州山的石窟寺，不止一所，相連一帶，依山鑿成，都叫作「石窟寺」。後人修了一所，改名「石佛寺」，不究根源，不考歷史，故説他是「陋」。這是我當時的看法，其實改稱石佛寺，有何不可。你們教課這樣負責認真，真不愧人民教師。謹致

敬禮！陳垣。一九五一年二月二日。

〔底稿〕

馬叙倫[一]

(一)一九五一年十月十二日

馬部長：

去年十月十二日中央人民政府教育部接辦輔仁大學，我們定這天爲新輔仁的校慶，今天正是接辦一周年。這一年來，在部長領導之下，我們學校比從前已有很大的進展，我們全校師生員工繼續和帝國主義分子展開激烈鬭爭，已取得更大的勝利。我們定於十月十四日(星期日)上午九時半在本校大禮堂舉行慶祝大會，並有校友返校參加。現在我代表全體師生員工恭請部長届時來校對大家講話，希望你答應這個要求！此致

敬禮！陳垣。十月十二日。

〔信稿〕

[一]馬叙倫(一八八四—一九七〇)：字夷初，浙江杭州人。時爲教育部長。

包賚〔一〕

（一）一九五一年十月十八日

仲修先生：

夏間入蜀，參加土改工作，最近還京，得接五月廿七日書，並大作寒山子事跡考，略讀一過，其說可以成立，具見讀書得間，至佩至佩。今謹將原件寄還，另寄上解放前拙作八種，請不吝批判爲幸，能惠我默庵集一部尤感。關於寒山子年代，清代目録家自四庫提要以下均置諸初唐，誠如尊論，則志南三隱集記爲不足信矣，因記中説趙州、潙山曾與寒山對語，趙州、潙山皆晚唐人，何能與寒山對語。但趙州見寒山拾得，出古尊宿語録十四，潙山遇寒山拾得，出宋高僧傳十一，殆皆寓言，後人當作實事耶？匆匆奉復，並致敬禮。一九五一、十月十八日。

〔一〕原稿，下同。

〔一〕包賚（一八九八——一九五五）：字仲修，浙江三門人。中國公學文史系畢業，曾任浙江通志館分纂。時爲寧波市第三中學教員。

（二）一九五二年一月二十二日

仲脩先生：

據本校圖書館人說，足下想買我所著的書。解放前我著書，祇憑自己一時的興趣，不問人民需要不需要，故所著多不切實用之書，現正深自懊悔。足下乃想花錢買這些書，大可不必，今除去絶版者外，特檢寄數種，能不客氣的批判，幸甚。此祝健康。一九五二年一月廿二日。

計開：

元西域人華化考二册；元典章校補五册；元祕史譯音用字考一册；釋氏疑年録（附通檢）五册。共四種十三册。

（三）一九五二年七月二十二日

仲修先生：

承問各大學調整事，正在進行，暑假後當可實現。儲君皖峰逝世久矣，今年二月六日係儲君逝世十周年，所謂墓木已拱了。日前來示，舉出元典章校補釋例錯漏一百廿九條，至佩至感。但元典章校補釋例係爲校勘學而作，不是爲元典章校補而作，特借沈刻元典章的錯誤來説明校勘學的法則，故又名校勘學釋例。他所根據都係直接取自沈刻元典章，不是取自元典章校補。且校補出板在前，釋例出板在後。校補有漏校者，往往在釋例中舉出以彌其憾。因此以校補的札記來與釋例對勘，不如以沈刻元典章來與釋例對勘，更爲脗合。此外釋例卷六又有「不校」三例，因此未校者甚多，不止百廿九條而已。專此，並致敬禮。

宋

一九五二年七月廿二日。

附：元典章校補釋例刻本勘誤

承示元典章校補釋例錯誤一百廿九條，其中確實錯誤必需改正者三十一條，特爲勘誤表如下：

葉	行	誤	正
十	二	十二行	十三行
十三	四背	禮三	禮二
十六	十二	二十五字	二十二字
二十	一背	七九	七八
廿三	九背	十二	十三
廿五	二	吏三	禮三
廿九	一	轉患	轉添

	四	刑八二十	刑八十九
卅一	七背	胥囊	囊胥
卅三	四	吏二十四	吏二十三
	十二	新兵	新刑
卅四	十二	户八四九	户八四八
卅七	十一背	户八四六	户八四五
	十二背	户八四七	户八四六
四十	八	兵三四五	兵三四四
四二	一	刑十五五一	刑十五三一

		四三	四四	五十	五一		五二	五三	
	六	十一	六背	十背	三背	五背	六背	十背	
忙各歹	忙古歹	刑八 十三 十一	兵十九 刑十九	兵十 户十	刑十五 十四 四四	刑十九 五五 四五	臺綱二 十二 十一	禮三 廿一 二十	

五七	五八		六十	六九		七一	
八	九	四背	七背	二背		十二	十二背
吏八 户八	吏四 六 五	臺綱二 十 十一	詔令一 三 二	六字衍	十字衍	吏三 十一 一	刑十四 六 五

（四）一九五四年一月三日

十二月十三日來信，並賈似道文收到，少有餘暇，當試讀一遍，再行奉復。兹有請者，因經年通信，未識生平，深以爲憾，請將自傳或履歷（尤其是年歲、學歷及曾任職務）之款賜示一分，以爲知人論事之助，至感。

〔信稿摘録〕

（五）一九五四年四月四日

仲修先生史席：

住醫院百餘日，今始能敬讀大著賈似道二三事論文一過。子貢曰：「紂之不善，不如是之甚，君子惡居下流，天下之惡皆歸焉。」爲姦臣辯護，殊非易事，足下獨爲其難，至佩勇敢。惟據青詞一語，即信其忠，則汪精衛輩，何嘗不自稱愛國。又謂世俗文人都以賈似道有萬惡而無一善，則癸辛雜識後集賈相制外戚、抑北司等條又何嘗不説賈似道好話。大著詞氣之間，參以感情，遂不免抑揚太過。今且不談本事，而談行文的末節，可乎？

中華人民共和國未成立以前，各少數民族相爭之事常有，自共同綱領製定民族政策後，我們講歷史的，對於古代民族相爭之事，要很謹慎的來處理。大著第一、第四章説宋元交戰之事，「蒙古」二字，凡四十見，大爲刺目。蒙古爲中華人民共和國少數民族之一，我們要説宋元交戰之事，盡可説「宋人」、「元人」，何必一定要説蒙古？在編年之書如宋元通鑒、續通鑒等於宋未亡前用宋紀元，所以他引元史時，常常將元帝稱爲「蒙古主」，以別於宋帝，是可以的。在我們今日，則説蒙古人侵宋，何如説元人侵宋，説蒙古圍襄陽，何如説元兵圍襄陽。兹將大著中所有「蒙古」二字一律易作元朝或元人，未知尊意以爲如何？且大著中有一處用「蒙古佬」三字，更欠嚴肅。又有一處「金人、蒙古人」並稱，也欠妥。

凡引書當引原始之書，如原始之書已佚，或十分難找，始可引後人轉引之書。大著第一章援鄂事引續通鑒而不引元史，不知此段即出於元史趙璧傳。忽必烈與廉希憲談舊事，引續通鑒而不引元史，不知此段即出於元史廉希憲傳。廉希憲傳原文「帝曰」二字，續通鑒改爲「蒙古主曰」，大著亦照續通鑒改爲「蒙古主曰」，大可不必。又如張晏然所奏，大著引續通鑒在宋軍大潰之後，認爲「賈江上兵敗後，才由漢奸口中説出訂約」，但原文見元史八世祖紀，在宋軍大潰之前，其語且爲元世祖所追述，其在前更可知，然則大著所據，豈不是落空了嗎？

畢沅續通鑑成於幕僚之手，本非精湛之書，書目答問推許之，實爲過當。關於宋元史事，吾人用他作參考，未嘗不可，至於引證，則原書具在，我們應引原書，不應根據續通鑑。除非他的議論或他的考證有用，如續通鑑一七五開慶元年條的考異，可以與大著相參證。其他史事的記載，均應引原書。況續通鑑於元史譯名用乾隆改譯本，如大著第一章所引阿勒達爾、額埒布格、呼必賚等名，皆乾隆時改譯，令讀者多增一重障礙，貽誤後人不淺。

大著第二章引清續通考曹彥約、李鳴復之説，清人的續通考何能直接記載宋朝人之奏疏，必另有所根據。但清續通考之前，這兩人之説曾見引於王圻續通考卷卅四，王圻是明朝末人，也何能直接記載宋人之奏疏，也必另有所本。曹彥約有文集名昌谷集，已佚，清乾隆修四庫書時，曾由永樂大典輯出爲二十二卷，亦未收此疏。然則清續通考此奏從何來？謂他採自王圻續通考，則王圻續通考又從何來？今考此二人之奏，實見明永樂間所編的歷代名臣奏議卷二七二及二七三兩卷。明初宋元人著作存者尚多，故歷代名臣奏議能採及之。但此書卷帙浩繁，共三五〇卷，且原刻本流傳亦少，如果邊遠無書，衹可由王圻續通考或清續通考轉引罷了。

凡引自己認爲重要之説，如果其人不甚著名，則當先考究其人一下。來信特推重李鏞之説，大著第三章也引續通鑒李鏞之言，李鏞之名，章中凡數見。但李鏞究是何人，原來不是李鏞而是季鏞，處州龍泉人，金華何基弟子，宋元學案列北山四先生學案中。續通鑒所引見宋史一七三食貨志，據百衲本宋史原作季鏞。王圻續通考卷一亦作季鏞。惟薛應旂宋元通鑒一二二誤作李鏞。續通鑒據誤本宋史或承襲宋元通鑒之誤，不加考察，也作李鏞。大著又過信續通鑒，遂大上畢府幕僚之當。又文中「紐折」二字，續通鑒誤爲細折。紐折係宋人賦税中常用之語。如果先將季鏞略歷及各書一查，當不致有此錯誤。

又大著稿中，時有誤字或誤標，如兀良哈得，得應作解，賴高達，賴字非姓等等，請注意改正。

又文中第二章有「在資産階級統治的社會中」一段議論。中國資産階級産生於十九世紀中葉以後，宋朝是封建社會，那裏能有資産階級的統治，應仔細參考毛主席中國革命與中國共産黨一書後，加以改正。

以上所舉，係病中拉雜寫出，無補高深，有負殷殷垂問之意，尚乞恕其愚直。兹將原稿隨函寄還。並祝健康。陳垣。一九五四年清明前一日。

再者，一月八日來略歷並照片敬悉，但略歷中未述及現任職務，是教員抑是校長，擔任何年級何種課程，能詳示更感。至於屠赤水立軸，有關鄉邦文獻，至可珍貴，留觀數月，已

感眼福不淺，今謹另郵璧還，收到幸復。〔原稿，下同。〕

（六）一九五四年十月十三日

仲修先生：

七月四日書諒已收到，久未得復爲念。前書所論者凡三點：一、一二七二年以前，蒙古可以稱元，想已釋然。二、乾隆改本元史不可用，恐仍未了解。三、畢續通鑑非佳書，足下更不心服，故引錢先生之言爲重。錢說所出爲畢墓誌，自是客氣之言，今特抄寄珂鄉先達譚復堂、李越縵兩家日記各一則，可以幫助足下了解二三兩點，幸垂察。並祝健康。一九五四年十月十三日。

（七）一九五五年七月三十一日

七月廿三日來信並說帖〔一〕收到。茲將說帖掛號寄回。此等說帖關係人民利益，如能將閒話略去，又不能明白的句子改爲明顯一點，由作者直接寄呈，較爲妥當。

〔信稿摘録，下同。〕

〔一〕說帖指包賚關於興築塘田致毛澤東主席的建議。

（八）一九五五年十一月十七日〔一〕

本年八月一日曾復仲修一書，音信即斷，今接你十一月六日來信，驚悉仲修已作古人，可惜，可惜。仲修與我，素未謀面，又無人介紹，數年前，忽爾來書，並論文一篇請教，以其篤學，當即去書誇獎，自後年一來書，我皆盡所知以對，間有不客氣處，仲修自信力甚强，遂使我有失言之感。承詢他所著論文，有可發表者否。我不甚記得，因來文都是隨信寄回，所有意見，均在去信中說明，如能找出一看，便知明白。似此劬學之人，若早得一二直諒之友，相與切磋，成就當不止此。

〔一〕此爲致包賚夫人章湘函。

葛砥石[一]

（一）一九五二年一月二十六日

砥石同學：

十日來信收到。記得你係一個好學生，現在國家正當建設，樣樣需材，不怕無事可做，但知識分子的思想必需改造。

來信説決心求深造，我以爲不如決心求改造。北京革大最近不招生，未知華東有同樣學校否？

來信稱我做老師，且引用我的舊話，令我十分慚愧。我現在是小學生，不敢當老師了。我從前所説的話，是解放前陳垣的話，現在不一定是這樣説了。你們應該從新學習，從頭學起，不要留戀舊的。專復，即祝

進步！　陳垣病眼中。一九五二、一、廿六。

〔原稿〕

〔一〕葛砥石：輔仁大學國文系一九四四年畢業生。

胡炳賀〔一〕

（一）一九五二年三月二十四日

胡炳賀同志：

接你三月十五日信，謝謝你。因爲我有一册胡金竹先生草書千字文墨跡，二十多年前曾影印行世。但這本千字文題乾隆丁未人日書，丁未係乾隆五十二年，據新會縣志、廣東通志都載先生卒年七十四，但未載他卒於何年。志又載雍正四年廣東學政惠士奇薦先生，稱先生年已衰老。假定雍正四年六十歲，到乾隆五十二年丁未，已是一百二十多歲，與卒年七十四的説法不符。因此想知到先生何年卒，或何年生，以解決此本千字文是寫錯還是僞造〔二〕。承你費神查過祠中及家内主位，都没有記載，未知家譜有記載否？如果他卒於番禺，直屬子孫皆不在新會，就更難查了。現在我找先生所著鴻桷堂集同治間廣州刻本，或有資料可以解決此問題，謹先謝謝你。另付上影印千字文二本，乞查收。此致敬禮。

胡金竹先生遺像我也有照片。

〔原稿〕

〔一〕胡方（金竹先生）後人。

〔二〕援庵一九六三年作跋胡金竹草書千字文，證明「此帖之僞無疑」。

人民教育出版社

（一）一九五二年六月三日

人民教育出版社編審部同志：

五月廿八日來一〇六七號函，敬悉。謹答復如左：

一、中國史學會編中國歷史概要初稿說：「自周平東遷到秦始皇統一六國，是中國史上的春秋（前七二二到前四八一）戰國（前四八〇到前二二一）時代。」此語並不誤。

二、辭海說：「戰國時代，係自周威烈王廿三年（前四〇三）起。」蓋誤以司馬光通鑑起始之年爲戰國開始之年，其說不足據。

三、普通所謂「戰國」，即接春秋之後，史記十二諸侯年表終於周敬王四十三年（前四七七），六國表始於周元王元年（前四七六），其意即以戰國接春秋後。

四、來函說：「東周包括春秋、戰國兩時代」，此語也不誤。但因爲東周亡了，六國還有好些年才亡，所以中國歷史概要標題稱這時代爲春秋戰國時代，不稱東周時代，甚有分寸。

愚見如此，是否有當，請指正。陳垣。一九五二年六月三日。

〔原稿〕

白壽彝〔一〕

（一）一九五三年四月六日

壽彝仁弟：

史學創刊號介紹幾部有關中國近代史的新書〔二〕說：「中國近代史說：『第八世紀回紇（唐時住新疆吐魯番一帶），奉摩尼爲國教。』此處恐有一點誤會，第八世紀回紇猶在中國北部，其時吐魯番名高昌，統治者爲麴氏，信佛教，尚未改奉摩尼」云云。

據我所知道的，中國近代史此處所說未爲誤，史學的批評反誤了。麴氏統治高昌亡於唐貞觀十四年（西六四〇），具見兩唐書和通鑑，第八世紀回紇助唐平内亂時，麴氏亡國已百幾年了，史學根據什麽說的，這樣批評，不甚妥當，應否更正，請酌。此致敬禮。陳垣。

四月六日。

〔原稿〕

〔一〕白壽彝（一九〇九—二〇〇〇）：河南開封人，回族。一九三二年畢業於燕京大學國學研究所。一九四九年起任北京師範大學歷史系教授，曾任中國史學會主席團成員。當時爲北京師範大學歷史系副主任，並主編光明日報史學副刊。

〔二〕此文署名方回，事後始知爲向達筆名。史學第二期發表了方回的更正。

冼玉清〔一〕

（一）一九五三年四月

三月廿一日曾復十五日一函，想收到。聞寅恪先生元白詩箋證已出板，能代購一部否？又數月前汪君〔二〕在澳寄我闇齋稿，久未收到，想已寄失，聞此書在省印，能否在省找一部寄我？恃愛煩瀆，乞諒。即祝

健康！

〔底稿〕

〔一〕冼玉清（一八九四—一九六五）：別署琅玕館主。女，廣東南海人。曾任廣州嶺南大學、中山大學教授，廣州文史館館長。

〔二〕汪君及第四函之汪六均指汪宗衍。

（二）一九五三年十二月十八日

足下北遊，未能多晤，至以爲憾。久未接信，正盼望間，得十一月十三日及廿八日信同時遞到。

中古史研究所事情當汪君〔一〕未南行前，曾到舍間商酌，同人意見以爲所長一席，寅恪先生最爲合適。今聞寅恪先生不就，大家頗爲失望，奈何！

僕自解放以來，未嘗爲學術研究文章一篇，數月前忽想得有一題目，我可以作，且也應當作，因此大聚羣書，朝夕研討，忽覺兩手麻木，翻書執筆，都有困難。初以爲偶然，未甚注意，到十一月初，仍覺未好，乃請校醫診治，謂勞累過度，非即停止工作不可，因此休養十餘日，仍未減輕。廿七日由蘇聯大夫診治，蘇聯大夫對我說：「你錯了，你不應該與青年人競賽。」我說：「不是與青年人競賽，但覺我有責任作此題目罷了。」遂令即日住院，至今已三星期，人神各樣尚好，惟兩手仍未見效。在醫院日吃五頓，照顧非常周到，我有生以來，第一次享受公費治療，倘非在此時代，以我窮書生，焉能得此，真是提前過社會主義生活矣，爲之一笑。醫院禁止會客，來書也限制閱讀，所以兩次來信，獲讀較遲。蘇聯大夫囑咐好

好休息，可以恢復。晤寅恪先生時，幸代致候。〔信稿摘録，下同。〕

〔一〕汪君，指汪籛，陳寅恪的學生，時爲北京大學副教授，銜命南下廣州請陳寅恪出任歷史研究二所所長。

（三）一九五四年四月二十三日

港中友人來信説聞我腦溢血，當是傳聞之誤，我血壓並不高，尚未有此等現象。粵中有何所聞，幸望見告。足下北遊數月，所采材料不少，想已整理完竣，健羨，健羨。穀雨既過，花事正濃，有與寅恪先生唱和否，録示一二，爲盼。

（四）一九五五年四月七日

我現在仍在休養中，附呈照片一張閲之，可略知近狀。寅恪先生起居佳否？聞其女公子調粵工作，可以照顧，甚善。天一先生今年七十八，未識近有新印的著述否？協之先生今年八十，讀嶺南人詩絶句已出版未？廖鳳書所著已刊者有若干種，何名？售處何所？汪六書攤，仍舊開設否？仲勉先生有晤面否？學吕先生〔一〕酒量如何？以上種種，均欲得知一二，能便中示之，至以爲幸。

〔一〕與援庵同在廣州時事畫報負責報中文字的岑學侣。

（五）一九五五年五月一日

久病，粤中消息隔絶，僅剩琅玕館一綫，欲知一二，遂有四月七日之函，不期久未得復，腸幾欲斷，未審近日起居何似，玉體安否，情緒佳否，至爲惦念。古諺「不才明主棄，多病故人疏」，又不知是否大家〔一〕棄我疏我，更爲惶恐，特再肅一緘，希有以告我。

〔一〕大家，讀作「大姑」，是對婦女的敬稱。指冼玉清。

（六）一九五六年三月二十二日

春節來書奉悉，廣東省館闢有廣東文獻特藏室，甚盛甚盛，惜敝藏粤籍無多，粤人字畫雖有幾件，暫爲保存，終須公之大衆的。協之先生詠嶺南人詩絶句，有印行希望否？汪君書攤，繼續開設否？有最近目録，寄示一張爲幸。嶺南文史消息隔絶，足下主持文獻，搜羅宏富，耳目靈通，凡人事之往還，文物之隱現，告我一二，勝於百朋之錫，謹此奉託。

（七）一九五六年十月八日

清末廣州南越報已託人遍找無着。哲如先生〔一〕詩敝處所存甚少，僅有丁卯五日吟稿七十首，是油印本，已另郵寄上，不識與尊處所收有重出否？廣東省中山圖書館寄來黄蔭普捐贈廣東文獻書目一册已見。兹遵囑寄給該館勵耘書屋叢刻一部，八種十六册。

〔一〕哲如，倫明。

（八）一九五六年十月十五日

八日付上哲如詩七十首油印本，想登記室。續得排印本十三首，又抄録二首，未知尊處所收有重複否？如能開示目録，則續有所得，不致重寄，於彼此均方便也。

（九）一九五六年十月二十一日

從前廣州出過一種時事畫報，名爲畫報，其中夾有小文。我記得很像每月出三期或兩期。又光緒末年，廣州有一個震旦報，是日報，它的附張叫鷄鳴録。這一種期刊同日報，未識您心目中有印象否？粤中無人可託，欲懇尊處替我物色，能有人出讓，固爲上上，就是知道哪里有藏這些刊物，能够借閲，也是好的。

（一〇）一九五七年三月七日

從中大圖書館借時事畫報丁未年得早年撰文十幾篇，可惜不全。託人帶來西園存稿〔一〕第三十七卷，缺了四頁，經我出北京藏本一校，也同樣缺此四頁。

〔一〕明張萱著，張萱，粵人。

（一一）一九五九年三月二十四日

知天一先生〔一〕消息，至爲哀悼。聞廣州文史館諸君積極參加生産勞動，獲得各方好評，這與館長的領導分不開的，至爲欣慕。

〔一〕天一，莫伯驥。

（一二）一九五九年五月五日

寒家藏書不多，粵人著述尤缺，謂我也有些粵人著述，以告者過也。粵中如欲收粵人著作，最好先編成書目，然後按目求書。

（一三）一九六〇年一月十五日

嘉興藏刊刻時間逾百年，都係陸續出書，不容易得一部完整的，其所謂續藏，又續藏，多係明清間諸家語録，頗有明季文人逸事。我所見語録雖多衆，自藏者實無幾，況經日寇之擾，藏書漸以易粟，故今所存者更少。岑公信佛，所蓄釋典必多。汪君孝博熟諳明清間粵僧掌故，何不就近商之。兹特遵屬先挂號寄上弘覺語録一部八册，閲畢寄還。寅恪先生晤時乞道及。

（一四）一九六四年

玉姑著席：

久未通訊，間從藝林得讀大著，知身體康强。最近由汪君書知曾往港就醫，深以爲念。但又得知尊著廣東僧道撰述考已告成功，爲之欣忭。

昨日在人大會遇王君，説尊處託他帶交敝處糖果一盒，並有十四日手示，藉知近狀安吉，至慰。專此復謝，並頌

年禧！

〔底稿，下同。〕

（一五）一九六五年

玉清三姑撰席：

前蒙寄還三十六年詩扇，自當好好保存。

頃又蒙寄下新印廣東文獻叢談一册，既似羊城古鈔，又似廣東新語，至佩至佩。又聞大著廣東僧道著述考將近出版，先覩爲快。

惟兩次寄件住址均在醫院，知尊恙尚未痊可，至爲繫念。務請安心調養，勿過勞累，切盼切盼。專此，並致

敬禮！

陳伯君[一]

（一）一九五三年五月二十三日

伯君先生：

歐洲向用羅馬帝儒略曆，一五八二年教王格勒哥里改曆，以是年十月五日爲十五日，中間銷去十日。並定逢百之年不閏，逢四百年仍閏，是爲格勒哥里曆。歐洲各國先後採用，稱爲新曆，俄國十月革命前，仍用儒略舊曆。

千七百年及八百年、九百年，舊曆閏，新曆不閏。閏者二月廿九日，不閏者二月廿八日。一八七〇年俄曆四月十日列寧生，是時新舊曆相差十二日，故列寧生日在新曆四月廿二日。

一九一七年俄曆十月廿五日蘇聯社會主義革命成功，改用世界公曆，是時新舊曆相差十三日，故蘇聯革命紀念日在新曆十一月七日。

聯共黨史於一九一七年十月廿五日以前用舊曆，十月廿六日以後用新曆。

一九五三年五月廿三日。

〔抄件〕

〔一〕陳伯君（一八九五—一九六九）：原名紹功，以字行，湖南湘潭人。時在教育部研究室工作。

朱師轍[一]

（一）一九五三年十二月十九日

去年及今年來書、信，均收到，並轉。每有刊佈，皆賜我一份，至可感紉。倘有閒日，能閱讀一過，何幸如之。閬仙[二]先生三十年知舊，精力彌滿，殊可健羨。勵耘書屋叢刻八種十六册，近有重印本，又拙著通鑒胡注表微二十卷，有關浙省鄉邦文獻，浙館曾否有其書，如有所需，示知當屬人寄上。石公北來，聞之喜甚，惜未能一見。世兄今在何處，西湖侍奉者何人，便信見告。

〔信稿摘録，下同。〕

[一] 朱師轍（一八七九—一九六九）：字少濱，號充隱，安徽黟縣人。清史館纂修，在輔仁大學兼課，並先後任中國大學、河南大學、中山大學教授。一九五一年退休，定居杭州。

〔二〕閬仙：應爲閬僧，見第三函。閬仙爲高步瀛，已故；閬僧爲張宗祥，時爲浙江圖書館館長。

（二）一九五四年十一月一日

弟自去年底起，兩手麻痹，曾入院醫療數月。當未入院時，精神甚好，玉清之言並不誤。石公到京時，亟欲一晤，而醫院不許見客，石公之言亦不誤。其實病並不至於不能見客也。現在出院已半年多，在家飽食終日，無所用心。九月時，出席全國人民代表大會，至閉會爲止，並未缺席，惜未得如足下徜徉山水爲可羡耳。小兒樂素調京工作，每星期可見一二面。

（三）一九五五年十一月十九日

秋間曾奉手書，知起居安吉，因託找北海圖書館月刊三卷一期無着，是以遲遲未復。頃接石公來信，知台從曾到滬一遊，藉知步履勝常，至以爲慰。這兩天又託師大圖書館轉向北京圖書館索閱該刊，亦渺無音。寄下臨嘯閣詩存，謝謝，已照來信分發。青峰現調蘇州江蘇師範學院歷史系主任。承詢季豫先生尚能看書否，季豫墓草已宿矣。

再者，來信屢誤者兩事：一、誤閬僧爲閬仙，閬僧是圖書館專家，閬仙思辨社同人也。二、誤乃和爲毓瑶，毓瑶乃和父也，與公同國務院舊同事。此二名初次來書以爲偶誤，未以奉告，今來書屢誤，故特此提及。

（四）一九五六年三月十六日

奉二月廿八日書，知欲於清史述聞後附印拙編清史稿列傳檢目，徵詢同意，本人編此，原爲自用，並未預備印行，三十年來，索抄者衆，恐有錯誤，亦不敢輕以示人，僅北京圖書館抄去一部。尊處何年抄得，竟爾忘記，今若認爲可以付印，以免大家重編之勞，我不反對。

惟有需商榷者，承示識語，謂「諸王子孫名頗有漏略，因增補之」，不知此編根本即未將諸王名字列入，並非漏略，因諸王列傳，各自爲卷，本易檢查，若將其名字分隸各畫，反爲不便，今既曰增補，未識增補諸王全部，抑偶增補一二，增補一二固屬無謂，增補全部，是否必要，請酌。

關於稿費一節，老兄未免太客氣了，血氣既衰，戒之在得，請勿復談此。識語原稿奉還。

（五）一九五六年四月十三日

三月卅日來書奉悉，清史稿列傳目録通檢原備自用，不打算印行，前函已説明，不過因來示徵詢同意，我不反對罷了。今來信要我重抄一部，頗覺爲難，因人不易找之故。又要我就近送去書店，更感突兀，我與書店無來往，此事又全不接頭，何能貿然送稿去乞人出版，將來如果抄成，只可仍由兄處與書店接洽，弟實不願參預其間。

（六）一九六一年十一月二十一日

奉大教並莫干山避暑詞，在遠不遺，至可感紉。思辨舊人，尚有席魯思先生在武漢大學，當時年最少，今亦六七十矣。

政協全國委員會學委會

（一）一九五四年二月三日

列寧全集第一册已收到，謹致謝。茲送上代墊書費一〇四五〇元，請查收。〔信稿摘録，下同。〕

（二）一九五四年二月二十六日

斯大林全集第二卷平裝本一册已收到。斯大林全集第九卷，仍請你會代訂，要平裝本一册，茲將預訂款一萬五千元送上，請代爲辦理，並致謝忱。

（三）一九五四年五月二十二日

列寧文集第三卷一本已收到，謹謝。書款壹萬貳千陸百元，隨函附上，請查收。

（四）一九五四年十月五日

學習委員會辦公室：

承代購到列寧文集第五卷、斯大林全集第八卷，謹致謝意。送上書款貳萬捌仟元，請查收。此致

敬禮！陳垣。十月五日。

〔信稿〕

（五）一九五四年十一月二十七日

學習幹事會辦公室負責同志：

列寧文集共七册皆已收到。多承費神，謹謝。兹送上一千九百五十元請歸墊爲感。此致敬禮！陳垣。十一月廿七日。

（六）一九五五年四月二十七日

承詢是否參加中宣部「宣傳唯物主義，批判唯心主義思想」的演講會，我願參加，請發聽講券爲荷。

（七）一九五五年十一月九日

您會所編印的學習資料因字大行疏，材料集中，頗便老眼閱讀，對學習大有幫助。今後仍需要此項資料，兹送上人民幣二元，請查收代訂，諸多費神，非常感謝。

謝忠樑〔一〕

（一）一九五四年三月十五日

忠樑同志：

住醫院數月，近始見二月四日來書，説我曾批評各史篇目表。〔二〕我從舊社會來，向守「生存人不録」的習慣，不輕議同時人的著作。朱文所述，未經本人閲過，應由記者負責。

至於各史篇目表偶有錯誤，並不足怪。例如漢書外戚傳，與各史外戚傳名同實異，與各史后妃傳名異實同。如果只看名目，不看内容，就會將漢書外戚傳誤列在各史外戚傳一欄了。

廿二史劄記，是一部好書，但欠細密，錯誤頗多，本人另有廿二史劄記考正，這裏不能一一詳述。就如卷一各史例目異同，關於列傳的沿革，他説：「晉書改循吏爲良吏，方術爲藝術」等等，他只按各史朝代排列，不知除朝代排列外，應注意到著書先後的排列，如果按朝代排列，自然後漢在前，三國在後；晉在前，宋在後。但是按着著書的先後排列，那就三國在前，後漢在後；宋書在前，晉書更遠在後。現在他説晉書改循吏爲良吏，方術爲藝術，這不是錯誤嗎？（良吏始於宋書，藝術始於周書，皆在晉書之前）試將各史著作年代排列，就知道劄記這一段，錯誤太多了。

又如史目表將隋書列北史後，也是不對的，因北史是合魏、齊、周、隋四書而成，應排在隋書後。以上所舉，皆史學中的小節，無關大體，既承虚心垂問，謹答復如右。並祝健康！陳垣。三月十五日。

〔底稿〕

〔一〕謝忠樑：時爲中國人民大學教師。

〔二〕指黄炎培廿五史篇目表。

北京市人民政府

（一）一九五四年五月十八日

十九日召開的高等學校畢業生統一分配工作委員會成立會議，我因病請假。兹由我校人事科副科長王桂筠同志代爲出席，請查照爲荷。此致

北京市人民政府。陳垣。五月十八日。

〔原稿〕

侯外廬、向達[一]

(一)一九五四年五月二十五日

頃接武漢大學教授席啓駉先生來信，推薦該校歷史系唐長孺教授入研究所。稱其人「方逾强年，心精力果，專治魏晉南北朝隋唐諸史，主講武漢歷史系已歷十載，中間以師資缺乏，系中賴以楮柱，授書之餘，著述斐然。其所述造，尤迫而未已」等語。我曾讀其魏晉户調制度及其演變、九品中正制度試釋等論文，服其治學甚勤，讀書有得，信如席所說，研究所如能羅致則大佳。謹請公等瞭解考慮，至以爲幸，並盼示覆。

〔信稿摘録，下同。〕

〔一〕侯外廬（一九〇三—一九八七）：山西平遥人。時任西北大學校長，歷史研究所二所副所長。向達（一九〇〇—一九六六）：字覺明，湖南漵浦人，土家族。時任北京大學歷史系教授，歷史研究所二所副所長。

侯外廬

（二）一九五六年一月十一日

容君肇祖所著李卓吾傳承允審閲，至爲感謝，兹特將原稿送上，請費神給以指導爲荷。

侯外廬、熊德基〔一〕

（三）一九五八年五月十日

今接蘇聯科學院漢學研究所所長來信一封，託查找舊雜誌論文三篇。兹將原函及譯稿附呈，應如何辦理之處，請酌裁。

〔一〕熊德基（一九一三—一九八七）：江西南昌人。厦門大學、福建師範學院歷史系教授，一九五七年調任歷史研究所二所副所長。

北京市人民代表會議祕書處

（一）一九五四年六月二十五日

我因病休養，不能出席，煩代請假。會議討論的問題，極關重要，擬由本校校長辦公室劉乃和同志代爲記録，請發予旁聽證爲荷。

〔信稿摘録〕

董樸垞[一]

(一)一九五四年七月五日

來信收到，弟既希望入歷史研究所，最好將著作及自傳並願做什麽工作、能做什麽工作寫明白，直接寄北京東廠胡同中國科學院歷史研究所第三所。如果審查合適，自然會回復你。

〔信稿摘録〕

〔一〕董樸垞，浙江瑞安中學教師。

李青萍〔一〕

（一）一九五四年七月五日

來函及自傳收到。閲自傳經過，十分同情，惟學校人員有一定編制，不能隨便添人，且本校原係兩校合併，職員格外多，尚要逐漸向外調整。經與重一兄商酌，非特别需要難以提出，愛莫能助，抱歉之至。

〔信稿摘録〕

〔一〕李青萍：一九四四年輔仁大學史學系畢業。

佚名(一)

(一)一九五四年

比三十年中,九一八以前,我與同學講錢竹汀之學,不聞政治。九一八以後,講顧亭林日知録,以爲經世之學在是矣,成日知録箋釋三十二卷。北京淪陷後,北方士氣萎靡,乃轉而講鮚埼亭集以振之,爲鮚埼亭集箋釋未成。所有舊五代史輯本發覆、明季滇黔佛教考、清初僧諍記、南宋初河北新道教考及通鑒胡注表微等等,皆此時作品,以爲報國之道盡此矣。

解放以後,得讀毛澤東選集,思想爲之大變,恍然前者皆非,今後當從頭學起,惜衰老時覺不及耳。一九四九年四月廿九日,遂有與胡適一封公開信,今後還將由謝山轉而韶山。

至今整整五周年,月前遇夫先生來信索閲此書,以其中所説太幼稚,不敢寄去。又月前遇夫先生來信，欲追蹤高郵。余復書，遇夫何必企高郵，高郵又何足盡遇夫。遇夫生當今之世，近聖人之居，當法韶山，不應以高郵自限。遇夫未復我也。

足下也生近聖人之居，不當仍守曩昔舊習，（下缺）

〔手稿〕

廣東省人民政府

（一）一九五五年一月二十九日

此次會議〔一〕，我不能列席參加，謹復。

〔信稿摘録〕

〔一〕廣東省人民代表大會。

文學古籍出版社

（一）一九五五年一月二十九日

一月二十日來信索取拙著大唐西域記撰人辯機，兹將修定本付上，即希查照爲荷。〔信稿摘録〕

周紹良〔一〕

（一）一九五五年二月五日

不見十餘年，時時想望，近在報中，看到有你的文章，至爲欣慰。前日又接你來信，並敦煌變文彙録一册，裒然巨帙，足見近年用功甚勤，不斷學習。尊翁也久未見，想都很好，幸代我問候。

〔一〕周紹良（一九一七—二〇〇五）：安徽東至人。時爲人民文學出版社古典部編輯。

（二）一九六〇年十一月十八日

紹良仁弟：

久未晤面，想起居安吉爲慰。好幾年前，你贈我慈翁森字卷照片一份九張，還記得否？慈翁係順治、康熙間和尚，上款周君廷，法名超鳳，未知是何人，你知道否？此卷是否係府上所藏？仁弟從何處攝得？便幸告我。專此，即祝

健康！陳垣。十一月十八日。

字卷原文附寄。

〔録自原信，下同。〕

（三）

紹良仁弟：

久未通訊，常從藝林見大著論墨之作，至爲欽羡。

前借去程易疇字卷，頃有友欲看，如已用畢，請退還爲幸。此祝

健康！陳垣。六月廿九日。

北京師範大學海鷗鍛煉隊

（一）一九五五年三月七日

我非常高興你們成立了鍛煉隊，希望你們堅持鍛煉，始終不懈，達到毛主席號召的「三好」的要求。祝賀你們勝利。

〔信稿摘録〕

郭沫若〔一〕

（一）

郭老尊鑒：

我們北京師範大學團委會準備在五四青年節時，舉辦學習老一輩革命傳統的晚會。同學們都要求請您來和他們見見面，説説對青年們的要求和希望。

郭老革命經驗豐富，久爲青年們所愛戴，知道您很忙，但極希望您能抽出一點時間來講幾句話。

我校五千多青年學生和我自己都熱烈的盼望林宗〔二〕能答應這個請求！

餘面談，耑此，即致

敬禮！ 陳垣。四月廿日。

〔信稿〕

〔一〕郭沫若（一八九二—一九七八）：四川樂山人。時任中國科學院院長。

〔二〕林宗，東漢郭泰字。

歐陽錦棠〔一〕

（一）一九五五年五月五日

昨日檢點舊籍，得你一九三六年及一九三七年來信，那個時候你在篁莊鄉三區第二小學，今又隔二十年，想我弟道德學問與時俱進。我不過長你幾年，你現在也當有六十矣，身體健康否？至爲懸念。特給你一函，試探你近況如何，並問候從前舊同學安好。

〔信稿摘録，下同。〕

〔一〕歐陽錦棠，即歐陽棣，又名歐陽棠。援庵一九〇六年在新會篁莊小學教書時的學生。

（二）一九五七年三月四日

前年五月曾有一信試投，結果退回，頗失望。最近得了一塊石頭擺在廳上，中間刻有

「錦棠」兩字的圖章，這「錦棠」當然不是你，但是名字相同，對此石頭就常常想念你。今日忽然接到你的來信，並知你是全國工會積極分子代表，我高興萬分。

北京市道路工程局

（一）一九五五年五月九日

你局（五五）道工第八號函及附件，又道工第十號函均收到。

關於關修道路的命名，你們如此慎密考慮，廣泛徵求意見，這種負責的精神，是令人十分欽佩的。

因爲所提出的命名原則五條，都很妥善，尤其是第一、第二兩條，所以擬定的道路名稱，都大致恰當，我只有兩點小小的意見，提供你們參考。

一、一五（一）、一五（二）、一五（三）我以爲名機場東、南、北路，較爲妥善。

二、一一（四）、一一（五）文化、文教、學府、學院四名之中，我以爲學院較妥當。學院、學府也不好分開並用，改爲學院東路、西路或南路、北路如何。

〔信稿摘録〕

政協北京市委員會祕書處

（一）一九五五年五月十四日

十二日函並學習資料三份收到，謹謝。隨函附上一寸半身照片一張，請查收。

〔信稿摘録，下同。〕

（二）一九五五年六月十四日

六月四日來信，説本會設立的工商、文教、民族宗教三個工作組，問我能否參加。我願意參加民族宗教組學習。

趙儷生〔一〕

（一）一九五五年六月二十九日

又承寄下顧炎武傳略，敬謹收到。每有新著必賜我一份，在遠不遺，至可感紉，暇時捧讀，使我受益不淺，特此致謝。

〔信稿摘録，下同。〕

〔一〕趙儷生（一九一七—二〇〇七）：原名甡，以字行。時爲山東大學教授，後調至蘭州大學。

（二）一九五五年十月十八日

數數拜讀大作，至佩。承索元典章校補及釋例，兹照寄呈。又寄上舊五代史輯本發覆、通鑒胡注表微、南宋初河北新道教考、清初僧諍記等各一種，共十册，分兩包，乞察收。後四種皆抗戰時作，言輯校、言注釋、言道、言僧皆託詞，尚有明季滇黔佛教考，亦同時作，惜書闕，無由呈寄。沉霾舊社會之人，聞馬列主義甚晚，故當時所見，只是如此，乞不吝批判爲幸。元典章校補一種，係史料書，無意義，閱畢轉贈山大圖書館如何。

（三）一九五六年六月二十五日

大著數種，均已收到，謹一並致謝。聞暑假擬來京小住，能得晤談，至爲歡迎。曾與學校聯繫，爲留宿舍一間。惟因暑假我校函授班外地同學要來校面授，又有其他任務，校舍擁擠，恐條件不甚佳耳。

全國人民代表大會常委會辦公廳

（一）一九五五年八月四日

此次大會會議上所印發之各位代表發言稿，我缺少七月廿五日廖魯言，廿六日傅作義、黃敬等三份，如有剩稿，能補給我各一份，以便裝訂成册爲幸。

（二）一九五五年十一月八日〔一〕

徵求意見表問：「是否出去視察？」答：「很願意出去視察一次。」

問：「擬到哪一省市視察？」答：「因身體尚未完全恢復，擬到北京市市區或近郊。」

問：「你何日可以出發？」答：「最近即可出發。」

（底稿）

〔一〕來函云：這次考察工作，擬於十一月十日以後出發。在出發前需要作各種準備工作。擬到哪一省市視察？何日可以出發？請於十一月十一日以前填好退回本廳，以便進行準備工作。

科學出版社

（一）一九五五年十月二十八日

（五五）發文便四字第一〇二六號函收到。拙著中國佛教史籍概論封面題字，已由郭沫若院長題好，兹一並送上。又封面顏色，擬用史學譯叢五五年第五期顏色，封面題字位置，請按附上書面所貼之部位，如何，請酌。史學譯叢用畢，仍請擲下爲荷。

〔信稿摘録，下同。〕

（二）一九五五年十二月十六日

十一月廿五日來函收到。所云我的顧炎武日知録校注研究題目，擬列入你社一九五六年選題計劃中一事。該書原計劃在一九五六年底完成，如中間有其他任務，尚需延期，故一九五六年一定不能付印。專復。

（三）一九五六年四月二十六日〔一〕

是書成於王先生晚年（卒前二年），其精博誠不如往年之兩漢書注，但王先生究是編書内行老手，故其體裁方式，都比沈氏合鈔〔二〕爲優。如此巨帙，既已寫成，值得爲之一印。

但校印是一事，修訂又是一事，這次是校印，不是修訂，如果王氏原稿的確錯誤者，應爲校正，如果是兩可的，應儘可能仍王氏原文，不輕改，不輕增，不輕删。

送來樣本第一册，有浮籤大小兩種，付印時應揭去，其正確而有意義者，可留爲作校記之用。

關於新式標點，如果版式許可，全書應加新式標點符號。

〔一〕此函爲答覆校刊王先謙新舊唐書合注的意見。

〔二〕指清人沈炳震所編新舊唐書合鈔。

（四）一九五七年九月二十八日〔一〕

寄來新舊唐書合注標點略例二份及總目、紀、傳、志、校記、通檢等九册未能及時審閲，至歉。兹經檢查，大致不差，間有一二小節，尚須斟酌，另紙録呈。

〔一〕此函爲覆該社第四編輯室來函。

（五）一九五八年四月二日〔一〕

承示刊行新舊唐書合注説明，大致妥善。堅守對王氏原稿不動原則，尤爲卓識。

〔一〕此函爲覆該社編輯劉荔生來函。

余惠剛〔一〕

（一）一九五五年十月二十九日

得書知安吉爲慰。承示文衡山小楷仙山樓閣賦並大跋，足見業餘遊藝之樂。足下所臨既極佳妙，又爲考補殘闕，尤見用功。賦爲宋道士葛長庚撰，見歷代賦彙卷一百六，今試與所補相校，有切中者，皆恰如原本。其他所校，不盡符合，憑空臆補，不一定能中者也。但衡山所書，亦有誤字，果是衡山所書，何至一誤再誤，此則有待於解釋者也。足下欲以此相贈，雅意可感，惟老人得此無所用，不如完璧歸趙，留爲校勘學及考證學談資，尚不白費此一番功夫也。舊著校勘學釋例一册，附寄，統乞察收。

校勘學最重「對校」，不得原本而憑理推測，謂之「理校」，理校不易與原本悉符。今葛賦因有本可據，故能將闕誤校出，其詩則因一時未得據本，故莫由對校。「瓊瑶臺」句下甚似漏去一聯，但不能憑空臆補，姑待異日，找得原本對校之。

大跋稱衡山書此時年七十有八，想係偶誤，嘉靖丙申衡山才六十七耳。又來書稱裘曰修官粤，子孫遂家此，曰修一生未聞官粤，或其後人有官粤者邪。

勵耘書屋今後不擬收書，並欲將往日收藏供之大衆，因到了社會主義社會後，除日常所需書籍外，私人不需藏書也。謁者厚意，惟有銘謝而已。

通鑒胡注表微去年因無存本，未能寄出，近得一本，特爲重裝，檢同舊五代史輯本發覆一齊寄上，此二書皆抗戰時作，當時眼光只見到此。

〔信稿摘録〕

〔一〕余惠剛：一九三七年北師大中文系畢業。時爲廣東南海石門中學教師。

唐長孺〔一〕

（一）一九五五年十一月十六日

一别又年半，正思慕間，忽奉到魏晉南北朝史論叢一册，文十三篇，凡三十餘萬言，一何巨麗而宏博也。乾嘉諸儒何曾有此？生當今世，真可傲古人矣。

〔信稿摘録，下同。〕

〔一〕唐長孺（一九一一—一九九四）：江蘇吴江人。歷史學家。武漢大學教授，中國大百科全書歷史卷副主編。

（二）一九五七年十二月四日

承惠大著唐書兵志箋正，在遠不遺，至可感紉。略讀序言，撝謙可掬，容細鑽研，謹先復謝。

范文瀾、吴晗〔一〕

（一）一九五六年四月十一日

承示標點資治通鑒説明，請我提出意見，你們真客氣了。我細讀了一過，確是無疵可求，佩服之至。因此更足證明集體合作的好處，比單幹户好過多多了。司馬公當年也是集體合作的。祝你們的校點勝利成功。

〔手稿〕

〔一〕范文瀾（一八九三——一九六九）：字仲澐，浙江紹興人。吴晗（一九〇九——一九六九）：字辰伯，浙江義烏人。一九五四年第一次全國人民代表大會期間，毛澤東主席親自交給吴晗兩項工作，其中之一即是標點資治通鑒。同年十月，成立了由范文瀾、吴晗等組成的標點資治通鑒委員會。

廣揚雜誌編輯部

（一）一九五六年四月二十七日

四月七日來函敬悉。我對於瞿式耜，在教外書上根本没有找到他奉教的憑據，不知道是因爲他的後人彌縫得嚴密，還是他根本没有奉教呢？既未有奉教的確實憑據，更談不到愛國的事情了。

關於金聲，我替他作過一篇傳，但是也不完備的。

孫元化材料我也找過，没有很好的材料，我找到他的孫子致彌的詩集，這詩集是很難得的，但是也没有元化的材料。是以無從奉答。

〔信稿摘録〕

傅種孫〔一〕

（一）一九五六年六月七日

聞公要搜羅本校同人著作，謹將拙著現在有存本者十一種共十九册檢呈，乞不吝賜教爲幸。

〔信稿摘録〕

〔一〕傅種孫（一八九八——一九六二）：江西高安人，數學家。時爲北京師大副校長。

齊燕銘〔一〕

（一）一九五六年七月十七日

昨談四川合州張石卿要校全史事，一九三八年傅增湘撰張元濟校史隨筆序曾説到他，今特另紙録呈，藉供參考。

〔信稿摘録〕

〔一〕齊燕銘（一九〇七—一九七八），北京人，蒙古族。時爲國務院副祕書長，後任國務院古籍整理出版規劃小組首屆組長。

（二）一九五八年七月五日

燕銘同志：

今日參考消息載印尼國務部長亞明教授注意南京發現印尼浡泥國王陵墓事，他要求中國的有關方面説明是否有墓碑和碑文足以證實等語。

查人民日報六月三十日登載此事，説有碑已殘。今考此碑係明文淵閣大學士胡廣所撰，胡文穆集當有記載，但胡集一時不易得，明文衡卷八十一有此碑全文，足補明史之略。今録呈左右，以供參考。專此，并致

敬禮！陳垣。一九五八年七月五日。

〔録自底稿〕

（三）一九五八年十二月十一日

前日談到舊五代史輯本引書卷數多誤一節，一九三七年曾有拙著一篇論此事，原稿未經發表，今特複寫一通呈教。

〔信稿摘録〕

李鏡池〔一〕

（一）一九六三年一月二日

貴恙無時不在念，但不敢常驚動耳。知長期疾病中還能有此成績，至可欽佩。

〔信稿摘録〕

〔一〕李鏡池（一九〇二—一九七五）：廣東開平人。援庵在燕京大學國學研究所的學生。時在廣州華南師範學院任古典文學教研組主任。

孫殿起〔一〕

（一）一九五六年九月七日

近有廣東友人要輯録哲如先生〔二〕遺詩，問我有他的存稿否？ 我想你一定存得不少，請你便中找出給我，請人抄録後將原稿奉還。

〔信稿摘録〕

〔一〕孫殿起（一八九四—一九五八）： 字耀卿，河北冀縣人。 琉璃廠通學齋書店老板。 經營書業數十年，成爲版本目録學家，著有販書偶記等。

〔二〕倫明。

孫祚民[一]

（一）一九五六年十一月十六日

收到你十一月九日信，並中國農民戰爭問題探索。我在雜誌上，經常看見你的文章，今接來信，更得知你的情況。這樣年輕，就有如此成績，實是我們史學界可喜的現象。〔信稿摘録〕

［一］時在濟南山東師範學院歷史系工作。

謝國楨〔一〕

（一）一九五六年十一月十七日

承示並大著二種，早已收到，非忙即病，久稽裁答，至以爲歉。叢書子目類編敝處二十五年前也曾編過一部，凡二十餘册，恐多錯漏，只備自用。我公所著，必比敝作精密，如能早日印出，實益人不淺。自十二年規劃定後，資料索引工作，已列入規劃，漸加重視，自當組織力量，從事此項工作。

〔信稿摘録〕

〔一〕謝國楨（一九〇一—一九八二年）：字剛主，河南安陽人。清華學校研究院畢業。目録學、明清史專家，時在南開大學工作，後調中國科學院歷史所。

徐中舒〔一〕

一九五六年十一月二十日

惠書知尊藏有高雪君墨跡，至爲健羡。僕雖早知有高雪君之名，但未曾見其筆跡。明季滇黔佛教考淺陋不足道，徒以當時日寇猖狂，平津淪陷，藉以泄其憤耳。

〔信稿摘録〕

〔一〕徐中舒（一八九八—一九九一）：安徽懷寧人。四川大學歷史系教授，四川省博物館館長，哲學社會科學部學部委員。

廣東省中山圖書館

（一）一九五九年七月八日

廣東省中山圖書館參考研究部同志：

六月廿二日來函收到，承詢廣州時事畫報組織經過、成員姓名、筆名等等，事隔五十多年，我記憶不清楚了，對你們不能多所幫助，至爲抱歉。

據我所知，廣州時事畫報創始人爲潘達薇，又名潘心薇，是革命畫家，同事者有何劍士、高劍父、譚雲波等。我只管報中文字，當時同寫文字者有岑學侶、胡子駿等。

至於報的組織，我不大清楚。報中文字多傾向民族主義，當時在內地講民族主義，不如在港澳放言之便，故廣州時事畫報，係在內地發行的唯一革命報。我的筆名爲謙益、錢翳等。謙受益，取其與「滿招損」對，錢翳取其別名「撲滿」，這是當時的思想。

時事畫報創始於光緒乙巳、丙午年間（一九〇五至〇六），月出三期，逢一出版。廣州中山大學圖書館藏有數十期，與賞奇畫報訂在一起，一九五六年曾蒙借閱。

乙巳、丙午，正是粤滬拒約會抵制美貨最熱烈之年，粤中有名漫畫龜擡美人，就是當年産物，今將龜擡美人漫畫記事一則録呈，所記甚略，未識能供參考否？ 專復，并致敬禮！ 陳垣。 一九五九年七月八日。

記龜擡美人漫畫

一九〇五年，美國續頒華工禁例，華僑馮夏威自刎於上海美領事館門外，舉國大憤，各省志士紛紛組織拒約會，抵制美貨，余亦其中之一員。 時適有以美國秦大臣與大總統女公子爲首的美國遊歴團二百餘人到廣州，廣州當時交通工具只有轎而無車，同人乃鼓動全城轎班罷工，四處張貼龜擡美人漫畫，畫一個美女坐轎子，兩隻烏龜擡之。 這是説擡美人者便是烏龜。 因此，地方官吏大窘，一面出示禁止張貼漫畫；一面逮捕曾在街頭演説人，遂有馬、潘、夏三君之獄。 人情更憤，開會生祭馬、潘、夏。 馬者馬達臣，爲廣州拒約會主任，潘者潘信明，工人，夏者夏重民，爲余義育學堂學生，時同人正籌備出一時事畫報，龜擡美人漫畫，即時事畫報同人所出也。

附記： 我記得遊歴團是二百餘人，這些人都爲視察抵制美貨情形而來。 有人根據當日地方官告示，説只有秦大臣及大總統女公子二人，倘若如此，又何必鼓動全城轎班罷工，與我所記憶的不一樣。

〔原稿〕

中共中央高級黨校

（一）一九五六年十二月十一日

三日來信收到，承索本人所補魏書志闕頁，因當時影印無多，早已散盡，今特請人摹寫一頁寄上。又拙著通鑒胡注表微係在輔仁學誌分兩期發表，久已絶板，今特找出一本，重裝另郵寄上。

〔信稿摘録〕

佚　名(二)〔一〕

（一）

承賜大著，謹謝。來陳老信亦收到，陳老説對水滸傳無研究云。

〔一〕此件以校辦或劉乃和名義發出。

袁洪銘〔一〕

（一）一九五七年一月十六日

足下喜藏鄉邦文物，僕亦有同好。〔信稿摘録，下同。〕

〔一〕袁洪銘（一九〇九—一九九一）：廣東東莞人。廣東文史館員。

（二）一九五七年一月二十五日

尊藏東塾遺墨多項，甚羨。其中手札一項，如係東塾集未載者，無論長短，能悉數抄示，至以爲感。又尊藏小谷、玉生等書札，上款何人，能將目録開示否？尊藏慶笙所集東塾批語，甚佳。敝藏有馬貞榆菊坡課卷一大帙，每卷均有東塾頭批及浮簽批語數條，未悉能與尊藏慶笙所集者相比否耳？

（三）一九五七年二月十日

洪銘先生：

二月二日手教奉悉。東塾與繩齋書多言刻說文事，當係同治十二年作。其他各札，如能一一考出其年月更佳。最末一札上款玉仲是何人，未見提及，予別有小跋。〔一〕

夢惺上款札，能鈔示亦好，因敝藏東塾與夢惺寫的東西頗多，或可參證。

承索拙著，遲未復者，因拙著不只一種，都係隨印隨散，無甚足觀，又未知尊處需要何種，請開示。如有存本，當檢寄呈政。

東塾與小谷書稿，今鈔寄。倘與拙跋對勘，發見有不正確處，乞指教。

貴邑耆舊葉覺邁、莫天一兩先生，皆僕至契，近狀何如，甚念。便幸告我。

前函說我「與慶笙先生甚有淵源，曾搜刊其遺札」，此事從何處得知？（下缺）〔信稿〕

〔一〕後以跋陳東塾與玉仲札爲題發表於香港大公報藝林週刊。

（四）一九五七年二月二十八日

二月廿三日書謂「繩齋札皆無年月可考」。月固不易知，年可由内容推得，即所用信箋亦有關係，如果考得一箋年份，則同樣之箋，其年份亦當相去不遠，幸試考之。

〔信稿摘録，下同。〕

（五）一九五七年四月十一日

汪輯東塾遺詩三十三頁，浮丘寺詩闕一字，原稿在尊處，最好開示。此間亦有人同好東塾手跡，如有願割愛或出讓者，尊處見之，請爲介紹。嘗見東塾書扇面，款稱「石鄰老公祖」，此人曾任東莞縣，幸以其姓名告我。

（六）一九五八年一月七日

承命找人承購，東塾札出手尚易，耆英等札不易有人願要，奈何。來示云「珍藏卅餘年，『忍痛割愛』，何至如此。文物過眼便足，何必一定要私爲己有，且個人力量有限，能保存幾何，何如公之於世之爲得耶。

（七）一九五八年二月七日

前寄來東塾册，算是由我承受。

（八）一九五八年六月五日

五月卅日函併慶笙册收到，得飽眼福，欣幸之至。

（九）一九五八年六月二十五日

洪銘先生：

六月廿一日函收到。來示屢言窘迫，恐所藏文物不保，極表同情。解放前我亦曾遇此景況，看通鑑胡注表微小引第一二句便知之矣。然此亦何傷，書物能留則留之，不能則任其流通可也。

茲遵屬滙去人民幣壹佰元，請查收爲幸。專復，即頌

台祉！

〔信稿，下同。〕

（一〇）一九五九年九月六日

洪銘先生：

久未通訊，忽得九月一日來書，知已入廣東省政治學校民主人士班學習，至爲喜慰。既作爲一個新時代的人，就應該好好樹立新人生觀、新世界觀，將封建主義殘餘，資產階級習

氣剷除淨盡。我因爲聞道太晚，習染已深，滌除不易，故改造頗爲吃力。足下年方壯盛，習染比我淺，改造當較易。今既有機會學習，應趁此機會將從前所學的一套從新估計，何者應去，何者可留，子細檢查一下。這是不可失的機會，賢者以爲何如？專復，即祝大躍進！

陳垣。九月六日。

（一一）一九六〇年一月九日

茲接到二日來信，並對聯三對，便面一幅，暫存敝處，以俟同好。説有東塾浮丘寺詩稿及吴荷屋行書四屏，甚欲一觀。〔信稿摘録，下同。〕

（一二）一九六三年三月二十五日

信中屢提及款項事，令人不樂，我輩應致力之事正多，豈舍錢以外，遂無可講。我今正告足下，前兩次之款一百六十元，此間早已注銷，不必籌還，以後來信，請勿再提此事。

（一三）一九六三年十一月五日

洪銘先生史席：

十月十一日來示所索拙著，不是以前寄過，就是現無存書，是以遲遲未復。至對於拙著，閲讀批評，在所歡迎。來示要來「珍藏」，大可不必。此等著作，值不得珍藏，前函已屢言之，未蒙察及，至爲可惜。專復，即祝

健康！十一月五日。

〔録自信稿，下同。〕

（一四）一九六四年十月五日

洪銘先生著席：

承屢索全身相片，久無以應。日前偶照一全身閒裝，神情尚似，兹晒上一張，晒存爲幸。另附東塾年譜勘誤表一帋，請查收。

粵中文史界有何新聞，望不吝賜示。此祝

健康！

（一五）一九六五年

洪銘先生撰席：

久未通訊，想起居佳勝爲頌。茲有請者，陳東塾遺詩三八頁有壽李夢惺母七十詩。夢惺何人？有人説是李應庚，高要舉人。但查高要縣志選舉表，咸同間高要舉人無李應庚名。有人説是番禺捕屬人。君知其詳否？便幸見示。專此，即祝

健康！

（一六）一九六六年

洪銘先生撰席：

二月一日函收到。去年九月承示尺岡草堂有壽李母文，亦早得見，謝謝。惟夢惺詳細履歷仍未得悉。夢惺蓋資本家、善堂董事之流。東塾與夢惺信有「來函稱讚

拙書，此末技耳。鄙人雖老朽，豈肯以寫字稱。即如所言足傳，亦不爲也。且尊處所有拙書亦已多矣」等語，似東塾對夢惺亦不甚滿意。公以爲何如？專此奉復，即頌
進步！

（一七）

洪銘先生：
久未通訊，想起居佳勝。偶檢舊篋，見桂星桓玉堂歸娶圖有東塾題詞，尊處似曾索閱，忘記已抄寄否？又未識何知敝藏有此？今特抄寄，并祝
健康！

（一八）

洪銘先生史席：
得七月十三日信，驚悉岑公作古，至爲哀悼。承索拙著中國佛教史籍概論，此書

乃課堂上對初學的講稿，不值大雅一盼，足下何所聞而索之？謹遵屬寄上一册，不吝指教爲幸。粤中文史界有何新聞？近日所見文物有何佳品？便請賜示一二。專復，即頌

文安！

附相片一張，另郵掛號寄書一册。

歷史研究編輯部

（一）一九五七年二月二十四日

我不贊成「歷史動態」等稿件改爲六號字，與其用六號字，不如減省不必要的詞句。我贊成出版社的意見，可登可不登的稿件就不登。我更贊成出版社的意見，稿件内容上盡可能壓縮，這樣做不但可以減省紙張，而且可以節約閲者的目力和精神，更可以精煉作者行文的本領，一舉三善。

〔信稿摘録〕

中國科學院編譯出版委員會

（一）一九五七年四月二十一日

科學院編譯出版委員會：

十四日來函收到。關於稿費制度問題，謹提出個人看法如下：

1．現在的科學書刊稿費總的標準並不算高，如暫行標準中所訂的：「創造性專門著作每千字十四元至三十元」，如果是精心的簡練的有發明創造的專門著作，十四元至三十元並不算高，因爲那是要付出很多心力的。只是有些著作很少新的見解，而文字冗長，以致字數很多，領取這樣稿費，就覺太高了。

2．學報上的論文，是學校的校刊，本可不付稿費，但如不付稿費，則本校的文章或不願投學報，却投在其他刊物了。而且不給稿費，要所有學校都不給，如不一致，則會有意見。

3．根據各單位的正式任務而在業務時間内寫出的研究報告、考查報告、觀測紀録及各單位工作人員在業務時間内整理的資料，在出版時似可不付予稿費。

以上意見是否有當，謹供參考。此致

敬禮！陳垣。四月廿一日。

〔録自信稿〕

張慶雲〔一〕

（一）一九五七年五月二十一日

來示所詢各點，甚有興趣，但考史不同猜謎，僅見一斑、未窺全豹不能有所斷定。如需要我參加意見，請將原碑拓本寄示，或抄録全文寄來，庶可解答。録文應照原形，不用簡寫，以免誤會。

〔信稿摘録，下同。〕

〔一〕張慶雲：河南鄭州第三高級中學教師。函詢在河南魯山隋城墻下發現的石刻。

（二）一九五七年六月四日

承示宇文恪造像記拓本，全文除了年月官銜人名外，無甚内容。但北周建德三年正月是壬戌朔，不是庚寅朔，此碑可疑之點就在此。

鄭明勤〔一〕

（一）一九五七年六月二十七日

長樂縣南山天妃宫靈應記拓本早收到。該碑長樂志及福州志未經著録。前半雖屬神話，後半却是史實，很可參考。

〔信稿摘録〕

〔一〕鄭明勤：時在福建福安師範學校函授部工作。

謝仲墨[一]

(一) 一九五七年七月二十九日

仲墨先生：七月廿三日書收到，承詢臞仙，其名甚著，撰述亦多。明史藝文志及千頃堂書目均著録十餘種，稱寧獻王權撰。寧獻王權者，明太祖第十七子，事跡具明史本傳，寧其所封國，獻其謚，王其爵，權其名。臞仙其號也。所著書或單稱臞仙，或稱涵虚子臞仙，或單稱寧王權，或稱玄洲道人涵虚子。試將天一閣書目中臞仙著述録出，觀其所標撰人，即可知玄洲道人及涵虚子等皆寧王權别號，非另一人也。

北京大學圖書館所藏臞仙活人心法二卷，係明嘉靖間朝鮮刻本。此書在當時頗流行，故朝鮮人所輯醫方類聚等書曾引及之；在中國則明末千頃堂書目及天一閣書目皆曾著録，惟四庫全書不收此書，又未見有其他刻本，是以流傳較少。北京大學五十周年紀念，北大圖書館曾將此書及他朝鮮刻本别爲一類，以供衆覽。故此書有朝鮮刻本可以肯定，但未聞此書爲朝鮮人作也。足下所考並無誤，乃承下問，謹舉所知以對。臞仙撰述，四庫只有附存目六種，特節録如後，藉供參考。陳垣。

（信稿）

〔一〕謝仲墨（一九一二—一九七四）：字誦墨，浙江蕭山人。時在中醫研究院編審室工作，來函詢問臞仙活人心法。

辛樹幟〔一〕

（一）一九五七年十二月四日

承示大著禹貢製作時代的推測，略讀數過，應用的方法都已用到，應引的材料都已引到，應提出的問題都已提到，以自然科學家作考證經史文章，在我國尚是僅見。

〔信稿摘録〕

〔一〕辛樹幟（一八九四—一九七七）：湖南臨澧人。生物學家、農史學家。時爲西北農學院院長。

（二）一九六五年三月

樹幟先生著席：

久未晤教，想起居佳勝爲頌。承示新刊大著禹貢新解，敬謹收到。略閲一過，真是一

部好書，佩服佩服。先此復謝，容細鑽研。即致
敬禮！
自從聽毛主席誇過你「辛辛苦苦，獨樹一幟」後，至今不能忘。因讀大著，又想起這句佳話來了。
〔信稿〕

潘拙庵〔一〕

（一）一九五八年五月八日

京華一别，倏爾半年，接奉華箋並珍貴食品，感謝奚似。謹回贈重印舊作一册，非敢云報，聊表微意，不吝賜教爲幸。

〔信稿摘録，下同。〕

〔一〕潘拙庵：廣東三水人。援庵光華醫校校友，第十三届畢業。

（二）一九五九年三月二十五日

承獎飾，又感又愧。足下力爭上游，追先進，趕先進，至可羡慕，至可學習。

〔信稿〕

何錫麟〔一〕

（一）一九五七年十二月二十三日

錫麟同志：

昨觀尊藏百衲本廿四史，其中魏書一種，自南宋以來即有闕頁，歷經八百餘年，史學家、藏書家均未能補足，想尊藏本亦同樣有闕。十年前，我曾補得一頁，當時頗爲高興。今特檢呈，便希裝入本書爲幸。此祝

健康！

〔信稿〕

〔一〕何錫麟：一九一五年生，河南濮陽人。時爲北京師範大學第一副校長，黨委書記。

（二）一九五九年五月十九日

聽説你休養還未見大好，頗爲懸念，不過尊體病弱，乃是久勞積累，並非一日而得，休養自亦不能急見功效，還望遵照醫生意見，耐心療養。現在養好身體是目前首要任務，切不可心急。

〔信稿摘録〕

北師大教育系四年級同學

（一）一九五七年十二月三十日

親愛的教育系四年級全體同學們：

廿八日接到你們團支部和班會的信，今天又收到教系四同學送來你們的賀年片和信一封。首先讓我謝謝你們！並在這一九五八年即將到來的時候，向你們祝賀新年好！

一九五八年是我們第二個五年計劃開始的一年，這一年我們將會在各個戰綫上取得更輝煌的勝利！

你們就在這一年，開始走上新的戰鬬崗位，我希望你們努力提高社會主義覺悟，刻苦鑽研業務，加强勞動鍛煉，作一個又紅又專的工人階級知識分子，準備在祖國教育事業上貢獻出自己的力量！

祝賀你們

新年幸福！
學習進步！
身體健康！

陳垣。一九五七年十二月卅日。〔抄稿〕

北師大數學系四(二)班同學

(一)一九五七年十二月三十日

親愛的數四(二)全體同學們：

你們給我的信我已收到。

我今天還有其他的事情，不能來參加你們的晚會，讓這封信帶去我對你們的祝賀，祝賀你們新年好！

一九五八年是我們第二個五年計劃開始的一年，這一年我們將會在各個戰綫上取得更輝煌的勝利！

你們就在這一年，將開始走上新的戰鬭崗位，我希望你們能够努力提高社會主義覺悟，刻苦鑽研業務，加强勞動鍛煉，作一個又紅又專的工人階級知識分子，準備在祖國教育事業上貢獻出自己的力量！

祝賀你們

新年幸福！

學習進步！

身體健康！

陳垣。一九五七年十二月卅日。

〔抄稿〕

北師大化學系三年級同學

（一）一九五七年十二月三十日

親愛的化三全體同學們：

今天收到你們的賀年片，並給我的詩一首，詩作得很好，謝謝你們！

希望你們在新的一年，加緊學習，積極鍛煉，把自己培養成爲又紅又專的工人階級知識分子。祝你們

新年進步！

快樂幸福！

陳垣。一九五七年十二月卅日。

〔抄稿〕

北師大歷史系二(三)班同學

(一)一九五七年十二月三十一日

親愛的史二(三)班同學們：

今天接到你們的來信，你們這樣關心我的健康，謝謝你們！

希望你們在新的一年，加緊學習，積極鍛煉，把自己培養成爲又紅又專的工人階級知識分子，以不辜負黨和人民對你們的培養和期望。祝你們

新年進步！

快樂幸福！

陳垣。一九五七年除夕。

〔抄稿〕

北師大越南留學生

（一）一九五八年一月三日

親愛的越南留學同學們：

你們送來的賀年片已經收到，謝謝你們！你們在我校學習，在學習和生活上有什麽困難没有？都能習慣嗎？在這新的一年開始的時候，我希望你們加緊學習，積極鍛煉，各方面都能迅速提高。祝中越兩國的友誼日益鞏固，祝你們

新年快樂！

陳垣。一九五八年一月三日。

〔抄稿〕

新會修志會

（一）一九五八年一月三十一日

鄙人無狀，離鄉數十年，諸公猶知有「吳下阿蒙」，至爲感激。

〔信稿摘録〕

（二）一九五八年三月二十六日

新會修志會諸公同鑒：

二月六日大函並修志大綱等件早收到，閱讀數過，大致妥善，至爲欽佩。編纂地方志，科學規劃委員會已列入哲學社會科學研究事業中重點項目之一。今日不同往日，種種條件比往日好得多。諸公膺此光榮任務，在黨的領導下，發揮集體智慧和

力量，一定能作出一部適合人民所需要的縣志，謹此預賀。並致
敬禮！

陳垣。三月廿六日。
〔信稿〕

（三）一九六〇年五月十九日

承徵集本縣作家著作及小傳，鄙人著作多係解放前所寫，殊無足觀，今遵屬付上著作目録並小傳各一紙。再者，石頭鄉白雲書樓有一明朝碑記，舊志未著録，今將拓本附呈，可否採入新志文物欄，請酌。
〔信稿摘録〕

北師大患病同學

（一）一九五八年三月二十九日

親愛的同學們：

聽説你們得了流行性感冒，我非常惦念。希望你們不要着急，好好安心調養，爭取早日恢復健康。

陳垣。三月廿九日。

〔抄稿〕

南京市文物保管委員會

（一）一九五八年七月五日

人民日報六月三十日登載南京市南郊發現浡泥國王墓新聞一則，説有碑已殘。今日參考消息載印尼國務部長亞明教授注意此事，他要求中國的有關方面説明是否有墓碑或碑文足以證實云云。

查此碑文係明文淵閣大學士胡廣所撰，胡文穆集當有記載，但胡集一時不易得，明文衡卷八十一有此碑全文，足補明史之略。今録呈左右，以供參考。

〔信稿摘録〕

岑仲勉〔一〕

（一）一九五八年七月五日

仲勉先生史席：

久未得消息，忽奉到大著墨子城守各篇簡注一册，知起居安吉，至以爲慰。在今日朋輩中，出板著作堪稱爲多快好省者，閣下實其中之一人，敬仰之至。謹先復謝，並頌

文祺！弟陳垣。

〔信稿〕

〔一〕岑仲勉（一八八五—一九六一）：名汝懋，以字行，廣東順德人。史學家。曾在中研院歷史語言研究所及中山大學研究、任教，著述甚豐。

金燦然[一]

（一）一九五八年十月十六日

燦然同志：

前日暢談甚快。拙著舊五代史輯本引書卷數多誤一篇，係舊稿，因嫌瑣碎，未發表過。兹連同拙著舊五代史輯本發覆一册，送請台閲，不吝指教爲幸。此致

敬禮！　陳垣。十月十六日。

〔影印件〕

〔一〕金燦然（一九一三——一九七二）：山東魚臺人。時爲中華書局總編輯兼總經理。

（二）一九五九年五月二十八日

送來册府元龜補遺七十二頁已閲畢，其中十四條與本卷或與他卷重出，似可不補。又

傅校册府，亦已閲畢，除漏去一行半行者不録，録其整條漏去者凡十五條，送上。

〔信稿摘録〕

（三）一九五九年六月十八日

燦然同志：

影印册府元龜序已擬就，另紙呈上。此序共分八段：第一説前人不重視册府；第二説册府漸爲人注意；第三説册府材料豐富，可以校史，亦可以補史；第四説册府可以校史，亦可以史校之；第五説宋本比明本爲强；第六説明本亦有勝宋本處；第七説明本脱文是有意删去，不盡是脱文；第八説宋刻既無完本，以明本影印亦宜。如此作法，未知能用否，請删改，不必客氣。此祝

健康！

影印宋本册府二册奉還。

〔信稿〕

中華書局上海編輯所

（一）一九五八年十月十八日

貴所擬請復旦大學蔣天樞先生點勘鮚埼亭集，至爲適當。蔣先生説我對鮚埼亭集有多年丹鉛之功，蔣先生太過獎了。貴所應仍請蔣先生擔任點勘或注釋，當能勝我百倍。

〔信稿摘録〕

中華書局

（一）一九五八年十一月十日〔一〕

我是贊成第一項辦法的，此項辦法成本雖貴，但用此書的人都可靠圖書館購備，不一定每人都有此書也。

〔信稿摘録〕

〔一〕此函爲回答中華書局十月二十四日徵求影印册府元龜意見的來函。第一項辦法是以商務印書館原縮小攝影宋刻殘本的方法，用明刻配足。

（二）一九六四年

中華書局編輯部負責同志：

承示影印四庫總目出版説明草稿一份，因人大會期，久稽裁答。頃細讀一過，大致不

差，提不出甚麽意見。僅挑剔個别字句如另帋，請高明斟酌。此致

敬禮！　陳垣。

一頁六行　首都北京　首都二字可省。

一頁九行　原注卅個字　可省。

一頁十一行　也以他化力最多　擬改爲「也以他的力量爲多」。

三頁三行　七萬六千　嘉業堂刻本鄭堂讀書記作「七萬八千」。

三頁五行　陳垣四庫書目考異　未有刻本。

四頁九行　道光　「當時的」五個字可删，因道光時阮元離浙撫任已久。

又　遺漏　二字可省。

〔信稿，下同。〕

（三）

中華書局出版部負責同志：

二月九日來書徵詢我對印行明文海的意見，時我適在醫院，未能即復爲慊。

查此書爲黄氏晚年未定之本，其體例頗多可議，誠如四庫提要所言。但此書爲研究明代文獻者必須參考之書，不予印行，終必散佚，所以我的意見，今日若有餘力，印行仍比不印行爲好。專復，即致

敬禮！

此書文津閣本一萬一千五百五十八頁，中間缺一五八、一五九、一七〇、四八二等卷，未識其他鈔本有可採補否？

（四）

中華書局編輯部負責同志：承示漢唐地理書鈔出版説明，細讀一過，作得甚好，提不出甚麽意見，但看出幾個錯字。較重要的，是任昉所輯書名「地記」，不是「地紀」。又「隋時僅存十分之二」句，隋時二字改爲唐初似較合。謹復，並致

敬禮！陳垣。　月　日。

附原件。

李濟賢〔一〕

（一）一九五九年二月二日

趙彦書原北京人文科學研究所有藏本，如現科學院圖書舘没有，想已被運往台灣；畢自嚴有奏議一三六卷，剿叛公疏當在其中。

〔信稿摘録〕

〔一〕李濟賢，時在歷史研究所工作。

丁浩川〔一〕

（一）一九五九年二月二十二日

接受你這親切的祝賀。這幾年，在政治思想上，你對我幫助很大，應該説我的入黨，是和你具體幫助分不開的。

〔信稿摘録〕

〔一〕丁浩川（一九〇九—一九六一）：河北完縣人。時爲北京師範大學教務長。

朱子勉[一]

（一）一九五九年二月二十二日

收到來信，不見近三十年，得知起居佳勝，至爲欣慰。來信説廣州文史舘有九十二歲老人，不知是何姓名？舘中七十以上老人當不少，都有何人。

〔信稿摘録〕

〔一〕朱子勉：自廣州來信。

外文出版社

（一）一九五九年三月二十八日

承示歷代名人録，翻閱一過，校出幾個錯字。可惜我所知道者甚少，不能有所幫助爲歉。至於排列方法，愚見以爲按姓氏排列，不如按類按年代排列，如政治家、軍事家、科學家、文學家等，似較有意義。

〔信稿〕

歷史博物館

（一）一九五九年三月三十一日

北京歷史博物館負責同志：

承三月廿八日示詢歷史人物名單擬增加陸棠，並關於陸棠的評價，謹爲介紹如另紙。應增加與否仍請高明酌定。史料三件附呈。此致敬禮。陳垣。三月三十一日。

陸棠介紹

宋建炎四年至紹興二年之間（一一三〇——一一三二），建州范汝爲憤政府之無能，痛官吏之貪暴，據建州起義。建士如歐陽穎士、施逵，吳琮、謝嚮、陸棠等，或善文章、多才藝，或已登科，望風從之。失敗後，施逵逃脱入金，改名宜生，爲著名漢奸，此知識分子之敗類，不足道。今特介紹一以學者面貌出現的陸棠。

陸棠字敬思，建州建安縣人。爲大儒楊龜山門壻，從龜山遊者幾三十年（一一〇四——

一一三二)。知識分子參加農民革命失敗後,其生平事跡,每爲人所湮没,陸棠參加范汝爲組織失敗後,胡寅爲作長傳,見斐然集三十,陽抑而陰傳之。陸棠未參加革命前,陳淵爲作定交篇,稱爲「君子人」,又作定交篇跋,既失敗後,陳淵仍留此二文在默堂集二十,不肯削去。朱子語類一三三盗賊門不諱陸棠爲楊龜山壻,且稱其人極端重,似有德器者。此等對所謂「盗賊」的批評,在歷史文獻中實爲罕見,故特拈出之。

據胡寅所作陸棠傳,棠參加革命時,龜山年已八十,曾爲三書招之,棠復書悲痛。棠平日必有一套革命道理,可於此往復書中見之,惜此書不傳。據傳,棠父及妻皆支持棠所爲,死而不悔,其革命主張,必有極精處能動人,故傳又稱「士大夫爲所籠惑者比跡而是」,則斷非龜山翁之綱常大義論所能説服者也。

范汝爲事,見宋史三六四韓世忠傳及建炎以來繫年要録。

楊龜山,爲二程門人,宋元學案二五有龜山學案。

胡寅爲龜山門人,宋元學案四一有衡麓學案。

陳淵爲龜山門人,與陸棠爲僚壻,宋元學案三八有默棠學案。

陸棠如果不參加范汝爲組織,亦可占宋元學案一卷,但棠不願以彼易此。

〔原稿〕

葛一之

（一）一九五九年五月三十日

一之先生著席：

奉書並畫久收到。畫已題款，却之不恭，只可存領，謹謝。關於人事調整一節，已與處系商酌，系中人事本年尚無大動，暫可不提。展轉磋商，遂至稍稽裁答，尚乞原宥。專此復謝。即祝

健康！　五月卅日。

〔信稿〕

陳明柱〔一〕

（一）一九五九年八月三十一日

治病健身，勿以體弱而苦悶，要珍惜和熱愛這個偉大的時代。我不懂得養生，生平不喝茶，不吸煙，不飲酒，少吃肉，日必大便，早睡早起，如此而已。

〔信稿〕

〔一〕陳明柱：成都一青年，在稅務局工作。

鄭逸梅〔一〕

（一）一九五九年十月二十二日

來信詢及拙著吳漁山年譜，係早年著述，殊無足觀。兹特檢出一册，另郵寄上，即希指正。〔信稿摘録，下同。〕

〔一〕鄭逸梅（一八九五—一九九二），江蘇吳縣人，南社成員。時在上海晋元中學任教。十七歲即開始爲報刊寫文史小品，勤於寫作，有「補白大王」之稱。

（二）一九六〇年三月二十日

承惠大著，敬謹收到，容當細讀。遵屬題簽，殊不稱意，聊以塞責而已。

楊殿珣〔一〕

（一）一九五七年二月五日

殿珣吾弟：

久未見爲念。數年前僕曾借閱館藏明張萱撰西園存稿。今仍欲借一閱，未知手續麻煩否？僕這回所想看者乃西園存稿卷三十七赤牘六，如能借出，至爲感謝。專此，即祝

春安！　二月五日。〔信稿〕

〔一〕楊殿珣（一九一〇—一九九七），河北無極人。一九三五年畢業於北平師範大學。時爲北京圖書館採訪參考部主任。

汪祖澤〔一〕

（一）一九六〇年三月二日

驚悉希文兄噩耗，至爲悲痛，他與君爲七十年兄弟，與我爲五十年老友，其感愴當何如。

〔信稿摘録〕

〔一〕汪祖澤（一八八〇—一九六八）：字通甫，廣東番禺人，汪兆鏞長子。在司法界工作，長居北京。

王啓初〔一〕

（一）一九六〇年三月十八日〔二〕

統觀諸人皆大官僚，此册蓋朝房值班時銷閒所書，風格平凡，無甚特色。

〔信稿摘録，下同。〕

〔一〕王啓初：時在湖南省博物舘工作。

〔二〕王啓初來函請援庵鑒定他所藏嵇璜、劉統勳、錢陳羣、彭啓豐、梁詩正、汪由敦、介福等人手卷。此爲復函。

（二）一九六一年六月〔一〕

此三札必在光緒十六年以前，十四年七月以後。而札中語氣，皆係在到任未久時語，則此札當作於光緒十四年九月無疑。

〔一〕王來函請援庵爲其審核館藏吳大澂與倪文蔚手札。此爲復函。

（三）一九六二年十一月十二日

連奉大札及滄浪五老圖卷，並湖南出土銅鏡圖録，至可寶貴。住院月餘，醫囑休息，是以尊卷久未題，恕罪恕罪。因恐延遲日久，今特先另郵挂號奉還。

曹聚仁〔一〕

（一）一九六〇年四月二十日

公既搞史學，又是胡身之浙東同鄉，欽羨之至。我在北京淪陷日寇時，曾撰通鑒胡注表微，對身之生平頗有所敘述，但尚欠詳盡，今另郵寄呈一册，乞不吝賜教爲幸。

〔信稿摘録〕

〔一〕曹聚仁（一九〇〇——一九七二）：字挺岫，浙江蘭溪人。愛國人士。當時在香港辦循環日報等報刊。曾以「孟子微」筆名著文推介援庵著作。

（二）一九六〇年六月三日

聚仁先生史席：

四月底來大札，早已收到，唯大著八巨册一包，最近才接到。略閱一過，大言炎炎，真令小儒咋舌，至佩至佩。無以爲報，謹將新印舊作二本另郵呈正。明知無當大雅，聊示謝忱而已。大著容當細讀，藉廣見聞，先此復謝，並致敬禮。

〔手稿〕

荷蘭學者

（一）一九六〇年八月二十一日

先生：

七月二十三日來信收到。金丹教我無研究，不能對您有所幫助，至爲抱歉。關於景教，我所知道的，你都已知道。惟有一事想談談，就係來信提到的唐朝道士吕巖。有人因爲書寫景教碑的人名吕秀巖，遂謂吕秀巖即吕巖，並以此證明吕巖與景教有關。我以爲此説不可信。

中國人習慣有單名，有雙名。雙名遇必要時如避諱之類，就去一字改爲單名。唐朝第二代皇帝名世民，當時有一大臣名李世勣，就去一字單名李勣。這例是有的，但不適用於吕秀巖，因吕秀巖無去秀字的必要。

又中國人習慣名之外有字，唐朝著名詩人李白，字太白，故李太白即李白。這例也是有的，但呂秀巖亦不適用此例，因秀巖是名不是字。呂巖字洞賓，又非字秀巖。秀巖是官員，呂巖是道士。謂呂秀巖即呂巖，毫無根據。謂呂巖與景教有關，亦無根據。我所見如此，是否有當，請指教。

〔信稿〕

王芸生〔一〕

（一）一九六〇年九月十九日〔二〕

芸生先生：

勸學罪言一册，遵囑寄上，乞察收。在抗美援朝時，我曾結合當時天主教反美侵略問題，匆匆寫成有關英斂之的一篇宣傳文章，在一九五一年四月二日光明日報發表。此文對英老先生並未全面瞭解，只就其一時一事言之，以激起天主教徒的愛國思想，今已無足參考了。專復，即致

敬禮！　陳垣。九月十九日。

附一册。

〔信稿〕

〔一〕王芸生（一九〇一—一九八〇）：天津人。歷任大公報主筆、總編輯。解放後任大公報社長。

〔二〕王芸生來函請援庵審閱他所著英斂之時代的舊大公報一文，此爲復函。

廣州美術館

（一）一九六〇年十一月九日

敝藏張西園山水立軸，雖屬罕見，但未必能選入廣東名畫集，恐係容庚教授過譽。兹將該畫照片寄上，看看能否刊印再説。

〔信稿摘録〕

上海中醫學院醫史博物館

（一）一九六〇年十一月十三日

有友人想看鄙人舊著二篇：一、中國解剖學史料，見光華醫事衛生雜誌一九一〇年十一月出版；二、高嘉淇，見光華醫事衛生雜誌一九一〇年九月出版。您處如能倩人代抄，所須報酬，函告當即匯去。

〔信稿摘録〕

盧弼[一]

（一）一九六一年一月十四日

慎之先生著席：

違教久，忽奉接頒來大作慎園詩選餘集，在遠不遺，至可感紉。無善可陳，惟元旦集得一聯，謹以呈教。專復，並頌

起居萬福！　愚弟陳垣。

〔信稿〕

〔一〕盧弼（一八七六—一九六七）：字慎之，湖北沔陽（今仙桃）人。民國以後，歷任國務院祕書長，平政院院長等。晚年寓居天津，潛心著述，著有三國志集解等。

鄧 拓〔一〕

（一）一九六一年一月二十三日

鄧拓同志：

閱今天人民日報大作從借書談起，甚有趣。報紙能多載此等短文，可以省時省紙，對讀者大有利益。惟所附袁枚原文，句逗有誤，因之譯意亦誤。「故有所覽輒省記」，省記猶言記得。「通籍後俸去書來」，言通籍後有俸可以買書。中了進士，通籍於朝，謂之通籍。這是小小錯誤，值得更正否，請酌。又譯意注言「四庫全書館編書十六萬八千餘册」，亦有問題。據我所知，四庫全書原有七部，每部三萬六千餘册。今藏北京圖書館者係文津閣本，凡三萬六千二百七十七册。專此，即致

敬禮！ 陳垣。一月廿三日。

〔信稿〕

〔一〕鄧拓（一九一二——一九六六）：福建福州人。曾任人民日報社長、總編輯，時爲北京市委書記。

人民日報

（一）一九六一年一月二十三日

編輯同志：

看了一月二十三日人民日報從借書談起（二），甚有趣，報紙能多刊載這樣的短文，可以省時、省紙，對讀者大有利益。惟所附袁枚黄生借書説原文，句讀有誤，因之譯意亦誤。「故有所覽，輒省記通籍。後俸去書來……」，應改爲「故有所覽，輒省記。通籍後，俸去書來……」。省記猶言記得，「通籍後，俸去書來」，是説通籍後有俸可以買書。過去中了進士的，他的名字就上通到朝廷了，所以叫通籍，這是個小錯誤。

又譯意注裏説四庫全書館編書十六萬八千餘册，亦有問題。據我所知，四庫全書原有七部，每部三萬六千餘册，今藏北京圖書館者係文津閣本，凡三萬六千二百七十七册。陳垣。

〔載於一九六一年一月三十日人民日報〕

〔一〕從借書談起，鄧拓所作。此文係據上函改作而成。

（二）一九六二年三月二十五日

理論宣傳部編輯同志：

三月二日和廿四日來信都收到。承索稿件，茲寄上小文一篇，〔一〕如可用，請删改。如不合用，請退還爲幸。此致

敬禮！

〔信稿〕

〔一〕小文：應指跋陳鵬年自書詩卷，發表於三月二十六日人民日報。

（三）一九六二年五月二十一日〔一〕

法獻佛牙（即現存廣濟寺的佛牙）入中國後，怎樣由長安傳至燕京，現在已找出他由長

安至燕京的綫索，特爲寫出。〔二〕事關宗教政策，國際信用，可否發表，請酌。

〔信稿摘録〕

〔一〕此函爲致該報理論部編輯陳大可者。

〔二〕應指法獻佛牙隱現記一文，後發表在十月出版的文史上。

高季平〔一〕

（一）一九六一年四月十日

年表二張收到，繪圖細微，定下功夫不少。既稱年表，則要便於查看，一目了然。這二表似覺過於繁細，眉目反爲不清。又關於歷史上各朝代的年限，應根據正確史料，得出結論，吴國、越國都在紀元以前，自應以我國史料考其年代爲宜，不能無選擇地用外文材料。

〔信稿摘録〕

〔一〕高季平：自天津來信。

蒙文通〔一〕

（一）一九六一年四月十七日

來示談到薛史輯本〔二〕郡縣志，並不是薛史原文，據通鑒考異所引，薛史本名地理志，不知館臣何以名爲郡縣。今台端欲重輯一編，至爲盛事。敝處所標點舊五代，初稿雖早已完成，但尚須細細重勘數過，斷不能如傳説所云本年六月可以交卷。

〔底稿〕

〔一〕蒙文通（一八九四——一九六八）：原名爾達，以字行，四川鹽亭人。時爲四川大學歷史系教授，歷史研究所兼任研究員。

〔二〕即通行的輯本舊五代史。

中華書局辭海編輯所

（一）一九六一年五月二十九日

寄來中古史校樣十二條請審閱，細讀一過。只在元太宗條下添了「又稱合罕皇帝」一句六個字，理由是：合罕皇帝之稱，見於元史一五七劉秉忠傳，今據新發見的海雲禪師碑（在北海）補入一句。

〔信稿摘録〕

楊志玖〔一〕

（一）一九六一年六月七日

志玖同志：

六月三日來信收到。元典章户部五第十頁的「你教」，據敝藏知聖道齋鈔本、巴陵方氏藏舊鈔本均作你教，汲古閣藏元刻本亦作你教，所以仍而未改。來信引元史卷十二至元二十年十月條並大元海運記至元廿二年條，證明應作「你敦」，對了。這即拙著元典章校補釋例所謂「他校法」，至佩至佩。似此類錯誤未校者恐尚不少，靠後來者加工再校耳。專復，即頌

健康！陳垣。六月七日。

〔抄稿〕

〔一〕楊志玖（一九一五—二〇〇二），山東淄博人。南開大學歷史系教授。

趙紫宸〔一〕

（一）一九六一年六月

紫宸先生尊鑒：

久未晤教，想起居佳勝爲頌。頃接友人來信，説一九四五年間燕京大學神學系曾出版一種新約譯本，未識如何可以購得。或尊處有藏本，擬懇惠借一閲。今早專誠拜謁，適值公出。今特函陳，乞賜指示，至以爲幸。專此，即致

敬禮！

〔信稿〕

〔一〕趙紫宸（一八八八—一九七九）：浙江餘杭人。曾任燕京大學宗教學院院長、金陵協和神學院教授。時爲基督教三自愛國運動委員會常委。

陳彬和[一]

（一）一九六一年六月二十六日

彬和老弟：

久無消息，忽得手書，欣慰何似。吕譯新約初稿，已從趙公處借得，但説只此一册，寄出頗有爲難。今着人將序言三篇鈔寄，或可知其梗概。專復，即祝

健康！

〔信稿〕

〔一〕陳彬和：江蘇吳縣人。曾任北京平民中學教務長、天津南開學校總務長、中俄大學總務長、申報總編輯。

周叔迦〔一〕

（一）一九六一年七月二十二日

叔迦先生著席：

昨上一緘，想登記室。來示説此牙的歷史考證，在前半段與後半段的銜接是不明確的，但我將佛牙故事子細研究，得到一綫索，實爲快事，謹以奉告。所謂不銜接者，即此牙如何傳至北京一節。據册府元龜卷五十二崇釋氏門記載，長安的佛牙唐末由僖宗傳至西蜀，後唐天成二年（九二七）由蜀傳至洛陽，後晉天福三年（九三八）由洛陽傳至汴京（全文見佛牙故事五代一段），記載甚爲明白。又據遼史卷四太宗紀大同元年（九四七），法駕至汴，晉圖籍曆象、石經銅人、明堂刻漏、太常樂譜、鹵簿法物，悉送上京。則此牙之北傳，當在契丹入汴之際。不有册府元龜作橋頭堡，此段歷史如何聯接得上，若將此節添入資料，則可作爲一完整資料，並無不銜接之處。是否有當，請指正。即頌

著安！

〔信稿〕

〔一〕周叔迦（一八九九—一九七〇）：字志和，安徽東至人。佛教學者。歷任北京大學、清華大學、輔仁大學教授。時爲中國佛教協會副會長、中國佛學院副院長。

陰法魯〔一〕

（一）一九六一年

法魯先生著席：

久未晤教，忽接手示，並明祖詔書抄件，至爲感紉。此詔書約分三截。第三截已見西域記附注，即拙稿所引用者是。第二截亦見西域記附注及永樂實録卷七七、明史卷三二六。惟第一截爲以上三書所未載，至可寶貴。第二截因兩國現正要好，交兵舊事，不便重提，故拙稿一字未及。至拙稿其他缺點尚多，乞不吝賜示爲幸。專此復謝，並致

敬禮！

〔信稿〕

〔一〕陰法魯（一九一五—二〇〇二）：山東肥城人。時爲北京大學中文系教授。

華南農學院

（一）一九六一年八月十三日

華南農學院負責同志：

六月廿七日來信並編纂徐光啓集緣起及凡例均收到。徐光啓一代偉人，文集未有善本，至爲憾事。貴處擬從新編纂，甚盛甚盛。來示以爲我對徐光啓生平學術思想素有研究，我於徐光啓所知甚少，恐不能對你們有甚麼幫助。如有問到，自當就所知以對。

梁家勉同志〔一〕所問許樂善適志齋稿，敝處抄存有徐光啓序一篇，今抄寄。又問松風餘韻，此書五十卷，北京圖書館有藏本。

〔信稿〕

〔一〕梁家勉：該學院圖書館館長。

聶崇岐〔一〕

（一）一九六一年九月十六日

承示指出朔閏表太平興國改元日子有誤，至爲感紉，豈特不以爲忤，而且歡迎。〔信稿摘録〕

〔一〕聶崇岐（一九〇三—一九六二）：字筱珊，河北薊縣（現屬天津市）人。一九二八年畢業於燕京大學歷史系。先後任哈佛燕京學社引得編纂處主任、燕京大學歷史系教授。一九五二年調中國科學院歷史研究三所（近代史研究所前身）。

人民出版社

（一）一九六一年十一月二十日

人民出版社服務組：

十月廿一、三十日來購書賬單並蘇共二十二大文件一册皆收到。兩次單上款項，計一一·八八元加一·四五（隋唐五代史綱）加一·〇〇（二十二大）等於一四·三三元，一併送清，請查收。

寄來十月份新書目録，擬選購五種，已圈在目録上，請查收。

又蘇共二十二大文件，學習正需參考，你組能及時主動送來，殊感。其他如蘇共二十二大文件匯編、阿爾巴尼亞勞動黨成立二十周年紀念文集出版後，仍盼各代購一册。謹此致謝。

敬禮！陳垣。十一月二十日。

（二）一九六一年十一月二十二日

人民出版社秘書組：

蘇共二十二大主要文件一册退回。新本即交來人帶回如何？即致

敬禮！陳垣。十一月廿二日。

任金柱〔一〕

（一）一九六一年十二月三十日

聽説你們都是小學教師，你們的工作是重要的工作，是有意義並且非常崇高的工作，希望你們能認識自己工作的責任重大，在小學教育上作出成績來。

〔信稿摘録〕

〔一〕任金柱：河南延津縣小學教師。

趙世暹〔一〕

（一）一九六一年十二月三十日

所談册府校訂事，意見甚是，該書卷帙浩大，如俟校好再印，則需時甚久，故先影印，以供研究者參考。

〔信稿摘録〕

〔一〕趙世暹：在北京水利水電科研院工作。

余遜[一]

（一）一九六二年一月二十二日

尊公逝世時，我正在醫院，出院後家人久乃告知，不勝悲悼。近年朗潤園中，我所常懷念者二人，一爲校長湯公，一即吾兄。承屬爲尊公遺著作序，義不容辭，但恐未能窺見高深，有負期望耳。稍暇當勉力爲之。〔信稿摘録，下同。〕

[一] 余遜（一九〇五—一九七四）：字讓之，湖南常德人。歷史學家。北京大學教授。余嘉錫之子。

（二）一九六二年十一月十三日

尊公集序，今始草就，未知能用否，有不同意見請提出商改爲幸。

近代史研究所南京史料整理處

（一）一九六二年二月二十三日

史料整理處負責同志：

您處所編輯的中國現代政治史資料匯編收羅完備，對我們極有幫助。您處已送我校一部，現由歷史系現代史教研室使用，我校政治教育系黨史教研室亦需要經常參考，因此懇請您處再惠贈我校一部（如需購置，請函告，即辦理購買手續），使我們的教學和科學研究更好的開展。諸多費神，無任感謝！專此，即致

敬禮！陳垣。二月廿三日。

陳奇猷〔一〕

（一）一九六二年三月十六日

承寄來韓非子集釋補編一册，知仁弟精進不已，至可欽佩。

〔底稿〕

〔一〕陳奇猷（一九一七—？），廣東韶關人。一九四〇年輔仁大學國文系畢業，一九四二年獲碩士學位。時爲中華書局上海編輯所編輯。

楊廷福〔一〕

（一）一九六二年四月二十五日

承索拙著釋氏疑年録，此書現無單行本，特在勵耘書屋叢刻内抽出一部四册，另郵寄上。

〔信稿摘録〕

〔一〕楊廷福（一九二四—一九八四）：字士則，浙江鄞縣人，時爲上海教育學院教師。楊先生在緬懷新會陳先生對我的教導（載讀書雜志一九八一年第七期）一文中説：「二十多年前，我在極其艱苦的條件下研究玄奘，陳先生的釋氏疑年録是我所必須參考的。那時，中華書局還没有排印，只有他勵耘書屋的家刻本，坊間不多見，我也没錢買，當時形格勢禁，我向圖書館借閲還有一定的困難。唯一的辦法是向陳垣先生借書。可是素昧平生，我躊躇再三，就斗膽而冒昧的上書。一周光景，郵局寄來釋氏疑年録四册，陳先生親筆寫了熱情洋溢，勉勵備至的回信，並將此書奉貽。以後，我在學習時，遇到疑難，就向老人家請益求教。他有問必答，爲我函授教導了十二年，直到一九六六年才戛然中止。十二年來，陳先生對我的通訊指導，約計共有四十封左右長短不一的信函。這種雪中送炭的温煦，成了我在逆境中不甘自暴自棄的精神支持，更可寶貴的是毫無保留的教導了治學的方法，啓迪搞科研的門徑。這四十封信札，在浩劫中捆載以去。一九七六年十月下旬，我對蝸居進行清潔大掃除，從塵封蠹餘中找到了幸存的陳先生的幾封簡短書簡，雖非論學之作，但多少尚能窺見老一輩學者對後學的掖導。」

（二）一九六二年七月十六日

廷福同志：

四月廿五日曾復一函，並另郵掛號寄去拙著釋氏疑年録一部四册，至今已近三個月，未得回信，究竟已收到否，至以爲念。專此，即祝健康！陳垣。七月十六日。

〔楊先生寄贈影印件，四、五函同。〕

（三）一九六二年十一月十一日

前者寄上釋氏疑年録，久未得復，是以函詢是否收到，並非催促還書，不久即接寄回原書，是否誤會。承前後寄示大作六種，住院月餘，醫囑休息，是以未能細讀大作。惟觀其用力之勤，讀書之博，態度之謙，足覘其造詣。

〔信稿摘録〕

（四）

廷福同志撰席：

連來二函並扇面一幀，及大著唐律對亞洲古代各國的影響一文，皆早收到。扇面作書，蒼勁有力，能寫能作，真多才多藝之士也，至佩至佩。

唐律一文，條理清晰，材料豐富，收到後即遵囑送歷史研究並代爲推薦刊載，是以遲遲未復。最近始得歷史研究所同志和歷史研究編輯部同志回信，他們都稱贊此文確實下過工夫，但因目前史學界曾檢查了一下已發表的文章和著作，發現其中一些涉外事件，就令是歷史事件，對當前國際也有影響。經慎重考慮後，大著中某些提法，在當前似有不適宜地方，因此都認爲暫時仍以不發表爲宜，可惜，可惜。專復，即祝暑安！　陳垣。七月廿七日。

（五）一九六四年十月十二日

廷福仁兄著席：

國慶前夕來書敬悉。兩年國慶，均在醫院渡過，本年幸得在天安門上觀禮，承示垂念，至爲感紉。

大著試論玄奘西行首途年月，亦已略讀一過，徵引繁博，言之成理，對於拙著，不輕附和，尤合朱子所謂「舊學商量加邃密」之意，至佩。專復，並祝健康！陳垣。十月十二日。

惟大著只論玄奘西行首途年月一事，正文廿五頁，附注十一頁，凡一萬八千餘言，似可稍加壓縮，或添上小題，以便讀者。又來示謙稱，殊不敢當，請後勿復爾。台端近在何處工作？便望示知。又及。

（六）

廷福仁兄著席：

十月廿一日來信並玄奘年譜序例收到。我於佛法所知甚淺，故不能爲大著提出甚麽意見，但有幾點所欲言的。

一、印度現正反華，文中不能不提到印度。

二、東南亞各國多奉佛教，派别分歧，又有大乘、小乘之目。

三、中國幅員廣大，容易涉沙文主義之嫌。

凡此諸點，下筆須費斟酌，大著想已見及矣。專復，即祝

健康！陳垣。十一月廿一日。

〔信稿〕

蔡　迪〔一〕

（一）一九六二年六月二十六日

仕而優則學，謂做事有餘力則學習；　學而優則仕，謂學習有餘力則做事。

〔信稿摘録〕

〔一〕蔡迪：在教育部研究室工作。

向　達〔一〕

（一）一九六二年七月二十七日

前承賜中外交通史籍叢刊三種，今又奉到蠻書校注一册，專門絶學，層出不窮，至可欽佩。

〔信稿摘録〕

〔一〕向達：見前。

張舜徽〔一〕

（一）一九六二年七月二十七日

承示大著史籍校讀法一册，博極羣書，常識豐富，於學者大有裨益，至可欽佩。大著採用史諱舉例一人二史異名表，與原表排列不同，排列改變，失却二史對照的意義，頗似雲臺二十八將，可謂無獨有偶，謹拈出以博一笑。校書真不容易也。〔信稿摘録，下同。〕

〔一〕張舜徽：（一九一一—一九九二），湖南沅江人。時爲華中師範學院歷史系教授。

（二）一九六二年十一月十二日

清代揚州學記敬謹收。一部又一部，層出不窮，無任欽羡。

（三）一九六三年六月十二日

大著廣校讎略，拜讀一過，獲益良多，博極羣書，尤所佩服。大著美矣，然詞鋒太利，時或傷人，試爲拈出，略分四項。一、駡盡一切；二、輕視後世；三、指名相譏；四、自視過高，看人不起。

陳叔通〔一〕

（一）一九六二年七月三十一日

叔老尊鑒：

承詢年譜始於何時，謹按宋以前經籍志未見有年譜之屬，惟宋史藝文志有洪興祖撰韓子年譜一卷，四庫總目有趙子櫟撰杜工部年譜一卷，魯訔撰杜工部詩年譜一卷，作者皆北宋末、南宋初人。此年譜之見於著録最早者。又宋史藝文志有朱昱撰朱勝非年表一卷，亦年譜之屬。元明以後，此類書漸多。千頃堂書目著録者，指不勝屈矣。

至於年譜是何人創作，據現在所知，有吕大防撰杜詩、韓文兩年譜，尚早於洪興祖四十年。

專復，並致

敬禮！

陳垣。七月卅一日

〔信稿〕

〔一〕陳叔通（一八七六—一九六六）：浙江杭州人。時爲全國人大常務委員會副委員長。

余鎬堂〔一〕

（一）一九六二年八月十八日

前寄來大著南漢述林稿本，已略讀過，材料豐富，再加磨勘，便成佳著，茲另郵挂號寄還。〔信稿摘録〕

〔一〕余鎬堂：自廣州來函。

張執一〔一〕

（一）一九六二年九月二十二日

執一同志：

即日接到一九六二年統一戰綫工作第十期，宗教工作基本知識欄内載「歷史上公元五四八年，北齊下令取消道教」。謹按公元五四八年根本就不是北齊，恐有錯誤。又載「公元五七四年，北周偏用道教」，謹按周書卷五：「建德三年（五七四）五月丙子，初斷佛道二教，經像悉毁罷，沙門、道士，並令還民」。似未偏用道教。應否查明更正，請酌。陳垣。九月廿二日

〔信稿〕

〔一〕張執一（一九一一——一九八三）：湖北漢陽人。時爲中共中央統戰部副部長。

謝公惠〔一〕

（一）一九六二年十月三十日

住院多日，近始出院，是以奉復稽延，恕罪。大著十章，拜讀，敬佩之至，足見白沙詩教，宗風不絕，忝附鄉末，與有榮焉。

〔信稿摘録〕

〔一〕謝公惠：時在廣東江門市政協工作。

張立民〔一〕

（一）一九六二年十月三十一日

大著拜讀，敬佩之至，但有小小意見，謹獻其愚。文中「蒙古」實指元朝，可否以「元人」代之；大著用新元史，不用宋濂元史，未喻尊旨。

〔信稿摘録〕

〔一〕張立民：在華中師範學院歷史系工作。

李小文〔一〕

（一）一九六二年十二月二十六日

立志作人民教師，這個志願很好。人民教師要德才兼備才能勝任，希望你加倍努力，達到自己的志願。

〔信稿摘録〕

〔一〕李小文：寧波市府橋街小學五年級學生。

佚名(三)

(一)

先生:

來信索取通鑑胡注表微,陳老想知道足下現任何職,要此書何用? 茲特另郵寄上一册請教,收到請覆爲幸。此致

敬禮! 北京師大陳校長辦公室啓。

〔信稿〕

陳　凡[一]

（一）一九六三年三月[二]

陳凡同志：

接奉三月十六日詩箋，光彩奪目，陳老大加歎賞，以爲酷似近日文物出版社所印陸放翁自書詩册，謹以一册爲贈，並附相片一張，即希哂存，並致敬禮！

共閱陳凡同志詩箋。一九六三年三月。

〔信稿，下同。〕

〔一〕陳凡：香港大公報藝林副刊編輯。

〔二〕此函係以劉乃和名義寄出。

（二）一九六五年〔一〕

陳凡同志：

久未通訊爲念。陳老有答友人書一篇，今抄呈，未識藝林合用否，請酌。〔二〕此祝

健康！

〔一〕此函亦以劉乃和名義發出。

〔二〕此文標題爲薩都剌的疑年，爲答張旭光書，後發表於七月十八日香港大公報藝林周刊上。

（三）一九六五年

百庸同志：

久未通訊爲念。承寄示藝林叢録第三、第五册及大著黑網録一册，敬謹收到。大著人人愛讀，風行一時，至佩。專此復謝，並頌

著安！

張懷〔一〕

（一）一九六三年三月

張懷同志：

前接賀年片，適在醫院住了幾個月，未及答復，至以爲歉。兹檢舊篋，有比國朋友贈我關於蒙古語文著作兩種，共四册，謹以寄上，請費神爲我轉贈内蒙古大學蒙古史研究室，至以爲幸。專此，即祝

健康！ 陳垣。

〔信稿〕

〔一〕張懷（一八九六—一九八三）：字百齡，湖南長沙人。新民學會會員。長期任輔仁大學教育學院院長。建國後在内蒙古大學工作。

黄鴻光〔一〕

（一）一九六三年六月二日

玄風慶會圖，卷一，六圖；　卷二，十四圖；　卷三，十五圖；　卷四，十九圖。

常志清在勸緣題名五人一組中，其四人皆當時道教各派領袖，獨闕大道教，而常志清又獨未寫職銜。來書疑他爲大道教領袖人物，甚有見地。但文獻不足，不能確實證明。若以爲即張清志，則更嫌無據了。此節應俟多讀多見後才能解決。

〔殘稿影印件〕

〔一〕黄鴻光：自廣州來函詢玄風慶會圖問題。

劉乃和〔一〕

（一）一九六三年十月十四日〔二〕

常任俠先生信及新會政協函，改好送還。心跳至念，不能過勞。謝先生說是陳門弟子，前所未聞，大約客氣耳。

有功夫要來同大夫談談。今日説可以出院，下午又來取尿培養，至少要四五日乃有結果，不解何故。大夫説，我又聽不清楚。十月十四日下午五時

〔信稿，下同。〕

〔一〕劉乃和（一九一八——一九九八）：河北武清（今屬天津）人。一九四七年輔仁大學歷史系研究生畢業後，即長期擔任援庵助手。後任北京師範大學古籍研究所教授、陳垣研究室主任，中國歷史文獻研究會會長。

〔二〕一九六三年九月至十月，援庵因膽囊炎在北京醫院住院。

（二）一九六三年十月十五日

來信説「下午在興化，晚間不走」，我看錯「晚間不是」，到六點半才看清楚是晚間不「走」，真係好笑。既然不是，何以又叫人帶東西回去，總想不通。再細看，原來是「不走」，不是「不是」，爲之一笑。不是「不是」，原來是「不走」，走與是，老眼看花了。十月十四下午六時半。

「下午在興化，晚間不是」，此語今日適用。十月十五日

祝您明早往西苑順利。

〔信稿〕

新會縣政協

（一）一九六三年十月十日

中國政治協商會議新會委員會公鑒：

奉八月十三日書並轉三梁先生信，〔一〕均即轉去。我於任公生平接觸不多，承詢各項，愧無以對，只收得任公所書横額一幀，兹另郵掛號寄上，藉留紀念。專復，即致

敬禮！

陳垣。十月十日。

〔信稿〕

〔一〕三梁先生，指梁啓超之弟啓勳、啓雄，子思成。

常任俠〔一〕

(一) 一九六三年十月十四日

任俠先生著席：

讀十月六日光明日報大著鑒真和尚與日本藝術一文，至爲欽佩。唯弟對鑒真和尚失明事，頗有所懷疑，謹録如另紙，請高明指教。即致

敬禮！ 一九六三年十月十四日

附鑒真和尚失明質疑。

〔信稿〕

〔一〕常任俠（一九〇四—一九九六）：字季青，安徽潁上人。時爲中央美術學院教授。

康　生[一]

（一）

康老：

承詢景寧是何年代。考歷代紀元，有竟寧，無景寧。據釋名疏證釋天（經訓堂叢書本）：「景，竟也。所照處有竟限也。俗書竟字加土旁，非。」古之用字，景、竟實通，疑景寧即竟寧，漢元帝年號也。專復，即致

敬禮！陳垣。十一月五日。

〔信稿〕

〔一〕康生（一八九八—一九七五），山東膠南人。時爲全國政協副主席。

蔣天格〔一〕

（一）一九六三年

天格老弟史席：

我自去年九月間起病，延綿數月，住院三次。近漸恢復，略能讀書，可以告慰。頃清理積牘，得去年十一月來書，垂念殷殷，至爲感紉。久未復謝，抱歉萬分，尚乞原宥。拙著中西回史日曆、二十史朔閏表二種，現已重印，謹另郵寄上各一部，乞查收備檢。令兄天樞先生晤時幸道及。專此，即祝

健康！

〔信稿，下同。〕

〔一〕蔣天格：一九三三年入輔仁大學國文系學習。時在上海博物館工作。

（二）一九六四年十一月

天格仁弟著席：

久未晤教，想起居佳勝。前由元白先生轉來食物，深以爲謝。兹有懇者，清初粤僧函可，其語録名千山剩人語録，嘉興藏有刻本，我曾見過，僅抄存其塔銘，未抄其序跋，今亦忘記其有序跋與否。請費神在上海合衆圖書館一查，如有序跋及目録，請抄寫寄下，不勝企盼。館主任顧廷龍先生晤時並請致候。專此，即祝

健康！

（三）一九六四年十二月

天格仁弟如晤：

二日書並剩人語録序目謹收到，費神之至。承示此本郝銘後附有碑陰所刻剩人和尚著述及得法人，如能抄寄，至感至感，但不敢多勞耳。專此復謝，並祝

健康！

（四）一九六四年十二月

天格仁弟如晤：

九日來書並郝撰剩人塔銘後附記及卷六偈書細目均收到，謝謝。至於十卷、六卷之異，尚待考查。專此奉復，即祝

健康！

歐陽祖經〔一〕

（一）一九六四年二月四日

先怡先生史席：

屢承獎掖，雖極魯鈍，能不興奮。兹送上四十年前拙著〔二〕一部，未識尊處曾見過否？此書著於中國被人最看不起之時，又值有人主張全盤西化之日，故其言如此。幸高明有以教之。此致敬禮。

〔信稿，下同。〕

〔一〕歐陽祖經：字先怡，原在蘭州大學歷史系任教，時退休在京。

〔二〕指元西域人華化考。

（二）一九六四年四月十六日

先怡先生道鑒：

承示大著日本佛教淵源概述，拜讀一過，獲益良多。通篇條理詳明，叙述清晰，對於中日文化交流尤所注意，足見兩國人民友好歷史悠久，非少數野心家所能破壞，則此篇實爲今日切時名論，至佩至佩。原著敬繳，並候

撰安！

我於佛教所知甚少，於日本史又未有研究，不能對尊論提出意見，惟論前能加各節小題，論後附徵引書目則更佳矣。

張旭光〔一〕

（一）一九六四年四月十三日

旭光仁兄著席：

三月底（未署日）來書並評廣校讎略目次表二帋收到。所擬删去各節，甚佳，貴精不貴多也。

至於評廣校讎略，改爲廣校讎略商榷何如？語調客氣一點好，目次表中「謬誤」等字樣少用亦好。今將原表璧還，即祝

健康！

〔信稿〕

〔一〕張旭光：時在揚州師範學院任教。

（二）一九六四年五月

講中國文學史至元朝，不能不提到薩都剌。薩都剌爲元朝著名回回詩人，有雁門集傳世，但其年歲至今未能考定。今欲考薩都剌年歲，不能不涉及爲雁門集作序之干文傳年歲，但干文傳卒年有問題，雁門集序紀年亦有問題。今先辨之如下：

一、關於雁門集序紀年之誤。此誤容易看出，但知其錯誤易，考其實在則難，因所署爲至正丁丑，至正無丁丑，其誤顯然。日人島田翰刻薩天錫逸詩作至正十七年丁酉，余初亦信之，見元西域人華化考卷四。今大著據黄溍金華集卷廿七干公神道碑，知干文傳生於前至元十三年丙子，卒於至正十三年癸巳，年七十八，則又何能於至正十七年爲雁門集作序，此所論最爲明確。

至謂至正丁丑當爲至元丁丑，則殊不然，此節薩龍光雁門集注曾辨之。因序明言作於休老以後，干至正六年丙戌才退休，故薩龍光推此序作於至正九年己丑；余則推此序作於至正七年丁亥，時干年七十二，薩年六十左右。大著仍主張至元丁丑。由泰定四年丁卯登第，至至元三年丁丑，不過十年，而集中爲姑蘇陳子平題黄公望山居圖有「塵途宦遊廿年餘」之語，則請干作序在至正不在至元也。

二、關於干文傳卒年之誤。錢椒補疑年録根據元詩選干文傳小傳，謂干卒於至正三年。至正三年召修宋史，兩年書成，然後致仕，致仕垂十年然後卒。干神道碑記載甚明，何能以召修宋史之年爲干卒年，此不得不謂爲讀史疏忽也。元詩選干文傳小傳，本於元史，元史本於干神道碑。删其卒年，而存其壽數，此史家恒例，在元史、元詩選未爲誤，補疑年録以「至正三年」與「卒」字連讀，則大誤也。

黄溍文集傳世者有十卷本，俗名文獻集；有四十三卷本，俗名金華集。干神道碑見四十三卷本，爲十卷本所無。陸心源三續疑年録曾數利用黄文獻集，但因所據者爲十卷本，故未見干神道碑，不能糾正補疑年録之誤，同類之書所以貴廣求異本也。疑年録匯編抄自各録，不自檢書，故亦不能糾正補録之誤。大著據四十三卷本金華集發現干神道碑，雖屬偶然，實爲創獲。

三、關於薩都刺年歲之推測。薩都刺雖有大名，但元史無傳，元詩選、元史類編、元書、新元史，雖各爲補傳，而碑銘、墓碣、挽詞之屬，至今尚未發現，故薩都刺的確生卒年無考，只可推測。

吴修續疑年録據干文傳雁門集序，以「年二十登泰定丁卯進士」推之，謂生於至大元年戊申。但干叙明謂「逾弱冠登第」，未確指爲年二十也。疑年録匯編照抄續録，亦無新證。

薩龍光據雁門集北人冢上詩有「自言家住大河北，閩嶺相望六十六」之句，謂「此是公自數其年，本年爲後至元丁丑，逆數至六十六，當爲前至元九年壬申，此公之生年也」。此語殊傅會，愚見所謂六十六者，言閩與嶺相距甚遠，各有三十三天之遥，故云六十六，與六十六歲無涉。

集又有李清庵見過詩，有「何人更有八十歲，與子須傾三百杯」之句，遂謂此是公八十歲時語。不知所謂「何人更有八十歲」者，言人生七十且不易得，何人更有八十，須及時痛飲，不能證明薩都剌時有八十歲也。

楊維楨至正八年序西湖竹枝集，謂薩都剌已卒，是薩都剌卒於至正八年以前。然雁門集有壽大宗伯致仕干公詞，末有「成全今古稀」句，是至正五年乙酉，干年七十，薩仍有賀詞，可爲其時薩未卒之證。

照吴修所説，干長於薩者三十二歲，固不足信；照薩龍光所説，則薩尚長於干者四歲，亦不足信。薩與干互稱爲友，干雁門集序稱薩爲「吾友薩君」，薩又有去吴留别干陳諸友詩。在干爲長，稱薩爲友不足奇，在薩亦稱干爲友，則干長於薩者諒不過十餘歲。

據溪行中秋玩月詩，至元丁丑，薩母年八十餘，薩龍光説薩都剌爲長子，則其時當有五十餘，丁卯登第時當有四十餘。然何解於雁門集序之「逾弱冠登第」一語，是二者矛盾，終不能統一，吾恐干序有訛誤，此節須待將來之發現。

大著中時有不穩之句，如謂雁門集中並無有關盧州之作，今集中題蜀山驛，宿龍潭寺諸詩，非盧州地耶。

又謂集中並無有關淮西詩詞，今集中有賀山長丘臣敬復淮西田詩一首，非淮西事耶。

又謂薩同時人未有稱薩爲郎中爲侍御史者，今元詩選李孝光五峰集即有和薩天錫郎中詩多首，何得謂無。

「未有」是一事，「未見」又是一事，不能以未見爲未有，且雁門集佚詩多矣，此等不穩之句似應修飾。

又文中屢評柯、劉二家之書，至斥爲夢囈，未免太過。又謂我三十年前著元西域人華化考。查此書係一九二三年發表，至今已四十餘年。少作不足觀，以不引爲妙。一九六四年五月。

〔載於一九六五年七月十八日香港大公報藝林周刊〕

（三）一九六四年六月十七日

旭光仁兄著席：

五月十二日曾復一函並另郵挂號寄還大著稿三篇，想已收到。相片已曬好，兹遵屬寄上一幀，惠存爲幸。專此，即祝

健康！

〔信稿，下同。〕

（四）一九六四年十一月

旭光仁兄撰席：

八月卅日函收到。發見法苑珠林李儼序畢功之年有異説，具見讀書心細，至佩。古書有異説，著比較合理者於上，而注異説於下，遇有確證，仍易之，此釋氏疑年録所用之法，未知可採否？

此書〔一〕主要的是説侵略者的屠城。正如孟子所説，敗走是事實，則不必論其五十步與百步。屠城既是事實，不必論其五日或十日，亦不必論其屠殺八十萬或八萬。可作的題目甚多，何必爲侵略者辯護。愚見此文似可不作，〔二〕請細想之後復我爲幸。此祝健康！

〔一〕此書：指揚州十日記。
〔二〕張寄其女德方所作揚州十日記辨誤一文與援庵。

佚　名(四)

(一)一九六四年九月〔一〕

潘拙庵先生令郎啓超來過,知拙庵先生近狀甚佳,至慰。陳大年先生近狀如何?校長甚願得知,便請示知爲幸。

〔信稿〕

〔一〕此函以劉乃和或校長辦公室名義發出。

曹仕邦〔一〕

（一）一九六四年十一月

仕邦仁兄著席：

屢承寄示大著，至深感謝。今又寄示中國佛教史傳與目録源出律學沙門之探討一文，既博且精，足見日進無已，爲之驚服。謹此致謝，並祝

健康！

諸師晤時幸爲道及。

〔信稿〕

〔一〕曹仕邦：自香港來函。

中國佛教協會

（一）一九六四年十一月

佛教協會負責同志：

貴會如有千山剩人禪師語録，請借一閱。禪師名函可，語録六卷，在嘉興又續藏第卅二函。

一九六四年十一月，陳垣。

〔信稿〕

劉鈞仁〔一〕

（一）一九六四年十二月

鈞仁先生史席：

承寄示新舊五代史校記各一條已收到，專此復謝，並致

敬禮！

〔信稿〕

〔一〕劉鈞仁，在中華書局工作。

林鈞〔一〕

（一）一九六五年一月

石廬先生大鑒：

久未通訊，想起居佳勝爲慰。頃接寄示閩中古物集粹一册，具見好古敏求，不知老之將至。專此復謝，並頌

著安！

〔底稿〕

〔一〕林鈞，字石廬。自福州來函。

黎錦熙〔一〕

（一）一九六五年三月二十五日

邵西先生著席：

承介紹安君攜示字册，係陳鵬年録其祖父郭金臺之詩，殊可寶貴。已略爲題記，未諳有當否？便請轉知安君領回爲荷。

專復，即祝

健康！

〔信稿〕

〔一〕黎錦熙（一八九〇—一九七八）：字邵西，湖南湘潭人。語言文字學家。時爲北京師範大學中文系教授。

安若定〔一〕

（一）一九六五年三月二十六日

安若定先生：

來示並大作敬悉。陳鵬年字册，陳老認爲是陳鵬年録其祖父郭金臺之詩，至可寶貴，已略爲題記，便請領回爲荷。專復，即致

敬禮！

北師大校長辦公室。三月廿六日。〔信稿〕

〔一〕安若定，似在政協。由黎錦熙先生介紹來。

朱謙[一]

（一）一九六五年十月十四日

朱謙先生：

九月廿九日來示敬悉。歷代梵夾本藏經，多係每半頁六行，行十七字。自北宋崇寧萬壽大藏及南宋思溪藏、元普寧藏、明南藏皆同，不獨南宋磧砂藏爲然。不能因行款相同，遂疑爲一本。

尊藏大明度經書末既有磧砂延聖經院刊雕字樣，自是磧砂藏本。重慶圖書館當有影印磧砂藏，大明度經在第七十一册，可往一查。

至於砂、沙二字本通，偶爾别寫，不足爲異。

明南藏洪武間刻於南京，明北藏永樂間刻於北京，來示稱「永樂南藏」，是否有誤？

專復，即致

敬禮！

〔一〕朱謙：自重慶來信。

〔信稿〕

檔案工作編輯委員會

（一）一九六五年十月〔一〕

檔案工作編輯委員會：

一九六五年第四期檔案工作已收到，謝謝。陳垣同志有短文一篇，題目是兩封無名字無年月的信，今付上，並附照片三張，未知檔案工作合用否？如不合用或用畢，請連照片退回爲幸。此致

敬禮！

〔信稿〕

〔一〕此信以劉乃和名義發出。

黎照寰[一]

（一）一九六六年一月三日

曜生先生撰席：

奉去歲歲底書，藉悉近狀安吉，至以爲慰。承詢中國近代出洋留學生資料，敝處素未留意，年老記憶力又差，尊問竟無以答，愧怍之至。專復，即頌

年禧！

〔信稿〕

〔一〕黎照寰（一八九八—一九六八）：上海交通大學教授、校長。

陳夢家〔一〕

一九六六年一月

夢家先生撰席：

久未晤教，忽接寄來大作漢簡年曆表叙，藉知近狀安吉，至以爲慰。對於拙作〔二〕有所指正，尤爲感幸。專此復謝，並頌

春祺！

〔信稿〕

〔一〕陳夢家（一九一一—一九六六）：浙江上虞人，生於南京。詩人、考古學家。時爲考古研究所研究員。

〔二〕應指二十史朔閏表。

張雅琴〔一〕

（一）一九六六年二月

張雅琴同志：

你來信問張鴻翔先生住址。他住在北京北池子路西六十四號。此復。校長辦公室。〔信稿〕

〔一〕張雅琴：輔仁大學一九四二年第一屆女生，時在天津北站鐵路中學工作。

朱永邦〔一〕

（一）一九六六年三月

永邦先生撰席：

三月三日來信收到，知先生擬編撰一部蒙族對中國文化學術的貢獻，甚盛甚盛。但蒙族人漢文著作傳世者甚少，元文類、元詩選、補元史藝文志、千頃堂書目等蒙族人著作找不出幾部。熙朝雅頌集一百卌四卷，蒙族人僅得十六。八旗文經一百九十七家，蒙族人僅得十二。史料似此缺乏，先生毅然爲之，必已胸有成竹，至可欽佩。鄙人雖衰老，亦亟欲觀其成也。

來信提到元西域人華化考，此係四五十年前舊作，殊無足觀。至謂曷實戴爲回回人，係因他是回回砲手軍總管之故，當時並未深考。先生能詳考之，幸甚。

全唐文引書不注出處，不足法。能照全上古三國六朝文例較爲妥善。尊意以爲何如？

專復，即致

敬禮！

明安圖研究未見。

〔信稿〕

〔一〕朱永邦：時在内蒙師範學院工作。

天津市藝術博物館

（一）一九六六年四月九日

遵屬寫就李大釗詩，殊不稱意，如不能用，請將原件退還爲幸。

附劉乃和同志一件，北師大歷史系講師。

〔録自信稿〕

黨支部

（一）一九六六年六月十二日

自從無産階級文化大革命以來，我雖衰病未能親自參加，但我一直在密切的關心着，盡自己力之所及，在别人協助下，克服我精力、眼力、耳力的不足，學習了報刊上的社論，閱讀了重要的批判文章，自己思想也在起着變化，也有了一些提高。

我在舊社會生活了幾十年，舊觀點、舊意識是很深的，這些年我出版的書、講的話有不少錯誤觀點，起了不好的影響。毛主席説：「只有破壞舊的腐朽的東西，才能建設新的健全的東西。」我願在這次運動中，努力學習毛主席思想，破舊立新，興無滅資，進一步改造自己，希望黨組織和同志們大力幫助我。我真誠地歡迎革命師生對我給以澈底揭發和批判，在這裏我謹向黨表示決心。

此致

支部同志並轉工作組同志們！ 陳垣。 六月十二日。

〔信稿〕

陳　約 自此以下爲家書（一）

（一）一九二七年，批復

此等話不必説，猶之説兄弟是男兒，説姊妹是女子，無甚意思，因不説亦一樣也。批在「兒千日也是父親的兒子，父親也千日是兒的父親」旁。

我常常念爾，奈你時時埋怨父親何？ 你等常常對人説父親不是，於你等有何益處？你等可以細想。批在「愈遠愈疏，就令到父親像不知有兒，兒也像一個有父而像無父的孤兒」旁。

我本不以爲然。批在「兒自離舖，生活簡單而枯寂」旁。

行有不得，反求諸己。批在「不知是兒和舖頭没緣，還是舖頭不能容兒」旁。

怕人不要你了。批在「兒雖最苦悶，也没有回舖這個念頭」旁。

人要有恒心，不然，到處不能容也。批在「博哥……有時或更爲兒找得職業，但不過一兩月便没得做」旁。

點樣叫做學問？有事業做，便是學問。批在「兒很知到，没有學問在世上是很喫虧的」旁。單是讀書寫字，算不得學問。批在「這年來也常時讀書寫字，只這一點可向父親告慰」旁。

〔一〕陳約（一九〇九—一九九九）：字約之，援庵三子。書法家。一九三二年在廣州法政專門學校畢業。一九三三年起在廣州聖心中學任教。廣州淪陷後，轉道至香港，在拔萃中學任教。太平洋事變後，在韶關、南雄等地作教員、文員。一九四八年再任香港拔萃中學教員。一九五〇年回廣州，先後在廣州四中、廣州市教師進修學院、廣東師範學院任教。一九六四年起任廣州文化局研究員。家書中使用了一些廣州話，如「點解」（甚麽，爲甚麽）、「唔使」（不用）、「書櫈」（書桌）等。

（二）一九二九年九月，批復

現已改名爲法學院。原信爲「已決定回法專……現在法專已改爲法學院」，爲改末句如此。

無所聞。批在「益兄將於九月回粵」旁。

(三) 一九三〇年七月，批復

無論何種科學，能深入必有得處。批在「兒對法律雖不有十分大趣味，但因日續的浸淫，早已與之生相當關係矣」旁。

要書我外行，要錢可寄汝一點。批在「大明年便是畢業，在此後的兩年，當較前時爲要緊，參考書當然不少，望父親加以援助」旁。

亦不盡然。你學法律，我即將近日一張論北平法學院新聞一篇寄汝。批在「益兄回來時，見到南方的學風不及北方，鼓動兒轉學北方」旁。

無援助有無援助的好處。批在「究竟缺乏了援助的人」旁。

文學似不如史學。批在「兒於法律的書籍外，很愛讀文學的書」旁。

無所謂國學，國學二字太籠統了，不如分爲文學、史學、哲學、宗教等等。我的著作，你得讀否？便中我寄汝一二種。此是轉轉口味的法子。你既學法律，仍然讀你的法律書爲要。批在「兒愛讀國學的書，但國學這麽多書，從何讀起」旁。

你此次來字，大進步，可喜。可見你近來用功，至慰至慰。一個人總要有一樣長處，免人鄙屑。批在「兒閒暇還想寫下字」旁。

是要墨硯，抑要墨盒？批在「墨硯是寫字不可少的，但終找不到一個好的」旁。

到時至算，心多不好也。批在「法專畢業後，很想再讀兩三年農科」旁。

寫信與尊輩或卑輩，均要注意一件事，寫出來盼望人家認得。草字雖然好，雖然是一種美術，但是人不盡識的字，不宜太草，免人誤會而厭惡也。注意注意。批在「兒常常也想寫信父親，但執筆總是寫不成」旁。

專心在法專畢業後，再看機會。稍暇我當有字帖檢幾種寄汝。若久不收到，可寫信來催。批在七月十日來信末。

（四）一九三〇年八月，批復〔一〕

某某。添在「一本李北海碑」之「碑」上。

某某人。添在「聖教序」上。

皆是新坑，不可買，須買舊坑。批在「中華書局雖有好幾種端硯，但要價總在十餘貳十塊錢」旁。

〔一〕此函前後均闕。

（五）一九三〇年八月

十七日來□□收到。來書文理與字體均大有進步，至爲可喜。唯草字究有幾分日本味，係從何帖學來？

來書言有李北海碑，李北海所書碑極多，是那一個？

又云有九成宮，九成宮乃晚清末年最流行之字體，尤其是廣東，但風氣早已變過，不可學。

聖教序有懷仁集王羲之本，有褚本。王本最佳，行書從此入，不患誤入歧途也。

汝既然喜歡學字，何不學篆？今付汝篆帖多種，先認識説文部首五百四十字，照續卅五舉筆畫先後，寫得半年，便有模樣，比行楷易進步也。試爲之，有困難再告汝。

問我著作，寥寥無幾，今檢出數種寄汝。日曆及表有不明白，可問，即答汝。

講起墨硯，平中甚易找。但此物郵寄難，奈何！余民國二年以二元得一明人曹石倉端硯，極佳。去年又以十二元得一歙硯，亦佳，係嘉慶間大學士劉權之故物，經劉燕庭藏，又轉入梁節堪家，近始歸我。假定有人回粤，我託其帶汝，此硯比曹硯更好用也。

筆亦容易，稍暇寄汝數枝。余素不講求筆，但有人送我幾枝，或者汝合用。

書籍慢慢來。書目答問一書不可不備，石印本三角一册，即購閲之可也。卷末有清朝著作家姓名，尤須熟看，至緊至緊。

又輶軒語二册，今寄汝，爲講舊學必看之書。其中所説「學」一門尤要，要常看。

至於字帖，從前講石刻，自有影印出，得帖較容易。有正書局、中華、商務，皆有影本，比前人眼界廣闊得多。若求進步，當更看前人墨跡。此事不容易了，徐徐爲汝圖之。余近以廿五元得一手卷，爲乾隆第六子永瑢所書，極佳，或可寄汝。此事要看汝後日進步如何矣。

今由郵寄汝書五包共廿二册，收到復我。閲後如何，又復我。孔子曰：「不憤不啓，不悱不發」，舉一隅不以三隅反，則不復也。其大意謂汝有心學，有心向上，然後教汝也。

（六）一九三〇年九月，批復

來字或示字之上應空一格，以表敬意。此去信與尊輩或平輩均應如是也。批在「來示敬悉」旁。

書五包之外，翌日又寄故宫週刊一包，每期均有宋人書札一通，收到否？批在「並書籍五包得接」旁。

教字亦應空一格。批在「再奉函求教」旁。

最佳，但未知是何拓本？批在「聖教序是王本」旁。

九成宫光緒間多人學，故覺其俗。批在「九成宫以爲習楷書當學之」旁。

宜學其神味。批在「近得樂毅論」旁。

是。批在「初習字，不宜從小楷入手」旁。

筆尚容易寄，硯真費事矣。批在「墨硯與筆，恨不能即得」旁。

高二格謂之雙抬，高一格謂之單抬。前葉父親二字高二格，此葉父親二字及金安二字高一格，何也？無論高一格或高二格，應前後一律乃合。批在「父親最不閒暇」旁。

日文極要。批在「校中又有日本文一科」旁。

無要緊。批在「或由此得來」旁，指其草字之日本味。

最怕不知，知到便易避。批在「今既知之，當改之」旁。

要知書札行款，最好看故宫週刊之宋人尺牘。批在信中空白處。

余最近有人送我一硯，硯底刻「靈巖山館大昕」六字，又有辛楣印。靈巖山館爲畢沅號秋帆讀書之所，大昕則錢竹汀先生之名，辛楣則竹汀先生之字也，至可貴矣。近又得朱竹垞先生手書家信，係其晚年與孫及子者，共八通，精極。批在九月十二日來信末。

（七）一九三〇年九月二十六日

即日寄汝日本筆四枝，又中國筆三枝，已寄妥。往返郵局及税局，極其麻煩，可恨，收到即復我。日本筆有三枝購自大連，又一枝則友人遊日者所贈，未知用法如何？中國筆有二枝，亦係友人所贈，云係精品，未嘗用也。又一枝名稿筆，以其製特别，特寄汝一試，未必佳也。近有友人送我乾隆間福州漆小瓶，瓶底刻鮚埼亭款。鮚埼亭者，全謝山名祖望先生之集名。於是吾書案上有錢竹汀先生之筆筒，畢秋帆先生之硯，全謝山先生之瓶。三人皆清代有名史學者，日夕相對，讀書精神爲之一振，快何如也。劉權之硯，俟有便人回粤，託其帶汝，寄則極不便也。

有意習篆否？能草不可不能篆，習篆似易於習草也。

此間佳帖極多，俟汝發問後乃續告汝。所謂不憤不啓，不悱不發也。

汝如何進步我不知，然觀汝來書字體大進步，已脱俗矣，可喜可喜，亦令我極快心之事也。

處世極難，然難極尚有人比我難，則我已得天獨厚矣。

譬如汝現在不近我，在汝以爲不幸，然近我者他又以近我爲不幸。因近我有好處，又自然有壞處，常常受罵，又覺得離開好也。

祖母精神與前年如何？三姑往港，祖母是否住生生？四姑生意好否？九公常見否？彦叔各位如何？便中將家事略談一二，亦大慰也。

約兒覽。父字。九月廿六日。

（八）一九三〇年十月，批復〔一〕

此言又令人不痛快。辛〔二〕曾問及父親否？難道一定要父親先向兒女請安嗎？是否近來世界倒行逆施了？你説話如此糊塗，心理如此糊鬧，真令人氣壞。此信本想不回你，但不回你到底不明白，故不忍不一告也。

照此改過幾個字，似乎不令人討厭。若照原文，則直向父親提出質問，豈有此理！難道父親是你們奴隸嗎？可恨！批在「父親何不問及辛姊呢？辛姊仍未算安樂」上，並用紅筆改首句爲「父親知辛姊近日情形否？」

〔一〕此函僅存中間一頁。

〔二〕辛，援庵長女桂辛。

（九）一九三〇年十月二十一日，批復

應寫明某日來示敬悉。批在「來示敬悉」旁。

上文已有請字。批在「文房應備的東西請檢多件寄來」上，改「請」爲「能」。

恐怕要多讀書乃能。批在「父親謂兒字能脱俗……不知將來可有希望連兒底人格也脱俗矣」旁。

明理自然不怪人，更不能以爲人是俗，已是清。批在「又恐都能脱俗矣，而益不能容於俗

何」旁。

此層錯了，誰不是受人工錢打工？ 如今我等教書何嘗自由？ 自星期一至星期六，日日忙爲誰？ 亦不過奈窮唔何耳。 一停手，即停口。 不死則已，死則要連仔女都餓死。 就因爲凡靠教讀食飯者，月入數百元，非用盡不可，一年能有幾錢賸。 絶不如商家可以希望有錢賺也。 批在「與其賣身一般的受人工錢打工太不值，不如造耕田佬，似較存天真」旁。

此未得門徑耳。 批在「讀書固常遇艱深而不能明者」旁。

有趣何不寄些來一看？ 批在「篆字覺得很有趣味，揣摩多時」旁。

康執筆法不足法。 批在「書鏡裏的執筆法雖不甚了了」旁。

寫字分行布白要緊。 汝此信八行中兩邊寫得太不留白，而中間之白又太多。 白多者即行太疏，而頭尾二行挨邊處絶不留餘地，太不合章法。 批在信中空白處。

對尊長要守子姪本份，至緊。 批在「每月總有一二次到舖頭，有時會遇到九公、彥叔」旁。

可以平頭不必抬頭。 信中「祖母」、「四姑姐」均抬頭。

二姑姐近日如何？ 批在「大姑姐在道濟住了多日」旁。

收到有何用？ 寄汝爲是看這些宋人墨跡耳，何以一字不提？ 批在「故宮週刊都收妥了」旁。

寄不容易。 批在「寄來筆待收到另函奉覆」旁。

兩行之中間，空地甚多，而首尾兩行之空地極少，此是無章法之過，注意改之。批在信中空白處。

十月廿一日付還。批在「雙十節」旁，並在上加「十九年」三字。

太靠邊，不合。第一行亦要留邊，至緊至緊。批在末行之旁。

（一〇）一九三〇年十一月二日

筆早掛號寄汝，何以至今未見收到？又劉權之藏硯，日前亦已由郵掛號寄汝。劉爲嘉慶間大學士，曾與修四庫全書。此硯爲梁節庵舊藏，予以十二金得之，並配以紅木盒三元。收到即復，免望。汝前問予著作，曾以數種付歸，只見收到，未見對於各種著作有何提及，可知汝並未檢閱也。如此則要我寄歸何用？且付汝之中西回史日曆，乃予自己常用者，中間有太平天國曆數葉，爲後來用墨筆加入者，並未存有底稿。寄後頗懊悔，今亟須檢查，特將道咸同三朝中西回史日曆寄汝，見信即檢出日前寄歸之一部，用墨筆將上下欄年月照寫一份，速即寄還應用。但切要細對，不得有誤，誤則笑話也。予近來功課極忙，奈何奈何！專此，示約兒覽。父字付。十一月二日。

祖母前代予請安。

(一一)一九三〇年十一月,批復

九公來信云二萬八千元。我自民國二年後未嘗由粤匯平一文,這些錢皆粤中用去者也。批在「三宅欠公家錢甚多」旁。

非要逼死我不可。你替我想,我是幹甚麽的。月入有定,月出有定,非同做買賣可以發財,打工人如何能應付此?你知王國維先生是如何死的?就是爲錢逼死也。你開口亦可以,難怪你説無膽,我覺得你膽不小也。奈何!我本欲逃世,不與家人通問,因爲你來幾次信,情難過,故回你,豈知又創出大禍。你知到近來薇三姑要三千元,鋪中云無錢,九公叫我設法,這就是王國維先生死因了。王先生月入四百元,僅够支家用及自己買書之費。他兒子死了,他親家要他三千元交他寡媳,逼得王先生投昆明湖也。批在「最好父親每年能寄兒六百餘七百元」旁。

此等話太糊鬧。批在「兩年後此身定賣與人者。前信所言,一時之火氣矣。賣定賣,值不值另一件事。至怕賣而没處買,兒爲前途懼也」旁。

你們這些思想，太不對了，動不動説賣身，自己又無本事，又不肯下氣於人，孟子所謂既不能令，又不受命者也。試一細想，天下人境遇不如己者何限，人家飯都未有得食，何況其他。今對這樣又不滿足，那樣又不滿足，開口動要六七百元，成何説話。試問錢何由得來，是偷的是騙的，是敲詐的，不然是賭博的，不然，何由説得六七百元這些容易，難怪給人看小了。不安份之人，最無法也。

不要得寸入尺，若再來些糊鬧話，恕我不回信，我又要同你等再絶往來也。

交九公一函可交利〔一〕一看。十一月十四日。批在十一月三日來信末。

〔一〕利，援庵次女利貞。

（一二）一九三〇年十一月二十四日，批復

劉權之是四庫館編纂，後作大學士。劉燕庭是金石家。梁鼎芬是詩人。此硯得之甚廉，僅十二元。配一天地蓋三元，共十五元也。此硯極佳，余不得靈巖山館硯則此硯不能寄汝也。然余之靈巖山館硯乃破底的，余愛其爲錢竹汀先生所書款，故寧留破硯而以美硯

寄汝。批在「在兒初學之人，得此可貴，又爲前名人所用之硯，本足引以爲榮」旁。

此層恐怕辦不到。批在「至於碑帖……最好能按兒程度陸續寄來」旁。

不必不必，先學鄧石如可也。前寄歸之弟子職一册即鄧書。用筆先後則看續卅五舉。批在「兒現欲得見者，篆書如李斯、李陽冰等所刻所書」旁。

不必不必，專寫聖教序亦够。批在「餘如鍾繇二王歐顏之字，也請多檢些寄回」上，並在後句旁批「不容易」。

此語我看不明白。凡寫信作文，以人能明白爲要。批在「前次父親寄來之書籍，都有翻閱，不有提及，正是兒之淺陋處。只有給入，一點意思也没有也」之末句旁。

已收到。批在「寄來道咸同三朝數紙，已照寫，對過，快信寄上」旁，並在「三朝」下加「日曆」兩字。

余生平極不講究筆，而梁啓超先生則劣筆不書，白沙先生則自製茅筆。批在「能發奮將這些筆用完，自有相當進步」旁。

二束只收到一束，一束尚未收到，或者遲日收到未定。批在「前三日奉上一函，另字一束，又五日字一束，想都得接」旁。

廿四日付還。批在「十一月十四日」旁。

似不必常滌。批在「曾購一本硯史……只摘滌硯、用硯幾段看之」旁。

學問要就自己環境。如果家藏書籍豐富的，則宜於博覽；如果家中書籍少的，則宜於專精。余藏書不算甚少，但你則可算甚少甚少。無力多購，又無圖書館可利用，則唯一方法是先專精一二種，以備將來之博覽。此所謂就環境，古人所謂素其位而行。不能因未有書遂停止不學，等有多書乃學也。習書亦然，家多藏帖則博觀，家無藏帖則先專臨一二種，以求將來之博觀。余謂汝今日最寫聖教序數百遍，此是捷法。有機會自有東西寄汝。臨聖教序，單寫不得，必要多看，看後再寫。批在信末。

（一三）一九三一年一月二十九日，批復〔一〕

此葉除末一行外，其餘均寫得甚有骨力，至爲可喜。篆書近有繼續練習否？稍有規模後，可並寫隸書，以求變化。篆隸比行楷易寫也。

董其昌字，近日大廉，不知何故？余得一二卷，甚佳。批在信中空白處。

去年一年，我最高興之事，係購得一嚴衍字卷。嚴衍係明末一史學家，以四十年之力專治通鑑者，著書名通鑑補。書目答問末附清朝著述家名表，嚴衍在史學家第一名，但錯了秀水人，其實係嘉定。行草飛舞精絕。

余近日收錢竹汀、王西莊二先生字不少。錢精隸書，王寫聖教序，錢王並能畫。余近得王先生花鳥一幅精絶，真佩前人之精力絶倫也。

你要記得「不憤不啓、不悱不發」二語。

你若要學隸書，我有一華山碑可以寄汝。既好寫字，則篆隸楷草，四體不可不兼。最怕走錯門路，入了俗途。眼多見，自然不俗。寧可生硬，不可俗。汝現在的楷書可以算得生硬，已脱了俗之門，故可有進步也。篆書現在初學，草書已有根柢，能脱日本氣便佳。非謂日本氣不好，因你日前所寫之草，係日本普通習字帖之草，非日人之佳者。予見日人寫得極古拙、逼近晉唐者亦多有。一月廿九日。批在十二月十七日來信末。

〔一〕此函缺前半。

（一四）一九三一年六月二十二日，批復

畢業後再作道理。不患人之不己知，患其不能也。批在「明年今日兒將畢業矣。畢業後不知又將如何耳」旁。

不必多心，機會是有的。批在「甚願得暫能離此，換換空氣，到時不知可得此機會」上。

已復三叔。〔一〕批在「兒此數月來所用款項，俱暫向四姑姐支所轉先，近得三叔來示，云尚未得父親答覆」上。

大約可以，不過要極省才可。余漸老，不能爲牛馬走矣。批在「兒伏乞父親於此兩年内供給兒費用，俾得在法專讀至畢業」上。

史記必須讀。未知你所讀者係何板本，告知，或可寄汝一讀本。批在「此數月來，於功課外，兒多讀史記，甚有趣味」上。

命運二字，我不甚喜歡講。批在「能假兒數年，兒料當有所成者，不知命運如何耳」上。

祖母〔二〕生日，你可告知一消息，秋涼後我或者返粵一次。何以必須秋後，因我欲乘此長夏，在圖書館做一種工作。暑假後一切事辭去，有人供給我一筆小費用，可以休息一年，故此可自由居住也。此消息老人聞之，當愛聽。六月廿二日。

去信與三叔、九公〔三〕等尊輩要注意，行書勝於大草，聖教序最合宜，大草不易識，易生誤會，慎之慎之。近日來書大進步，可喜。批在五月廿七日來信末。

〔一〕三叔，援庵胞弟國鍵。

〔二〕祖母，援庵生母周氏、過繼母李氏此時均健在。此處指周氏。

〔三〕九公，援庵九叔維鑣。

（一五）一九三一年八月二十九日

我從前只係買書，近年頗買字畫。最近見乾隆時史學大家錢竹汀先生等手札五册，極精，惜索價太貴，尚未購成。不見可欲不欲，自己購買力有限，而尤物日出不窮，只有收窄範圍而已。

我從前對汝說過，草書對家中尊輩或凡不認得草書之人，不可寫草書信，防有不識，誤事。汝記得否？此語要答我。

本日廿二日由中國銀行寄利女百元，收到復我。

余極無暇，老實說，復你一信不易，即代我請祖母大人及各姑姊等大安。

援

付約兒。八月廿九。

（一六）一九三一年十月二十三日，批復

史記、韓、老、莊，皆必讀之書。批在「前數月曾以十二元買得一套古香齋袖珍史記……兒因學法律，曾買一套韓非子，因韓非子便及老子、莊子等子書」上。

張説未必，但可參考。批在「昨日偶搜出一本張宗祥的書學流源論，内説不可以羊毫作書」上。

青年會事未就，現只學畫。批在「接利姊來信，説現在青年會造事，又習國畫」上。

總勝於不學。批在「兒亦想學幾筆（畫），父親以爲如何呢」上。

此信久未復，以爲不久可以見面，故不復也。誰知南返之説，暫不能實行，奈何！十月廿三日。批在七月一日來信末。

（一七）一九三一年十月二十三日

書畫是相因的，能書能畫是大佳事。但入門要緊，不可走錯門路。不懂猶如白紙，尚可寫字，入錯門路，則猶如已寫花之紙，要洗乾淨，難矣。

學怕無恒。凡學一事，必要到家。或作或輟，永無成功之可言也。胸襟要廣闊，眼光要高，踏腳要穩。

我暫時不能回粤，何以對祖母説，真難真難，善爲我説之。十月廿三日

我前寄歸汝之故宫週刊，是好東西，見你不甚注意，故不再寄了，知你未能領會也。

（一八）一九三一年十一月十八日，批復

圓過頭不是變了滑頭嗎？批在「記得前時博兄教兒寫字，唯一法子是打圓○，想來甚有道理也……從此兒更聯想到造人。造人也要圓，面面俱圓，不過要留斷，『斷』便是『決斷』，雙方面都未可或缺」上。

（一九）一九三一年十一月十八日

二日來書收到。我總覺草書不甚適用，究不如行書要緊。如果寫信，寫十七帖、書譜、懷素等等，恐怕累事。對尊長尤不宜。老實説，不如懷仁聖教序最合適。觀你來字，究嫌欠健，想因未臨聖教序故。能臨聖教序一百幾十遍，必大有可觀也。我近得汪容甫先生臨

聖教序手卷極佳，將來有機會給你看。餘未一一。此復約兒。父字。十一月十八日。

（二〇）一九三一年十二月六日，批復

不讀書又何如？批在「日本暴行如此，殊令人指髮。現全國既如是奮激，難免一戰。在此情形，讀書亦非其時矣」上。

（二一）一九三一年十二月六日

昨接汝信，想不復汝，心又不安。今早晨起，姑復汝一言。

一、我命汝寫信尊輩不可用草書，最好用行書。此語不知説過幾多回，汝一概不理會，而且近一二次來信及信皮，有頹放之意，少年人不應如此。

二、我屢次信所説，如聖教序等等，汝從不答我，一若未見我信者。如此則我何必告汝，汝又何必來信耶？

一、此次來信説日本事，云讀書非其時。然則我輩舍讀書外，尚有何可做？風雨如晦，鷄鳴不已，正是吾人向學要訣。近日此間學生紛紛往南京請願，此等舉動有同兒戲，借端曠課遊行，於國事何補寸分，可爲痛哭者也。凡事初一二次尚不甚感覺，多則變了無聊。如所謂政府不答應則將全體餓死於國府之前，此何語耶？壯則壯矣，其如大言夸毗何？此日本人所旁觀而大爲冷笑者也。人之大患在大言不切實，今全國風氣如此，又何望耶。

我今對汝不願多言，望汝對我歷次信所言所問所希望於汝者，有存在心之時，有答復我之時。不然，言者諄諄，聽者藐藐，則不如其止矣。我寫一信極不容易，有時執筆欲止者再乃寫成之。注意注意，何謂頹放。

法律、音樂、書、畫，汝近所好所學也，甚佳。救國之道甚多，在國民方面，最要者做成本身有用之材，此其先着。

我本來就是一讀書之人，於國家無大用處。但各有各人的本份，人人能盡其本份，斯國可以不亡矣。難道真要人人當兵去打仗方是愛國耶？我對國事亦極悲憤，但此等事，非一朝一夕之故，積之甚久，今始爆發。在歷史家觀來，應該如此，又何怨耶。我不能飲酒，到不高興時，報亦不願看，仍唯讀我書，讀到頭目昏花，則作爲大醉躺卧而已。此可告祖母者，我近狀之一也。至今仍未着棉襪，爲廿年來所未有，因不用出街也。十二月六日。

（二二）一九三一年十二月二十六日

從前我在晏公街棧房住的時候，有書枱一張，又有藤擯一個，内所載皆文件書札之屬。記得書枱櫃桶内有梁節庵先生（名鼎芬）信多封（皆與教界公會的）。又有黄晦聞（名節）先生與中山先生書，係用宣紙打横寫的，寫得非常之精。此等函件如能找出，皆無價寶也。又有一帳簿式之簿，藍皮二册，内所粘皆顧南雅名蒓先生之家信，亦非常之精。南雅爲錢竹汀先生弟子，有書名。此二厚册若能尋出，亦無價寶也，試一尋之。此等物件若在平今日見之，皆非百數十金不辦（且不易見）。可惜沉霾篋中，無人過問也。設法設法一尋，可於此小事覘汝能承家學否也。聖誕後一日。

（二三）一九三二年一月二十六日，批復

此字不清楚。批在「有部分書櫃已搬去迴瀾橋棧，此處正建馬路，棧在脩門面，未往搜尋」之「在」旁，並在「有」下添「一」字。

南雅是號，此公名蒓。此二册不管是否顧南雅，即即包好，由郵掛號寄平。寄到後，果是顧南雅，則即將故宫最近印之書畫十大册寄汝。批在「至帳簿式手册二卷，則存在……但爲顧南厓等所書，不見有顧南雅名字」上。

梁先生名鼎芬，黄先生名節。從前是在書枱櫃桶，不在書櫃中，可設法再留意。批在「關於梁、黄先生所書，問問博兄，或知頭緒」旁。

他云去杭州。未知何往？批在「昨益兄來信云，將南回度歲，未知已起行否」旁。

此信之字似黄庭經，又似樂毅論，是爲書道正宗，再寫必成家矣。可喜。批在信中空白處。

顧札寄來，最好内用油帋包好，外用厚洋帋捆好，防濕及防繩斷帋破。因郵局寄東西，亂抛亂擲也。批在元月十五日來信末。

（二四）一九三二年一月二十六日

同我問候祖母及姑姊各位。我在此一年，無甚可告，印成敦煌劫餘録（自著，排印）十四卷六册，又元典章校補（自著，木刻）十卷四册，又新著元典章校補釋例六卷二册，未刊。一年工作，如此而已。這些東西，在家人都未必覺得有甚麽用也，不過我自以爲賢於博弈而已。又利姊肋膜炎復發，本月五日入法國醫院，至今已三星期，熱尚未退，只好緩緩等候而已。其餘各人均安。報載國難會議會員事，想家中已見名單，但我不會南下，因久不作政談，而述作之事，又忙個不了也。此示

約兒父字。一月廿六晚。

（二五）一九三二年三月十九日，批復

不至加甚。批在「得利姊病訊，聞之各人皆爲不安……不知現在如何」旁。

尚好。批在「精神可好」旁。

熱不高。批在「已否退熱」旁。

汝看之不懂，未必有用。此係敦煌所出唐人所書佛經目録耳。批在「所著敦煌劫餘録不知兒可合看否？甚欲得之」旁。

顧札早收到，可惜是顧筠，非顧蒓，頗失望，當時記錯了。

此次來書字亦佳，但嫌太扁，大約因信箋有間行，不覺爲他所紿。凡寫字不必盡格寫，要留餘地。三月十九日。批在信中空白處。

此三字要注意。凡寫字到末尾，必要更佳。批在「約謹稟」旁。

同我問候祖母及各姑姐安，至緊。我對於此等地方常疏忽也，此層萬不可學我。批在信末。

（二六）一九三二年四月八日

屢來信只此一套，無新意，有何可復。有學術上事，有學校事，有家中各宅事，有鄉中新聞，有社會新聞，皆可報告，何至老是一套？至於自己近狀及讀書見解，處世經驗，尤有可談，何至一字無有？孔子曰「不憤不啓，不悱不發」，聽其自取也。四月八日。

（二七）一九三二年六月

遠處有遠處好，他們在平的，一年不能得我一字也。批在「本月十五日，兒大考完畢，在學業上已算告一段落……此後如何，諸多事情，在在須父親指導，而父親又遠處北方」旁。

合不合，習慣耳。余於醫亦然。今不業醫，然極得醫學之益，非只身體少病而已，近二十年學問，皆用醫學方法也。有人謂我懂科學方法，其實我何嘗懂科學方法，不過用這些醫學方法參用乾嘉諸儒考證方法而已。批在「兒所學者爲法律，則將爲律師乎？一以年紀輕，得不到人信任，而此種事業，又於兒性情不相合」旁。

今年一年，暫未有職業，亦不要緊。既學法律，則須得法律之用。有正用，有旁用。做律師，做法官，正用也。能利用法學知識以爲其他之用，所謂旁用也。

余治史學，正常恨缺乏法律知識。假使我懂法律，我又多一翅翼也。

試想想有何可以利用法律知識之處。既學了三年，用過苦功，斷無無用之理。你既好音樂，又好運動，又好書畫，再加一法律，豈不甚善乎？我謂汝尚欠一文一詩。文、字、詩、畫、音樂、運動、法律，七件頭。

（二八）一九三二年七月十日，批復

謬！批在「兒受父親養育已二十餘年，長此不能自立，又豈是造人之道？故兒常説欲找一種職業，能自食其力而入世不深者……若真無此職業，則天待兒也太薄矣」之末句旁，並用紅筆劃去此句。

（二九）一九三二年七月十日

我從前好似對你説過，不要學我。我處家中不爲人所重視，以少不能謀生也。但我見你近日行動，又好似不能爲人所重視，奈何！大約亦因不能謀生也。但既如此亦無法。今年暫且照舊，當多讀一年書，何如？去年用錢如何，我絶不知。三宅去年用過若干錢，亦不知。無人告我，我何由知之乎。你亦隻字不提，我向誰問乎？（四體千文，即還漢哥，有機會再寄一册與汝。我有一册唐初人二體千文，更佳也。）

你寫字已成一個樣，學畫近何如？久不見你提及，是否又輟業了？音樂、運動，我知你好的。既然如此，爲何不索性注意於文與詩，俾成一派乎？文本要緊，詩則消遣而已。然在書香之家，二者似不可少之條件也。有意之後，再談。余無時不念汝也。廿一年七月十日

（三〇）一九三二年九月二十日

數來書收到，因搬家，前來書未撿出，故遲遲未復。亦因三叔來帳目，汝似支過二百餘元，此驚人之數，心裏亦不痛快，故不復也。以予所寄三叔款項，以爲絶不會支過，今竟如此，且多，奈何！余在京苦抵，分毫不敢多用，而汝等以爲平中各人好舒服，慌死難爲你，一味去花，未免苦樂太不平了。且汝心理，以爲近我者必佳，不知近者祇常受罵，且無暇教導。今汝雖遠離，隔月有一信，比近我諸人，舒服多矣。年來來往人亦多，可一詢平中情景，何嘗與汝心中所猜想者一樣乎。託汪公事，我以爲無甚意思。無論無成，即成亦不過數十元之事，能做得幾月？到時淪落，又將何如。且汝等不知稼穡艱難，起行時又必支借一大筆旅費，負擔亦累我而已，曷嘗有良心爲騾馬一想耶？我今年八月起收入又鋭減（比去年差三分一，比前年差一半），現計每月均須虧空，尚未有彌補之法，此博在平所親見。他如何説法，汝必知也。我叫汝安分在粤研究一年，明年再算，並答應月津貼汝若干。汝必要求快樂，求虛榮，與我期望不同，亦無法也。我覺得廣東比他處好，一定想有人在廣東。曩者施甥女來信，云欲北來謀事，我詢他在粤已有五六十毫洋一月，平中豈易得此，故屬他切切勿來，勿多心。在北者正欲南遷，豈有在南者反欲北遷之理？

來信又謂去年三宅支數，現尚未鈔出。究竟近年粵中如何用法，何至八九個月尚未知結數之理。一定支數好多，好雜，不然，何至此，不可解。

我前見汝字有進步，故極誇許。此次來信，頹放萬分，可知根柢係淺，一放縱，即軟弱不成字，不能不時時刻刻兢心而行也。字好醜係第二，第一須要有骨。汝寫字一不留神，即無骨了，此次來信是也。充寔本領要緊，謀事不謀事其次。如果人說汝，汝即少見人，閉門讀書可也。心馳於外，豈能成學。南京之事，非有十二分把握，不可輕去。不然三兩月又閒散，何以作歸計耶？慎之慎之。此示約兒。父字。廿一年九月廿日。

（三一）一九三二年十月二十日，批復

找事亦佳，但不必離開廣州耳。批在「讀書與揾事造（超按：找事做），俱各具至理，人生之各一面也……不幸兒有讀書之心而日所見俱非讀書之人，兒求至平，敢自信非爲求樂，正欲近朱而得其赤矣」上。

在廣州抄一家用單，尚如許爲難，不在廣州更如何？批在「日夜思維，唯有遠離此地，一可以免

不聽人話，又可從心之所欲爲」上。

非不可能，看機會。批在「到北平之事，雖不知其故，然已知爲必不可能」上。

何所謂諱，不過此等病一時不能好，故信中懶提及耳。批在「多有人自平回，藉知平中消息，然利姊病未嘗或□，則已爲不可諱事」上。

我近日處境，亦極困難。上不得兩母歡心，下不得妻子滿意，中不得弟妹怡悦。時時撫心自問，只覺讀書一世，不曉做人。望我兒好自爲之，勿效乃父也。廿一年十月廿日。

批在十月三日來信末。

（三二）一九三二年十月

吾少年不長進，每爲族鄗所鄙夷。又因不善謀生，故益不容於俗。但不善謀生是一事，對付人情又一事。吾甚望汝能得族鄗稱譽，不爲人詬病，不似汝父所爲，則大幸矣。汝父不足法，好自爲之。

一個人最要緊係能够善用自己環境，所謂素富貴行乎富貴，素貧賤行乎貧賤。不管在甚麽境遇中，要盡行利用自己境遇，如遇陸則走馬，遇水則行舟，不必對於目前時時不滿也。

（三三）一九三二年十一月十六日，批復

此次慎餘先生來，曾有一夕談至天光。批在「三祖母殊健康，富崗至坑尾，日常往來六七遍……與兒長談至夜深而不有倦意。不促請之睡，必至天明而不止」旁，並在首「不」下添「覺」字，圈去「促」字，「而不止」改爲「而後止」。

在平豈易有此，此可算中等事矣。批在「辛姊數年來境遇欠佳，劍泉兄又常病，在粵漢處月入八九十元」旁。

是年前之事。批在「辛姊……云曾奉信父親」旁。

不明白作何解？ 每一詢問，動須十餘日，何苦不寫清楚耶？ 即即復我。批在「北平自青柳有宋仲温急就章真跡，書用筆十法真跡，便中請父親買寄兒」之「自青柳」三字旁。

有翻刻一册贈漢兄，便可往一觀，但不可借歸。如喜歡可寄汝。若不甚喜歡，則省得我一寄也。批在「又唐人二體千字文亦父親所曾允寄來者」旁。

今日舊曆十月十日。原作「夏曆」。

夏曆二字實不通，普通用之，皆不通也，不可再用此二字。

月前有新刊元典章校補釋例一册寄汝，何以來信不提及？究竟收到未，閲過未？批在十一月七日來信末。

（三四）一九三二年十一月十六日

來信對近日工作絶不提及，究竟每日作何事？用何功？寫畫乎？寫字乎？研究音樂乎？研究政法乎？四者皆佳，能深造便佳。讀書要注意作文之法，來信虚字不盡用得妥當，要十二分注意。近日讀何書，並須告我。不憤不啓，不悱不發。你有問我，然後有答也。最怕淺嘗淺止，各得其皮毛，則廢物矣。人不可一日閒，心必須有所注。飽食終日，無所用心，則廢人矣。汪希文先生在粤否？聞有病，是否？

祖母及姑姐各位替我問好。十一月十六日。

今日爲讓兒卒日，思之爲之泫然。

（三五）一九三二年十一月二十八日，批復

兩雖字，兩然字，兩曾字，一尚一仍，一曾一已，均要避免。批在「廣州不比往年，生活所費日高，欲求生計，其實不易。兒雖常思及此，亦雖曾託人，然於今尚不能得一事，仍甚擔憂。然曾與三叔等商量，已領得律師照，計劃與同學數人，共設一所在面世」上，並圈去「所」、「其」、「雖」、「雖」、「於」、「仍」、「然」、「已」等字，在「在面世」旁批「此語不明」。

既曰必不，又何必做。批在「自知年輕，必不爲人所信託」上，並改「必不」爲「不易」。

兩亦字。批在「而現亦聊具一自由職業之名，更或有一二小訟事，亦稍資彌補」上，並圈去「亦」字。

真係益友則可交。批在「數同學素皆友善，能互相助扶」上。

何謂學？批在「兒志於學，早具決心」上。

之字嫩，頗即稍。批在「古人中，惟慕孔子、莊子、屈原、司馬遷、陶淵明、歸有光等，其人之意，頗稍了悟」上，改「之」爲「用」，改「稍」爲「能」。

孟、莊、司馬須熟讀。批在「然於須背誦之文，尚茫茫不知着手也」上。

古今關係，地方關係。此係音韻學專門。批在「更感一事，即不知字之確音……就廣韻一東二冬，在

此又了無分別，而竟爲不同之兩韻，如此實感不知何從」上。

愼翁如何説法耶？　批在「培基世伯南旋，曾得數面，平中各位近況亦有所聞」旁，並改「培基」爲「愼餘」。

（三六）一九三二年十一月二十八日

律師不一定不可做，但律師品流雜，心術未必皆正，此可慮也。汝既學爲此，第一品格不可因此墮落。（如嫖賭飲吹酬應種種。）第二心術不可因此敗壞。（如只知謀利不顧良心等。）第三尤須愼防自己犯罪，所謂君子懷刑，至緊至緊。

來信文理不大通，須留意。重複字宜檢點，閒字要剷除。

讀文不識字，常須檢康熙字典，習慣自不至有大錯。

論、孟、莊、司馬之文皆可背誦，騷、陶則純文學而已。歸有光等則瀏覽足矣。韓非、商君書不可不讀（論嚴謹，韓勝於莊）。其文深刻謹嚴，於汝學文有益。余生平喜閱雍、乾上諭，其文皆深刻入裏，法家、考證家均不可不閲也。（眞草千文已交博寄汝。此信到，請代叩祖母及各姑姐安爲要。）

愼餘世伯回，有何話，可詳告我。嘗與夜談十數小時，爲數年來所未有也。十一月廿八日。

（三七）一九三二年十一月二十八日

篆書及臨聖教序今日收到，大致尚佳，可喜也（自後只寄一二篇入在信中即可，不必多寄）。篆書寫好後，最好反底一看，則欹斜不正之處，自然顯出，此祕訣也。若只從正面看，或看不出，從背面一看，則原形畢現矣。

執筆之法，不要聽人説要執正，有時非用側筆不可。寫篆或顏柳，似非正不可，此外大約須側筆方能取勢。至於寫隸，則更非將筆尖向身不可，豈能全用正筆？但用側筆，易將手蹕按梗不動，如是，則不能用腕力，且腕太不活動。若能防止此節，則自然可以用側筆也。

行楷最難寫，篆隸最易寫。用行楷是進步的寫法，篆隸是初民時代的寫法。故寫行楷，非要有多年工夫不可，篆隸只有一年半載即可寫成似樣，速者三兩個月便能似樣，行楷無此急效也。但凡事最怕不得其門而入，又怕誤入迷途。所謂誤入迷途者，即起壞頭是也。入門不慎，走入歧途，回頭不易。故惡劣之字帖，萬不可學，一學便走入魔道，想出來不容易。故凡事須慎於始。　十一月廿八日。

（三八）一九三二年十二月十五日，批復

寄莫天一先生一册，已有回信收到。寄汝及漢姪各一册，未知漢已收到否，係寄迴瀾橋轉交，汝一部則寄生生也，但未掛號。今尚不收到，則寄失了，因已有兩個月也。便可一詢漢兄。批在「新刊元典章校補釋例則尚未見寄到」旁。

讀要緊，作亦要緊，明白尤其要緊。不明白，徒讀亦無益也。老友朱兆新先生教子弟，則最主張多讀。批在「兒文不通順，心常自苦，現極力誦讀古文，冀得有進」上。

交友要緊，詳後。批在「所識友人寥寥可數」旁。

前函並非説不必應酬，不過説不可因應酬而學得嫖賭飲吹耳。應酬是一事，嫖賭飲吹又是一事。應酬人所不免，嫖賭等等，則下流之甚者也。批在「極少應酬之事」上。

無事則易，有事時則不易矣。故無事時要常常預備有事則何如，且有何等事乎。不可不預先有此籌度、有此防備也。所謂凡事豫則立者此也。批在「兒求九公願爲信義法律顧問，九公甚歡喜也」旁。

「籍」從竹，「藉」借也，從艹。批在「數年來兒所購買之書藉竟不自知已有四五百元」之「藉」旁。

我有信汝，必須告祖母。批在「祖母甚平安」旁。

余眼目日差，恐再過數年不能讀書矣。但余眼雖差，然眼未嘗有病，不過疲乏而已。批在「慎餘老伯南返，曾至生生數次，常云父親甚發福，惟眼幾如一線」旁。

汪希文先生在粤否？釋例亦曾寄他一册，未見回信。黄仲敏先生住何處，便查明告我。批在信中空白處。

各姑姐及三叔歲數，查明告我，我總不記得。閒中一查便可，不可過着跡。

交友要緊，不交友則孤陋寡聞。但要識人。誰爲益友，誰爲損友，别擇甚難。學問、道德、能力，三者最要。每交一友，必自審曰：此人學問能益我否？此人道德能益我否？此人能力能助我否？能則大善矣。反是則問此人能累我否？害我否？能則大害矣。此擇交不可不慎也。十二月十五夕。批在十二月八日來信末。

（三九）一九三三年一月二十五日

十二月廿七日我有一信回你，寄去博處轉寄，本欲博看一看也，誰知此信竟然失了，可惜之極。中間除批回汝信外，我有三四張箋帋的信，又有黄晦聞先生的信，志在給你看，竟然失了。此信大意我亦不盡記得，你來信要紫毫筆，用一種囑咐式口氣，不合，改回告你。又論到寫章草不必學，章草非正宗。凡字有特別形狀令人易認易學者，即非正宗。如爨寶子、爨龍顔章草，張裕釗、康有爲等等，均有特别形狀，後生學三二日即有幾分似，此野狐禪也。如樂毅論、蘭亭序、聖教序之屬，學三二月未有分毫像，此正宗也。畫羅漢畫鬼容易，畫人畫馬不易，以羅漢、鬼，人不易見也。又論近人之字，尤其粤人，以汪莘伯名兆銓、黄晦聞名節二先生之字爲最佳。莘伯已過去，即希文先生之堂伯父。余在平收其書信不少，寫得絶美。又黄先生新近寫有鎮海樓記碑，在五層樓，未知你見過否？最近博求他寫一分，美極了，已寄上海，真瑰寶也。而前日寄你之信失了，奈何。又你説二體千文無跋，原有跋，翻印者不印跋耳。此完全是隋唐人筆，不知你何以謂宋元人筆。此帖亦至不易學，非百回看，百回空擬，百回摹不可。何謂空擬，即用指來空寫，不用筆，不用墨。空寫百餘遍，並多看其各個與全體之神氣，然後執筆試寫之，則彷彿有相似也。前信有一次問汝好幾種事，何以至今未復？凡我有信與你，不妨講與祖母知，俾知我近狀也。此示約兒。一月廿五日舊除夕。

（四〇）一九三三年一月二十九日，批復

青年人不宜作此語。批在「自得利姊噩耗以來，心殊耿耿；又榆關失守，國難更逼。二事或頹或奮，處處心驚，人生處此亦良苦矣」之末句旁。

箋啓書類最要，應先熟讀。批在「兒近讀文選，頗覺趣味」旁。

古人均用硬毫，無用軟毫。羊毫係後起，古人不爾也。批在「習字轉用紫豪」旁。

亦非青年人語。批在「人事一如天時，實可歎也」之末句旁。

前日寄汝（由三叔轉）一函收到否？記得前寄博寄失之函尚有一事，即汝來信柬字寫錯柬字草法是也。今想起補告汝。

前寄汝黄先生信，失了至可惜。今將信皮二枚寄汝，亦可見一斑。此等字，汝以爲佳否？批在信中空白處。

前有信問各姑姊並三叔等歲數並生日，何以不復？來信限於二帋，何也？要寫許多好寫，鄉中、省中、舖中、生生等等新聞並多，何以一字不提？批在一月十八日來信末。

(四一)一九三三年二月二十八日,批復

已見過否,何不復我? 批在「晦聞先生兒所素佩服,鎮海樓碑書法妙極,正宗之學也」旁。

何以不早告我? 前信已説他在南京,既見他在粤,即應來信更正。今日久乃告我,誤事不少。批在「希文世伯於去年底回粤」旁。

何由得知? 批在「有信來問父親住址,想已得其消息矣」旁。

已抄起。批在「各姑姐年歲,幾經查問,始得其確」上。

係信而已。批在「晦聞先生墨寶,未知能得到否? ……因父親曾有寄來,不幸失去,故惹起此心矣」上。

語不明。批在「『特别字形令人易認之字,即非正宗』,兒謹領教……然於章草則不以爲與同」之末句上,並在「爲與」旁打一問號。

運腕運指,由於起居不同。宋以後坐椅伏案,故運腕不靈。唐人尚席地而坐,几矮腕高,故自然易於運用。今日本人起居尚如唐人,故日本人字有唐味。批在「二體千字文,兒誤以爲唐宋以後人所書,終以其運指似今人,而運腕不及前人,由運腕運指而得之結體不同,字形自異,故有疑焉,望父親指正之」上。

未必。批在「三叔說，父親或有回粤訊」旁。

我看無要緊。批在「平津近狀不知如何」旁。

我總覺得你對於我來信所問所答，不甚注意，故常常有忽略懶慢的弊竇，故此我回你信，亦不甚高興，且不敢多寫，防多寫你更忽略也，你可勿怪也。二月廿八日。

我從前是有故宮出板之故宮書畫集十册，寄汝否？是黑皮的。我忘記寄與何人，便復我。批在二月十八日來信末。

（四二）一九三三年三月十九日，批復

若用爲字，則「時」下應有所字。批在「前信云友人鄧君書法甚爲時譽」上，並改「爲」爲「有」。

字甚有進步，但寫家書用此等箋紙似乎可惜。三月十九日。批在三月八日來信末。

（四三）一九三三年三月十九日，批復[一]

趙千字文，兒甚愛其中之鐘鼎及章草，現尚未舍得交還漢兄。原信爲「兒得見，甚愛内裏之鐘鼎及章草，現尚未舍將之交還漢兄」。爲其改文。

此係去年來信，閱之不勝感慨，今改過一二字付回。廿二年三月十九日。批在去年四月一日來信上。信中有「博兄宅遭火，利姊不知有受驚否」語，該年底利逝世。

〔一〕原函缺前半。

（四四）一九三三年三月十九日

禰翮雲醫生寄來海珠橋照片，甚爲偉觀，可感也。此公汝認得否？我來平廿年，而此公之賀年片（且皆先施）未嘗斷絕，其厚意如此。但信皮尚寫翊教寺，奇也。我今年有故宮月份牌（託人掛號）寄之，未知有收到否耳，又不好意思爲此小事去信問也。汝近來信能有四箋，可喜。我雖懶回你信，但甚願見汝有長信來，一可以知鄉事，一可以知汝國文。三月十九。

（四五）一九三三年三月二十一日

前日寄回一函，想已收入。即日想起一事，聽見汝從前好似想教書，有此話否？昨接門人劉君秉鈞來信，知其在聖心中學當訓育主任。此人與讓兒在輔仁同系同班，亦新會人，未知能否託他招呼一些鐘點。聽見説聖心校長亦輔仁同學，則亦余弟子也。我以爲能在聖心教幾點鐘，不錯。未知你能教甚麽，便中開單告我（中學程度），俾得問劉。假定可以，則現在預備到暑假後，即可上台，亦不至蹉跌也。

昨談爾醫生事，即日接他來一匯單，信囑代購「故宫周刊」，前寄他之月份牌亦收到，不必打聽。幹侄南返，託他帶歸「故宫」數册，又「故宫書畫集」數册。近來「故宫書畫集」出得多，「故宫」出得少，從前適得其反。你這些「故宫書畫集」，無用可否一併（隨你意）放在生生。因近來「故宫」不甚出，故不能多寄回。「故宫書畫集」每册書皮皆本有浮簽，因係易培基所題，此等字不甚雅觀，故每册均撕去也。又託幹帶回相片一，交祖母，後想起祖母眼目不甚好，未知能看見否，細讀照片之字與他聽可也。余來平時，祖母五十五歲，余今年亦五十四矣，一無所成，虛度光陰，思之愧怍。少壯真當努力，年一過往，何可攀援！　又我近選有古文十餘篇極欲寄汝一讀，日間印起即寄汝，或者可爲下半年聖心課本也，一笑。　打算寄汝二分，一分你點過後寄回我，看你點得對不對，即知你國文程度。　如果寄到，即子細點好句寄平，分一次二次寄均可。　有錯再改過寄你，則不啻上國文堂了。　要注意注意。　大約一禮拜後才能寄粤，今不過先説定。　此示

約兒。　三月廿一日春分。

（四六）一九三三年三月二十三日，批復

不宜稱爲老伯，因渠尚有父親在也。　見面稱伯，寫信稱丈，甚合。批在「汪希文老伯寄來一信轉致父親，現特奉上」旁，改「老伯」爲「丈」，「父親」爲「大人」。

既曰一度，則不能曰密；　既曰甚密，則不只一度。批在「以此故，老伯嘗一度與兒書信甚密」旁。

我欲你將故宫書畫集全置在生生。批在「近日廣州市開一市展覽會……於此兒略得見古人筆跡」上。

對人稱九公爲「家九叔祖」，稱三叔爲「家叔」或「家三叔」。　寫信體裁及稱呼至要緊。

從前北關人最講究，對汪希文尤須注意，免爲人冷笑也。批在信中空白處。

廿三日。批在「三月十四日」旁。

與汪希丈來往信要注意。渠係讀書世家，父兄曾遊幕，説話尤須謹慎，切切。去信上款宜稱○○世丈或○○丈尊鑒，下款稱姪陳○。普通信不必稱愚姪或世愚姪，只稱姪便得。信内自稱亦可稱姪云云。稱自己父親爲家大人或家君。對人稱四姑姐爲「家四姑」，稱梁四姑則曰梁四姑以別之。

尤不可去信託人情，令人討厭。余生平非萬不得已，不求人。古人所謂介介，所謂有守者此也。切切！批在信末。

（四七）一九三三年四月十日，批復

孔子曰：無友不如己者。今以有不如己者以爲自慰，係大錯誤。若自己境遇不好，可以拿不如己者自慰。學問不好，不能作此想也。批在「其所可自慰者，則此爲大衆問題。蓋較兒不通者尚大不乏人」旁。

即日已寄二册。我的法子，即係叫你自己點句。將一册拆開，點好幾篇即寄來，以不過平常信重量爲限。有不明白之句，可以函問。我得閒即改即答付回。此即函授法之意，必大有得益也。要用墨筆點。批在「大人云將有所選古文十數篇寄來，兒日夜之願望也，勝如兒自向暗中摩索多矣」旁。

空白太多。指行間距太大。

慮字兩錯，注意。批在「昨接博兄信云，平津在在可危，曾電大人等離開。此處各人亦深以此爲累」旁。

大約因身體不甚佳，學醫怕太辛苦耳。無甚病也。批在「幹弟聞數日後始到步，云因病停學，不知所因又是何病」旁。

十年前購，四百元。十一年返粵時曾帶歸請汪憬吾老丈題跋。汝當時幼，未曾見也。批在「廣州市民日報日刊有晦聞先生詩集，內有志大人得白沙先生書心賀詩卷一首」旁。

太祖祠有追遠額，白雲居士祠有富山書院額，均白沙書。批在「前遊西潮山，山頂某邨，有先生所書陳氏宗祠數字」旁。

可寫西單堂子胡同翊教女子中學。批在「無益兒住處，未能問候」旁。

十日付還。批在「四月一日」旁。

劉秉鈞信，可親送去。如不在，則封口留下，面遞則不用封口。遲數日再去。此人亦新會人，從前曾得過肺病。初友不必太密，鐘點事更萬不可提，提則寒塵矣。須要稍熟之後，微示之意，看有可爲否。切勿急，勿勉强，能做到他先開口更佳，往來數次稍熟之後，只微表示想教書則可矣，亦不可開口逕求人也。切切！見後有何情形，復我。先爲友，慢慢再講教書事。你在何處會劉，假如他來找你，你在何處見他，告我。此信閱後三數日，可即付丙。批在信末。

（四八）一九三三年五月四日，批復

我有數函寄汝，介紹見劉秉鈞，何以隻字不提？批在信首。

此字不明。批在「連日報章頻載平津爲危」之「爲」字旁。

故者舊也，所以也，死也。此字家信要小心用，斷不能用在人名之下。好在老人不忌，若拆開信時忽然見此字，令人心打一驚。你亦太不子細了。「故」字凡家信及電報均不可用，用容易嚇着人。此是大毛病，不可不注意。你此次又受了大教訓也。批在「望以祖母故即爲避地」之「故」字上。

已見。批在「在鄉時有關修志事之報章記載，想已由三叔寄達」旁。

此字不識。批在「九公意甚願大人負起此責」之「責」旁，甚草。

我未聞此事，粵真多新聞也。批在「昨四姑姐交兒報紙一則，囑即寄大人」旁。

既然想，何以前信不復我？ 批在「兒入聖心學校果有希望否」旁。

所謂熱中，所謂寒塵。 批在「心甚焦燥」旁。

南中覺得北平甚危險，其實在北平之人，不甚覺得。 公家搬家，有公款可支，有公地可借。 私人無錢不能搬，亦無地可搬也。 批在信中空白處。

寫高的移右一行。 批在「兒約謹稟，四月十九日」旁，並用箭頭指示應與「金安」同行。

今日有故宮信片一盒寄歸，收到後可送去老劉。 此完全爲你結納之用。 即管先相識，聖心事仍然未可講出口，慢慢來，總要暑假後也。 不能急，由人開口更佳。 種種要照前信所授機宜。 五月四日。

此信字太頹放，一不小心，即現原形。 小心者，古人所謂敬慎也。 批在來信末。

（四九）一九三三年五月六日，批復

稱呼要有分寸。 對他自然可稱先生，對我則不必了。 批在「廿一日得接十一日付回兒一日原信，並轉劉先生信一封」上，改「先生」爲「君」。

古格言說：醜時罵盡惡言，好了有甚顏色。 好時説盡知心話，醜了有甚顏色。 不可不知。初見不宜太熟。批在「昨日始獲晤面，談笑甚洽，並留兒在校中晚膳，自下午二時相見，七時分別」上。

近者亦不過如此，斷無有寫信改信之事矣。批在「早得近大人，必不至中途失學數年」旁。

不過想以此等你多與劉見一面耳，此稿殊不足觀。批在「講稿五本，已交到劉先生」，並改下句爲「已照交劉君」。講稿指佛教能傳佈中國的原因。

你問此等人，指詩人書畫家，抑指和尚？不明白你問意。批在「所説詩人書畫家，爲中國人，其所以能惹此等人注意，想又有因」旁。

中有圈聲之字，如使，如質，如數，如度，如間，如予，如合從，如造，如徵，如遺，如鄉，如辟，如莫，如數，如稱，如從等，明白否？批在「國文讀本，曾照書面六項造去」上，各字均在四角標明聲調。

荆軻傳有秦法二條，信陵君傳亦有當時法令一條，「將在外」三句是也。汝學法律，知否？批在「書中時有至關重要……而忽略者，望大人指示」旁。

兩竟字。批在「三祖母竟能至羅江探問，後，回石頭。如此路程，兒等亦要半點鐘，竟來回自如」旁，將後「竟」字改爲「今祖母」。

未免太舒服了。批在「舉國不安，不然，兒願乘暑假行行地方」旁。

何以要寫在另一行？批在「兒約謹禀」旁，并將箭頭指向前行「金安」之下。

（五〇）一九三三年五月六日，批復

不明。批在「現在想起，該信日子，有兩處漏去『二十』二字」上。

昨付汝轉交劉結婚故宫明信一盒，内有我名片，不知有失落否？今再寫一個，如前者未失，此不必用也。批在信空白處。

（五一）一九三三年五月，批復

北方人辭職，謂之告長假。批在「劉君……又以結婚，曾告長假，校事堆積……」旁，並改「曾告長假」爲「告假稍久」。

廣州新近藏書家，首數莫天一先生伯驥，即十七甫仁壽藥房東家也。批在「大人有相熟此等專家，請爲設法」旁。

奉字連上，閲字空格。批在「故久未點起奉閲」上。原信「奉」字空格，「閲」字連上。

（五二）一九三三年五月二十四日

十四日來電，當即復迴瀾橋，想已收到。南下之人，必須有錢而無事。若余則無錢而有事，一時何能即走，故遲遲未動身也。請九公及祖母各位放心，余自然見機而作，勿念。

昨日接聖心中學寄來聖心一册，汝見過否？其中佳作，美不勝收，尤以岑仲勉先生史地研究諸篇爲切實而難得。粵中有此人材，大可喜也。可惜其屈於中學耳。又見有張國華、馬國維、沈谷生諸先生文藝之作，皆老手。又有黄深明先生才廿三歲，詞采亦佳。誰謂粵中無師友，如此諸人，不過在聖心中學，推之其他各校，則粵中實大有人在也。謂粵中無大圖書館，則岑先生又從何處閲書耶？如此看來，汝欲在聖心謀一席，恐不容易。汝如未見此册（非賣品），當即覓一册閲之，即知其内容也。後漢書諸文已收到，所點大致不差，暇時改過後即寄汝。唯有一二小節汝須學者，即勾股法及圈圈法。〔一〕（試另紙圈來我看看）。又引書之引號應在曰字下爲之，汝每連「傳曰」二字劃在引號内何也？此事要注意。余近日晚上寫字不甚清楚，老眼無花難矣。

又今日來信，北平之平字，草法實不可用。似曾言之，猶不檢，何也。平字草法不通俗，今日來件，郵局旁注有「試北平」三字，可知撿信郵差不識乎字，而另問一人，乃寫「試北平」三字於旁也。如此豈不累事。難怪阿銘説，閱你信要查字典也。此大毛病，今將原件剪還一閱，嗣後宜切戒。廿二年五月廿四晚。

〔一〕援庵在此處作了打勾及圈圈之示範。

（五三）一九三三年六月二十五日，批復〔一〕

粵俗以人死爲不在。批在「隨即送劉君，適不在，留交」上，並改「適不在」爲「不遇」。

人不必一定要讀書，不讀書之人多矣。只怨自己失學，不必怨人，怨人就是怨我。我根本就不一定要你讀書，家中百數十人，讀書者有幾人乎？批在「兒早自知才薄，每一念此，未嘗不心慚欲絶。顧所以至如斯者，當最應苦學之時，自己疏懶，無人看管，以至停讀數年」之後兩句旁。

即此更不必讀書。又想讀書，又多思慮，一肚俗氣，何能讀書？讀書要捱得饑，抵得冷，並受得世人譏笑，方能成學。今又想讀書，又想謀利，有是理乎？批在「及後醒悟，常思戮力補過，故年來頗知自愛，然歲數已大，人事日繁，思慮一多，心何能專」之後兩句旁。

因聖心多老輩。批在「來示云『欲在聖心謀一席恐不容易』」旁。

未免太俗氣了，奈何！此何能讀書，何必讀書？批在「廣州多親戚故舊，應酧不免頗須時日，兒不能除俗閉門攻讀。朋友少識，本不爲難，而親戚之人，豈能久事生疏？每每自維，常思暫離此地」上。

越説越遠，怨天尤人，何以爲學？批在「然天不從人，偏值國家多故，欲至平者數數而終不可得」旁。

到現在，可向劉一探，云「聖心有乜野鐘點，我可以幫忙。志不在修金，志在練習，請兄留意也」。對劉如此説便合，至緊，不可作寒塵乞憐語。批在「聖心事果不能勝任，則將如何」旁。

何急至此？是否無飯食，要餓死？批在「兒甚恐懼一過此夏，事又不定，必須待之明年。奈何奈何」旁。

應用之文要緊。批在「兒以爲爲文固要詞句美好……然如是只可爲應用之文耳」上。

浮詞與應用是二事。浮詞可緩。批在「浮詞之文雖可傳世，要不足重」旁。

浮躁之人不能讀書。何謂浮躁？如三日來信至十七日再來信，乃云前奉一函，前者何日也？此所謂浮躁不經心也。又收到莫氏藏書序，只云收到，不言幾本，浮躁不精細，令人不能看重也。老實説，我信你有細讀否？如不細讀，則我自後不給你信。因我寫一信甚不容易也。既不經心，我又何必給你信？批在信中空白處。

可仍用勵耘書屋。批在「兒書雖不多，既有志於學，兒之書室，願得大人爲改一名，將永以爲用也」旁。

廿五日付回。批在「六月三日」旁。

〔一〕原函缺前一頁。

（五四）一九三三年六月二十五日，批復

前者三日也。批在「前奉一函，想得察閲。祖母病尚未愈，惟較前好」旁。

爲我謝三姑。余在外，令三姑等偏勞，余心如割也。書此爲之泫然。批在「此處各人操心不少。三姑姐素弱，惟至接近祖母」旁。

爲我謝各位，至緊。批在「各人都日夜侍候」旁。

有送一册與劉否？批在「寄回……莫先生藏書序得接」旁。

昨寄回文選數篇，並聖心一册，中有教員表，可看其年歲並所任課目。批在「文選數篇，前曾奉上。以後請仍照舊選篇寄兒」旁。

三日來信説祖母病，應該過三二日即再來信。今乃等至十七日方來信，有是理乎？

余自接祖母病信，日日盼第二次信來；又因未有電信，知無大礙，心稍慰；又接三叔

九日信，稍慰；而等你第二次信，則今日始到也。廿五日。批在六月十七日來信末。

（五五）一九三三年八月，批復〔一〕

又寫白字，如何如何！批在「彼有限制」上，改「彼」爲「俾」。

無單行本。批在「後漢書便中望能寄來」旁。

你的字一潦草就令人不欲觀，屢誡不改，吾亦末如之何矣。批在信中空白處。

〔一〕此函僅存首頁。

（五六）一九三三年九月十三日

接劉函，知汝教初中國文一班。初教鐘點少的好。我前數日登報招考中學國文教員，到考者二百餘人，結果取録二人。題目爲「學然後知不足，教然後知困論」。（語出禮記學記）到考有老者年過六十，有少者年廿一二，亦有前清進士、候補道等。亦可見謀生之不易也。然我所取者係一年廿五至卅五之人，既憑文取録，又面談一回，然後定奪。國文所要者係教授法，如何得學生明白有興趣，能執筆達心所欲言，用虚字不誤，不論白話文言。白話必要乾淨流利，閒字少，的字呢嗎等字越少越好。文言至要句法，講文時必要注意造句及用字，改文必要順作者意思，爲之改正其錯用之虚字，及不達之意，與乎所寫錯之字。非萬不得已時，不可改其意思。又學生作文須用薄本，預計一學期作幾回文，用若干紙，即可訂成一本（不可厚）。每課文必另紙起，不可連前文寫。必點句。但不必一篇相連，每文可分幾段，另行起寫。如此則教習可檢查其舊作及舊錯而告誡之，若散篇則不可檢查也。又教習須自有日記，記某生佳，某生劣，某生有何毛病，某字錯若干回，有可檢查，方能得益。至於講文，最要緊注意學生聽懂否。如有一二人不在心，是學生之過。若見全班都不在心，則必定教者講得不明白，或無興趣，即須反省，改良教法，務使全班學生翕然爲妙。至於批文章，尤要小心。説話宜少，萬不可苟且。學生家長自有通人，教習批改不通，易貽人笑柄，必須慎之又慎，不可輕心相掉也。今寄回字學舉隅一册，中有辨似辨異等字，讀法寫法，均相差無幾，容易鬧笑話。自己讀書尚可，教人則要另用一番工夫也。至於所選教材，不知是由教習自己定，抑學校公定。此事亦須注意，太深太淺均不宜。所選所講者何等文，散篇抑課本，可即告我。

慎公世伯女公子未來見，到時自當指導一切也。上堂要淡定，改文不可苟且，但不必多改，最要改其錯用及錯寫之字，批改宜少而不苟。因我見汝所來信，一苟且即不佳，其用心者尚可過得去，故以此爲戒。又打圈之法，學之一分鐘即曉，不學則六十歲亦不曉也。見信可打一行來，不然，必見笑於學生家長。此示

約兒。九月十四日。

中圈直下，故從右至左。西圈横行，故從左至右。二者不同，各取其便也。在此處作打圈示範。

（五七）一九三三年九月十八日，批復

此處不提端儀二字，下文忽然提出，似是另一人了。小説家所謂爲下文張本者此也。批在「培基世伯女公子前擬來平讀書」上，並在「女公子」下添「端儀」二字。

焉、也、矣、也，四字連用，何不省一。批在「聖心處已上堂數口。前定初中二，現改初中三。教書已是初手，值此班明年又須會考者。兒學問淺，無師承，心甚懼焉。然驚怪學校不當輕與初來者以此重擔也。雖欲自勉力，亦將見其難爲矣。今人以大人任兒重，不然想不如斯也」上，並圈去「心」字，改「焉」爲「不勝」，改「驚」爲「頗」，改「初來

者」爲「兒」，改「今人以大人任兒重」爲「想係因大人關係委兒重任」，改「想」爲「諒」。

數音索。批在「博兄數數來信問此事」上，並圈去下「數」字。

九一八付回。批在「九月七日」旁。

注意同學，注意家長（尤其批改文），前函已言之。

字學舉隅常看，康熙字典常檢，至緊至緊。

孟子、論語宜熟讀，文氣自暢；曾讀過之古文，亦宜常温。此古文也。至於今文，吾極欲汝看一家好論説之報爲。天津有大公報，其社論極有法度，未識粵中有此類好社論之報爲否？宜留意。今付來公牘要旨一册，收到復我。

對學生宜和靄親切，多獎勉，令其有興趣。

佳句宜注意。能背誦固佳，不能（因國文外尚有其他功課也），亦須能記其佳句。批在信末。

（五八）一九三三年九月十八日

人不請你，説人不請你，人既請你，又怪人輕與你以此重擔，何也？講書態度，要穩重安詳。最好有時自照鏡一觀，即知檢點。學然後知不足，教然後知困，教亦學也，學教人亦學也。勉之勉之。臨事而懼，好謀而成，教學相長，必大有益。前付字學舉隅，又寄三叔轉寄一函，收到否？收到即復。九月十八日。

（五九）一九三三年十月九日，批復

本有幾部教授法及管理法想寄汝，但要再聽信乃寄。批在「兒自入聖心，且一月矣……對學生，以初入此途，自不知教學法」上。

當焉二句不甚明白。批在「同學李君，兒之善友，前應縣長試，得列入榜，聞便將放任。昨日談起，到時必邀兒幫忙。此實兩難也。所放縣不佳，事固當焉」上，並改「列入榜」爲「中選」，圈去「也」字。

束。先生錯了。批在「結束回來」上。

此款前星期已寄還。批在「前因音樂院學費事，與信三叔，始知大人除無存款在彼，並爲代墊數百元」上，並改「在彼」爲「外」，改「爲代墊」爲「借去」。

款少至若干，始終未告我。批在「聖心款少，果不足以維生，則將附尾而出縣乎」上，並改「附尾而出縣」爲「褰裳棄去」。

有心機寫時，字的確佳。唯末行一忙，遂至馬爪盡露。此吾常言之，人當注意於匆遽之間也。用心寫時的確可愛。十月九日。批在九月廿六日來信末。

（六〇）一九三三年十月二十七日，批復

示字至少應空一格。批在「兒自得前信所示」旁。

兩句對舉，上有而字，下亦應有而字；上有能字，下亦應有能字。有則俱有，無則俱無，此之謂句法。批在「聞一而不能知十，舉一隅不以三隅反，此不能貫而已」上，並圈去「能」字，「一隅」下添「而」字，改「而已」爲「之之過也」。

要知足。批在「物質須減至最低」旁。

要知不足。批在「學業須進至無窮」旁。

引成語不可任意改字。批在「四時行焉，萬物生焉」上，並改「萬」爲「百」。

奉字何以空格？何以讀書不讀序？又何以有點句有未點句？批在「今奉上所讀論語上下册，書頭多有感悟之言，就以指正」上，並改「就以指正」爲「謹以就正」。

寄回誤本論語二册。論語眉批字太小，余目不能看矣。十月廿七日。批在十月六日來

信末。

（六一）一九三三年十一月二日，批復

每周有若干鐘點？此數確少，我以爲有卅餘元也。批在「聖心處每月二十餘元」旁。我實無法，一猪母只有乳十二，奈何！批在「實不足用，望大人時周兒急」旁。自過二字不甚明白。批在「辛姊云，即有一信大人，述其近況……兒慶其得人，而嘉其勇於自過」旁，並改「人」爲「體」。

有何善法？我接渠信後，心中打一個特。愛莫能助，如何如何！你有本事，請你想想法子何如？你説唯有讀書高，高到怎樣？批在「望大人憐而拯之，辛姐得益，兒等亦慰矣」旁。此語不明。寫家信與作文不同，如不能達意時，只可寫白話，勝於令人不明白也。批在「助辛姊可以，而及其家，如辛姊實有此求，則未免太過乎」旁。

十一月二日。批在「十月廿日」旁。

父親本是一個窮儒，素不善謀生，且亦不願專於謀生。從前叫你們不要讀書，本是有鑑於我，不願子弟學我，且子弟亦不能學我。因我雖窮，我能處，你們不能處也。既不能

處，何爲要學我？我故曰：生計問題不解決，不能讀書。而你又偏學人讀書，又不能捱餓，所謂南轅而北轍也。我前在粵借舖三百元，已還，已告汝。但昨接三叔函，仍欠三百五十餘元，且係港帋，嚇我一跳，原來你的。正月一百四十元，三月一百零九元，五月一百元，如此豈不要磨死。此三百五十餘元，請你自己想法也。批在信末。

（六二）一九三三年十一月二日

同我問四姑姐，〔一〕我前有書一包寄生生轉蘇心愉醫生，諒已收到。又葉醫生近狀何如，完全恢復健康否？又汪希文先生在粵抑北上？便幸告我。此示

約兒。並代請

各位大安。十一月二日。

〔一〕援庵四妹珞卿，醫生。

（六三）一九三三年十一月二十一日，批復

本月十一日曾寄道濟〔一〕狐皮一件，價洋九十五元，收到即復爲盼。批在「四姑姐……又云：祖母畏冷，前説買皮之事，請早照辦」旁。

我寄書與汝，怕汝如水過鴨背，故不願多寄。批在「最新學校管理法及論語二本得接」旁。

那有此事？批在「廣州所賣筆，幾不可用」旁。

昨見東塾小手卷一軸，寫抱朴子數則，凡卅九行，跋云：「壬辰閏九月，余將與許偕北行，碩卿姪以絹素索書，爲書抱朴子外篇語數則。碩卿宜玩其詞，庶不負余之意。書法拙弱，不足觀也。蘭甫並識」云云。壬辰爲道光十二年，時東塾僅廿三歲，新舉孝廉，預備入京會試也。其字極秀雅，不似晚年之蒼老，然其詞則不似廿三歲人。因觀約來書有感而書此，並以告博。此卷絹本而殘，取價十餘元（假定紙本而不殘則甚值），未購到手也。十一月廿一日。

單以字論，以約年紀與東塾廿三歲時書似差不多，然論學論文，則相去遠矣。前給博之皇六子、嚴修能甚佳，幸寶重之，不易得也。又及。批在信末。

〔一〕道濟，援庵三妹在廣州所開診所，援庵生母居此。

（六四）一九三三年十二月，批復

寫羅漢易，寫鬼更易，以羅漢、鬼皆人所未見，奇形怪狀均無不可。寫人難，寫犬馬亦難，以人爲人所習見，一望即知其是非也。行楷人所習見，自然覺得難寫，但行書最大用，楷書次之，故願汝習行楷也。批在「兒常有習聖教序，但覺非常不易……兒最忌寫行書，終不得其行筆之法，覺楷書還似容易」旁。

此係故宮裏拍賣的，真從前之貢品也，好醜則不得而知矣。批在「漢兄南回，已抵步多日，父親託帶祖母之茶葉已得收多日，祖母異常歡喜」旁。

對！批在「兒前信以日本逼人太甚，故以一時之氣，作過激語，而實際仍讀兒所讀之書，造應造之事，未嘗或懈也」旁。

北方一時未得平靜。批在「報載天津仍混亂，未知北平如何」旁。

凡回信應聲明接某日信。批在空白處。

（六五）一九三四年二月十二日

數次來信，未有復汝，因來信充滿怨望、要求、不滿、不足、怨懟等意思，故不願復你，待汝自省。然防汝終不知自省也，故今隱忍言之。又屢次來信，都無心得，營營於污濁之中（衣食使用之謂）。所有寄汝書物，除收到外，絶無一句複述，及閲後何如，有何所見，每以輕心掉之，殊不注意。如寄汝學校管理法，何嘗見你有一句提及其中如何，如此尚望再寄書物乎？

老實説，某君本不是一個正派可靠之人，其人自來好用小手段，頗有聰明，不誠實，同學多不滿之。此次因爲你要謀館，既有此一路，姑介紹你。此實不得已，又不便先説明此人如何如何，待你自覺，然心總不安。又聽見你前來信，説與他頗密，知你已上他當。聰明不及人，無見識，又受此人愚弄矣。此人往日即有此小手段，我以爲你一定會覺着，不怕。且此人有肺疾，未全愈，尤不宜多往來。久欲告汝，又欲託博轉告汝，然終不便出口。今既發見此事，可知此人又爲人不滿，小手段又不行矣。天下人非盡愚人，豈能長弄小手段，而不爲人所覺所厭之理？他來快信，云要在平謀事，我已去快信止之，令其忍耐。此間謀事甚不易，此人人緣既差，尤不易。即使謀得，如素性不改，亦不能久，所謂「到處都碰釘」也。到此時，我不便不告汝。各人做各人事，各人盡各人本份，不必因人，只要好好盡自己心力，忍耐做去。此人要漸漸疏遠。他說北來，亦不容易。總係有你此次因緣，領過他一點小人情，他又有所藉賴，甚難爲情耳。我當初叫你去，以爲總有三四十至五六十，後來信說二三十，我已覺領此人情不值得，總係累事，我並不問，不便多說，不忍不告。你要絶去浮氣，潛心做人。我說的話，不可當爲水過鴨背，則或有盼望耳。

（六六）一九三四年三月二日，批復

「此」仄「斯」平，此處應用仄，故改之。批在「劉君大人所介，猶且委曲如斯」旁，改「斯」爲「此」。

昔時太久。五字句不如四字句。批在「今鐘點見增，生活穩定，昔時之憤氣，亦將已弭平」上，並改「見」爲「既」，「昔時」爲「前此」，圈去「之」、「已」兩字。

三句不甚明白。詞貴達意，不能達意，不如白話。批在「惜已失信于人，流連不退，又非所宜矣」旁。

是誰徙？不明。批在「月初舉家他徙，以後見面自稀」旁。

此句又不明白。批在「本人尚爾，曾何足因以言去留」旁。

寫得不明白，總令人看得不痛快。何不寫白話，更何不點句。如此令人瞎猜，何爲？

批在「所言加文學常識一點，因亦不得，仍每週五小時而已」旁。

大砲又來了，此人好車。蟻蝕觀音，自身難保，又何能保你。不記得去年爲祖母做生日之大砲乎？批在「昨接博兄轉來益兄一信，云欲兒北上幫忙，能爲設法」旁。

家信貴明白。與其半通不通，不如老老實實寫白話。現既學文，何不點句？

幸勿水過鴨背。三月二夕。批在二月二十二日來信末。

（六七）一九三四年三月二日

我接你信，即電阿益，問他是否有意同我作對？因我叫你不要來，他偏要叫你來。他說不知到我意思，故叫他來玩玩云。我說：「你要同我作對，則我要與你斷絕關係。」須知益在平，與我幾個月不見一回面，平日絕無隻字來往。因他不是講學問之人，文字太劣，亦不願來往也。在平多年，氣我之事亦不少，不過我無法記得，遂逐漸忘了。今又糊鬧，我只有照前辦法，斷絕來往而已。因此特告你知照。

（六八）一九三四年三月，批復

誰教汝交淺言深。批在「奈何劉君之事，待發而告。亡羊補牢，雖云未晚，而前此樂與周旋，殷勤相見，漸之染之，得無沮志」旁。

爲學問道德而介乎，爲謀鐘點而介乎？批在「豈不以大人所介，不能怠慢耶」旁。

家信要明白，最怕半通不通，如此不如説白話。此信非寄汝轉約，乃專寄汝一看耳。此等信吾不能留，留之賊恩之大者。只可待其覺悟，不悟亦無法。批在約三月一日來信末。此批語爲寫與博者。

（六九）一九三四年五月，批復

已、以注意。批在「加已漸近天熱」旁，改「已」爲「以」。

假使不因汝要入聖心，我就省了此等麻煩耳。得他廿五元，要負此回信責任，甚不值。批在「昨秉鈞兄云久未得大人信，心極惶恐」旁。

假定來信不駡我，我極願汝常常來信。若終日不滿，終不改革此心，則不必來信了。批在五月十五日信末。

（七〇）一九三四年六月，批復

真讀書則讀書矣，不必將「讀書」二字日日挂在口頭也。猶如今人好言科學方法，而所做出東西，並不合科學方法。又有人口不談「科學方法」四字，而所作皆合科學方法。此二人誰對也？批在「自經大人此次回粤當面教訓後，頓悟前非，深知死讀書無補於事，以後不敢再提矣」旁。

先治生，後讀書。或一面治生，一面讀書。無專讀書而不治生之理。批在「爲此不得不另求所安，惟一願望，得不凍餒足矣」旁。

要病就病，要不病就不病，應有此精神。批在「一病經月，自知更明」旁。

又怪責我了。批在「大人不知，求以健全之人而格之」旁。

口頭筆頭，日言讀書，而所讀何書，從未提及。批在「偶爾開卷，唯消遣時日」旁。

有無不足較矣。吾初以爲有五六十。若早知如此，我不領此人情也。我所失大矣。然知治生之難，則尤不應浪費。批在「聖心下期，不知如何。即幸得仍舊，亦止廿五元」旁。

汪劍潭名汪端光，有書名。書學米襄陽。洪北江集有送汪劍潭南歸序，詞甚麗。劉端臨名台拱，經學家，無書名。批在「接寄來汪容甫先生書札一通……信中劉端臨、崔劍潭二先生亦負書名」旁。

聞汝病甚念。但每來必有不滿語，所以不願復也。即如此信，亦有怪我語，故此怕接你信。信以結歡，乃以增怨耶？批在六月十一日信末。

（七一）一九三四年六月

我不是要兒女得我歡心。但假使來信不能得人歡心，則信之效力失矣。此就汝一方面說，非在我一方面說也。曰然，則如何然後能得我心？曰講讀書內容，而絕不提及「讀書」二字（此係汝毛病），則我必高興矣。近汪孝博常常來信，皆講學問內容，絕未提及「讀書」二字，我無不即復之。不似劉秉鈞之來信，專講謀事也。

曰假定專來信言讀書內容，而生活費無着則何如？曰苟能得父親歡心，見其所讀者果有內容，不是只係口頭說「讀書」二字，則一月廿五元之生活費，絕不必靠聖心也。

王夷甫衍口不言錢，何嘗餓死，但不願出諸口耳。

曰身體不佳，何能言學？曰身體佳不佳者，精神作用耳。要佳則佳，無此信心，精神振不起也。

最怕是父親境況太不佳，則無法接濟。苟汝能不怨父親（口不出怨言），及父親境況非絕對不佳時，則年中儘可有點綴，不必靠此廿五元了。但必有以上二條件乃得：一不出怨言，二我境況非甚不好。其實得父親歡心一語，要父親自己出口，慚愧慚愧。然不說，汝又不能自悟，又無人旁人説，奈何！

（七二）一九三四年七月，批復

所謂患得患失也。批在「七月一日得接來示，敬悉。兒適於是日下港來滬，七日抵達。此次因病後疲憊，聖心又虞不穩」之末句旁。

此等舒服爲余少年所未受過。批在「藉暑假遠行一步，轉轉環境，碰碰機會，現寓博兄處」上。

以十元得之。批在「昨又接寄賜束塾先生書札」旁，並改「札」爲「小楷」。

萬不必作此想。日子甚多，福要慢慢享。批在「果能到平一行，則文化集中之都，當更心迷目眩不暇給矣」旁。

絶對不許。批在「但不知得大人允許否」旁。

來信言病，言生活，無甚意思。偶一言之，未嘗不可。如果要做讀書人，應言讀書事，但不可誤會只言「讀書」二字，而不言讀書之内容。批在七月十四日來信末。

（七三）一九三四年八月，批復

以前只知「讀書」二字，而絶不讀書。批在「他日返粵，或會有一新途徑，不致似以前呆板矣」之末句旁。

此是一時隨便説的話，隨便舉個例子，非謂非做此不可也。要做之事甚多。批在「博兄云，大人欲兒讀嚴氏通鑑補」旁。

無此便宜之事。批在「兒自知所急在速有收獲」旁。

不讀書何能有所獲。批在「數年來一無所就，此大病也」旁。

真是要緊。假如一個人熟讀四庫提要，並無他能，亦可以嚇倒人。批在「博兄教兒造目録工夫」旁，並在「目録」旁打重點號。

此語又錯了。人家引此鼓勵你則可，你自己以此爲安慰則謬矣。同是一句話，要問是何人説，即此謂也。批在「嚴先生亦四十一歲始研究通鑑」上。

擇其少者作一種練習則可，若圖易，則天下無易事，易必不能長久。松柏一年不長一尺，蒲柳一夜可長數寸，然則其壽命之長短亦如之。爲學何獨不然。批在「現願擇其易者爲之」旁。

假定此信無後數行，豈不甚善，何苦一定要討人發氣。

講讀書自有書之內容，如近日與博之來往函是也。不是只講「讀書」二字。批在八月十二日來信後。此信後數行爲「近日益兄屢有信要兒上北平，若爲事實，未始非一出路，大人當不會以別故而阻止之」等。

（七四）一九三六年四月十九日，批復

此後來信不可再提此事，令人不快。批在「昨接博兄信，並得見大人示，內云：『約有來信否？有何議論？近來書教得好否？余實無日不念之，但前年激得我太利害也。』語重心長，自取其咎者聞之，曾不知涕之何從矣。憶前年一時狂妄，出於胡爲，其實並無若何具體存心……」上，並勾去「憶前年」以下一段。

此事非先略通歷代刑法不能下手，現時可暫緩。因既係教書，即要好好教，免誤人子弟爲要。教中學甚不易，教中學亦最好練習。今北大史學系教授錢穆先生，數年前亦教中學國文也。詹穀人先生爲詹穀似之父，教廣州中學四十年，今仍在中大附中。余意聖心是一立足地，不可騖外，專心教好之爲要。一、現擔任鐘點若干？二、教第幾年級？三、入息有多少？四、定國文教員及歷史教員之權在何人？五、現同教國文者有幾人？六、是

老先生抑青年？ 七、教歷史者何人？ 即復。 批在「博兄信云：『宋會要稿刑法一門……未知約弟有志爲之否耳？ 弟苟有志，父親必樂於指導也』。 既有一機會，不自量力，强欲嘗試」旁。

十日前有一函寄聖心中學，未知收到否？ 有信寄聖心，好否？ 批在信中空白處。

十九。 批在「四月十一日」旁。

近來最感覺生活與學問不能打成一片。 但爾現時境地，倒可以做到此節。 因所教者係中學國文，而自己國文却仍然要用功。 教學相長，即是生活與學問打成一片。 單教國文，鐘點恐不能多，必要伸張到能教中學歷史。 如果急起直追，補回此兩年功課，當先從文與史下手，一可保持現時鐘點，二可希望下年新鐘點也。 粵中中學，未識需用白話文否？ 如不需用，可暫緩，如需用，則要白話與文言並治。 白話最要緊是簡淨、謹嚴，閒字閒句少。 時人白話，當先閱胡適論著，有胡適文存等書否？ 即復。 文言目前最要是學改文。 因爲教書，即要改文。 如何改法，非下一番功夫不可。 此事要有師承。 師承不易得，最好將後漢書與三國志同有之傳，如董卓、袁紹、袁術、劉表、吕布、張邈、張魯、臧洪、公孫瓚、陶謙、荀彧、劉焉、劉璋、華佗等十四傳，以三國爲底，與後漢對照，看後漢如何改作，即可悟作文及改文之法，與自己及教人均大有裨益。 故今第一步先宜爲此。 未知粵有三國志及後漢書否？ 即復。 批在信末。

（七五）一九三六年四月十九日

凡復信，要逐節看清楚：那件應復，那件未能即復，均細看，不可忽略。粵中有何書，便可開一單來，以免重寄。和文釋例有木？此書小品文極佳。才子古文有否（此書所批文法，極能啓發人）？是何板？木板抑鉛印？1．劉秉鈞近狀如何（不可太密，亦不可得失）？2．有來往否？3．家信不可與人看。

（七六）一九三六年四月十九日

范改陳志，有增有删，應從删多增少者做起。將三國本傳找出，點句，分段提行，用文章格紙鈔好，再將後漢本傳找出照改。宜先1華佗，次2陶謙，次3臧洪，次4劉焉、劉璋、張魯，次5荀彧，再次其他，式樣如另紙。

做好一傳或二傳，先寄平一閱。一次做不好，應再做。

（七七）一九三六年五月七日，批復

萬不可與人爭鐘點，免招人恨。批在，「聖心凡十三班，國文教員共七個」旁。

岑先生不斷來往信。批在「岑公棣爲仲勉先生公子」旁。

奇也。江蘇人何由識我？或者識吾名耳。如果有交情，應稱老伯也。有最近聖心同事職員録，可寄一册來。批在「三個老先生，内張國華鞠普先生相識大人云」旁。

何名字？何處人？及歲數。批在「教務主任張氏定鐘點」旁。

家信以外，萬不可對人如此説。切切。批在「其人深官場氣味，私人多得重任」旁。

不可爭人鐘點，須要聽自然。孔子曰：不患人之不己知，患其不能也。又語云：君子能爲可貴，不能使人必貴己。批在「去年暑假前，校長曾言分兩班與兒，及自日本回，即以是故不得手」旁。

先求自己能教，不可爭人鐘點，切切。批在「自己便欲仲張能教歷史也」旁。

不清亦好，省得再借。批在「劉君……想其以有家室之累，需急，常求濟，亦有還，數則迄今未清耳」旁。

可有此想，不可運動。最要緊自己是否能教。好好預備，明年亦未遲。批在「最好能稍得歷史鐘點」旁。

有粤報關及我之事，應剪寄我，注明某報某日。批在「前數日報載大人赴京」旁。

九公拜壽做戲事，何以一字不提？批在「祖母居鄉甚康健」旁。

家信可留者留，有妨礙及傷他人感情者，閱畢記之，即須焚燬，免傷情感也。切切。五月七日。批在四月廿九日來信末。

（七八）一九三六年五月七日

即日由郵掛號寄文淵閣藏書全景一部，作包裹寄。照章郵局送收件人一單，蓋章往取。收到後打開細閱（不知有碰壞否？覆我）。一回，即送去朱校長，云家父自北平寄來，物雖不值錢，但在廣州或者算是第一部，因剛印好不久，市上尚未見有出售也。另名片一枚，送去爲要。

又和文釋例一部二册，可自訂爲一册。熟看漢文，再看和文，由淺入深，於漢文和文均有裨益。又林熙磬課文二册，同一包寄粤。此係大學一年級作文，可看原文，並改處、批處、格式種種。批與改均不必多，以扼要實在爲上，尤以順原文稍改易其字句，不可大改也。

夾有大公報圖書副刊二張，適有一張説到陳君近代史者。自後來書，可分開家事與學問之事。因家事閲畢即燬，學問之事則可留閲也。

（七九）一九三六年五月，批復

均已付回。批在「數日前寄上華佗傳，昨又寄上臧洪傳，事屬初試，定多錯格」旁。

陳質而范文，范尤注意於聲病，故范文自較陳文爲好讀也。范改陳，係精益求精，不能比中學教員改學生文。凡學生文可以不改即不改，改以少爲好，令其易記爲要。多改滿改，徒費心力，學生不高興，亦不易領受也。切切。批在「范改陳志，深慕其剪裁」旁。

眉批以少爲貴；要切實指點，容易記爲度。尾批是批全文，字亦不宜多，由四字八字至十餘字，通常不可過十五字。宜奬飾勸勉，使其有興趣。從前八股先生有「批語祕本」，多空泛不足學。批在「眉批尾批，仍甚棘手。因套語不宜用，且多虚泛……請示其法」旁。

有十二點鐘國文，不算少，不可妄想增鐘點。要聽其自然，尤不可妄想奪人鐘點也。至緊至緊。批在空白處。

此頁三而字均不穩。批在「九公造閏月生辰……有自港來，自鄉來，更遠而自滬來者」等上，並圈去「造」字，改「更遠而」爲「更有」。

此等話有何用處，只令人生厭而已，切戒。批在「秉鈞君近欲侵入勷勤大學……而屢屬兒爲通聲氣，難却難却，但大人必云又爲兒事被騷擾矣，心甚戰栗，而彼苦追……」旁，刪去首「而」字，並圈去「大人」至「而」句。

是否即聖神改名？批在「明德女中學校，與聖心爲兄妹行，巍主教主辦」旁。

太好。批在「前年石室明德女中學校擬定辛姊爲校醫兼生理教員」旁。

奈何！批在「後爲人捷足」旁。

凡逝字、故字，家信應不用。批在「機會一逝，迄今未有着落」上，並改「逝」爲「過」。

有何善法，今已遲矣。先存此心，好好預備，有機會再說。明德校長是誰？由今年起預備，一年後當有機會。仍是我「患其不能」之老話。總要充足自己實力，免有機會上臺時要塌臺。女子寫字亦要緊。汝之於聖心，字大有關係，不可不知也。批在五月十六日來信末。

（八〇）一九三六年五月，批復

而字不穩。批在「擬配以架而縣之」旁，並在「架」上加「鏡」字，圈去「而」字。

余不甚好給雙圈，此節不可學。如有好句，應給雙圈也。至緊至緊。〇〇雙圈，〇單圈。批在「廿一日接寄回所改陳志……大人批改之法，兒傾心得之，以後略無煩滯矣」旁。

遲日寄還可也。批在「林君文亦須奉回否」旁，並圈去「亦」字。

不單學其和文，其中漢文小品，亦極可學也。此節要注意。批在「今閱和文釋例」旁。

忽焉更端，應另行爲是。批在「數年來未嘗斷閱大公報」旁，並批「應另行」。

別號爲何？欲寄木刻西域人華化考一部與之請教。批在「張國華先生所以識大人是在前清造幕客時」旁，並圈去「所以」，改「造幕客」爲「遊幕」。

余絶不記得有此句。是否余詩，不可知也。批在「最記得大人詩兩句：『熱風吹秋不成寐，美人顔色如花紅』，是應試詩」旁。

既是老人，可以老伯稱之。問何以稱老伯，則云：既是識家大人，應稱老伯。批在「爲兒言此者，以見其老邁也」旁。

能教何學科？批在「辛姊近狀不堪……兒屢欲爲找鐘點」旁。

生活句與上下句不接。批在「識人少，生活難，久而未得」旁，並圈去「生活難」及「而」字。

奈何！批在「彼夫婦感情，幾以窮而屢裂」旁。

三國原文要點句，後漢文用圈，佳句可用雙圈。又此種工作，是自己學作文，不是學改人文，不要誤會。改完之後，仍要熟看，比較兩家之文何如，於自己作文，必大進步也。批在「數日前又寄上臧洪傳，今日另函劉焉、劉璋、張魯傳寄奉」旁。

對下稱各人，對上則人字要斟酌。批在「平中各人想均安好」旁，改「人」爲「位」。

此信廿八日收到，首尾僅七日。批在「五月廿二日」旁。

十二點鐘不少，暫不可貪多，要聽其自然。先求可能，打好基礎，再求發展，否則容易跌下。切不可搶人鐘點，尤不可求加鐘點。自己做好，不怕人不請，一求人則失身份矣。切切。不患無位，患所以立；不患舊已知，求爲可知也。

書目何以未開單來？和文釋例已訂爲一册未？批在五月廿二日來信末。

（八一）一九三六年六月十六日，批復

別有風味。批在「和文釋例已訂作一册，曾讀多課，文章簡潔」旁。

各有好處，不同學生之文，不得不改。不可以陳作學生，以范作先生看也。當觀其異同。批在「所鈔寄陳志范書，經接回幾份，承諸方指點，細心閱誦，密會其旨，殊生興味」旁，並改「所鈔寄陳志范書」爲「范改陳志」。

多讀可悟。批在「虚字之運轉每苦不靈」旁。

時人淺薄之作不必看，費時候，費錢。批在「書目續鈔續奉上」旁。

此字不用何如？批在「以故遲々」之「々」旁。

不必再去。已有快信介紹其見吴三立先生，能否有效，看機會也。批在「接示後，曾往秉鈞君處」旁。

江蘇某縣人？批在「張國華先生，字菊圃，好書」旁。

下年聘書已送未？吾因汝寫草字，甚防汝對學生如此，家長有説話，則不能續聘矣。

博來信言汝有書道全集第五卷，是否？其中最精者爲喪亂、哀禍二帖，皆非中國人所藏。多看自有進益。批在信中空白處。

何如？念念！

石琢堂孝行圖跋，已抄入卷尾未？可先用紙照卷高矮，先寫一回，算好行數字數及高低款式，乃照寫入卷尾。行楷均可，但仍不宜用草耳。草不可不識，惟普通不宜寫，切切。應比原卷多留天地頭，前加題目石琢堂……末寫年月某某録。

暑假後收信在聖心，便否？尚有其他便處否？以快得見者爲便。批在信末。

此字不雅。批在「又稟」之「前書諄々教誨不倦」之「々」旁。

劉兄來航空信，已寄快函介紹，直接寄渠面交吳先生。今將渠來信删去數字寄汝一閲，閲畢燬之。不必留，亦不必交劉兄看，不過借此學作信札之用而已。中有不妥之句，已删改，細看當有益。凡看改文，必要看原文好，抑改文好？不改何如？細細參酌，自知門路。汝懂音樂，應懂作文聲病。范蔚宗最擅長，故其文琅琅可誦。最近二次寄回之范改陳志，因草字未看，此次之張魯末頁則已批看也。六月十六日。批在六月七日來信「又稟」之後。

（八二）一九三六年六月十六日

前兩次來范改陳志，因太草不能看，已付回。各傳中有整篇文章者，應另鈔出。如臧洪傳有洪答陳琳書，鈔時應另行低格。他如袁紹傳有上獻帝書，及討曹操檄，劉表諫袁譚書，審配獻袁譚書。袁術傳有孫策諫袁術書。張邈傳有袁術與吕布書。公孫瓚傳有劾袁紹疏，告子書。荀彧傳有曹操上獻帝表，荀彧書，均爲范所加。改至此應另録出，不必夾在傳内。如此則不至小字太多，看不清楚也。余舊藏有兩漢策要，寫趙孟頫體，曾見及否？又舊時我之書籍，今存何處？内中亦時有佳本，能讀父書，自是美事。惜粤中潮濕，藏書不易。藏而不閱，等於毁棄。仁壽莫先生何如？豪賢老少汪先生何如？有何所聞？告我一二。九公今年六十，信義今年係百周年，汝知之否？

（八三）一九三六年六月，批復

頃有一函寄聖心，即去詢問可也。批在「暑假期間，到校日少，以後如有示下，請賜寄廣州河南新港路九十六號二樓爲盼」旁，並改「示下」爲「手諭」，「盼」爲「幸」。

所選皆日本有名之漢文家。漢日文兼閱，甚有益。從前禰酮雲醫生甚好之，曾自己出錢木刻一部日本文鈔。批在「和文釋例，小品文佳妙，信如所言……至於招月亭記，剛庵記，始知作文之道，苟執定主意，則無往而不可」旁，並在「佳妙」前添「之」字，「所言」上添「來諭」二字。

此四字下得稚氣，等於説「哥哥是男人」，誰不知之，可笑。批在「范曄劉宋時人，文顧聲病，乃當時風氣」上，並圈去「劉宋時人」四字，改「當時」爲「劉宋時」。

（八四）一九三六年六月，批復

不必。批在「苟或傳不同，異日再鈔致奉閱」旁。

太遲。批在「聖心每年八月始送關」旁。

萬不可常去，失身份。除非有事乃可去，少見面爲佳。提携是靠人，上去之後就靠自己，人不能幫忙也。自己果用心教，不悮人子弟，焉得不悦服。單靠情面是不行的。批在「昨見朱校長云，兒之鐘點有加無減，理由説是教得不差，學生悦服。實則即有增加皆大人情面，兒焉得不曉」旁。

少見面爲佳。站得住否是靠自己。批在「秉鈞兄或有機會入勷大矣」旁。

好，有心即成。批在「兒無學問，不及覬覦，然不無引起上進之心」旁。

那一個研究院？告我。批在「冀一二年後能入研究院」旁，並圈去「一二」字。

能閱四庫提要及書目答問補正即可見之。家中有四庫提要否？此間有多餘的一部四庫簡明目録，若要可付汝。批在「仁壽莫先生、豪賢汪先生，即以自己無所表見，乏緣拜謁」旁。

傷心即痛，何必同用？批在「希文世伯再有悼亡之痛，傷心不已」旁，並圈去「有」、「之痛」三字。

萬不可用草書。批在「石琢堂孝行圖跋……當假日恭以行書録之」旁。

奉橘帖亦佳。批在「喪亂、哀禍二帖，每每臨閱」旁。

必要多讀。批在「以太過神化，曾不得皮毛」旁。

眼力不錯。批在「獨遊目帖，始終懷疑其不真」旁。

摹本非元帖。批在「無論結體章法，都不及上二帖萬一」旁。

是。批在「非云其字不美，而以相比，大覺不倫。至極亦爲善臨者所書，觀其行氣不能收束放縱可知矣」旁，並改「書」爲「摹」。

你字甚佳，可惜生遲數十年，不然，可有狀元之望。爲之一笑。

書道全集十八册米帖有僞者（不止一帖），能指出否？看看你眼力。米欒兄帖極精，亦非中國人所藏。從前單影本一張，售洋五元。由此帖可見米字全由右軍出，可與喪亂帖比美也。知你有書道全集第十八册，故及之。批在論法帖一段之後。

忽然説法帖，忽然説家事，頗覺不倫。往後能分二函或二紙則好。寫俗事可另紙作副函，或附件，起首加再者二字。批在「信義百年仍巍然矗立」一段旁。

省立其他女校亦可，打聽有機會，即來信，看看有熟人否？批在「明德新辦不過一二年，與聖神不同」旁。

有此意就好。有志竟成。一年不能，第二年亦可。先要自己有預備，至緊至緊。批在「辛姊云：另自有信大人，詳告己事」旁。

我不盼望你加鐘點，盼望你得高中鐘點耳。

來書目甚好，但不寫册數，太外行。不寫册數，何由知其書全否？又何由知其書是木刻抑排印？往後注意，古書目最要卷數，今書目最要册數也。許多書店寄來書目，在我處無用，今寄汝。批在六月二十五日來信末。

（八五）一九三六年七月三日，批復

可惜。批在「大人舊日書籍……其留舖未經博兄運移家中者，早殘散無餘」旁。

海學公〔一〕生於嘉慶辛未，西一八一一，卒於光緒戊寅，西一八七八。九公生於光緒丁丑，西一八七七。海學公卒時，九公才二歲，非三歲。便可向九公更正。傳説不足據有如此者。

開張於道光廿七丁未，則至今爲九十；開張於道光十七丁酉，則至今爲一百。應以多識部爲證，查得後告我。批在六月廿六日信末。此信轉述九公語：「信義開張至今爲九十年……我三歲喪父，今年六十……若信義今爲百周年，則海學公創辦時年僅廿五，舊時未有如是年輕而能開舖立業者」。

〔一〕海學公，援庵祖父。

（八六）一九三六年七月三日

來書目不寫册數，至爲遺憾，前函已道及。又有重複者，如書道全集，前云有五、十八、十九，今又云有五、八、十八、十九，究竟是有兩部，抑寫重？日知録集釋亦二部，何也。所來書目，俗陋板本不少，大概非線裝者。又法政書甚少；可知此道未深究。而時下不相干之文學作品甚多，閲之徒費目力。中有胡懷琛其人者，最鄙陋可哂，能看出否？

七月三晚

（八七）一九三六年七月，批復

可隨意，不必過矜持。批在「孝行圖卷後序已試爲録出……事屬初次，心慊手拙」旁。

無此式。批在「某某録數字不落如何」旁。

今年係西一九三六，正正一百年，何以云九十八，不可解。批在「彦叔云：多識簿所載，信義道光十七年開張，則九公之説不確，而九十八年乃爲事實云云」旁，並在「道光十七年」旁批「西一八三七」。

九公係兩歲喪父，非三歲，曾告九公否？批在七月一日信末。

（八八）一九三六年七月

我藏有墨跡數件，久欲寄你一閲，於作文改文，大有補助。其目如下：

徐琪撰劉瞻神道碑。俞曲園（樾）先生改。

端方請邮貴州提督潘萬才摺。楊子勤先生改（即著雪橋詩話之人）。

又請平滿漢畛域摺。端方等改。

闕名禮終集要叙，又守拙賦。王芑孫先生改。

若欲閲，可寄歸。但均未裱。

（八九）一九三六年七月

寫信要講究行款，摺信亦要講究格式，對上對下不同，不可不知也。横摺便當，對下或對平輩，尚勉强可用，對尊輩則頗嫌不敬。應先直摺，然後按信封之長短，稍屈其腳，較爲合宜。今用此函表其式，當注意。此亦常識之一，教科書所不載者也。

（九〇）一九三六年七月二十九日，批復

何以臨行不先來信説明，令我久望，此又係不通人情。批在「一星期前，承同事約往從化温泉一行，昨日回來，先後寄下五函，均已得接」旁。

陳寅恪先生有四聲三問一文，寄汝一閱。批在「後漢書聲韻之講究，承指示後益見鮮明」旁。

可。批在「所用格紙，爲自出式雕板印成者，尚餘千數百張，想寫完再改善」旁。

即寄。閲畢三數星期後寄還。批在「大人藏徐琪等墨跡欲得一閲」旁。

前函是問真贋，以覘眼力，非問好醜，此爲未中所問。批在「樂兄帖洵精，自是四家之冠」旁。

緩緩不遲。大局變，他們職責亦或有變。但拓時碑首篆文可以不拓，因篆得太壞也。存好我前寄汝之蔡先生來片，拓好後可加一説明親送去。批在「蔡哲夫先生聞名而不識。陳氏承先裕後堂記，遲日反鄉拓之。但不知如何寄送」旁。

此感覺或許有。批在「自來教開初中者，極難在同一校轉入高中」旁。

研究院資格，似大學畢業乃能入，可查真。批在「舊京新京之研究院，可望不可即，未敢作太高想」旁。

你的法政及音樂，我以爲都可更求深造，以至成家，有意否？孔子曰：日知其所無，月毋忘其所能。能實謂好學也已。有機會時，可表示不願意教初中，所謂以退爲進。若他處有機會，可並表示辭去。但必須有把握方能説此話，到底仍然在能。批在「前信『冀一二年後』一句，大人圈去二字，可知除非自己不努力，不然則一年便有希望」旁。

「識」音色，去聲則音志，與誌通。批在「多誌（用此字）簿已得見，開張確爲道光十七年，今據大人所考，信義正一百周年」旁。

幹兄由日本回粵，曾晤面否？我之書道全集第五、第十八册，即託他代購者也。批在信中空白處。

一時想不出。批在「教國文科之工具書，有應備者，請指示」旁。

教科書絶不會有。教是有人教，育是薰染培育，非由於教，此所謂育。見慣了自然曉得。古所謂工之子恒爲工，商之子恒爲商，是育也，非教也。細觀我信，應復即復，應問者問，或者有益。批在「應用事件，如近所教摺信紙等教科書所不載之學問，請隨時訓誨」旁。

在日本書攤，曾見過有博文堂印南唐拓澄清堂帖否？一册。來書目有此帖，是博文堂印本否？售價若干？即復。

又寄來書目，有聖教序，是何本？有懷仁集王，有褚寫，懷仁中又有各本。單寫聖教序三字，不合。日本博文堂有北宋拓聖教序，集王書，須十五元，曾見否？批在七月二十二日來信末。

（九一）一九三六年七月二十九日

你有佳硯，常用否？不可常用水洗。有墨積，當先用水一二滴發透，然後横斷舊信皮約五分闊剷去之。既不傷硯，又不費墨。此法最善，想起就告汝。

林文收到（七月十二日）。今付粤寫本五種，印本三種，共一包，掛號，收到即復。印本不用寄還，寫本過三數星期後可以掛號寄還。

我欲汝學篆書，學畫。篆書可自習，數月即有可觀。用方格，照黄子高續卅五舉，先學下筆次第，比寫行草容易，不可不學。習畫則須有人指點，且緩圖，先學篆可也。七月廿九日。

（九二）一九三六年七月三十日

共信四函：

一呈倫達如先生。

一呈張遠峰局長。

一呈林勵儒先生。

一呈陳友琴先生。

前二函寄辛處，因重，分開寄。收到此函後，即通知辛，共商進行。七月卅夕。

（九三）一九三六年八月二十六日，批復

某某日奉上一函。原信作「前奉一函」。並在「八日辛姊接大人快信」之「快信」上加「某日」。

忌之矣。批在「劉君在主教前説校弊政，又有謀位之傳聞，得罪校長」上。

（九四）一九三六年八月二十六日，批復

澄清堂帖，此間所存爲有正書局珂羅版，亦稱南唐祖拓。原作「澄清堂帖，此間所存爲南唐祖拓（珂羅版有正書局）」。

第幾第幾等。添在「在日時，雖常到書攤，而所獲只書道全集三卷耳」之「三卷」上。

有正珂羅板亦稱。添在「聖教序爲崇禹舲藏宋搨懷仁集（有正珂羅版）」之「崇禹舲」上，並刪去括弧内之字。

僞之尤者，二一四、二一八至二二一、二三三。批在「米帖不常臨摹，難辨真贋，請指示」旁，並刪去「摹」字。

此所謂忍頸也。批在「聖心高一國文教員有缺，即託人關説，『願上高中』。校長以爲教開初中，妨學生不滿。果中前言。而自己無能，要爲主因。别處未有機會，雖經此事覺不好意思，亦只得靦顔仍舊造下去再算」上，並改「雖經此事」爲「雖經過此次」。

不一定靠得住，不宜離。批在「汪希文世伯有信來云，刻頗活動，願爲兒找些事造。此方如成，應否離去聖心而就之」上，並改「世伯」爲「丈」，圈去「造」、「而就之」等字。

人情不可託，於復辛信詳之，閲後交去可也。批在「如大人有熟人，請轉接介紹」上。

白難得簡，文難得真。批在「容文學史……以現爲白話時代，故言古文簡之又簡。對於文、白之意見如何，願得明教」旁。

從前有之，不知何在？批在「日前大人曾提及才子古文一書，願得一讀」上。

文章好醜，各有所好，非如算學之答數，萬人所同也。批在「容肇祖先生於四史，極贊司馬、班、陳，獨范則致微詞，豈其響韻清雅外，餘無足多」上，並在「足多」下添「耶」。

自己寫錯字塗去，當用點。若亦用大圈，則與塾師改文無異矣。「除」、「對」二字是汝自己塗去者。批在「事事都感異常缺乏」上，首「事」字原作「對」，作者圈去改「事」。

原文不明。批在「南粵王燒炮請教習」上，並改爲「南粵王放起身炮請教習」。

（九五）一九三六年八月二十六日

我改一信，頗費苦心，未知汝領受否？親近我之子女，無此教訓也。寄來陳范異同，我不能細看，大略閱之而已。又文稿作信寄，甚無謂。即日已改作文稿寄回一部，只費一分。收到即復我，免望。

來信改過批回，取其便當也。總要做到全信可以不改，不寄回，汝就是大進步。

但我近來觀察汝對我改回之信，似不十分重視。應該一個字不肯放過。果然，則我亦懶得復也。　八月廿六日。

（九六）一九三六年九月一日，批復

自己塗改之字應用點，以免與我所塗者相混。批在「於作文亦有所領悟」上，原信「所」字圈去，與批改同。

此「也」字有勝於無。批在「所以更佳也」上，原信「也」字圈去。

可以多留一二月，細看數次，乃寄還，未遲。批在「此等卷摺，有錢亦無處買，得大人賜觀，開眼界不淺」上，並改「卷」爲「冊」。指徐琪劉瞻碑及楊子勤改端方摺。

東塾集有廣州音説，甚精，不可不讀。批在「嘗聞國語難調出入聲，而粵語則除若干字外，調四聲甚易」上。

學吳清卿似不如學鄧石如。批在「近常學篆，摹吳清卿説文解字建首」旁。

段注繁，初學宜讀一篆一行本，今寄汝。批在「有時偶要翻檢，此間祇置段注説文解字，事不易易」上，並改「置」爲「有」。

錫字可用，但普通仍用賜字爲宜，免人説你寫白字也。批在「大人有多餘板本，請錫一部」上。

未見。批在「近顧頡剛先生有地圖底本出版，此間無處買」上，改「無處買」爲「無售處」。

原任初幾？批在「聖心昨寄來教員擬定時間表一紙，則知改任初中一年國文」上。

乃所以三字，嫩。批在「月薪減十元，尚屬物質，激刺不深，而精神之苦悶，乃所以青年入世漸久，壯志日消磨歟」上，圈去「之」、「乃所以」等字，改「壯志日消磨歟」爲「壯志消磨或即因此」。

此係侯字草法，與候異，可檢草字彙。批在「爲人時侯少，則爲己時侯多」上。

有考否？批在「入中大研究院，有大學一般程度之專門學校畢業者，亦合資格，必經考試」上，並在「必經考試」前添「但」，後添「云」。

此信有兩白字（别字），即菲與候，寫成匪與侯。降低班數，以此歟？改文有别字，容易爲人指摘，慎之慎之。批在八月廿五日來信末。

（九七）一九三六年九月一日

我想汝寫篆，最要知下筆先後，可看續卅五舉。今付歸一篆一行本説文，附通檢，多寫自然有味。又付歸鄧石如篆小四屏，無掛號，收到即復，免望。我想汝每次來信，夾篆文二頁，一頁寄回，一頁留下，以覘汝是否有恒心，是否有進步，何如？如以爲可，即實行可也。

聖心降班，我亦替汝不快。但亦要反求諸己，既答應人，尤要用心去教，不可存消極之心，對人不起。有機會時再説。九月一日。

（九八）一九三六年九月十三日，批復

付字照老規矩應空一格。批在「昨日得接八月廿六日付回兩原信」上。

我所問必要答。細看所批，有須答復者必復，即爲重視。若隨隨便便，便不重視也。焉字不甚穩。批在「望諒其本心不如是，指示其疏忽，時時教導焉」上，改「焉」爲「爲幸」。

一字可省。批在「附轉辛姊一示」上，改「一示」爲「諭」。

此事此間全無所聞，何不詳細告我。説話及寫信，均要替對方設想，不能因自己明白，以爲人亦明白。如勷大之事，我全無所聞，你要報告乃得，剪報寄來亦可。批在「林礪儒先生不接見辛姊，照當時情形，自有爲難之處，觀今日勷大紛擾未定之狀可知已」旁。

我亦忘記。批在「數年前，大人反粤時，曾教兒鈔改史記漢書異同」上。

極有趣味之事。先斷代或各史刑法志。漢晉魏隋兩唐舊五代宋遼金元明凡十二史皆有刑法志，先讀元史何如？批在「研究法律史應如何入手？宜斷代抑通史？甚願指示路徑，介紹書籍」旁。

切實謂之真。批在「文言以古時語説今時話，又既曰文，自多修飾，是以難得真」旁，並改「古時」爲「古代」，「今時話」爲「今代語」。

去重複支節，並少用吧嗎等字，謂之簡。批在「白話加一文字成白話文，自須點綴以辭藻，不能贅如説話，是以難得簡」上，並改「點綴以辭藻」爲「起草」，圈去「贅」字，「説話」下加「隨便説出」。

「主」仄「賓」平，此句宜用平，細讀自悟。批在「雖數年賓主」上，改「賓主」爲「主賓。」

下文稱兄，自以兄字爲妥。況鈞君二字同音不便。批在「兒入校之媒介爲秉鈞君，自彼去後，便無相熟」，改「君」爲「兄」，「相熟」下添「之人」。

從前未聞此人，不可因劉而與之得失。待人貴言忠信，行篤敬，至緊。批在「校務主任劉祖禧者，校長之壻……爲制教務之權，特開此職使監之者也」上，並圈「者」、「之」、「者也」等字，「校長」上添「爲」字。

此層未可盡信，或劉以此自解耳。批在「其人與秉鈞君不相洽……不與送闕，聞非校長決意，實其力主之」上，改「君」爲「兄」，圈「決」字，改「其」爲「彼」。

初一與初二是否薪金不同？前函言降初一，今應述及前函。所謂文言每不如説話之明白，難得真者，指此。批在「得主教一言，亦未降下初一，現仍任初二兩級國文」上，在「得」上添「前函言降初一今」，「亦未」下添「實行」，圈去「初一」、「現」三字。

明德是何種學校，我不知。批在「秉鈞兄不能回聖心，而得入明德，主教意也」旁，在「秉鈞」上添「現」，圈去「得」字。

辛來航空信，收到，甚慰。但主教代繳學費事，大不妥。我不暇復，晤時代達可也。批在「主教因大人情面，待我輩時見優渥，想辛姊已自言之」旁。

十三日到即付回。批在「九月六日」旁。

兩次用一分郵票寄回陳范異同，收到未？又一篆一行本説文及鄧石如篆屏收到未？前函老汪事，未見下文，何也？凡前信説過未完之件，後信必須提及。

你自己有别號否？告我。批在九月六日來信末。

（九九）一九三六年九月二十一日，批復

此信摺得太短。應短信封二三分便合，此信短信封一寸多。批在開首。

説文十册已收到未？批在「十日收到鄧篆小四屏」旁。

蘭甫先生極通音樂，爲近代大儒。汪宗衍有東塾先生年譜，見嶺南學報，甚佳。批在「廣州音説曾細看，陳氏辨音最爲精審，真非自私其鄉者」旁。

此事我外行了，汝可究心學之。孔子曰：「月無忘其所能。」汝之音樂，宜求進，不宜令其退也。批在「近閱吳梅詞學通論，論平仄四聲一章云」旁。

此言何謂也。批在「廣州無戲劇」旁。

寫部首常感無味，不如每部寫數字或十數字較有生發。批在「爲穩基礎，不能不熟寫説文部首」旁。

先學鄧，後來可學秦詔版，全用方筆，筆尖向内，略如隸法。批在「大人謂學吳不如學鄧」旁。

無。批在「則若有鄧篆本，請寄下一册」旁。

清以前無羊毫，乾嘉以後始興用之。批在「習篆之筆，宜剛抑宜柔」旁。

篆更無用軟毫之理。包慎伯以下不足法也。批在「羊毫寫楷行草，俱難得晉唐意，而易藏拙，然寫篆想不如此」旁。

米南宫寫草頭特别，一看便能分真僞。如上圖，真，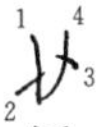僞。批在「書道全集第十八卷米帖所指示其僞者，甚是」旁。

此帖見三希堂，何由有日本味？看錯了。此數葉甚佳。批在「二三四頁以下草書帖真贋如何，何日本味之重也」旁。

到處楊梅一樣花。之一邦則又曰猶吾大夫崔子也。批在「聖心不過一中學校耳，而其間變幻，似一切人情世故，賅括靡遺」旁。

大大不妥。辛更不應與劉往來。批在「辛姊以其子在聖心無學費交事，因秉鈞君介，見主教求免費」旁。無壓迫之心，有壓迫之嫌疑。宜少去，更不宜用主教力壓迫當事人，令人不快。語云買上不如買下。與其求主教，毋寧敷衍教務長以下。批在「偶及兒近狀，命有暇去見，遂於八月末謁主教一次，降班事得以挽回」旁。

姊是姓羅的，不能以比例姓陳的。批在「主教不知兒欲上高中，以爲想加鐘點（蓋其姊既以免費事來見，乃度其弟生活亦苦）」旁。

此層則無關，全在自己學力進步。批在「將來欲求上取，豈不更爲艱辛乎」旁。

姑隱忍下去何如？批在「深感應付之難，情緒頗見摇動」旁。

廿一日付回。批在「九月十三日」旁。

（一〇〇）一九三六年九月二十一日

來書目有故宫書畫集廿三册，是從何處來的，告我。

九月十日、十七日大公報圖書副刊有陳樂素文，已見否？

現在每星期共上幾點鐘課，改若干人文，告我。

三四姑情形如何？大姑之子入中山大學，現如何？一一詳報。九月廿一日。

（一〇一）一九三六年十月四日，批復

此間有一册散印的，日間寄粤。批在「刻已向聖心圖書館借得元史刑法志」旁。

我何從有此類書。批在「抑關於此項書籍，由大人分别寄下，如何」旁。

我意只是孔子所説「月毋忘其所能」之意。既已學過，不可失丢。不獨法律然，即音樂亦然。批在「似此學程，能否研究下去」旁。

此間完全無所聞，應早告知。早知如此，則不去信也。批在「勷大前因歸併中大，易長，教員索薪諸事，頓呈紛擾之狀」旁。

林既不幹，然則倫老伯之世兄有守何如？又我介紹劉往見之吳辛旨何如？便可打聽復我。批在「而事實則林礪儒先生不幹，索薪事已有頭緒」旁。

據此則難怪。批在「當時林先生不接見辛姊者，想正以自己忙於交代耳」旁。

不宜常接近，易見輕也。總要充實自己能力爲上。批在「希文丈前時自己出心爲兒謀事」旁。

少年何亦善忘也？批在「前函偶爾提及，後便忘記再報」旁。

是否奉教？ 復我。批在「劉祖禧爲校務主任事」旁。

我近來記性更差，且來信閱畢即批還，故每不記得。批在「明德女校，則前信已言之，乃巍主教主辦聖心之兄妹校也」旁。

月共有八十五元，是否？批在「初中二國文十二點，初中一十點，差十元，兒現有十七點鐘」旁。

此間接三叔信始知。批在「益兄忽來，載喜載驚」旁。

十月四日付還。批在「九月廿六日」旁。

（一〇二）一九三六年十月四日

我有江慎修永先生篆書一册（雍乾間經學大師），極精。本欲寄汝，但尚遲疑不決。非有所吝惜也，一防汝未必學，置之可惜；二因粤地潮濕，藏字帖易蠹蝕，不常閲必遭毁棄也。至於來價不賤，尚是第二層。故屢欲寄而輒止。且江先生書比王西莊先生書尤難得而可貴，此間只有此一册也。

（一〇三）一九三六年十月十三日，批復

前月寄粵一篆一行本說文十冊分二包，何以久未收到？即復。來篆漸有進步，不過筆畫粗細欠勻，可注意。但恐太忙不能常寫了，當係遊藝，亦好消遣也。批在信首「九月卅日得接廿一日付回原信」旁。

我記得故宮好似寄三姑，故宮書畫集則寄四姑。是否？查復。批在「故宮書畫集廿三册是大人數年前寄下」旁。

名譽漸起，可慰也。批在「博兄毛詩六帖、宋初三館考二文，既先後於大公報得見」旁。

送某某人，告我。批在「彼又另自寄下數分，囑分送親友」旁。

久未見面。批在「益兄北反，當有詳細報告」旁。

日知所無，月毋忘所能。批在「大人每提兒勿丟生音樂」旁。

誦詩讀書，亦足移情。余近日暇即讀孟子，青燈有味似兒時也。批在「人到疲倦時快彈一曲，足以移情」旁。

是雅事，但嗜好不能太多矣。批在「前數年曾有意習畫」旁。

我今年五十七，每週授課八小時。不授課，無飯食也，奈何！批在「每星期兒上十七堂，每班約五十生，兩週一課文，不下一百四十餘篇，平均每日須改十篇」旁。

此等人思想多舊，文理未必佳。批在「本來有專爲人改文者，多爲前清塾師，各處國文教員課忙趕不及，必交此輩」旁。

此法不妥。批在「其人既以是爲業，責任所在，乃滿批滿改，每致原文面目全非」旁。

更無謂。批在「或竟全篇更作」旁。

三句不明，是否亦請人幫改？批在「兒雖不以其法爲善，然有時急迫，亦無可如何，惟此是賴」旁，改「其」爲「此」，圈去「亦」字，改「惟此是賴」爲「亦請人幫改」。

爲人何嘗不是爲己。批在「既已爲人，爲自己時候便少」旁。

此訣本於翁覃溪。批在「承指示米之特別草頭法，辨別真僞此最爲簡要」旁，並改「特別草頭法」爲「草頭特別寫法」。

忘記了。批在「家有揩碑帖一册」旁。

有時不一定，要以能合行書寫法先後爲要。譬如有字及右字則先撇，左字則先畫。初學習慣，則將來學行書易。最怕起壞頭，費大力乃能改正也。慎勿悮人子弟。批在「大人於平常人不注意而每誤其先後之字，必爲點出。兒一初即見此，故受影響甚深。近且以之教人，亦收效果」旁。

（一〇四）一九三六年十月十七日，批復

想是毫洋。批在「此學期多任一班，月得八十五元」旁。

一篆一行本説文至今未説收到，是否寄失？批在「江慎脩先生篆書……若謂防兒未必學，故屢欲寄而輒止」旁。

稍暇購歸。批在「北平戴月軒名筆，欲得紫豪中楷一二枝、小楷五六枝」旁。

本來係師範院長。批在「勷大……林先生不幹校長，而有長文學院訊」旁。

好！以之爲名是南朝習慣，如王羲之父子是也。沈休文是大文豪，本名約。批在「本名約字，若大人所改，則別字還望費神賜下。單名朋友間難稱呼，早有此感。在彼覺不順口，自己亦覺不順耳。無已，則如胡適先生加一『之』字若何」旁。並改前「若」字爲「是」；圈去「難」字，「稱呼」下添「必連姓」。

是友字？是支字？不識。批在「禰翮雲醫生女友真在嶺南大學」之「友」旁。

何處高師？高師上應有二字。應稍爲敷衍，以善意待之，不可有得失。批在「劉祖禧校務主任爲教友，聞在高師畢業，約卅歲」旁，改「爲」作「係」。

聞已到，但未見。批在「益兄料已平安抵步」旁。

篆用九宫格寫，每半頁九個字，大個的似易進步。未知粤有九宫格賣否？太小撑不開也。十七晨。批在「國慶日」來信末。

（一〇五）一九三六年十月二十三日，批復

此書此間買要十元八元。批在「一篆一行本説文早經得接」旁。

此函兩用「該」字，公牘上常有之，尋常文宜少用。批在「而該次之信」，「況該書接得後多曾翻檢」後，並分别改爲「是」、「此」。

此書漢文佳，學和文未識嫌舊否？批在「大人先日寄歸之和文釋例，實激此動機」旁。

别字要自己改爲好。若係雙名，則可名號合一，單名不能不改一别字，以便於朋友的稱呼。不然，則人每每連姓呼之，似有不便。若在外國，則不拘；在中國習慣，似乎不便也。批在「未更起别字，今日大人提及，甚願爲改一個，其意義濬永又自不同矣」旁。

廿三早尚未收到。批在「十一日掛號奉還徐琪等文稿五分」旁。

後人學古人所謂書丹，未必即書於石。猶之稱頓首者，未必叩頭至地也。批在「月前曾爲慎餘丈書丹一文，就石上書寫，事屬初試」後。

廿三日。批在「十月十四日」旁。

拓本寫得甚好，第一不俗，行氣亦佳，可喜也。惟文是誰作？

付回筆九枝，收到記得復信。批在信末。

（一〇六）一九三六年十月三十一日，批復

篆書比行書易見功，行書寫一二年不能示人，篆書數月即成模樣矣。行書是書之最進步者，篆書則初民作品，故較機械而古拙，比行書容易見效也。學鄧學楊沂孫都可。秦詔版拓本遲日寄回。批在「篆書之學習既漸有進步，微見頭緒，頗具決心練至流利，稍得規模始罷」旁。

可以。批在「江慎修先生篆書若能一併賜寄」旁。

學畫一年亦可以示人。輔仁美術專修科一年生作品可以展覽，若字則寫一二年斷不足展覽也。由是可知畫入手亦易於字，與篆同。批在信中空白處。

聖教序獨體佳，行氣不屬，大爲董香光所譏。汝見之聖教是何本？告我。批在「聖教序臨摹爲日不少，自信略有心得」旁。

焉字常用得不甚妥，何也？宜常讀孟子。批在「規之於篆，更有意味焉」旁，改「焉」爲「也」。

無此法。在輔仁附中畢業，亦要考，不過少考一二種而已。因入學試驗係部定。批在「朱校長昨與兒言：聖心欲得一大學爲後盾。輔仁同爲天主教所辦……若能……假以優待，某種分以上准予免考直升」旁。

我極贊成，待與同人商量。但我不甚願汝過問此等事，於汝無益有損。批在「囑爲轉達，看大人意思如何然後正式商量」旁。

此間指何處？告我。批在「大人所著書，此間多有」旁。

此是佛經目録，於汝無用。批在「敦煌劫餘録，以爲兒合看，請寄下一套」旁。

要知到便了，不必照讀。批在「『敦』照康熙字典應讀爲徒渾切，音屯」旁。

最好知而不讀。批在「此間人皆讀都昆切，音墩，讀爲屯反認作不合」旁。

應照普通讀法，不必立異。有時約定俗成，則積非成是也。批在「教本常有此字，究應如何讀法」旁。

明以前無羊毫。「寫」字寫得不甚好，何也？批在「顏書是否仍須用剛豪寫」旁。

寄汝雙鈎東方象贊碑陰已收到不？來徐琪等作收到。當印刷品寄，照郵章不應封口。

粤有好畫師否？畫要名貴，不以粗頭亂服爲上。總要有士夫氣，不俗爲佳。卅一日。

批在廿二日來信末。

（一〇七）一九三六年十一月，批復

字係預備人稱，己不能稱字，除非以字行。稱人稱字，自稱稱名。批在「別字之使用，不甚明瞭」旁。

平輩。批在「只知古人相稱以字」旁。

對尊。批在「何時應用名」旁。

對卑。批在「何時應用字」旁。

對尊大不敬，對平輩亦不能，對卑輩或可。批在「朋友間通信，能否用別字」旁。

寫信時似未收到，則當加先此二字。批在「筆九枝收到即覆，多謝多謝」上，並在「多謝」前添「先此」二字。

陳東塾篆收到未？連王覺斯字，各送三叔一軸。順便有人到港託帶去，因郵寄甚不便也。東塾此篆略仿天發神讖碑，曾見過否？批在信中空白處。

的確係好。批在「石成，未嘗聞人説字好，有即大人耳」旁。

甚似黄庭經，故佳。批在「臨時引至石舖，爲之鈔上」旁。

我亦無之。批在「清華學報、燕京學報等有名刊物，此間求之不易」旁。

王覺斯三軸，尚有一軸，想送誰，告我？

東塾篆有人想要，可再寄。裱不裱，並説明。未裱者甚多。此間裱一張，大洋八角。

郵寄有損壞否？批在十一月二日來信末。

（一〇八）一九三六年十一月十五日，批復

連有兩而字、兩者字，不妥。批在「宋榻懷仁集，董識其行氣不屬，誠然，而每字結體之佳，無出其右者，而不善學者，習焉不化」上，並將首「而」字改爲「但」，圈去首「者」字。

「常」平、「每」仄。批在「常見坊間舊書篇首之序」旁，並改「常」爲「每」。

亦間有壞筆。因是自己臨池的，非爲人篆的，故有壞筆，亦自存之。批在「江篆曾賞玩一夕，其渴筆甚多，以不識篆，不知是好是醜」旁。

學古人書貴有墨跡者，正爲此也。批在「而由此窺見其下筆之次序，駁接痕跡婉然，則得益已非淺鮮」旁。

用方筆，筆尖要斜向本身，略如隸法。神識便是如此。批在「臨摹一翻，自以爲又有寸進矣」旁。

便可打聽打聽。批在「粤有好畫師否？更不之知」旁。

不必寄還。批在「許、周兩稿……待再閱讀，然後奉還」旁。

易學在此，不如行草亦在此。行草是進化的，篆本是笨法子。篆一年半年可示人，行草不能。是機械的，故易學。批在「篆要筆畫均匀，此層最難，亦最機械處之一」旁。

筆尖斜向寫字人本身，行草則筆尖向外。渴筆因紙有礬。批在「江先生管筆鋒甚短，求其合力壓下，便宜均匀。其多渴筆，豈亦與此有關歟」旁。並圈去「管」字。

康筆尖不向内。批在「康篆則反是」旁。

二而字。批在「而摇曳差過之，判然兩派，而求其平正」旁，並圈去下「而」字。

是木刻，是排印，何以來目録不見有？批在「前信云大人所著書此間多有之。此間指家中而言」旁。

引文此二字可省。批在「『過問此等事，於汝無益有損』，承教」旁。圈去「於汝」二字，並批「招人忌也」。

十一月十五日。批在「八日」下，並旁批「某月」。

（一〇九）一九三六年十一月二十三日，批復

且緩。批在「承先裕後堂記已拓出，尚應否送去蔡先生」旁。

又寄回東塾篆二軸（郵政有損壞否？），一軸送九公，一軸送慎餘丈何如？但必須其喜歡始可送。否則明珠暗投，知交按劍矣。

文靜孫女佳否？喜歡何物？告我，當寄歸。

汪希丈有何新聞？十一月廿三。批在十一月十六日來信末。

（一一〇）一九三六年十二月二日，批復

何時下港，豈不太慢？余意打聽有何人順便下港帶去也。若交雪，則我亦可直寄與雪，何必你轉？批在「十七日得接王覺斯字三軸，廿日得接東塾篆兩軸，各送三叔一軸，已妥交雪妹」旁。

有東塾篆，此不必，應送與天主教人，因上款係湯若望也。批在「所餘王書一軸擬送慎餘丈」旁。

對尊輩，何云「意下」，大誤。批在「未知意下如何」旁，並改「意下」爲「尊意」。

史諱、西域二種，若欲閱，可寄粵。批在信中空白處。

此等稿只可示子弟，不足示人。批在「周亮工二三次稿，多有改則同改，增删則同增删者，如是即似第三稿不從第二稿鈔出，抑在定第三稿時，大人同時添改第二稿」旁，並在「同時添改第二稿」旁批「是」，删去「大人」

二字。

明末清初書家，甚有名，但此軸□□上款有趣，非重書人也，應送天主教友人。批在「王名字歷史不詳，願得指教」旁。

書法貴平正通達。有特别形象，則非正宗。章草因有特别形象，故易仿效，如康長素、張廉卿北魏諸碑，皆有特别形象，後生小子學三數月便有模樣，爲其有異象可認也，因此遂不足貴。偶作遊藝未嘗不可，以此見長，則謬矣。二王之所以可貴者，爲其平正而難學也。故章草不足貴，尤不可對其他長輩用之。切切。批在「近偶臨宋仲温章草，因效其意而爲此信，想大人不以草書見嫌，認爲不敬，而兒亦實無不敬之心也。將來篆書學成，則於書法一門，頗堪自慰矣」下。

筆尖向本身，是隸法。不過要寫方筆篆，則參用隸法；若寫圓筆，則筆尖不必向内也。1.筆尖向外右，是行楷法。①。2.筆尖向内左，是隸法。②。批在「寫篆筆尖要斜向本身，此事以前不曉。但筆嘴須開大的一層，自以爲發透，只有過分，不會不足，而不免專用筆尖。恐是執筆太直，明鋒斜向本身後，或能矯正」上。

吴次山云：「前人論文云：文之平淡，乃奇麗之極。若千般作怪，便是偏鋒，非實學也。」章草得毋類是。況近日卓某所傳宋仲温章草，是贋本，誤以爲真，已頗爲此間識者所笑，何必效之。仍當以書譜爲正。十二月二日。批在十一月廿六日來信末。

（一一一）一九三六年十二月九日，批復

即字少不得，要多讀就明白。四句爲一句，即○○○也，無即字何以成句？「即」，是個蓋，「也」，是個底。有底無蓋，不成其爲盒也。批在「對象並非別人，江十一姊之金蘭，當年同居誓不嫁，江之適汪，幾釀風波之陳氏也」旁，並在首「江」字前加「即」，圈去「之」字，「汪」下添「時」，並在每句末加1、2、3、4。

初即前時，既有前時，初字可省。删去八個字，何如？批在「文靜前時體質極弱，初以其爲甚魯鈍，常常讀書不升級，其後續漸長大，體漸加健，且轉爲校中運動選手，而功課亦按步就班，則前時之愚蠢，質弱使之然也」旁。改「初以其爲」爲「似」，改「常常讀書」爲「讀書常」，删「其」、「續」、「而」、「之」，改「愚蠢」爲「魯鈍」，並批「仍用前文魯鈍二字，較醒目」。

思惟之惟，從心。批在「自維亦至某一段落矣」旁。

四首：一述萬國來朝之盛，二述海外人物之奇，三述湯若望之道術，四述遊讌中之印象。萬鑿似指鼻，鋸鋙似指燈。批在「王覺斯詩有一字不識，『人窮　曆涉波瀾』，大底明其意，獨此字看不出」旁。並補「星」字於空白處。

末二行寫法，除寫與我或阿博之外，有何人可以如此寫法。寫信貴乎人易懂，若要人

猜，則費事矣。猜錯更悮事矣。此所以要戒也。

取銀，要携原信皮去到郵政總局，蓋與信皮同名之圖章。

本期篆暫留閱。九日。批在十二月三日來信末。來信末二行用章草。

（一一二）一九三六年十二月十七日，批復

某日。批在「得接付回原信」旁。

何以前函未提及？批在「三嬸曾來，篆、詩各一軸早經於此間收到後一日連隨轉三叔矣」旁。

可。此人曾到北平否？何以能教國語？批在「所餘王詩一軸，擬送天主教友、聖心事務主任陳季瑗先生」旁。

「向其下」，可改爲思其次。「雖少作此」，可改爲素未習此。批在「彼亦知兒好臨池，既以大人不肯爲書，初不料是兒未嘗代言，乃向其下，屬兒寫條幅多幀，自念雖少作此，止得應命」旁。

先生寫白字了。批在「少能久延殘喘」旁，改「久」爲「苟」。

何不叫勤叔回信？批在「將來校長一職，九公要勤叔當之云」旁。

凡寫信末頁至少有二行，三行較佳，一行不能成頁也。此爲大戒，切切。

關於鄉校事，你切勿希冀一席。可以幫忙，如計畫等等，但不可受半文報酬，至緊至緊。一受職則爲鄉人矣。

老劉密否？萬不可密。能漸漸疎到不往來尤佳，能敬而遠之最佳。不然，終有上當之日，悔之無及矣。十七晨。

彼來函及復函稿，付汝一閱，閱畢即燬之可矣。批在十二月十日來信末。此信四紙，末紙只有「金安　兒約謹稟　十二月十日」一行。

（一一三）一九三六年十二月二十三日，批復

若對世俗人寫信，則「不」字要加口作否。批在「文靜款十元……如數收妥，勿念。文靜甚喜，問要回覆多謝不」旁。

若留多字，則去如字。因「如許」即「許多」也。批在「得之雀躍歡呼，一來有爺爺痛愛，二來眼見如許多心愛品物，自然樂極」旁，並圈去「多」字。

删去八個字一段，更見簡潔，爲文苦渣滓難去。原信爲「删去八字一段，即見簡潔，爲文便苦難去渣滓」。

「終」與下句「究」同意，不能同用。批在「日文未學前，滿以爲不甚難，學下去，則明白終是外國語，究非數月能有成就」上，圈去「終」字。

是以二字累贅。批在「困苦可想知，是以雖未至灰心，然已感應付拮据」上，並圈去「想」字，改「是以」爲「現」，在「拮据」下添「矣」字。

是寒假，抑是春假？批在「多放一星期假」旁。

欲教高中，捱極捱未上，一則未有機會，二亦未能取信於人，再忍一二年，未知何如，姑努力求上進而已。原信爲「欲教高中，捱極捱未上，實亦無機會，再忍一二年，加以寒酸氣，則無疑爲聖心初中地主矣」。

前函提及陳季瑗先生，與陳則參先生有關係否？ 則參先生現在何處？ 前六和東家。批在信中空白處。

廿三日。批在「十二月十七日」旁。

寄回文靜北平名勝明信片十八張，可以自用，可以送人。批在信末。

（一一四）一九三六年十二月二十三日

①眼見　如許　心愛　品物　眼見　許多　心愛　物品

②爲文　苦　渣滓　難去
③如此　則　非　多讀書　不爲功
④則明白　是　外國語
⑤是以　雖未至　灰心
⑥現雖　未至　灰心

句之組成，有如此圖。

明乎此，則所删去之字，想再加入，無地可容。第一第四句更顯，第五六句尤應玩味。

（一一五）一九三七年一月六日

一、墨跡，二、石刻，三、拓本，四、剥落，五、又剥落，六、翻刻，七、又翻刻……石刻已是二傳，翻刻又翻刻，不知經過若干傳，其去始祖也遠矣。清道人寫北碑，並其剥落嶙峋之處亦效之，遂成惡札，此大不可也。廿六年一月六夕。

（一一六）一九三七年一月七日，批復

試專讀孟子先何如？ 批在「爲日讀一文」旁。

墨跡難得。 批在「篆衹臨江，恐少變化」旁。

翻刻者多，隔三四度手，不如學人墨跡。 二碑粵學海堂有翻刻。 批在「門徑已入，欲多見各家，如秦詔版、嶧山碑、天發神讖碑等，望能寄下」旁。 並在「秦詔版」旁批「銅刻，極難得」，「嶧山碑」旁批「石刻，已殘」。

「尊旨」二字，似宜用之較疎之人。 「敢求明教」句亦然。 家人用此，總覺不妥。 批在「江篆矜貴，擬仍奉還，謹候尊旨。 又於隸書，素少臨摹，既書學有基礎，欲一併能之，應如何着手，敢求明教」旁，並在「謹候」旁批「聽信」，改「尊旨」爲「諭辦理」，「隸書」旁批「暫緩」，改「敢求明教」爲「示知爲望」。

不學則已，學必學北腔。 北腔高亢清脆，不可起壞頭也。 能購一無綫電機，於國語必易進步。 中央無綫電臺講兒童教育之女子，發音甚佳。 批在「兒不懂國語。 廿六年起部令須用國語教書，臨急抱佛腳，明年夜間時間不能不補習以備應用」旁。

事未來而先知，謂之前知。 批在「書信謙稱不能在每行第一字，則已前知」旁，並改「則已前知」爲「前已知得」。

未始 不由 曾下 每日必寫 之 決心 所致。 無「曾」字，則「下」字孤。 批在信中

空白處。此信開首有「未始不由下每日必寫之決心所致」句，在「下」字上爲添「曾」字。

一月七晨。批在「十二月廿九日」旁。

（一一七）一九三七年一月十三日，批復

初三與初一，報酬同否？批在「下學期鐘點略有調動，增初三外國史四點，減初一國文五點，初二國文十二點仍舊」旁。

後字點句，似不合。批在「故經推辭，朱校長仍屬努力向上後，勉强先答應」旁，並改「故」爲「曾」，圈去「朱」字，改「後」爲「結果已」。

我亦外行。批在「半年來頗涉獵世界史……現在最要緊是參考書，請設法指示」旁。

是學校指定，抑自選？批在「課本用商務何炳松編復興初中外國史」旁。

總要自己了解，講出來，人能懂而有趣味，則可以教下去。批在「聖心下學年擬改專任教員制。爲求基本教員計，不能不要各人多通一兩個科目。果然，則將來本國史外國史，兒均有占一席之可能」旁，並改「可能」爲「希望」。

最好借一二次，若不還，則自然不好意思再借也。批在「秉鈞兒不見多句，先次之會面，又試借錢，兒無以應」旁。

十三日收到，即復。批在「一月五日」旁。

國文與本國史較近，與外國史較遠。在中學教國文之人，應兼教中國史，此最普通之事。教歷史不用改文，功夫較省。批在信末。

（一一八）一九三七年一月十三日

余藏有孔昭孔雙鉤碣石頌（即所謂一宿雙鉤本），極精，不知放在何處，久求未獲。日前在舊攤又遇着一部，即購之，幸不貴。此爲小篆正宗，但微嫌字體略扁耳。想閱可寄汝。此與嶧山碑同一鼻孔出也。

輔仁中學有一西史教員，曾作一西史表解，可作參考。但係高中用的，不知初中何如耳？

（一一九）一九三七年一月二十四日，批復

已是第二次說，應作「前」。批在「昨偶起學隸一念」旁，並改「昨」爲前。

前廣雅掌教鄧蓉鏡先生之子，容希白（庚）之母舅。批在「託廣州書人鄧爾雅氏篆其始末」旁。

此衆何衆也？批在「因屬兒爲之，書成，衆稱較鄧氏有生氣」旁。

此極難得之品，應寶之。批在「前年賜下陳澧先生手卷」旁。

不如所篆座右銘遠甚。批在「卷内自言書法拙弱，今之篆書何其氣勢也」旁。

應照書皮寫明第幾稿，因我不記得那一稿也。若是第一稿，閱畢即焚之。批在「八日得接博兄轉下吴漁山晉鐸二百五十年紀念一稿，曾細閲一遍，書首多貼有小紙，深諭作法之意，想爲博兄而設，但於兒亦大領益」旁。並在「一稿」旁批「第幾」，「書首多貼有小紙」改爲「書眉許多小簽」，「領益」改爲「有益」。

未得見何以知其有？復我。批在「東方雜誌新年號有墨井道人傳校釋，未得見」旁。

天津益世報尚有一篇，所謂一鷄三味。批在「圖書副刊之墨井書畫集録文訂誤已得見矣」旁，並在「圖書副刊」上添「大公報」三字。

非日貨，每架要若干錢，查明告我。批在「承教，學國語能購一無綫電機必易進步，但此事似未易辦到」旁。

廣九車及民族渡遇險有相識親友在内否？批在「報載十日晚西單商場大火，想遠離所居，不曾受驚，爲慰」旁，並將「想遠離所居」改爲「想離米糧庫甚遠」。

廿四日。批在「一月十七日」旁。

雖未至　應求　變化　之時

但現在　亦有　現在　好處

書眉　許多　小簽　批在信末，均爲改信中字句，加點者爲添之字。

小信箋不應用長信封，寄到時每有折痕。用完後應改用相配之信封也。

又有一次，封信後聞倫達如丈逝世，在信皮後寫了數字，你未注意。批在信封背面。

（一二〇）一九三七年一月二十四日

凡爲人篆文，①須先看文多少字，紙若干大，配好行數款式，先用楷書縮寫樣本。②然後將文中之字，一一檢説文有無。説文有者無問題，説文所無者，應考求古人如何通借，不能任意瞎拼，貽人笑柄。③一一查考後，乃將同樣大小之紙打格，先篆一遍，以爲程式。④然後照式篆之。故打格亦要學也。日間將阿讓生前所篆説文部首（格是自己打的）六條寄汝。余久藏之，不忍觀，今日觀之，不覺泫然酸鼻也。一月廿四日。

（一二一）一九三七年一月三十日，批復

多少年歲？何處人？何校出身？批在「新教務主任梁疊峰先生係熟人」旁。

去年聞汝曾寄滬轉平十元，可惜滬已寄還汝，不然，將此款買筆，豈不甚妙。批在「淨純紫毫中書筆，已禿，請大人再賜多枝」旁。

此大概耳。批在「南與北之分，即圓與方、帖與碑乎」旁。

一習北碑，不能再寫王。批在「兒未嘗習北碑，自始便從王入手，不知北碑好處」旁。

此係一時風氣。其實寫北碑易於寫帖數倍。批在「談書法者，大抵贊揚北派抑損南派，南果不及北歟」旁。

碑宜於寫隸楷，若行草則無碑之可言。

筆或託珍莊帶回未定。便打聽他何時到省可也。他明後日離平回粵。批在信中空白處。

卅日。批在「一月廿三日」旁。

（一一二）一九三七年一月三十日

你既要學寫字，大紙店與裱畫店（與裱帖店又另一行）不可不結識一二家。選紙、打格、裝裱，均須有熟店（小店劣工不妥，萬不可貪便宜）。日前檢舊笥，有未裱碑帖多種，如三體石經（甚難得）殘字、華山碑（隸書）等，要裱甚費事（亦不好寄），不裱寄汝又容易撕毀。

且華山碑等不看全張，專看剪裱（阮雲臺重刻本，最好整張裱）已後之帖，亦不佳（粵俗名蓑衣裱）。故甚願汝物色一二家裱畫、裱帖與大紙店也。一月卅日。

（一二三）一九三七年一月三十日

碧落碑一。

熹平三體石經殘字四。

淨純紫毫中書四。

魏元始和墓誌二。

魏元彥墓誌一。

此二種所謂北碑也。有友喜歡，可以贈之，自己不必學也。

（一二四）一九三七年二月七日，批復

真迷頭迷腦了，何以寄回碣石頌及嶧山碑等，收到與否，一字不提，我悔明珠暗投矣。

批在「日來迷頭迷腦於世界史，未嘗少懈」旁。

自以爲足耶？恒心要緊。批在「篆書之學習，無意中停止數日」旁。

雖學江篆，識者必以爲學三體石經，黠者對人言，亦必自謂學三體石經也。批在「爲尚博世兄所篆之文，既有鄧氏者爲底本，止打格，再以江篆筆路寫出，故不成問題」旁，並改「者」爲「原篆」。

此自是熟不熟關係。批在「除幾筆頗瀟灑外，自以爲整齊匀稱多未及之」旁。

余未見，奇也。批在「墨井道人傳校釋未得見而知其有者，大公報等早刊出東方雜誌目録也」旁。

不是化出，是做出。批在「今並墨井集源流考俱得見矣，一樣化出幾樣，如許副收獲，學者之應得酬報也」旁，並改「化」爲「做」，「之應得」改爲「應得之」。

九公來信，云未通函與陳永商酌，非條件不合也。批在「鄉間小學，九公與永伯條件不洽，無辦」旁。

不甚明白。批在「廣九車及民族渡遇險，有篁邊疏外戚數人在內，不生」之「不生」旁。

學國語必要買能聽到南京中央電台者，於國語及其他常識均有用。若視爲娛樂品，則大誤矣。應備一架，我可以想法子幫助一半，即法幣五十元。購好後即告我，但以能聽南京爲要。批在「收音機非日貨，每架普通在小洋百五十元左右。若非爲學國語，則富家之娛樂品也，兒似未易置辦」旁。

近得一原刻神識碑，剥落雖甚，神氣尚存，較之廣州重刻本，相去天壤矣。但不覩廣州重刻本，亦不知此本之佳也。前付粵之嶧山碑，除「作」字外，有「墅」字，甚可見草書由篆出，不由隸出也。惟章草則由隸變，故收筆常帶隸意。

世界史即管試教，但教國文兼本國史，甚自然，兼世界史則較遠了。最好能教本國史，不用改文也。二月七日。批在一月卅一日來信末。

（一二五）一九三七年二月七日

即早見東塾篆六言一對，寫神讖，甚精，係甲戌先生六十五歲作。比日前付粵之鍾山陳澧篆冊（此冊不可學）遠勝之矣。對文亦甚佳，云「欲寡過而未能，恐脩名之不立」。索值卅元，還十五不售，可惜。雖曰寫神讖，然與影印之座右銘又不同，精品也，可惜可惜。二月七日。

（一二六）一九三七年二月十四日，批復

可！但切戒用洋紙裱。批在「二月一日得接讓弟篆六條碑二本……讓弟篆格局甚具規模，打格尤精，自愧未逮，他日一併裱之，如何」旁。

碧落碑暫不必裱。批在「待過舊曆年後，便將三體殘字、碧落碑去裱」旁。

與碧落碑無關。批在「昨晚看三體殘字並碧落碑，則知江篆所從來矣」旁。

碧落碑係絳州友人所贈，順便寄汝參考。篆體雜古籀，非小篆正宗，不必效也。此碑從前甚有名，相傳李陽冰見而寢處其下，數日不能去。恐不可信。批在二月八日來信末。

（一二七）一九三七年二月十四日

曹魏三體石經與吴神讖年代相近，故皆用方筆。碧落是唐碑，書者何人，尚無確説。石經要整張裱，不可剪裱。切戒用洋紙裱，亦不必用綾裱。碧落碑暫不必裱。

讓篆似是十七歲時所書，可惜可惜。

我有狼毫舊筆，寫小字已嫌其禿，寫寸篆正合，便將寄歸。

日間逛廠甸，魏石經尚見過一份，雙鈎碣石頌不再見，不可因其刻本以爲易得也。板絶後則可遇而不可求矣。

嶧山碑係正宗，但因係重刻，入手總不如江篆之便。頗嫌其近於機械，而無筆勢之可言也。

元魏墓誌三張送何人，告我。非好之者不必送之也。汝既學王，不必學此。來信被罰，切要注意。二月十四晚。

（一二八）一九三七年二月二十四日，批復

是亳洋是大洋？批在「三體石經、碧落碑已交店裝裱，分三幅，銀五元」旁。

神讖有原拓本，大不相同。批在「東塾篆格言，與神讖碑對看」旁，並在「神讖碑」旁批「廣州重刻」四字。

最好從紙背看。批在「篆書……橫綫已受相當限制」旁。

此學峿臺銘。批在「陳篆册之垂綫未免過當」旁。

連次來信均被罰。此廢郵票在何處得來？今將被罰信皮及通知單寄粤，即與郵局交涉可也。如係購買既久，則是自誤；如係新購，則應向原局交涉。再有此等被罰信來，恕不收閱。廿四日。批在二月十七日來信末。

（一二九）一九三七年三月七日，批復

與以上文氣不接，何也？批在「想是學篆未深」旁。

碧落碑本極有名，所以有李陽冰寢處其下數日不去之傳説，但因其體雜，非正宗耳。批在「一見碧落碑，其欣悦程度不減三體石經」旁。

究係正宗。批在「嶧山碑因係重刻，近於機械」旁。

鐘鼎係金，碑係石。批在「鞠普先生……論書尚鐘鼎碑篆」旁。

莊帶來魚、菜乾、毛扇三柄，收到。批在信中空白處。

三月七日。批在「廿七早」旁，並批「△月」。

鐘鼎拓本此間多有，未便寄汝者，欲汝根基固後再寄汝。金文多出於鑄，石則出於刻。金間有刻者，輕器也，重器無不鑄者。且其形無定，蓋未進化之文字也。至秦則畫一矣。故學篆以秦至漢爲正宗。批在信末。

（一三〇）一九三七年三月七日

篆隸最怕起壞首，入錯門。寧可不曉寫，不可曉寫而俗也，俗則不可醫矣。書法皆然，不獨篆隸。汝現在寫篆，恰巧有江篆墨跡可臨，進步甚速。但必須臨之百回，根基穩固，再圖變化。秦詔版久已託人拓得一分，因其字體大小參合，不宜初學，所以留而未寄。今又欲學隸，似不必，應再過數時也。雜則不精，要注意。胡漢民隸書，一生只寫一曹全碑，亦是此意。

我有楊惺吾守敬編楷法溯源一書，數年前就想寄汝，因汝字已接近南派，即圓體，而楷法溯源多選北碑，即方體，妨汝紛心，遲遲未寄。今之不寄秦詔版及神讖碑，亦此意也。分而不專，難得成就。且字最要緊看墨跡，從前英斂之先生最不喜歡米，我謂先生未見米真跡耳。後見宮内所藏米帖，即不輕米矣。徐世昌總統寫一輩子蘇，皆是木刻翻板的，老始見真跡及影本，遂稍進步矣。生在現在，比前輩便宜得多。二十年前，何能有今日之大觀也。

前函言鍾山陳澧篆似峿臺銘，係言其字體之窄而長似峿臺銘耳，至於筆畫，峿臺銘仍是方的，非圓的。清末多人學此，曾通行一時，今其風稍殺。

近時學問，比前人便宜得多。單是眼福，前人何能有此。携百金而之市，應有盡有之碑帖（指影印）可完全得見，於此而不勝前人，何以對前人也。三月七日。

（一三一）一九三七年三月七日

魏三體石經殘石，係近年出土，東塾時未見。然因其學神讖（吴魏同時），故極相似。吾見東塾篆衆矣，如此聯尚是第一次見也。以視座右銘，尚進一步。

汝喜歡學草書，亦好。由書譜入亦是正宗。所臨書譜係何本？復我。已背熟否？亦復我。猶之行書之聖教序，學此斷不至誤入歧趨也。我有查聲山臨書譜卷，購之多年，無用，亦可寄汝。

但臨書譜，必須整頁，單片不合格式。每半頁六行，仍須留釘裝地位。前人學草書，書譜要寫百十遍，自然成家。

（一三二）一九三七年三月十四日，批復

未變，只我一人食，今午剛食完。批在「莊弟直至離粵前一日，行程尚未十分定實，說叫起便行，以致煎魚預備一次又一次，總難合期，到時怕會變味矣」旁。

不必催。批在「三體石經，至今未裱妥，間日去催」旁，並在「三體石經」上加「魏」字。

我正想問三宅從前支長之款，近狀何如？即查明告我。我希望既有贏餘，則可撥還公家，不至息上息，至到不了。即查明告我可也。批在「去年舖頭生意有贏，較前兩年生息」旁。

僞遊目帖不足觀，不能與喪亂帖及九月十七日帖、奉橘帖等相提並論。批在「近日認真比觀遊目與喪亂帖，即發覺絕大差異」旁。

此是第一流，米南宮即由此出。批在「比之喪亂之跌宕伸縮，純是正鋒，不同法門」旁。

是描非臨。批在「事但二字，如是相接，若非臨帖，斷無是理」旁。

墨大有關。批在「字畫粗細均勻，則至今未有把握，疑與筆紙有關」旁。

前信付回草書，能每期照篆書寄一頁來否？行書最有用，亦是美術。草書在今日則純美術也，不能通用。

九月十七日帖及奉橘帖最要能看出其名貴氣，多學多看，筆下自然不俗，此爲醫俗之仙方。看不出他名貴，眼中仍是俗也。批在信中空白處。

三月十四日。批在「三月七日」旁。

東塾篆聯照片已見否？覺得如何？告我。此學神識而青出於藍者也。此之謂善學，亦謂之善變。

詔版拓本如何？彼以全版作章法，不以一字一字作章法。金多如此，石則不然。批在信末。

（一三三）一九三七年三月十四日

余家自植卿四伯始讀書，然只習時文，不得云學。至余始稍稍尋求讀書門徑，幸先君子放任，盡力供給書籍，今得一知半解，皆賴先君子之卓識有以啓之也。至汝等則爲三世矣。博能粗知門徑，汝又喜臨池，皆足補余缺憾，可慰也。勉之勉之。三月十四日。

（一三四）一九三七年三月二十五日，批復

十三日收到，十八日乃復，何慢也？批在「十三日得接七日付回原信」旁。

若字容易誤會爲若果。批在「東塾篆聯極精，若不經意，而自然超妙，尤其章法嚴謹，非老年人不辦」上。並改「若」爲「似」，「尤其」下添「是」，「老年人」改「老手」。

青出於藍又何必合？批在「鞠普先生亦稱之，獨以爲其運筆用正鋒，未合神識」旁。

寄粵原拓神識二種，收到未？批在「隨執筆爲證，神識如何以側鋒入，以側鋒出」旁。

不然。批在「東塾先生篆既精矣，惟上下款行書，略嫌生硬」旁。

金文多出於鑄，此則出於刻。批在「秦詔版有趣，不論行列，不計大小，而自古樸可愛」旁。

寄粵秦漢金文，已見否？卷三新嘉量第二最佳。單一張售十元八元，指拓本，此是石印耳。新者，王莽國號也。批在信中空白處。

好！批在「篆用圓筆，易有規矩，而每流於呆滯。方筆顯露筆勢，然一不慎，即生粗礪。性所習，則願學方體」旁。

近年出土古物多矣，有真自然有僞。然徒疑不行，必須有證據。批在「三體石經是方筆，愈看愈愛。鞠普先生以係近年出土，疑其不真」旁。

不易再找。因此等石新出後，拓數十份即爲人購去。石在何處，待查。批在「願大人再賜一分」旁。

非價錢貴賤關係，乃物品有無關係。批在「擬裁出小篆之部，以簑衣表成一册……若非價錢過昂，亦勉强之一辦法耳」旁。

是何本？批在「草書筆法，兒全出於澄清堂帖」旁。

可用。批在「大人言草必先書譜，而家本有有正石印宋拓太清樓本，乃檢出對臨」旁。

亟應背熟。批在「頗不注意，是以未背熟」旁。

因熟的緣故，不要緊。批在「書譜用筆過圓，微嫌纖弱」旁。

仍嫌其不甚佳，故遲遲未寄，但甚欲汝見見人家所寫筆跡。筆跡總勝於刻石者，有筆鋒可尋也。假使無江篆入手，進步未必能如是。批在「查聲山臨書譜卷若得見，當有所益」旁。

工夫要緊，天才亦要緊。批在「得識陳公哲氏，及其書法。平心而論，其楷行草雖曾下工夫，但嫌呆滯」旁。

敗筆以紅點爲記。批在「兒昨爲人草一小幅，稿呈一閱」旁。

廿五日。批在「三月十八日」旁。

前函問三宅支過錢事，如何？即復。

五月初余或往南京開中央研究院評議會。批在信末。

（一三五）一九三七年三月二十五日

十年前余得王西莊撰闕園圖記，江艮庭篆，索值五十元，不能購，後爲沈兼士先生所得。越數時，又得錢竹汀先生隸書闕園圖詩三首，顧敏恒題闕園圖行書一首，以四十金購之，頃已倩友人補圖。如果有人能替我補篆西莊文，則大善矣。影片及原文十六午已寄粵。詔版二枚是刻的非鑄的，久未寄汝，亦因其有直無横，不便於學也。

草書二帋極佳，但紙太窄，須倍闊爲度。（至少六行半頁）此等寫法，萬不可施於家中不習之人。（朋友不習者亦然）自己逞能，令人討厭也。至緊至緊。

東塾篆聯已到手，照片寄汝，精否？與鍾山陳澧一册比較何如，恐不止天淵也。此爲東塾六十五歲作。

（一三六）一九三七年四月四日，批復

廿日收到信，廿七日乃復，足足一星期，何其慢也。批在「廿日得接十四日付回原信」旁。

嬴餘在何處？批在「幾年來舖頭……生意頗好，略有嬴餘而已」旁。

只以隸筆寫篆耳，無甚奇妙。所謂隸筆，即筆尖向執筆人心口。所謂中鋒，即筆尖向地。所謂側鋒，即筆尖向外。批在「此次寄下神讖碑兩種……其用筆始終未看出端倪」旁。

未詳，有抄錯否？批在「闋園圖記帷、冰二字不識解」旁。

江艮庭先生尋常寫信俱用篆。批在「闋園圖記篆法樸雅」旁。

廿五日函已詳。批在「觀所附釋文末有『後一百四十六年中華民國廿六年丁丑〇月新會陳〇重録』等字，不明其意」後。

何以見得？批在「字，在一二世紀前自具相當價值，時至今日，實難有立足之地」旁。

仍以自己喜歡爲好，不必勉强。俗語云「學得係自己得，他人不能得之也」。批在「大人爲愛書畫之人，見兒字有可爲，屢勉勵之，得以稍稍復習，而仍未嘗以正經事視之，純爲承歡計耳」旁。

專爲承歡，不必不必。批在「大人陸續寄下各碑，督促學習，始稍求字形之趣，而亦爲承歡計耳」旁。

不必再談，有機會自然告爾。批在「忽觸動數年來未曾去懷之心事，欲乘暑假至北平一次」旁。

益等在平，常數月不晤一面，汝受教機會比益等多矣。所謂人心無厭足也。批在「一月之親身觀覽，定勝一年之書籍郵遞」旁。

一月廿元。批在「今日字成個模樣，若以此求得書記一職」旁。

談何容易。批在「或以有四年教學經驗，更求得教員一席」旁。

不必想，有機會自然告爾。批在「雖似所求過奢，而日日未嘗無此想」旁。

不必懷。批在「苟以爲尚言非其時，則仍懷之以俟來日」旁。

清明前一日赴回。批在「三月廿七日」旁。

（一三七）一九三七年四月四日

如果想學隸書，現在已有機會矣。前日檢出黎二樵隸書一册（來價廿四元），甚佳，可以從此入手（查聲山卷卅元，不算佳），漸追漢隸。如篆之由江慎修入手（此册民國初年得，甚廉），可以漸追秦篆也。黎隸本得之數年，久想不起，前日無意中檢出，可以寄汝。只怕汝不想學，徒爲敷衍我，則不必也。因學得是汝的，不是我的。傳曰：「栽者培之，傾者覆之。」以爲你可以栽培，遂極力供給你，非於我有何好處也。來信云云，未免倒置。現在隸書已有門路，專等汝覆信即寄。黎册外，尚有數種，爲學隸必具之品，有意即寄，無意亦作罷。爲我而學，不如爲汝自己而學。汝果學好，我只得對人説，我有個孩子寫字頗好而已，無他用神也。須知我有我之立場，不能靠孩子光榮我，我亦不如從前人，要做老太爺，我但求自己努力而已。自然你學好，我自然歡喜，但仍是爲你，不是爲我。來信看錯，以爲專是承歡，是大誤也，我亦不能承受。四月四日。

收到我信，隔一個禮拜乃復。亦不必復，免我望也。

（一三八）一九三七年四月四日

廿五日又寄粤故宫出板物目録一册，内金石拓片有紅圈者，皆我所有。從前所謂重器，人間稀見者，其拓片動逾百數十元一張，今不難得。來信常稱道普公鐘鼎等等，吾家何嘗無之，不過不欲汝學此。亦猶書譜所謂「何必易雕宫於雲處，反玉輅於椎輪者」也。要見自然可以撿寄，栽者培之，盡吾天職，不吝也。若謂書家廿世紀無用，則何爲有用。我早早想你們在鋪做生意，你們不願意，今又謂做書家無用，然則欲做何等人乎？可明白告我。四月四日又白。

（一三九）一九三七年四月四日

付歸：黎二樵隸册（精）。張遷碑册（頗佳）。

華山碑拓片（佳）。漢碑殘石拓片六（皆精）。

孔宙碑册。　　　峿臺銘拓片（不佳，以從前多人學，姑備一格）。

袁篆饒君墓誌。陳昭常題名。

右八種一包，掛號。

隸辨八册（正宗）。高中外國史一册。

右二種一包，不掛號。

袁篆看其軟弱如燈草，而亦有小名，則以其翰林歟？

（一四〇）一九三七年四月十三日，批復

十八元，表十二元，共卅元。非滿意之品也。批在「三日得接查聲山臨書譜卷」旁。

有時俗氣。批在「馬君輔臨漢碑」旁。

專爲金石拓片。有〇者吾所有，要閲可寄。批在「故宫博物院出版物總目」旁。

是。批在「查臨書譜不甚佳妙」旁。

不美。批在「因是亦難取法」旁。

章草寫法。批在「自臨數頁，點畫分明」旁。

一定要由此入。批在「書譜以太熟」旁。

非所强弱者，在乎骨格，不在用毫之軟硬。批在「書譜……本身已露纖弱」旁。

要分清楚字之骨格，與毫之軟硬無關。批在「臨者只有更軟，未有能稍化爲矯健」旁。

此指對家俗人言。批在「雖明知草書不切實用」旁。

是，慢慢試之。批在「原來大人欲人補篆西莊文，兒不自忖淺陋，竊願一試」旁。

多寫數時自佳。批在「請指點明白」旁。

人有底子，比自己另寫他文，容易得多。批在「多有未識篆之字，須查説文」旁。

單賣拓本十二元，至少八元。批在「秦漢金文卷三新嘉量已檢閲」旁。

十三日。批在「四月六日」旁。

隸書已找出頭緒，前信已提及，想學即可寄。

清明後病至今，人極疲乏。

月底要往南京，一星期返。如果來信，可在本月廿一日以前。過廿一後則須俟五月初始可來信也。注意也。批在信末。

（一四一）一九三七年四月二十二日，批復

某日。批在「昨日得接付回原信」旁。

仍要多寫。批在「雖篆字僅成模樣」旁。

某地。批在「數年前在古物陳列館見黎二樵一隸聯」旁。

精品，不同查草。批在「今聞有黎隸一册寄歸」旁。

説不得太長遠，百年内不至毁滅。批在「至於廿世紀書法有無價值一點，姑不具論」旁。

宗教、美術、文學、園林、音樂，皆爲人生不可少之品。批在「學成一事，亦足自樂耳」旁。

此另是一事。批在「若爲名人，書法不必佳」旁。

在舖亦可讀書，亦可成學。批在「前時大人叫兒在舖做生意……非謂在舖即有何種覬覦也」旁。

廿二日付還。批在「四月十三日」旁。

連下讀，查字典，「凝」字亦明白。批在「再者帷、冰二字無抄錯」旁。

趙孟頫說： 昔人得古刻數行，專心而學之，便可名世。批在信末。

（一四二）一九三七年四月二十四日

廣州越華路、擇仁里、九號，電話一二三九八，有山南畫社，徵求學員，星期一、三、五，日夜各一班，星期二、四、六，日夜各一班，日班上午八時至十一時，夜班下午六時至九時，其主持者爲趙浩公、盧鎮寰。吾欲查1．二公何處出身，2．各有多大歲數，3．學員共有若干人，4．此社開辦有若干時。四月廿四日。

（一四三）一九三七年四月二十五日，批復

某日。批在「得接付回六日原信」旁。

筆畫相聯，非謂形跡相聯，乃神氣相聯，前函勿誤會。批在「而於草書之意見，又略與大人不同，以爲草獨體爲原則，相聯爲例外」旁。

神氣相聯，則斜横□入均可，神氣不屬，則個個正當，亦只如排竿，有形無氣也。注意此節爲要。批在「證之書譜，相聯者不過十一，獨體者居其十九」旁。

十七帖亦多散句凑成，非原文。批在「所見如澄清堂帖、十七帖，無不獨體爲形」旁。

所説是。前寄來草書神氣不接。今試打一中綫，俾自觀之。須知聖教序爲前人不滿意，亦是因神氣不屬，因本係散字集成也。若出於一手寫成，不能如此。所謂章法，所謂分行布白，皆指神氣相聯也。批在「抑或兒所見未深，將有所誤耶」旁。

行書最要，最有用，最美。楷次要。草、隸又次之。篆又次之。此指用處。行、草只宜施之筆札，若擘窠大字，非楷、隸不能鎮紙。故學隸亦好。批在「以是暫輟習草，代之以隸」旁。

愛莫能助，奈何！批在「辛姊之事實爲擔心」旁。

廿五日。批在「四月廿日」旁。

我卅晚入都，五月七日可回抵北平，三四兩日開會。

草書不可不學，不必因前函而頓止。既有學書天分，正如百尺竿頭，一氣學好。如此則篆隸楷草無不能，亦大足樂也。我見汝有可能，故以此勉之。若無底子，我亦絕不叫人學做寫家也。我有一陳獨漉隸條，亦極精，遲日或影寄汝。

隸先於二樵墨跡入，次學華山，學殘石，均可。比寫行草易得多。批在信末。

（一四四）一九三七年五月八日，批復

及字少不得。批在「昨日得接廿二日付回原信廿四日手諭」旁，並在「原信」下加「及」字。

删矣字，須加已字。批在「則前日寄到」旁。原信點去「寄到」下「矣」字。批改爲「則前日已收到」。

俱即皆。批在「俱皆可法」旁，改俱爲究。

是阮翻刻。批在「華山碑……此次之拓本想即長垣本石」旁。

俟字少不得。批在「山南畫社事，查明奉復」旁。並在「查明」上添「俟」字。

以其形似。批在「大人云江慎修先生篆出三體石經」旁。

寄歸之數片，是最近出土。批在「又云三體石經最近出土」旁。
當然未見。批在「江先生究曾見之否」旁。
聞開封圖書館有拓本，一時不易到手。批在「兒極願再得石經一分，簑衣裓而習之」旁。
矣字誤用。批在「以供臨摹矣」旁，改「矣」爲「耳」。
凡學先專一家則易成，但入手不可誤入歧途耳。批在「但不知詩文又如何入手耳」旁。
一步一步來。批在「書畫必須文學相輔也」旁。
兩樣病接續來，睡牀數日，爲廿年來所未有。批在「則十四日爲再起矣」旁。
余八午到平，未見到。批在「朱校長……至平將訪大人云」旁。
八晚。批在「五月一日」旁。
此信文法有不妥處，注意。
又汝所有有正本書譜，係哪一種？ 復我。有正有二種，一價四毫，一價四元六毫，廉者是拓本石印，貴者云是真跡影印。批在信末。

（一四五）一九三七年五月十四日，批復

整篇謂之章法。余前所論者係行氣。今付回白沙先生詩軸影片，廿八字作廿八畫看，全幅合成一字。故春日二字明明縮入，而不覺其縮，頭字明明突出，而不覺其突。此其所以神也。此之謂章法。批在「書法貴神氣相聯，此章法也」旁。

頗有模樣，但筆畫粗細太分明，應將幼畫改大。批在「連日學隸，雖未及皮毛」旁。

專習黎墨跡一種，數月後乃他習則易成。目須多看，手要專習，植基要緊，基固則可放肆也。所謂他習者指他種隸也。若今日寫篆，明日寫隸，後日寫草，不算他習。批在「未曾習隸，不知此樂」旁。

不必急急，聽信再寄。批在「博兄又云，澄清堂帖閱後掛號寄北平，則心更急」旁。

此蓋是博意，留數月不急也。批在「然彼何遲遲其來也」旁。

山南畫社，尚未查復，何也？批在信中空白處。

十四日。批在「五月六日」旁。

此信九日乃到，何也？批在信末。

（一四六）一九三七年五月二十日，批復

博文堂影印。（添在「博兄寄來南唐拓澄清堂帖」之「寄來」下。）

各人看法不同。批在「細看似尚不及家中有正珂羅版印南唐祖拓澄清堂本」旁，並删去「家中」二字。

博文本。批在「就書法論，則前者每有缺而妄增」之「前者」旁，並圈去「前者」。

看法不同。批在「不知其矜貴處何在，願有以開解茅塞」旁。

懷素能如故宫本否？二元五，五扣。批在「書譜……四元六毫本，……尖利可愛，異日當與懷素自叙（七八元）一併購之」旁。

留心是也。批在「大人改回原信，時時留心，早已有年餘，尚未得通順，文法常有不妥處……除留心改回之原信外，尚應如何補救」旁，並圈去「早」字。

自云出聖教序。批在「内藤虎書法似出自趙文敏」旁。

大名。批在「不知在彼邦書名如何」旁。

唐人。批在「難得有中國味」之「中國」旁。

内藤若在，有七十餘歲，豈能像後生？批在「又有許多結體像博兄」上，並改「像博兄」爲「與博兄同」。

慢慢聽信，不急不急。批在「澄清堂帖，俟得大人有談及此之信，然後寄平」旁，並圈去「此」字。

本有可能。聽其自然。批在「聞秉鈞兄極活動，則更不敢惹之矣」旁。

日前以爾篆書眎一能篆之長者，頗誇許，但謂少年人不應多用渴筆云。應注意。

前信言寫隸要撻得開，頗有見地。但來隸尚未撻得開，應想撻開之法。

莫天一丈、汪丈及其令弟，有何新聞？久不知消息也。廿日。批在五月十五日來信末。

（一四七）一九三七年五月二十七日，批復

收到。批在「山南畫社即已取得章程奉寄」旁。

論語「君子固窮」，謂耐窮也。批在「蓋藝人固窮而易無行」旁，並在「固窮」上添「不能」。

「故」，與「是以」，同意。批在「故今日須慎擇之，是以遲遲」旁，並改爲「必須慎擇」。

此句不明。凡文筆不能達之句，不如用白話，免閱者不明，耽誤時日。批在「似未有意而負厚望」旁。

畫易於書。批在「當先注意水墨畫，以與書法最接近也」旁。

博文本。批在「澄清堂帖」旁。

木刻比石刻進步，不過氣味不甚同耳。批在「豈以其木刻不比有正本之石刻耶」旁。

此帖羅氏售與大西氏，價鉅萬，後有人訴其僞，致羅氏不能居東京。此民國初年事也。大西氏得此帖，名其齋曰「帖祖齋」，其寶貴可知也。今汝云看不出他好處，或者是汝之眼力特高耶？批在「澄清堂帖，曾再三細閱，始終未見其佳處……抑其所貴不在乎是」旁。

廿七日。批在「五月廿二日」旁。

朱校長之事，下文如何，亟願知得。凡寫信要記得下文。

鞠圃先生近有何議論？

珍幹有見否？楠叔之事（指廣梅副工程司事）如何？有變動否？念甚。批在信末。

（一四八）一九三七年六月三日，批復

一打聽便知，何其孤陋也。批在「天一丈以無由拜謁，不知近況」旁。

適與行草相反。批在「隸筆須鋒向己身」旁。

執筆一貫，用筆則縱橫使轉，不能拘泥一法矣。批在「兒欲本執筆一貫之理，執簡御繁，無論楷行隸篆，均以正鋒出之」旁。

應用正鋒或偏鋒，惟其宜，不能執一。批在「篆楷行既已行之而不失規矩，故隸亦決一嘗試」旁。

二樵册、獨漉片，曾示鞠翁否？對此有何批評？另獨漉一片，可作汝出心贈之。獨漉名恭尹，嶺南三家之一也。批在「鞠普伯執筆方法多矣」旁。

執筆一，用筆不一。批在「古人真如是不憚煩，寫一體字轉一種執筆，換一種鋒向耶」旁。

惟其宜，不能一定，所謂適者生存也。批在「衛夫人傳羲之，羲之傳獻之，雖不知其方法究如何，豈不是只一種耶」旁。

某日起，何日止，集中何處，能通信否？批在「昨日忽來命令，教員須軍訓三月」旁。

如何檢定，考試乎，抑憑資歷審查也。批在「教員須檢定」旁。

六月三日。批在「五月廿八日」旁。

楠叔事如何，甚念。雪妹有遊美消息，汝知否？幹有何新聞，在省住何處，有見面否？

寧遠子弟後起者有英俊否？

石頭陳氏有新起人物否？昇隆堂後輩如何，有可注意者否？十年樹木，百年樹人，十年來，石頭竟無馳騁中原之子弟也！

辛近狀甚窘，奈何！批在信末。

（一四九）一九三七年六月十日，批復

一郎一舅，自然是兩。批在「兩郎舅交閧」旁，並圈去「兩」字。

款，正；欵，俗。應查字典，一七畫、一八畫。批在「欵」旁。

删此句改入下文較近情理。且上句有願字，此句又有欲字，亦嫌複。讀書是自己事，完全要父親供應乎，抑視爲「爲父親讀」也？批在「願以餘暇讀史，欲大人寄歸趙翼廿二史劄記、陔餘叢話、王鳴盛十七史商権、錢大昕廿二史考異、章學誠校讎通義等」旁。並圈去「欲大人寄歸」，在「章學誠校讎通義」下添「如有副本，欲大人寄歸一二種。」

試改闊的如何？似有關。批在「隸書打格，依照黎式，所以局促，不關格事」旁。

究竟是你事，抑是我事？是你不如前，抑説我不如前，不甚明白。批在「舊時學篆，大人意氣懃懇，興致盎然。今回習隸，似不如前」旁。

若聽我話，則仍然要將格改打，六行打五行，試一試如何，再改回六行未遲。批在「今回習隸……不能惹起趣味」旁。

此撻開二字是你説。批在「豈欲筆鋒『撻開』須用軟毫耶」旁。

南轅不能北轍。批在「不然便是鋒不向己之誤矣」旁，並在「向己」之下加「左邊」。

難能乃可貴。批在「其事愈難，其志反堅」旁。

獨漉。批在「恭尹先生」旁，圈去「恭尹」。

記載見存否，甚欲一閱。原文爲「文章見存否，可能一閱」。

幹弟曾見多面，已定婚期，因女家喪母延擱。原文爲「珍幹曾見多面，已定日期結婚，偏對家喪母，因延擱」。

廣梅鐵路副工程司事如何，念念。批在「楠叔事雖有見九公面，不見提起」旁。

有可省之字，有不可省之字。批在「待查乃覆」旁，並在「查」下加「明」字。

置一人在粵，爲知粵事。乃完全無用，一點消息都不知到。自動報告固然無，即屬查事件，亦每每數星期不得要領，有何用處。批在上句之下。

借以入手，仍在自己。批在「在廣州難覓好教師」旁，指畫畫教師。

十晚。批在「六月四日」旁。

錢梅溪先生隸書，清朝第一。今寄歸問經堂帖四册，最便臨摹賞玩。學之當於隸大有進步也。

凡有詢問事件，應即查復，不要自私自利，專顧住自己。即使寫得好字，亦是自私自利，無用人也。批在信末。

「兒甚欲得廿二史劄記等，不知何本好，大人如有副本，能賜一部否？」如此措詞，豈不較妥？教國文之人，應善爲説詞。

（一五〇）一九三七年六月十七日，批復

喪事買水，北平人謂之接三。接三二字連用，北平人忌之。批在「昨日得接三日付回原信」旁，並圈去「接」字。

仍不得要領。此間所聞，工程司已换人，故屢函打聽。今云完竣，究竟已换人否？楠叔猶任職否？批在「楠叔事已問過九公，云廣梅工程已完竣，楠叔將日間反抵廣州」旁。

九公譬子，真不客氣。批在「又云寧遠後起子弟，要算國怡、幹、寧等」旁。

當初誤以爲集中軍訓，故問能通信否？今始知非集中訓練。批在「軍訓令已下……地點未知，大概就在聖心」旁。

二定字。批在「各校下期教員，多已聘定。聖心摇摇不定，令人有生活不安定之感」上，並圈去末「定」字。

殊可不必，只要問心對得人子弟起。批在「不想數十元薪水，亦要患得患失，未免喪志」旁。

可惜。批在「雪妹留美事不成矣」旁。

只可云似。批在「鞠普先生云黎隸出自禮器碑」旁。

即希文丈之伯祖，名璟。批在「汪芙生」旁。

此話有理。批在「問何以不直習禮器」旁。

此話亦有理。批在「答欲先求筆跡」旁。

此是夢話，粤語何能教北童？批在「辛姊日以眼淚洗面……北平若有可容身處，小學教員之類」旁。

十七日。批在「六月十一日」旁。

隸日見進步，然未知何時能轉用隸筆，或試爲之，何如？

神讖碑以隸筆作篆，即用方筆寫篆也。今必欲以中鋒作隸，是欲以圓筆作隸，漢初期（即篆隸交界時期）隸書有之，後漸成爲方筆了。更後則寫篆亦作方筆了。今乃欲反其道而行之，亦一經驗，但恐進步遲耳。

（一五一）一九三七年六月二十四日，批復

維啓公〔一〕行楷學錢梅溪，此吾家家法也。批在「梅溪先生書法獨到，不愧名家」旁。

因係粤名人，故寄汝，非謂其高妙也。獨漉本不以隸名。批在「獨漉隸，兒看不出高妙」旁。

此語是。批在「鞠圃先生則言渾厚有力」旁。

只可謂之不同格。勝不勝，無憑據。黎隸亦不如錢，所以屬汝從黎入手者，一因家中舊藏此帖，二因係墨跡，三因係粤名家，四因從此入手，諒不至學壞。批在「遠勝黎書」旁，指陳獨漉。

何不寫明，殆因筆拙。批在「非完全要大人供應……欲得較好板本耳」旁。

要改。批在「兒膽怯，怕見人」旁。

專顧住自己，即係自私。批在「致大人有問，不能應對，談必爲己，跡近自私」旁，並改應對爲對答。

樂毅、黄庭，翻刻者再，故收筆鈍，非右軍書本來如此也。批在「兒篆書多用渴筆，楷書收處太微，俱體弱膽小所致」旁。

君子内省不疚，夫何憂何懼？批在「非不欲見人，見則心震，每失常態，不如少見也」旁。

上當。批在「十年前大人回粤，見兒與家人寡寡難合，説兒自外生成」之末句旁。

改之。批在「今日又如此，則由來有自，豈心願哉」旁。

問他自己，亦不得要領。此等事應從旁打聽。凡人失意之事，不一定告人也。批在「楠叔前日已反抵廣州，昨往訪不遇」旁。

與同學一齊行動，晤面時當甚少。批在「雪妹與同學多人北上考察，六月廿九起程，到平時，對粵事當有詳報」旁。

賤格！兄弟爭利，爭到手，貽子孫，子孫又有兄弟，代代爭，如何得了。此不讀書之過也。只可謂之賤格。批在「最近振文被振德擠出象伯寫字樓。曲直，父老難分。振德以勢佔勝」旁。

奈何！阿英表妹三月二日出閣，五月十九即喪夫，大爲悲痛。

廿四日。批在「六月十八日」旁。

容與同學十餘人，今晚登車赴滬，轉船回港，住港三叔處數日，將往省，大約在生生可見面。彼喜歡物理工程一路，不甚好文科也。我與你講話時候，比與他講話時候多得多。你每星期一函，他每星期不一定回家，回家未必細談能如通信也。故汝受教訓時比他多。所謂數見不鮮也。細察自覺。批在信末。

〔一〕維啓，援庵生父。

（一五二）一九三七年六月二十六日

廿四日付回十八日來信，又付廿二史劄記一部八册，想收到。廬山談話請柬，昨日收到，不免要去一回。而現住之屋已易主，七月廿一日到期，非搬不可。書多，搬家甚不易。廬山會期，七月十五至廿三，則非先搬家後不能往廬山。今日尚未覓妥屋，着急之極。大約至遲十號應各要起程，十號以前要搬好家。如有來信，在未定新址以前，可寄「北平輔仁大學陳校長援庵安展」。廬山爲我祖景夷公舊遊之地，甚欲一訪遺跡。益日間亦往廬，因北平中學校長互選三人赴廬受訓，益適當選也。他去比我早，回比我遲。六月廿六日。

（一五三）一九三七年六月二十九日，批復

未見。批在「九公云，國楠自有信垣哥矣」旁。

是黎弱點，不必效之。批在「臨隸……常有細畫者，黎帖本如是」旁。

同受訓者是何許人？是公務員訓練，抑國民訓練？批在「廿三日起軍訓」旁。

字道源，希文胞兄。批在「本隊汪宗洙爲長」旁。

上句有「是以」，則下句不能用「於是」。批在「是以好學生自愛而轉校，所留者於是清一色」旁，並改「於是」爲「乃」。

蛇王二字不解。批在「老丁在同事中有『蛇王』之名」旁。

聖心局面如此，暫時聽之。聖心外有途徑乎？批在「應如何處之」旁。

此事絶無希望，不可能，不必再提。請在粤着想可也。批在「辛姊在北平多年，兒以爲可教北童」旁。

廿九日。批在「六月廿四日」旁。

余七月十號前搬家，十號左右往廬山，此信不必復，直到七月廿日左右再來信可也。批在信末。

（一五四）一九三七年七月十日，批復

是叔祖抑是伯祖？批在「遇汪宗衍先生……知其叔祖善隷」旁。

可去。少説多聽，是初見人第一法。批在「承約日往觀……謹候諭」旁。

彼字不甚妥。平漢車不通已三日。批在「雪妹今夜十時粵漢車北上，將先至平，在彼停留十日左右云」旁，並圈去「在彼」二字。

「返」較通俗。批在「容弟南反」旁，「反」改「返」。

搬家，物件未收拾好，俟收拾好再寄回。批在「前日寄上兒所臨聖教序一册」旁。

一句删去五字，意義並未欠缺，注意注意。批在「每日閒暇執筆摹擬，積而有之」旁，並删改爲「每日以暇時爲之」。

行楷何須釋文？且聖教有褚河南寫本，楷書，亦作「投其旨趣」。批在「有一字不明，不知聖教序有釋文否」旁。

下句福仄，上句應平。批在「聖教鈌而復？博兄云會，兒云全」旁，並在「全」字旁打圈。

何必。批在「若有釋文」旁。

何人？批在「又此册一半爲端儀姊學字而設」旁。

頗佳。但鈎捺每輕微無力，自己覺得否？學隸以後，或可稍進。批在「先寄大人一閱，可行，然後與之」旁。

連日搬家忙亂。十日批復。批在「七月一日」旁。

（一五五）一九三七年七月十日

史通叙事篇，譏漢書張蒼傳「年老口中無齒」六文成句，而三字妄加，謂可省「年口中」三字也。故史通又有點煩之篇，如年老口中無齒，每日閒暇執筆摹擬積而有之。〔一〕齒必在口中，舉齒而口中可省。臨摹必執筆，上句有「臨」，則「執筆」二字爲贅。譬如問人「食飯未曾？」曰：「口中食飯未曾？」豈不可笑。「執筆」云云，與「口中」何異？舉隅三反，思過半矣。廿六年七月十日。

〔一〕超按：并在「閒」旁注「以」，「執筆」旁注「時爲」。

（一五六）一九三七年七月十日，批復

先生寫白字了。今日平漢車仍未通，何日去未定。下信再詳。批在「廬山名勝所在，此行雖爲公事，亦便於遊覽也」旁。改盧爲廬。

何以知其原本四幅？批在「見芙生先生隸一幅，臨禮器，本四幅，失其三」旁。

蹤字似不可點句。批在「以子失蹤，未有着落」旁。

聞哲丈七日已南下。批在「知哲如丈最近回粵」旁。

有時可用卅，在此處必須用三十，因不成句法也。批在「兒近卅之年」旁，改卅爲三十。

自找麻煩。批在「請大人指示門徑」旁。

八日收到，十日批復。批在「七月三日」旁。

能將此書點讀一回，於史於文，均有裨益。點讀一二卷後，有何意見，再求信説，即著述之基礎也。著述何可輕言，先爲著述之預備，則未嘗不可。批在「再者，廿二史劄記即刻收到，勿念」旁，改「即刻」爲「已」。

（一五七）一九三七年七月二十二日，批復

岑先生文不看，又白寄一回。批在「十五日接吴漁山先生年譜等二册」旁。

我接航空信，以爲因此掛念北平，閲下去始知爲倫老丈耳，非爲北平戰事也。自私自利至此，不覺爲之歎息，爲之失望。批在「聞華北事極爲懸念，但以司空見慣，大家態度鎮静」旁。

此專指所臨聖教言耳。批在「兒字鈎捺每輕微無力」旁。

朱氏父子乃一孳孳爲利之人，故有此笑話，非教育界人也。批在「以教育界中人鬧此兒戲之舉，可憐可笑」旁。

苦肉計，係自己受苦，此處用得不當。批在「雖强出此，設成苦肉計，以求其子爲過火累人」旁，並圈去「累人」以上諸字，改爲「誤會累人」。

航空信目的在此，甚矣自己事要緊也。批在「哲如丈回粵……謹請大人來書爲一言」旁。

廿二日下午五時到。批在「七月十九日」旁。

如果再見倫老伯，可云「家父有帖候老伯」，作爲我叫你的。至於應説何話，除太寒塵卑鄙之話，慎重言之。有效與否，聽之。孳孳爲利，小人也。可自己去，不遇，則將片留下。

廿二晚。批在信末。

（一五八）一九三七年八月二十三日，批復

前信言「司空見慣」，此語在我安慰汝不必掛則可，豈能出諸汝口，詫極。批在「兒作事每多乖舛，不知輕重，不辨是非，願大人嚴加督責，俾循正軌」旁，並圈去末四字。

敢、其二字，有勝於無。批在「今晨往謁倫丈，更不敢言其他」旁，原信點去「敢」、「其」兩字。

電報不通，信件甚遲，人尚平安，便可告九公、四姑等免望。不管信件快慢，照常每星期一函，談學談家事，亦可藉此知彼此平安也。有信來即復，無信來則無由復也。批在「消息一通，請早來示，以慰下懷」旁。

回平一二日車即斷，尚免驚恐也。批在「益兄想未回平」旁。

廿三日收到。批在「八月壹日」旁。

（一五九）一九三七年九月二十一日，批復

不來信不復，有來信未有不復也。批在「不得來諭已逾一月」旁。

郵政通而慢，電報此間可收，不能發，天津可發云云。批在「郵電不便，平中消息無由得知」旁。

八月廿三亦寄汝函，係復八月一日爾來信也。批在「辛姊處又接大人示」旁。

滬來信亦極少。甚念。批在「博兄前數日始有來信」旁。

此間已聞報。批在「廣州八月卅一晨有機來襲」旁。

聖心事如何？已送聘書未？未見提及，何也？批在「婦孺日來離市幾半」旁。

廿一日附回。批在「九月五日」旁。

八月一日來過信後，九月五日乃來信，非郵政慢，寫信少耳。批在信末。

（一六〇）一九三七年十月四日，批復

九月廿一日收到即復舊址。批在「五日曾奉上一函」旁。

「察閲」對平輩合用。批在「想得察閲」旁，並改爲「諒達尊覽」。

有信來必復。批在「乃因去信未達」旁。

還説司空見慣否？批在「數月來隨處風雲無一淨土」旁。

此間自接滬八月廿五日函，至今未再接，至爲懸念。批在「博兄曾來一電兩信云甦不離滬」旁。

廿一日函能收到否？批在「新港路屋六日已推」旁。

來信信皮寫恩寧市，「市」對抑「路」對？批在「來諭請寄辛姊處」旁。

此字家信總以不用爲宜，前曾説過。批在「如再延或别故」旁，並改「故」爲「有原因」。

甚念。批在「三四姑姐無離廣州」旁。

不接港粵信者半月，其企想不可言喻，惟祝老幼平安而已。郵政不過慢，並未至不通，所以不管信何時到，只是十日八日寫一封，則常有信在途中，可以不斷的收到，稍慰遠念也。余在此沉悶中著一書三卷，日間付刻。所謂「風雨如晦，鷄鳴不已」。已亦無補，不如不已也。十月四夕燈下。批在九月十五日信末。

（一六一）一九三七年十月二十七日，批復

十月五晨已復，並夾有上九公及三、四姑姐函，付逢慶中約，照九月十五來信地址也。今此函又言辛已回鄉，則此等函能收到否？念念。批在「十五日奉上一函」旁。

不聞有此事。批在「益兄有返粵訊」旁。

近得汪瑔老人隸書四幅，可惜未能寄歸。又有粵刻瑯琊臺刻石，有東塾跋，便當寄歸。批在信中空白處。

十月廿七日。批在「九月廿六日」旁。

來信寫辛地址，又言辛已回鄉，此信只得寄四姑姐處。至緊代我問姑姐好。前信收到未？即復。批在信末。

（一六二）一九三七年十一月四日，批復

十月五日有函寄逢慶交汝，並轉九公、三四姑各一函，已收到否？ 批在「十月十八日得接九月廿一日付回五日原信領悉」旁。

十月廿七日寄回，交生生轉。 批在「九月廿六日奉上一函」旁。

「則假」係粵語，想許久乃明白。 忽然又有「休想」，似非粵語。 官白夾雜，似不甚妥。 批在「自九月廿一日以來，廣州常有機來擾，不分日夜，初時不心寒則假」旁。 並改「以來」爲「起」，「擾」爲「襲」，「日」爲「晝」，「不心寒」上添「若云」。

何以不說司空見慣？ 批在「精神不免受影響」旁。

桂省乎？ 桂林乎？ 不明白。 批在「十月一日曾與友人至桂一行」旁。

有請三叔主持否？ 批在「遂依原定日，預以簡單儀式完成婚事」旁。

節儉持家，公正處世，效爾祖之所爲，幸甚幸甚。 批在「婚後生活，或許很困難……繆繆而行，望大人即加指正」旁。

十一月四日。 批在「十月廿日」旁。

（一六三）一九三七年十一月十五日，批復

四日已付回。批在「廿日曾奉上一函」旁。

四字可省。批在「一發警報，街市即禁止行人車輛通過，諸多不便」旁，並勾去「諸多不便」四字。

本堂老幼均安。原信作「寧遠各位均安」。

新得汪芙生隸書四屏，六元，前信似已提及。我本不買此物，專爲給你看看，可惜現未能寄。又有粵刻瑯琊臺篆拓本一幅，有東塾跋，極佳。批在信中空白處。

十一月十五晚。批在「十月廿八日」旁。

（一六四）一九三七年十二月十五日，批復

昨日復辛一函，云新郎婚後，至今未有來信，不期今日即接十八日函也。批在「辛姊前回鄉暫避」旁。

戰地齊民總比吾人苦，一想念及此，即覺得自己太舒服也。批在「數十日來所受刺激太新鮮」旁。

潛、容在武昌，慈在衡山，均安。批在「甚念平中各位」旁。

主婚證婚各位有何新鮮教訓，能略述一二否？鞠老近狀如何？汪希丈見面否？三四姑在河南，地方安靜否？念念。十二月十五日。

又付汝舊五代史輯本發覆一册。批在十一月十八日來信末。

（一六五）一九三八年一月四日，批復

十二月十五日復頤養園，十九日復信義。批在「十一月十九日、廿七日先後奉兩函」旁。

不憤不啓，不悱不發，因勢而利導之耳。批在「大人來諭，必提篆隸」旁。

不習便不習，誰人强汝。批在「他年仍有復習之一日歟」旁。

「能」字何謂也，是否撒賴？批在「豈汪芙生隸書四屏能寄下即爲復習之機歟」旁。

本來爲你買，何所謂吝惜。批在「想必非大人吝惜」旁。

麻煩。批在「其不能便寄，自有緣由」旁。

前者我亦曾廢書一月，後因廢亦無補，不如不廢，因此數月來讀書較多，可以消憂，可

以遣悶，杜絶應酬，獨居無事，唯日與古人晤對，不啻遯世之人也。似尚較勝於當空咄咄。批在「即接博兄二日信云：書已束高閣，一有機緣，定即南歸」旁。

此係十二月十一日來信，廿七年一月四日付回。批在信末。

（一六六）一九三八年二月三日，批復

半個月不算遲。批在「昨日得十二月十五日付回原信，領悉。信件延遲，倍增思念」旁。

二月三日收到，付回。批在「一月一日」旁。

十二月十九復一函，一月四日又復一函，又汪芙生隸書四屏，六日又付陳孝堅崇雅堂銘四條，一一收到未？刺目字句要省，畫公仔唔使畫出腸也。信皮仍寫援庵好。批在信末。

並删去信中「彈與砲聲隆隆」，「傳來南侵惡耗」之「南侵」等字句。

（一六七）一九三八年二月三日

荒亂之時，最好讀書。一可習靜，一可忘憂。徒自驚擾無益。人必有一死，只爭遲早。

當求可以必傳，則死亦無恨。邇來來信較少，孟子曰：有妻子則慕妻子。誠然誠然。

一月廿七及數日前均有新刻書一册寄轉藴生丈，已收到交去未？　二月三夕。

（一六八）一九三八年二月十一日，批復

已轉交否？何以不題及？批在「十日得接舊五代史輯本發覆」旁。

十月十九日收到東西，廿六日乃復，我上你當，可謂費力不討好矣！批在「十九日得接壽屏兩包八幅」旁。

一句謝語均無，好似應份進貢的，實屬可詫。所謂心肝當狗肺也，爲之一嘆！批在「汪先生隸書確有獨到處」旁。

亂世家書，凡關於礙檢查之字樣，均應迴避。删去六個字示例。我不説明，汝終不明白。批在「君渭最近被撤差，因擅離職守，幾乎要查辦」旁，並删去「差」、「守」、「查」三字，改查爲「罰」，並將前文「打通」改爲「可行」，删去「戰事」之「戰」。

二月十一日付回。批在「一月廿六日」旁。

（一六九）一九三八年三月二十七日，批復

二月十日收到薛史，十九日收到兩四屏，二十日收到我二月四日函，三款一同至二月廿六日乃覆我。由十日至廿六日，已經過兩星期，由十九日至廿六日，亦過了一星期。薛史係不常寄的（第一次），又是轉交證婚人陳丈之物，此是第一次。在寄者常恐在現在時候或收不到，尤其是兩四屏，更非常寄之物，在此時候，更易不收到，故自寄出之日，即記念不已。以爲收到者必高興了不得，必即即復信免望也。而孰知日等一日。不復不要緊，若是遺失，豈不太可惜。原來收到已久，大爺没有功夫復（此間謂不暇爲没有功夫），要聽大爺得閒乃復也。此之謂冷水澆背。寄者一場熱心，冒險寄歸，爲是要得大爺歡心。原來大爺淡然置之，過了一星期（連薛史就二星期有多）慢慢乃批答，非令到你熱心生冷不可，真出人意外。今照來信日子重記一次如下表，請細想。二月十日收到薛史一册，十九日收到兩四屏，廿日收到四日函，廿六日三款總覆。批在「昨接博兄轉來手諭，知大人大不高興，以寄下書物，既久不覆又不謝，反挑挑剔剔也。博兄並囑即上書認錯。兒前信不知大人怒氣所在，以爲專責久疏問候，則理由極簡單，以前日日在恐怖中，失其常態，不遑寧處。其後則博兄南返，久不見面，未免依依。且前後下港二次，後一次交通阻塞，逗

留越一星期，不特兒，想博兒亦信少。事實如此，則大人兩寄信義之物兩次遲收遲覆，未爲無因。近日兒暫放筆硯，而去學英文，來往書信，不免少一話頭。此或副作用地引起大人不高興。時勢使然，願恕其塹半途而輟」旁。

三月廿七日。批在「三月十四日」旁。按：收到薛史、兩四屏，均爲一月。

（一七〇）一九四七年六月十七日

久未來信，正以爲念，忽接十二日信，至慰。前信有未復者，以無甚可説耳。回港教書亦好，但生活之外，應有寄託，不然，終日勞碌，只爲食飯，似不值得也。辛姊亦久無信，甚念。你處有他消息否？他兒子在台灣，最近未知何如？孤兒年輕，殊可憫也。博赴平説，未有所聞。信則常有，且常做文章，學問日進，聲望日起，地位日高，慰甚。岑仲勉先生聞下年度離中研院，先行返粵云。此復約兒。父字。六月十七日。

諸孫趣否？將來必能孝順你。身體比讀書要緊。

（一七一）一九四八年七月二十五日

約兒：十六日來信收到。關於匯款至汕吃虧事，在收到款時，未即變了實物，並非匯錯。如果不匯，又説不匯，令人難做。三叔最近來信説：「關於三宅款項事，可否交與約侄就近管理？」我以爲人是會移動的，不若鋪頭是固定的，因此回信三叔，仍請三叔替我管理。信内説「我們兒子好幾個，兄弟只有二人。後生輩如有三言兩語，請置之，看我們兄弟面上，不必理他。他們兒女快長大，自己亦做人叔伯，好容易就嘗到此等滋味也」等語。請你對三叔要客氣的。我只有一個弟弟，是不能分離的。無論如何，我不能離開他，請你們説話要謹慎的，開口要和悦的，不要令他老人難過。切切。此示

約兒。父字。七月廿五日。

小子讀夏令，有必要嗎？身體要緊，要等他一年中有一點休息，不必過篤之也。

關於汝母用度，已請三叔每月支與港幣五十元。如在鄉居住，有房有穀，當更寬裕，但未知習慣否耳？非來信謂「在汕三年長，一向依賴約兒供給，分文未有交他」。此在汝母言之則然。但據港處開來賬目，約在港所支之款，即有汝母款項包含在内，爲數不少，似不

是白食約的。此層約應告母，免使母心裏難過爲要。

（一七二）一九四八年八月二十九日

約兒：廿日在港及以前在省來信均收到。嶺南之事未就，至爲可惜。因有地方住，安靜可以讀書。又爲資歷計，總比拔萃好。拔萃在國内拏不出來，如有機會，再圖入嶺南好。九月底余又要飛京一次，好在慣了，不覺得苦也。此復約兒。父字。八月廿九日。

三叔信説汝母過港時，曾交他港幣五百元。

（一七三）一九四八年九月六日

約兒閲：廿六日及一日來信收到。你母月支，已去信三叔商酌，如何合算，照辦可也。反正這些年來，我自己未用過家中一文，三叔處有賬可稽，想你們亦知道的。至於你母來信説鄉間建醮要錢，修屋又要錢。建醮事我不感興趣，已請三叔替我作主。修屋事，修好也無人住，有錢就修，無錢可暫緩了。信中專言俗事，我頗不耐煩，不如與汝兄談讀書事爲樂。此復。父字。九月六日。

（一七四）一九四八年十一月九日

卅日來信早收到，餅乾今日亦收到，寄得太費事，似可不必。我歡喜寄我一文，倒有意思。但文言白話之爭，今已過去，各有長處，各有用處。白話文亦不易作，必要有意思乃能說出，文言文則可以無意思，用詞句掩飾，敷衍成篇。如果持此等文言文翻成白話，必定像一個瘋子說的話了。但從帝制時代，極需要此等文。有如作一篇皇太后萬壽頌，非用詞句堆砌，那能成一篇文章？若用白話，三兩句最多說完了。所謂各有用處者如此。你文說得有理。但有句說「肚」字，是廣東人語，北人都說是「肚子」。與其說肚，不如說腹較科學的。雖「腹便便」古人說過，但在今日，似以□字代之爲妙。

今日適接永昌〔一〕來信，此子真可教。我見他進步得多，雖暫時失職，殊可愛。予常常去信責之，其實余心甚愛之。責之欲其警醒，且防其犯罪也。他不過暫時失職，不聞犯法，又不聞被人陷害，余心慰極矣。今將他原信改過付回，便可寄他。此子可教也。勸辛姊不必着急。此示約兒。父。十一月九日。

〔一〕永昌，姓羅，桂辛之子，援庵外孫。

（一七五）一九四八年十一月九日

最近給光華同學會作鄭校長紀念碑，已寄去交潘拙庵醫生，未知能用否？不能用，不必説，如能用，未知將來請何人寫，會請你寫否？今日有人見着你寫給我的信皮，大誇寫得好，以爲比樂素强，你聽見何如？

我有馮承素横本蘭亭，又有米南宫蜀素帖，未知從前已寄你否？如未寄過，可再寄。有此，勝過所有刻本蘭亭。居今日而不能寫好字，太對古人不起了，因從前人不易得見真跡，今則珂羅板大行也。十一月九日。又及。

（一七六）一九四八年十一月二十一日

十三日信收到。文講音韻，我不甚懂。近日音韻學成了專門學問，大學中國文系定章分二組，一文學組，一語言文字組，音韻即在第二組中。此次院士如趙元任等，即語言音韻專門。此等學問，昔日爲附庸，今日蔚爲大國了。可惜我不能幫助你發展所長也。

招子庸粵謳從前有木版精刻的（石印排字亦好，但不可太細字）。未識能代找幾部（三兩部）否？因有友欲找。又美味求真，亦粵東特有之書，亦盼望寄幾部來，字不可太細的。辛姊十日函，永昌十五日函，收到。此復約兒。父字。十一月廿一日。

寄來文紙質太重。

（一七七）一九四八年十二月十三日

廿八日信早收到，但書至今未到，想不是航空寄。信內寫航空，殆預備航空，後乃由船寄耶？不急之物，航不航不要緊，但因信内寫航，久未收到，故料是改由船寄耳。船少，寄件甚慢，常常一月始到，或竟不到也。東塾集有廣州音説，見過否？能説廣州音，亦是幸福。方今語言學家，如趙元任、羅常培、李方桂諸君，皆非粤人，而能粤語。北京語無論有人聲與否，但聽起來確是好聽，想是我的感覺如此耳。南音柔娓，另有一種風趣。何處無佳音，要在人能領略而已。客途秋恨久已忘，能寄來一帙，或抄寄亦好。（能快更好。）辛姊近狀如何？凡事睇開，不必求之太急，慢慢自然會好。甚念。此示約兒。父字。十二月十三日。

（一七八）一九四九年一月十日

前月十一及廿日來信收到，粤謳、求真各一册亦收到，但前所寄者仍未得收也。鄭校長碑未知有寫「書丹」人否？如何寫否？未見提及。古人所謂書丹，蓋以硃書石上刻之，今敦煌各處出土墓誌，常有丹墨所書而不刻者，千百年如新也。謝公祠碑似有其事，但不甚記得清楚。你字甚佳，可惜碑文做得不好，無新意，且已改行，説不出精彩話，所謂勉强應酬者也。

辛姊近狀如何，甚念。昌孫來信亦收到，但未知已謀得職業否？現在時期，各處都一樣難，謹慎守己，不過求舒展就是。昌孫人甚精乖，吾甚喜歡他。雖常常回信不客氣戒之，實愛之也。這次失業，無要緊。人不能一帆風順，總有些挫折，正所以練歷之。吾在他來信中，見其進步多矣，可愛也。當其得意時，吾常防他爲人所妬忌陷害，萝寐掛之，故常告以「君子懷刑，小人懷惠」。老實説，即怕其貪心及犯他罪也。今竟幸免，只暫時失職，又何憾焉，在吾則已極滿意矣。

吾自圍城後未寫各處信者將及一個月，今始恢復寫信。平津安，勿念。昨日此間各報紙載我南飛消息，不確。恐傳至粤，以爲我真已南飛也。自前月十七八政府來電並派機來接，都未成行。後又敦促數次，均婉謝，因無走之必要也。只難爲粤中家人掛念耳。其實情形不至如報紙所傳之惡。吾未嘗一日廢書，書案堆書如山，竟至不能伸紙寫信。今此信亦在書堆上寫，凹凸不平，無法清理，只好如此。三叔處亦久未去信，賴有各姪傳達消息。各侄均乖，聽話可愛。現已放假，學校因學生閙，又不能走，男女宿舍，尚餘千人，乃另開寒假講習班，已開始矣。今日預備復三叔信，最好你見三叔時，便中告知，請其勿念。現初復航，正設法爲各侄南飛計。但實無甚要緊，錢糧都無問題，此局面不能久。專此，不一不一，即祝汝各人平安。

約兒閲。父字。一月十晨。

（一七九）一九四九年一月十三日

十日復汝一函，想已收到。兹托三叔交汝港幣貳百元，轉交辛姊收爲幸。辛姊前月來信收到。嶺南即事有嘆五更一首，其詞甚美。尋常歌調，只係雙句押韻，此歌單句亦押仄韻，甚少見。且通篇如此，甚難得。有友人欲讀此，幸抄一首寄我，首句是「懷人待月倚南樓」者便是。此示

約兒。父字。一月十三日。

（一八〇）一九四九年三月十四日

一月廿九、二月廿六來信，同時收到。美味等六册，亦收到。「有錢難買少年時」，乃歎五更批語，無所謂合韻不合韻也。報載輔仁事，應剪寄我，俾知外間如何説法。或有關我個人事，亦望剪寄。余近日思想劇變，頗覺從前枉用心力。從前囿於環境，所有環境以外

之書不觀，所得消息，都是耳食，而非目擊。直至新局面來臨，得閲各種書報，始恍然覺悟前者之被蒙蔽。世界已前進，我猶故步自封，固然因爲朋友少，無人提醒，亦因爲自己天份低，没由跳出，遂爾落後。願中年人毋蹈予覆轍（港得書似較易），及早覺悟，急起直追。毋坐井觀天，以爲天只是如此，則大上當也。余自前月廿四日起出帶泡疹，胸前背後俱有，現已脱痂，患處猶麻痛。勿念，此示

約兒。父字。三月十四日。

此信閲畢寄杭，〔一〕或抄留一底子，省得我再寫。

〔一〕指在杭州之長子樂素。

（一八一）一九四九年六月十四日

三月廿六及四月一日函，並剪報收到。此後對我的事，想續有登載，望隨時剪寄，以便省察。昌孫亦有剪來，殊合我意也。四月底我有給適之先生信一封，已寄三叔，便可取閲。辛姊三月卅一日來信收到。自一月廿四日三叔曾交他二百元，此後如再有交過，

見此信時可再支二百。如一月廿四後未有交過，則見此信時可支四百。但據三叔三月廿八日開來進支數，自卅七年七月十七日起，至卅八年二月十七日止，八個月汝母共支過港幣二千四百元，平均每月支三百元。此數不小，未知其中有津貼辛姊否？我現在月入不過港幣二百元，此指輔仁薪水計算。輔仁事甚不好辦，中外感情不融洽，一旦離開輔仁，我即停口。我是腦力勞動者，除幾部破書外，毫無積蓄。日食小米粥四碗，麵包五片，最優裕者牛奶一磅，如此而已。去年曾爲伯渭兄寫一條幅，未知可送去否，酌之。餘未一一。此示

辛女、約兒姊弟。父字。六月十四日。

（一八二）一九四九年八月十七日

五月十四、廿九及六月十五日信，久收到。以郵路不通，未復信。即日同時接六月廿五及七月十八日函，並剪報等，甚有用處，因藉此可知遠地消息也。五月廿九日函言，「八九年前，在港見一本中國政治思想史，著者呂振羽，裏頭一篇，説到父親治史的方法」等語，想是中國原始社會史之訛。因中國原始社會史一九四五年增訂版序，説及「北平

某教會大學校長陳某」，甚似指我。但我記不起有此事，便中查明告我。如中國政治思想史有説過我的話，亦望查出頁數告我。我雖不及子路，亦願聞過則喜也。惜近日校務較忙（從前外人管事），讀書時候少，又耳目日差，五號字更無法看。時過後學，勤苦難成，我之謂也。杭州信亦甚疎，未審何故。辛姊六月廿八日信，今日同時收到，便轉告。此示

約兒。父字。八月十七日。

（一八三）一九五〇年一月六日

十月廿三日、十一月五日及十二月十七日函均收到。久未寫信，筆硯生塵。辛姊近狀如何？日前晤一人名張雲川，説是從前港光明報主筆，認識辛姊。日前又由雪白姪介紹劉思慕先生來，恂恂君子，云是汝南武同學，華商報主筆。你們既認識這些前進友人，思想一定前進。永昌近日如何，至念。新中國無不勞而食之人，你們應當好好介紹他，指引他，跟前進的人走。年輕，包袱已棄掉，不愁不進步也。最怕念頭高，不能吃苦，老在香港閒着，不是辦法。想你必能指示他正確路綫也。切切注意，切切想辦法。陳兄子姪欲來京讀

書，最好是暑假，因京中學校春季始業者絶少。日前簡琴翁來信亦問及此事。琴翁書法絶佳，大草我有時不識，爲之一笑。你有何進展，有何企圖，舊包袱肯棄去否？樂素甚勇猛前進，可喜。惜余老矣，奈何！此示　約兒。一月六日。

（一八四）一九五〇年一月六日

頃發一函，忘記一件事。你十一月五日來信，太客氣了，云「父親七十大壽，連些少禮物不能奉上」。其實我七十生日，胡胡塗塗就渡過了，並無舉動，有何禮物可送。但今觸起我一件事。日前生日時，三叔囑他女兒買了許多東西來，真令我過意不去。舊曆正月十幾就係三叔生日，你能替我做些人情否？倘若「能」的話，最好不過了。你至緊至緊，到時同我買些禮物送去，聲明是我來信叫辦的，好否？不要忘記，謝謝你。即日接三叔來信，三宅支長了千八百元，你知道嗎？專此。又示約兒。父。一月六日第二函。

九公來信，付汝一閱。

（一八五）一九五〇年二月三日

即接一月廿二日書，云「許久不得信示」，奇極。一月六日曾復十二月十七日函，何以此函尚未收到？函中大意，記得是因爲你説郵政不便，是以未寄壽禮，我因託你買些東西送三叔生日，就等於送禮過我。今此信到時，尚可趕得及，辦畢復我爲要。另有轉簡琴翁一信，請加封並代買六尺大宣紙一張，破邊，連信送去花園道纜車徑一號簡琴石先生信收爲幸。又一月廿日我有寄三叔轉冬女一函，八月至今未寄他信，晤三叔時便請問此函收到未。餘未一一。此示

約兒。父字。二月三日。

信剛寫完，閱報有港工人流血案等事，甚念。

（一八六）一九五〇年四月二十二日

二月廿一日、三月四日、及最近四月五日來信，均收到。我數月來少寫信，可算是一毛

病。三叔壽禮，你替我辦得狠好。嫻侄帶來墨水筆，甚講究，未免太破費了。教大學不易，尤其是局面改變，樣樣都要從新學過，未知你自己覺得如何。現在各省大學多送人來京入革命大學學習政治課。國民大學是私立，葉兄是何等人，我見過否？如果自己覺得有把握，未嘗不可一試。慎酌之。

四月五日來信問歸隱事，想是舊話。退休之心本有，但不是歸隱之意，是想謝去事務，多努力學一點東西，再寫一二部書，完成任務。因從前所學，限於見聞，今日看來，都覺可笑。既然未死，應再努力。可惜近來目力不佳，記憶力尤差，好不容易有進步，因此尚旁皇未知所向，最可恨也。三叔厚意可感，但恐無此福。不勞動不應得食，恐怕要做到盡頭。姑聽之。

伯苗兄〔一〕來信付汝一閱，未知應如何回復他。因我也是靠薪水收入的，月入僅夠開銷，公債也一樣要買的，那有幾十萬餘錢。他景況我是十分同情的，但無力顧及，未知你們有何法。信義股份十二份，除了你們兄弟各二份交你們自己花消外，三宅公家四份，我未動用過分毫，想你們知到的。去年十二月底，三叔來信，三宅支長港幣一千八百餘元，想你們也知道的。如果有錢的話，應該幫他一臂，但未知他願意你們知到他來信否？如果不怕你們知到的話，可將我意思委婉告他知；如果他不

願意你們知到，就罷了。益兒好些時候未見。琴翁作古，何以來信未見提及。餘未一一。此復

約兒。父字。四月廿二日。

一月廿八日信亦早收到。

〔一〕伯苗，姓鄧，援庵髮妻鄧照圓女士二弟。

（一八七）一九五〇年十月十三日

九月十九日來信收到。你們這回來北京，正值我與帝國主義者作鬭爭最緊張的時候，深以未得暢談爲憾。這鬭爭的結果，輔仁由私立改爲國立，想粵報必有電記載，但恐不詳細耳。茲付上光明日報一張，如果粵報有不同的消息，或詳細通訊，望剪寄我，俾知外間對此事之批評如何，以作檢討。餘未一一。此復

約兒。父字。十月十三晚。

相片一張，比寄四姑姐的尤近。

（一八八）一九五〇年十一月十四日

十月廿日、十一月五日函，均收到。臘腸的家鄉風味，確與此地製者不同，謝謝。五日信是十二日收到的，真準。柴著對簡明中國通史幾點意見，早就登出，今附寄。反美援朝活動，粵熱鬧不？此復

約兒。父字。十一月十四晚。

（一八九）一九五一年四月十一日

七日信收到。四中校刊收到後有人借去，竟忘記復了。兩篇文章甚好。多練習，多發表，是有益的。在發表前，應請人看看，聽取人家意見。尤其是組織的老幹部，看問題更正確，應與靠近。蘿生伯有見否，晤時幸道及。他世兄的進步一日千里，健羨之至。（又健羨你的信紙信皮，真講究了。）此示

約兒。父字。四月十一日。

（一九〇）一九五一年七月十四日

來信收到了。但我接你信時在南泉，現在已下鄉，原信未有帶。幸益兄來信有你地址，可以回信。關於土改事，我們應積極贊成政府政策及法令。你對土改有研究否，應好好研究。這是幾千年没有的事，我們躬逢其盛，何幸如之。

我到重慶，曾訪過幹姪，並六宅業弟。我出京時適接到幹侄來信。姑姐等病已愈否？念甚。我又忙，又老，連寫信的時候都没有，奈何！幸精神尚佳，勿念。此示約兒。父字。七月十四日。

來信可寄四川巴縣南泉管理局轉土改工作團陳某。

（一九一）一九五一年十一月四日

十月廿八日來信收到。九月廿八日我寄你舊址一明信，結果收到否？來信説我十月十八日信似有點氣，至少極不高興。不高興有之，但並未生氣。何以不高興？因爲想知到鄉間的事，總未有人告我。素不來信的人，不能責望他，你是不斷寫信的，可惜信都是短的，材料甚少，是以失望。你替我想，現在鄉間的事，不靠你告我，尚有何人告我？況且阿幹從前來信，曾説過我夏間回他的信，他已抄寄九公、三叔同你，因此我以爲你知到一些，所以倚靠你。你既然無消息，我就一點都不知道，所以不高興。但不至生氣，不必誤會。粤中如有新聞關涉我的，我亦願你們告我。此節從前似説過。假如有新聞關涉你的，我見着一定告你。我們近日進行「教師學習」，展開批評與自我批評，報上批評，也是一種批評，應該知道。可惜我老，改造不易，奈何。此復

約兒。援。十一月四日。

（一九二）一九五一年十一月十七日

四日復汝一函後，得你五日來信，並食物一盒，收到，謝謝。又得三叔轉來九公信，並鄉間信，略知土改情況，看來是頗嚴重的。我有覆他們的信，今抄給你。是否可在報上發表，請酌。我們對地主階級，不能留情。有何新聞，仍想知到。此祝健康。十一月十七日。

益入華北革命大學，已半年多，功課甚忙。樸孫往華中土改。益嫂往東郊某工廠教書。樸孫日前生一女。陳韶（益大女）在輔大化學系二年級。陳怡（益次女）在瀋陽當小幹部。因來信問益，粗粗答復如右。吾家三代（垣、博、基、樸）參加土改工作，你怎樣呢？十一月十七又及。

（一九三）一九五一年十二月十四日

二日函及魚收到，謝謝亨表姐，他近年景況何如？至念。前信族人見之諒不痛快，但思想搞通後，知到理應如此，心中自然舒泰。來信説鄉間消息少，消息少的原因，係因爲羣衆發動後，地主就孤立起來，除一二甘心作地主狗腿的，誰肯替地主通信。渡馬站在農民一邊，對地主一樣仇視，地主想從渡馬得消息也不可能。因此鄉間消息遂少。

這次廣東土地改革，你們無機會參加，至爲可惜，但革命革到自己門前，係最好考驗的一關，你們能接受這個考驗，也是絶好的機會。此復。

魚寄到已生蛆，亦一經驗。病眼中。十二月十四日。

（一九四）一九五二年三月二十八日

廿三信收到。益自十五晚在科學院派人回家取鋪蓋，説是要反省，未知因何事，至今未出來。本早要告你，因久未來信，住址又屢變，無從通知。想寄恒安轉，又忘了街名。日前益説你想要我一相片，今付上。此祝健康。約兒閲。三月廿八日

（一九五）一九五二年四月十一日

四日來書收到。益仍未回家，將近一個月了。初時猶可寫條子回家，現在連條子也不能寫，未識因何事。平日利字看得太重，這次應受教育。聞益嫂也有關係。樸往土改未回，家中只剩小兒女，似不成家。來信説所得中了的公債寄他，如果係他自己的，須聽他出來，有信給你，你才可寄他。如果有係别人的，可寄我轉。但我近日也不常在家，家中只剩一七十餘歲的老媽。南屋外院又來了一家人家來住，小子八九個，頗雜。有信寄輔仁（暫不必寄興化寺街）交我爲幸。此節幸記住。杭州最近有信，未提到入革大。粤中五反，相

識的必多。整肅一回，才能建設。你有參加工作組否？必須堅定立場，大義滅親，不要爲情面舊習所累。四姑來信説老友魚仔死了，仙姑助葬，不知魚仔、仙姑何人，幸告我。餘未一一。即祝健康。四月十一日。

（一九六）一九五二年四月二十三日

十七日約來信並款已收到照交。益仍未能回家，已四十日了。前兩日人民法院來我處，查詢他的情形。我照直説，鋪業是有的，但我離粵已四十年，素不管事。祖鋪除公家一份外，分九份。益是第四代，現在我還未分到，他更不用説了。至於房産，我更不知。四十年來，我自己不用家中的錢，後一輩是用的。這幾年家中偶寄來錢，益是六份之一。粵鋪事我不清楚，粵中有第三子陳約，在市立四中教書，他知道一些。來人又問上海、香港是否有鋪？我説香港是有，但日久各宅貧富不一，中間轇葛，我不知了。上海鋪名琪記，是九宅兒子之名，是否各房都有份，抑是九宅的，我也不清楚。益當初與人做買賣時，一定吹牛，説他有若干後援，到現在，人家都指出他是有錢，因此追問。又未知他在科學院反省，究竟是爲大亨事，抑債務之外另有事，要他自己乃知了。滙來款預備交益嫂一百三十八萬五，叫他盡地還人，未知他怎樣辦了。平日利心太重，唯利是視，應受此教訓。人民法院是否會在粵向你詢問，只有照直說，知道多少説多少，方對得人民起。一個人，除了生活以外，錢是廢物，唯利是視的休了。來信不妨長的，有話就説，不必惜墨如金。從前好些事你寫信對益説，不對我説，他有時不盡告我。你以爲他會告我，其實他不告我，我就不知道，你以爲我知道了。粵中三反五反，要站穩人民立場，不要顧到私人感情。切切。四月廿三日。博轉。

（一九七）一九五二年四月二十七日

廿三日復汝一函，因嬾另寫杭信，遂將信寄杭轉汝，想已收到。即日又接到伯苗函，能爲我幫助他否，請酌。有款扣還可也。現在大家都要靠勞動生産，仍用舊式向人借貸，似不甚妥。益事仍未自由。鄉事有何消息，便告我，寄校勿寄家。此祝約兒健康。四月廿七日。

（一九八）一九五二年五月六日

廿三及卅日來信收到。廿七日寄汝一函，收到否？平日剥削甲，及要還甲時，又剥削乙來還甲，始終以剥削人爲事，何時了。

益事可直接去信，（快，於他好些。）文津街中國科學院轉交他，不必由我轉。當初因他被扣，不知何事，故前信言有款可由我轉。其實我這裏也與他隔絶，不能轉。粵中事麻煩三叔與你，不必包庇他，不必爲他隱瞞（要老實，要直説）。他平日好吹，今食其果，是應該的。嗣後有他的款，可以直接寄他。（寫信給他，要預備可以公開的，才對。先去信説清楚，俟回信後滙款較妥。）非他的款，不可由他轉。你平日有事對他去信，他從來不給我看，我亦不問他，所以好些事，我都不清楚。我已老，譬如寫這封信，就好費力，奈何！目力至差，腕力亦弱，不能多寫。此復約兒。五月六日。

（一九九）一九五二年六月八日

五月十一及廿九日函收到。即早益嫂來説，前兩星期，益着人到家取圖章，昨日在法院看守所着人到家取衣物等，云「因債務執行，已由科學院送所學習」。她打算將五福里的屋退租。本月十五日樸分發到西藏實習，韶住學校，樸嫂回娘家，益嫂住工廠宿舍，這樣就不必每月多費二三十萬租錢云。但未知退股款如何滙他，由港抑由省，及滙至何處。來信不明白，我今告你，我最近得知消息如此。至於你來信，云「三叔屬轉益（是否由你轉）打回正式收據，以清手續」等等，未知已辦妥否，念念。他究竟在所要學習多少時候，不知道。但既云因「債務執行」，似與政治無關，算不算貪污也不知道，總要他自己才知道了。唯利是視，是其平日大毛病，奈何。三叔處許久未有信去，許多話寫不了。吾兄弟間並無隔閡，惟因兒輩牽涉，就有時難於説話。我稍暇要去信道歉，但因眼目不佳，寫信甚費力，寫到一二張紙就朦朧看不清了。祝你們好。此示　約兒。六月八日。

我祝四姑姐生日，打一長壽圖章。來信説篆文不易識，想已問過你。此圖章係友所贈，不是自己誇長壽，便請轉四姑一笑。六月八日又及。

（二〇〇）一九五二年六月二十四日

十四十五日信收到。益事自八日後無新消息。聞係法院因債務執行向科學院要人，不是科學院送去的。又聞債務有四億之多，詳細不清楚。至於信義股份事，我記得係用維舉祖名。因這股份係三宅的，應該係維舉祖。但既不能用宅名堂名，實事求是，這股份係分六份，有四份是你們四兄弟的，有二份是三宅公家的。三宅公家又一份預備留粵用，一份預備寄京。我記得當時決定係如此。應如何處理，實事求是。用你們各兄弟名，好否？三叔處久未去信，至歉。眼花寫字甚吃力。祝

你們好！此復

約兒。道宗[一]。六月廿四日。

〔一〕道宗爲援庵在譜中大名。

（二〇一）一九五二年七月十五日

六月廿四及七月二日函收到。益自六月八日入看守所後，至今早敏潔來，始言定本月十九日下午可以接見家屬（自三月十五至今第一次）。待接見後如何再報。我對敏潔説，要問清楚犯何罪，幾時才釋放，即是要看判決主文。究竟如何，我全不知道，或者敏潔他們自己知道未定。餘未一一。此祝

你們健康。七月十五日。

（二〇二）一九五三年十一月十六日

前信及款照收。朗誦件已託人找，遲日再復。我自前月底起兩手指尖麻木，甚不便，醫屬停止工作，勿念。日前有女子來訪不遇，留字叫瑞儀，稱我做大叔。我覺得奇怪，端儀何以稱我做大叔？原來是瑞儀。翌日再來，與幹嫂一齊。初見不相識，説起是七妹，我一時想起大兄來，不覺大哭。因七妹眼睛甚似吾兄，想起就悲喜交集，不由得不哭。來信説及幹姪，因此告你。不多談，祝你們健康快樂！十一月十六日。

家中叫我做大叔者只有二宅的人。當初我想到瑞儀一定是二宅的。幹嫂在重慶見過我，他認得我。順問幹姪好。

（二〇三）一九五四年三月十二日

六日、八日信收到。信誠等新登記，要真名，這是對的。實事求是，是誰的，就登記誰。從前用維舉祖也不是假名，但沿舊習慣罷了。現在要登記生人名，就不能用舊名。且既分開了，又有人退股了，是你的，就登記你名，是我的，就登記我名，總求合法不犯法就是。今日有送黄仲敏老先生的胡金竹字一軸寄你，收到後請給四姑姐等一看，誰便託誰送去，費神之至。此是詠浪花詩，第三句頭二字不好識，我猜是「萑節」。節用古文，與□字草法同，未知是否？你如果識得，請告我。即祝

健康。援付。

晤幹弟，同我問他好，在重慶見過，又三年了。

約之閲。三月十二日。

（二〇四）

一月廿九日來信收到。三叔禮物或由京想法子。我想送一副陳東塾行書對聯，未知好否？來信兩面寫，不妥，請注意。七宅亞廣，何止十幾載，怕記錯了。全國戲曲觀摩演出，看過幾次，忙不過來。我最賞川劇，越劇及河南梆子也好，惜乎粵風不競，殆因話不好懂耶？你説我的字斜才見精神，才有章法，又要問四姑姐近來所寫的斜不斜，這話是否矛盾？學校叫你搞音樂，搞粵曲，搞話劇，你一一推辭，這真是不對，以後不要這樣。有什麽法子發揮自己的天才，發揮自己的濳在力。從前萬般皆下品的思想，要認真檢討一下。（要改保守爲進取。）祝

你進步，祝你成功。一月六日〔一〕。

〔一〕據信文，一月應爲二月之筆誤。

（二〇五）一九五五年一月十九日

十一月廿九日信早收到。時日過得真快，轉瞬過了新年，又快到舊曆年，你們各人佳否？四姑姐搬家之事實現否？我從前不好玩，所以彈棋博弈之事，一無所能。電影戲劇，也不好看，小說亦不觀。及今思之真可笑。今非昔比，看電影等大有益。四姑姐等常看電影否？我細想從前種種皆非，今日非要從新來不可。你好音樂，又能書，與文藝甚相近，近有用武之地不？便幸告我。

黃仲敏先生健康否？他住書同巷，年將八十矣，最近曾見及否？

吾家中子弟近狀何如？誰最進步，有墮落者否？二宅漢哥在省抑在港？他們對我有何批評，望不吝告我。日前遇一北友，曾參加廣東土改，住棠下，曾至吾家，並知石頭爲我之故鄉，一定有人告他也。詳情我不便細問，你能告我一二否？

三叔快生日，我想託你買一點東西送他。何者合適，幸告我。前年雪白等南返，曾託他們帶幾隻官窑磁碟，路上碰壞了兩隻，至可惜。祝

你進步健康。一月十九日。

（二〇六）一九五六年三月二十九日

即接到九公三月廿三日來信，我心安樂了。廿五日給你信，因爲自我病後，好些事都瞞住我，有幾個朋友去世，他們都不告我。雖是好意，但太無謂了。即如三叔這次病，至今無人正式告我，都是我打聽來的。因此，九公久未有信，我就懷疑，所以廿五日信叫你「老實告我」，實在爲此。今九公自己來信，我放心了。

前寄元白先生佛教史概論，是黄元白，羅生先生好友。此示約。援。三月廿九日。

（二〇七）一九五六年五月十五日

約之閱：一個半月未寫信給你，得毋念否？四月廿二日信收到。前兩月三叔病，子女都回港看他。我事前並不知道，今想問你，嫻、白二侄已北返，我知道，基侄幾時北返，我想你查明告我。基嫂現在有工作否？四姑等有再來北京興趣否？前寄之書交黄元白先生，現在又有一啓元白先生因公要到廣州。他名啓功，北師大中文系教授，未知你能有機會見

面否？餘未一一。即祝

你們健康快樂！援。五月十五日。

這次政協，陳容被天津市邀爲特約代表。

（二〇八）

十三日來信收到，信少令人□□。時節來一信，不算多。九月在香山靜宜園相片一張，特題字寄鍊柔，代交爲幸。此復

約之。援。十月廿三日。

（二〇九）一九六〇年十一月十三日

約之閱：來電收到。你去年離京之前夕，曾與你遊覽工人體育場及北京新車站。時兩處工程尚未完畢，現在已完畢了，玆寄你圖片兩張。

又最近相片四張：一、正要出去勞動。二、勞動歸來。三、山遊小憩。四、書庫生活。

寄汝聊作面晤，並祝
健康！援。十一月十三日。
去年十二月十一日及今年三月四日來信收到。

（二一〇）一九六〇年十一月二十三日

鍊柔愛余「勞動歸來」相片，今特專寄一張給鍊柔。
這次來信，字較疏大，頗便老眼。但兩面寫，似不妥。
專復，即祝
健康！援。十一月廿三日。
附「反美遊行」、「勞動歸來」照片各一張。

（二一一）

約之閱：你是能寫字的，但最近幾次來信，墨太淡，字太小，又太草，老人没有法子看，祇有不看不復。但細想這不是辦法，不告你知，你總不知，因爲你没有到這個年紀，不知道老人眼目不行，所以直白告你。如果等到你八十多歲的時候，你自然明白，但是太遲了，所以還是告訴你。

說話想人懂，寫信想人看。如果令人看不懂，寫來幹甚麼呢？凡事要替人想想。

文心稿也收到，我是外行，恐怕不能幫助你多少。

你作戲劇工作，我以爲甚好，努力吧！此祝

健康！

（二一二）一九六二年六月二十七日

約之閲：久未來信，接廿三日函，知家中大小均安，至慰。又寄來字數篇，甚好。可惜只有字，如有文章數篇，豈不更好。你最近有作文章否？讀書而不作文章，猶如蠶不吐絲，蜂不釀蜜。不論長短，數百字或數千字，均比不作好，當有以復我。附函寄去文物雜誌一册，請查收。此祝

健康！援。六月廿七日。

（二一三）一九六四年七月十二日

約之閲：

未接六月廿九日信前，先接寄來所寫毛主席詩詞。寫得太好了，爲之贊歎不置。但有錯漏。一首屈指行程，漏程字。一首秦皇島外，漏皇字。一首金猴，猴字多一直。既發見有錯漏，似不應付裝裱。且既要裝裱，何以不裝成册頁而裱成單片？且全十一頁均無書者姓名，亦似不合。最好裱成册頁，每頁末尾可以蓋章，整册末尾可以署名，如「陳約敬書」等字樣。你以爲何如？此復，即祝健康。援。七月十二日。

（二一四）一九六四年十月五日

約之閲：

九月廿二日來信收到。

毛主席詞，寫得甚好。但寫詞半闋或一闋，應有間斷，不便相連。戲劇材料，粵中有需在京找者，可來信，或可找得。餘未一一，即祝

健康！援。十月五日。

（二一五）

約之閱：十一月八日來信談到朱弁，我所知甚少。朱弁宋史三七三有傳。其人奉使不屈，立身行己，值得稱頌，但不應與王倫並論。王倫宋史三九·有傳，金史七九亦有傳，則當時輿論對此人的看法可知。朱弁著作存者有曲洧舊聞十卷，四庫雜家類五著錄，知不足齋、學津討原等刻之。

又有風月堂詩話二卷，四庫詩文評類一著錄，寶顏堂祕笈等刻之。此外中州集卷十、宋詩紀事卷四十三有其詩，亦可參考。此祝

健康！援。十一月十五日。

（二一六）

約之閱：十八日來信收到。「山外青山樓外樓」，係南宋初林升詩，見西湖遊覽志餘卷二。云：「紹興、淳熙之間，頗稱康裕。君相縱逸，耽樂湖山，無復新亭之淚。士人林升者題一絶於旅邸云：山外青山樓外樓，西湖歌舞幾時休，暖風熏得遊人醉，便把杭州作汴州。」宋詩紀事卷五十六林升條引此詩。你是從二書讀過這首詩麽？還是從通俗讀本千家詩讀過這首詩呢？千家詩説作者是林洪，與西湖遊覽志餘不合。林洪見宋詩紀事七十三，與林升另是一人。

（二一七）一九六六年六月十一日

約之閱：五月二日來信收到。字體疎朗悦目，至可喜慰。又得知家中大小安吉，又得知能參加此次社會主義文化大革命，好好學習，尤可喜慰。勉之勉之。

兹隨函寄給練柔玩意黄鳥二隻。此鳥搓圓壓扁，均能迅速復原，亦玩意中之新出品也。

此復，即祝

健康！援。六月十一日。

信皮地址是門牌改編，非搬家也。

陳樂素〔一〕

（一）一九三七年十月八日

四日付滬快信一函，未知何時收到？即接九月四日來函，慰甚。平日以接汝等信爲樂，反言之則久不接信，其不樂可知。自九月八日接八月廿五日函後，至今始接此九月四日信也。

信遲到常有之，極少失。今失我八月十日及九月一日函，可惜。九月一日之函，係覆七月廿三日來函者。八月十日之函，另付有吴漁山年譜六册，因七月份上海出版之美術生活，有陸丹林之吴漁山文一篇，料簡翁〔二〕必認得陸君，欲贈他吴譜一册也。然八月十日同今日之情形，已不勝今昔之感，豈尚有此閒心哉！又記得八月十日之函，有一事屬向徐匯一查者。數年前徐司鐸抄寄我西士所著書目，中有天教便蒙、身心四要二種，署周志撰。周志未知是中人抑西人，又未知此人是何時人，欲一查二書之序跋及著作刊版年月。因漁山紀念文中有先師周鐸，始終未知周鐸係何人，或者是此周志亦未定，所以前信及之，而不知竟有八月十三日之事也，可勝歎哉！

郵政即管慢，十日八日應有一家信在途中，則不至消息隔絶也。

舊五代史輯本忌諱改竄例〔三〕三卷，今日已交文楷齋雕板，因暫時無雜志可發表，而此書倒是頗有永久性而又係研究正史之書，不如以之一災梨棗也。八月十七日初稿成，九月四日二稿，九月十日三稿，十月一日四稿，今日發刻，則五稿也。惜郵寄不便，不能將幾次稿寄汝。日間或將序、跋、目録寫寄未定。新孫趣否，親友有遇難者否，念念。此示博兒。父字。十月八日午四時。

〔一〕陳樂素（一九〇二—一九九〇）：原名博，援庵長子。一九一八年至日本留學。一九二三年歸國後，先後在廣州南武等中學任教。一九二六年參加國民革命軍任政治宣傳員。一九二八年至上海，先後從事中日關係史、宋史研究。一九三七年底，至香港，在英華中學任教。一九四三年初，至貴州遵義，任浙江大學史地系教授。一九五四年調任人民教育出版社歷史編輯室主任。一九五六年任中國科學院歷史研究所兼職研究員。一九七九年任廣州暨南大學歷史系教授。一九八二年任國務院古籍整理出版規劃小組顧問。

〔二〕簡翁：簡經綸（琴齋）。

〔三〕舊五代史輯本忌諱改竄例：最後定名爲舊五代史輯本發覆。

（二）一九三七年十月九日

昨午付滬快函，想收到。舊五代史輯本忌諱改竄例序目及卷末結論抄閱，因憶及會編〔一〕許刊本亦有此例不少，但只是館臣擬改本，四庫並未採用，不若薛史〔二〕之改竄滅跡也（亦因有寫本相傳，易於檢對，故不採）。此示博兒。父字。十月九日。

〔一〕會編：三朝北盟會編。

〔二〕薛史：薛居正舊五代史。

（三）一九三八年三月二十六日

十九日由三叔轉汝一函，想收到。廿日即接六日來函，並小照片，小子甚趣（所騎者是獅子是狗，是真是假，不分也）。余連日臂痛頗劇，幸是左臂，尚未至不能寫字，仍照常閱書，藉此可以忘痛也。前曾有寄許地山、馬季明、徐森玉各先生舊五代史等，但均寫香港大學，未有寫文學院等字，未知能收到否？雄侄有消息否，何以至此，念念。此示博兒。父字。三月廿六日。

（四）一九三八年五月十五日

頃有一函交三叔轉汝，欲汝往取時，一並收回置物與祖母之款也。直寄容、慈〔一〕函，不如由港轉寄之快，姑再試驗一下，看看何時收到也。近又著一小書〔二〕，大約暑假可成，已從事三個月，飽食終日，無所用心，爲之猶賢乎已！五月十五晚又付博兒。

〔一〕容、慈：援庵四子、五女。
〔二〕小書：釋氏疑年録。

（五）一九三八年六月五日

四晚來書，前月廿二日已復。廿八日又付歸朔閏表六册、薛史、吳譜十三册，共分二包，想收到。表内有一册稍舊，係用過的，未知内有夾着舊紙片否？如果送人，應一檢。十二晚來信，早收到。連日聞省城事，食不安，寢不寐，未知九公、三、四姑等如何，至爲繫念。想早已離開，現在急盼事後來信。無奈何，惟有禱求主祝福各位而已。

小孫擬改名智仁亦趣。余近日爲釋氏疑年録，已寫成四卷（三稿），至宋初。宋以後正着手寫第二次稿，暑假後或能成。日與古德往還，智仁二字甚似古德名也。餘未一一。此示博兒。父字。六月五日。

（六）一九三八年六月二十一日

十六日收到廿八晚函，即復一緘，想收到（今早收到四日函）。省城不可居，聞九公已返鄉（三叔七日函），只留彦叔等守鋪〔一〕，殊爲可念。潛〔二〕來信云十一日行畢業禮，擬留校，亦可念。想此時已到港，路上亦不好走。他到港可訪袁先生〔三〕設法位置，或在港、滇謀一席，不論薪水多少，找一棲身處，勝於閒居也。今日接寅丈〔四〕廿六日來信，尚不算甚遲。此間已放假，校事頗有糾紛，亦聽之而已。釋氏疑年録，宋一代仍未竣。寅丈近著一文名唐代西域人華化，已付印，出版尚無期云。此示博兒。父字。六月廿一日。

友濳（五月廿九日）信不另復，説來説去，亦不過這幾句話而已。他來信問行止，行止只能見機而行，不能遠隔代爲定奪也。

〔一〕鋪：陳信義藥材行。

〔二〕濳：友濳，援庵次女。

〔三〕袁先生：袁同禮。

〔四〕寅丈：陳寅恪。

（七）一九三八年七月二日

廿一日復一函後，連接十一、十七日函，藉悉平安爲慰。寅丈來信收到，敷伯收到書亦已有復函。此間亦已放假，下年事未知如何，作一日和尚撞一日鐘而已。疑年録第六卷宋已寫二稿，現正清理第七卷元明，餘未一一。潛信暫不復（有實在地址後乃算）。此示博兒。父字。七月二日。

（八）一九三八年七月十二日

二日曾復十七日來函，想收到。即日接廿二晚來函，知大小平安甚慰。疑年録稿尚須細改，見書愈多，修改愈甚，始知三家村學究先生株守一二高頭講章，安然自足，亦是一法也。昨日此間報載輔大校長辭職，並無其事，恐港報有同樣記載，先此告知，勿念。此間有新到罐頭豆豉土鯪魚，甚可口，每罐一元至一元二角，大有故鄉風味，餘未及。此示博兒。父字。七月十二晚。

（九）一九三八年七月十九日

十二晚復廿二晚函，十四日又復超孫一函，想均收到。即接三日來信，並兩孫成績表，閲畢付回。小子學字，最好用手指多寫，然後用筆。所謂畫作勢，夜晝被，均指手而言，不必一定用筆墨也。溍久未離校，頗擔心，惟有盼禱其平安而已。此示博兒。父字。七月十九日。

（一〇）一九三八年七月二十九日

十九日曾復三日函，已收到否？即日接十三日函，藉悉平安，甚慰。薇三姑月前來書，收到衣料，書中有薛史舊文，未經館臣改竄，頗干磨勘〔一〕。既未便覆，亦未便明言，因渠不諳有磨勘之例也，能委婉使渠得知否（不知亦罷）？三叔來書，深諳館例，於人名、地名及用語之有違礙者，悉能避去，雖間說省城災情，亦不干磨勘也。暑假快過去一半，寫字人孝先生（即寫朔閏表之人）於日前病故，一時未有替人（現只有一人），故疑年録進行稍慢，明清一部分（即第七八卷）尚未寫第二稿也。餘未一一。此示博兒。父字。七月廿九日。

〔一〕暗示信中有引起敵僞注意語。

（一一）一九三八年八月十六日

二日曾寄一函並四庫考證校表想收到。即接廿八日函，藉悉平安至慰。八、九兩日石室堂前被難者衆，未識有熟人否？疑年録七、八兩卷初稿已成，現整理一二卷二稿。行百里者半九十，距成書之期尚遠也。木陳忞禪師北遊集曾經雍正間查禁，久未找得，近無意中得之。書僅一册，未識葉丈〔一〕曾見過否，便可詢及（不急），或可抄寄一本也。又葉丈曾得一書，忘其名，乃彙抄明朝掌故，中有俗語諭旨〔二〕，甚有趣，全書有四五函，似是抄本（紅格）。如在手中，甚欲假其中語體諭旨一讀（不過一二册）。或抄寄副本亦可，或先抄寄書名亦可（總名及子目）。不止一種，似是彙抄，便可一查也，不急不急。此示博兒。父字。八月十六日。

〔一〕葉丈：葉恭綽。

〔二〕指國朝典故。

（一二）一九三八年八月二十三日

十六日曾復廿八日來函想收到，即日又接九日函，藉悉平安，甚慰。省城連日不靖，頗可掛慮。物價飛漲，生活困難，蓋因銀價低落之故。月來雨水太多，塌房屋不少。疑年録大體已具，修葺整理，距成書期尚遠，覆閲殊不滿意，奈何。此示博兒。父字。八月廿三日。

（一三）一九三八年十一月二十七日

廿四日曾復十日來函，想得見。即接十四晚函，知晏公〔一〕等無恙，是意外。鄉中老人能不受驚，尤慰。眼目不好，遷避爲難，甚可慮也。寅丈已離港未，晤時致意。近欲作一小文，名湯若望與木陳忞，有意思尚未屬稿，未知能成否也。此示博兒。父字。十一月廿七日。

〔一〕晏公：指在廣州晏公街之陳信義藥材行。

（一四）一九三八年十二月二十一日

六日復十五、十六、廿三日函後，曾接四日函。近聞朱子襄先生故鄉，及白沙先生釣臺，均有事，至爲焦慮。本鄉慈濟宮亦聞有死人，未知老人在鄉如何，心煩不可言狀。國朝典故事，暫不必提，因明知不易鈔，暫作罷論可也。八日寄有琬琰集删存三册，分三包，已收到未？湯若望與木陳忞已脱稿，約萬五千言，頗有新發見與新解釋。新郎〔一〕無信，潛有信而言病，均可慮，奈何。連日只有聞兒婦允貸一款，稍慰，餘未一一。此示博兒。父字。冬至前一日。

〔一〕新郎：約之。

（一五）一九三九年一月九日

昨復一函，即日接來廿一日函，並小子信，及成績，甚佳。四姑財産稍有損失，是好消息，不是惡消息。我輩處今日，應該有些闕憾，不然，會招天妬也。天下那有完全滿意之事，稍有損失，是等於種痘，發些熱，可以免疫也，請四姑放開心懷爲幸。謀館事誠不易，然要有恒心及堅忍心。譬如新郎，我本不想他讀書，但後來他自己非讀書不可，數年來甚有成績，不過時有怨懟不服之語，我亦置之。前聞他要隨丈人經商，實大失所望。經商何嘗不好，但不能忽商忽士，忽士忽商，如此則兩無所成，人亦不能名之爲商，亦不能名之爲士，欲再謀館，則難矣。所謂非有堅忍之心不可也。二十年來余立意每年至少爲文（專題）一篇，若能著比較有分量之書，則一書作兩年或三年成績，二十年未嘗間斷也。一生身體未嘗大病，亦未嘗經甚麽難處之境，以視吾先人及其他親友，自問可謂幸運之極矣。於此而不稍用一點功，何以對天之生我也！汝年來曾作甚麽文，甚願知到。記得從前似曾對汝説過，每年必要有一二稍有分量之文發表，積之數年，必有可觀。專役志於衣食，殊可惜也。有所觸不覺絮絮。此示博兒。父字。一月九夕。

（一六）一九三九年一月十四日

九日復廿一日函並小子函，後又接聖誕節函。果于先生未相識，不知是嶺大、是開大、是暨大，以研究某種學問著聞？活倫在十八甫西頭路南，仁壽在東頭路北，莫公〔一〕藏書處是活是仁，前信似已問及。湯若望與木陳忞已印訖，昨將原稿寄閲。前者文成必先就正於倫、胡、陳〔二〕諸公，今諸公散處四方，無由請教，至爲遺憾。但此稿亦曾經十人參閲，凡有鈎抹，大抵皆賴人指摘者也。直諒多聞之友不易得，當以誠意求之。連日左腿作痛，大抵又是風濕。前夕痛甚，致不能睡，貼同仁膏藥有效。血氣益衰，無所成就，至可慮也。韶丈學院總帶有野鷄性質，奈何！鄉中老人、途中新郎料皆安吉爲念。此示博兒。父字。一月十四日。

〔一〕莫公：莫伯驥。
〔二〕倫、胡、陳：倫明、胡適、陳寅恪。

（一七）一九三九年二月二十四日

十二日復卅日函後，十五日又寄湯若望論文五册，寒食散〔一〕一册，史學年刊單本七册，分三包，想收到。朱少濱（名師轍）先生在成都華西大學教書，聞尹公〔二〕近亦在此云云，寄朱公轉可也。久望信，今日始接八日函，函曾被水，想下雨之故。西堂雜組，應作俎，衍「年」字已看出，「追」字尚未校出，廿五頁末衍追論之「追」字，原亦誤追，後改，而廿六頁者仍未看出，甚矣校書之不易也〔三〕。五號字余現不能看。「縈念」及「因彼」，均是原文。憨璞聰召對，見憨璞語録，未舉出，一時忽略。胡公〔四〕曾撰顏李學派的程廷祚一文，登國學季刊第五卷。余日前見有程與袁子才尺牘七頁，極難得，已照相寄胡公。其中一函，謂程晉芳眼孔如豆，不知學術一道，愈講愈精云云。此進化論之言，出於二百年前，甚是難得，可惜篇幅稍大（十二寸），不然曬一張寄汝。近又寫一文，名茚溪森語録新史料〔五〕，初稿寄閱。前函言大公圖書副刊復刊，誤，蓋益世非大公，亦非在港，告者誤聽也。此示博兒。父字。二月廿四日。

〔一〕寒食散：指余嘉錫寒食散考一文。

〔二〕尹公：尹炎武。

〔三〕以上均指湯若望與木陳忞一文之刊誤。

〔四〕胡公：胡適。

〔五〕後定名爲語録與順治宫廷。

（一八）一九三九年三月四日

廿四日曾復八日來函，又茚溪語録論文初稿一册，想收到。連接十三、十九晚來信，知心愉〔一〕丈逝世，至痛，歲數並不算大也。小子在家讀書亦好，不必急急，身子比讀書要緊。即日又寄若望文六册，分二包，友人想起就寄，聊報近狀而已。吴子馨其昌先生與周更公〔二〕同在蜀嘉定（某山？）武漢大學，便可寄去，麻煩則置之可也。因近日交通不便之故。茚溪文又有改動，因又新得其他材料，互相發明，頗可樂也。連日廠甸書攤稍有收獲，都在一二元以内，貴則不能買了。朱逖先〔三〕先生近在何處，有所聞否？繆贊虞鳳林等前在中央大學者，今皆不知消息。亂離之感，良不可任。如有不關涉政治純係學術新聞，不妨報告一二。此示博兒。父字。三月四日。

百歲老人〔四〕猶在桂否？

〔一〕心愉：蘇心愉。

〔二〕周更公：周鯁生。

〔三〕朱逖先：朱希祖。

〔四〕百歲老人：馬相伯。

（一九）一九三九年三月十七日

四日曾復十九夕函，又付湯文六册分二封。八日、十一日各寄文稿一封，已收到否？即日接二日來信，知前寄各册均收到，甚慰。宋官藏考能在輔誌登甚好，但國幣低跌，只值港幣五毫，未免太不上算耳。超孫習説文部首好，但小子切不可過勞，吾屢言身體要緊。商務從前印過一部學篆必携續三十五舉，教小子用手指學篆筆畫先後，曾見過否？寒假滿後上課又已一星期，又綁住了。此示博兒。父字。三月十七夕。

（二〇）一九三九年三月二十六日

十七夕曾復二日來函，想收到。連接七日及十三日函，藉悉一切，甚慰。稼軒詞疏證已購得，準明日付郵。此書名疏證，然材料甚少，恐失望。欲撰陳同甫年譜，應將四庫書全部南宋人文集與同甫年代不相上下者盡覽一遍，方可無遺漏。然南中豈易得此機會也。且凡撰年譜，應同時撰一二人或二三人，因搜集材料時，找一人材料如此，找三數人材料亦如此，故可同時並撰數部也。若專撰一人，則事多而功少矣。吾撰漁山年譜時，本可同時撰四王並南田〔一〕年譜，以欲推尊漁山，故獨撰之，其實找漁山材料時，各家材料均觸於目也。竹汀先生撰二洪及陸王年譜，亦此意，然知此者鮮矣。余撰釋氏疑年録，目前已整理完竣，無意中又發現某處藏嘉興藏一部，有清初語録二百餘種，塔銘可采者多，因此又須將第十一、十二卷改造，此意外收獲也。嘉興藏弘覺語録，本附有北遊集，因目録不載明，故知者絶少。吾亦據目求書，故十年不得，可笑也。湯若望文有影響否？因内有順治及董妃事，故尚能通俗，索閲者不少也。昆地已有回信。葉丈對釋藏頗有研究，有何議論？語録與順治宫廷亦刊出後，更爲完美。廿三日曾寄學誌單印本六册，已收到否？中有恭府考略附圖，清水橋即今李廣橋，北極庵即今住處也，便携圖與三叔一閲，説明下亦好。恭府東現爲女校。寧姪已愈，甚慰，佳子弟不容易栽培。潛孤人遠處，終是掛心，奈何！此示博兒。父字。三月廿六晚。

季刊只存五卷三號，明日寄，餘俟找。

〔一〕四王並南田：指與吴歷（漁山）齊名的王時敏、王鑒、王翬、王原祁及惲壽平。

（二一）一九三九年七月二十三日

十二日寄港抽印本十一册並一函，想收到。十五、十六日搬家〔一〕，現大略就緒。即接十二日函，從吾先生厚意可感。鐘點宜少，由漸而進，不可貪多也。咸同夷務始末，明日方能打聽，即日禮拜，各處不辦公。約三日來信，已收到幾日，粵事變後第一次來書，悲喜交集也。張菊老校史隨筆（二册）甚佳，已見否？釋録叙例四紙，能寄石公爲幸。近欲爲一文，名明末滇黔之佛教〔二〕，未知能成否？此示博兒。父字。七月廿三日。興化寺五號發。

〔一〕搬家：由李廣橋搬至興化寺街五號。自此至一九七一年六月二十一日逝世，未再搬家。

〔二〕明末滇黔之佛教：後定名爲明季滇黔佛教考。

（二二）一九三九年八月二十一日

九日曾復廿六日函，想收到。彝務始末有一家三朝全的，七十元八扣，單二朝者至今無着也。即接七日函，詢輔仁事，本月二日、三日，訓育主任伏神甫、教務長胡神甫，前後被逮，頗嚴重。胡荷人，翌日即釋，伏魯人，聞日間可釋。其罪名爲介紹學生往南方，然已證明是誤會，不日可了結云。前屢云淵如先生館不可就，但到處楊梅一樣花，故安土重遷也。春秋經傳引得四册，又注疏引書引得一册，共五册，分四包郵寄，收到即復，因未有掛號也。教書可以教學相長，教國文尤其可以借此練習國文（於己有益，必有進步）。教經書字音要緊，最低限度，要照康熙字典爲主，不可忽略。吾見教書因讀錯字鬧笑語而失館者多矣，尤其在今之世，幸注意也。左傳人名最難記，每一人數名，前後不畫一，應有法記之。約卅一日來信，收到。輔仁事三叔知到則告之，不知，則不必告也。約就何事，忽商忽士，似不甚妥。奈何。此示博、約兒。父字。八月廿一日。

（一一三）一九三九年九月九日

廿一日復七日函後，四日付彝務始末，咸四十册，同五十册，分五包。五日又付四書改錯二册，想均收到。廿一日來函，收到數日，未暇復。左傳、四書教法，應注重文章，不能照經書講，總要説出使人明白而有趣爲主。我近亦在論、孟選出數十章（目另紙），令學生讀之爛熟，涵泳玩索（每一二句），習慣自然，則出口成文，可免翻譯之苦。作文是作文，翻譯是翻譯。今初學作文，輒先作成白話，然後易爲文言，此翻譯法也。本國人學本國文不須此。學本國文貴能使言文一致，今以論、孟爲言文一致之標準，選出數十章，熟讀如流，不啻若自其口出，則出筆自易。寅丈已動身否，何以不見提及？倫丈來信復之，可按前址寄去，似係望牛墩。辛〔一〕八月十二日來信收到，不另復。此示博兒。父字。九月九日。

服部〔二〕先生已作古，可惜，曾知之否？

〔一〕辛：桂辛，垣老長女。

〔二〕服部：服部宇之吉，日文部博士。

（二四）一九三九年九月十六日

九日復廿一日來函想收到。即接三日函並約廿九日函，知引得收到甚慰。彝務始末想亦收到，復在途。院本有書不敢出售，可笑亦可憐。好容易找得一部送許先生〔一〕，區區不必問價也。左傳人地名索引亦好，我常用左傳釋人及左傳人名地名異同辨，舊人應用舊書也。石丈所示疵累字句當遵改，行年六十尚有人改文，至可幸也，便爲我謝之。現寫刻已至六卷，未識年底能否蕆事。需款千餘元，輔仁本可印，但不欲以釋氏書令天主教人印。佛學書局亦允印，但要排印，我以爲不雅。給商務，商務亦必歡迎，且可多流通，但我總以爲排印不够味。腦筋舊，無法也。聞希文先生在省作郭忠恕書，佳人何爲作此？圖書季刊已出二期，曾見否？余自前月十四閲藏至今月餘，尚未竣，日間又開學，奈何？智永真草千文，有人用九宫格放大，五字一行，半頁四行，（真草分卷）甚好看。餘未一一。此示博、約兒同閲。父字。九月十六夕。

學也禄在其中矣，此語專贈約。

〔一〕許先生：許地山。

（二一五）一九三九年十月五日

十六晚復汝三日函並約廿九日函，想收到。即接廿一日函，知憬老〔一〕去世，至爲感愴。卅年前，憬老見予所寫作小品，以爲必傳。當時受寵若驚，不審何以見奬至此，然因此受暗示不少。今日雖無成，不能如老人所期，然三十年來孜孜不倦，未始非老人鼓舞之效也。今往矣，天南知己又少一個矣，爲之悽然者終日也！寅丈不赴美，早料到，但未見提及耳。每星期四十餘堂，如何上法？前函云每星期廿餘點已屬不少，今曰四十餘堂，每日上幾堂耶，何忙至此？功課太多，容易生毛病，學生常常見住一教員，亦易生慢，此節要注意。每星期不可過（至多）廿四點鐘（每日四點），多則應讓出，不然，恐非長久之計也。至於自己工夫做不做，尚是第二層，先要功課對付得過，不至生毛病纔好。此示博兒。父字。

十月五日。

〔一〕憬老：汪兆鏞。

（二六）一九三九年十月十三日

五日曾復廿一日函，即接到卅日函，又接到憬老訃。明擬寫一挽聯寄去，文云「節擬西山，學傳東塾，詞刊雨屋，詩著晴簃。」訃文全寫上憬老著作，曾見否？中有雨屋深鐙詞一種。又東海〔一〕選晚晴簃詩，收羅有清一代詩人，例不録生存人，而獨選憬老詩。此書出板已十餘年，將來考憬老生卒年者，必有問題也，故及之。你們有挽章應稱愚再侄。有接訃否？東鄰有人來，必問及汝，及阿益。益不過發表一二篇小文，亦有人注意。餘未一一。此示博兒。十月十三夕。

〔一〕東海：徐世昌。

（二七）一九三九年十月十五日

前夕復一函後，想起教書之法。前已説過要充分預備，寧可備而不用，不可不備也。又對學生多誇獎，生其興趣，都已明白矣。但對同事要注意，太生疏不好，太密亦不好，總要斟酌及謙讓，不可使人妬忌，使人輕侮。交友原本要緊，無友不可以成學，但同事則又另一樣，與爲學問而交之友不盡同，因有權利關係也。幸注意。此示博兒。父字。十月十五日。

（二八）一九三九年十一月二日

十五日曾有一函，想收到，約六日來信早收到。即接十八晚函，知功課之忙如此，因歎謀生之不易也。兹有與倫、許二公函，幸閱畢即轉去。現草明季之佛教文，頗費商酌，故心常不閒。精力日衰，尤感少壯之不可不努力。祖母安否？尤念念。此示博、約兒同閲。父字。十一月二日。

（二九）一九四〇年一月七日

廿五夕曾復一函，想收到。昨接廿七日函，云遺民録未購得，頗失望。即接廿八日函，云已有，稍慰。因近草一文，中有涉及遺民者，不可不參考他人著作也。文分廿篇，近始成七篇，已得數萬言，恐草成時有十萬字。今將草目另列，○者已成，即有關遺民一部，故急於欲閲人書也。論文之難，在最好因人所已知，告其所未知。若人人皆知，則無須再説，若人人不知，則又太偏僻太專門，人看之無味也。前者之失在顯，後者之失在隱，必須隱而顯或顯而隱乃成佳作。又凡論文必須有新發見，或新解釋，方於人有用。第一搜集材料，第二考證及整理材料，第三則聯綴成文。第一步工夫，須有長時間，第二步亦須有十分三時間，第三步則十分二時間可矣。草草成文，無佳文之可言也。文成必須有不客氣之諍友指摘之，惜胡、陳、倫諸先生均離平，吾文遂無可請教之人矣。非無人也，無不客氣之人也。鄉信甚念，奈何。約十七來信亦收到。此示博約兒同閱。父字。

一月七夕。

明季滇黔佛教考　廿八年〔一〕一月七日　〇者初稿成

〇明以前滇黔之佛教

〇明季滇南高僧輩出

〇明季黔南傳燈鼎盛

蜀僧與滇黔佛教之關係

法席之傾軋

靜室之繁殖

藏經之遍佈及僧徒之著述

僧徒之苦行及生活

僧徒之外學

○讀書僧寺之風習

士大夫之禪悅及出家

僧徒拓殖本領

諸山開闢神話

深山之禪跡與僧棲

○遺民之逃禪

○遺民之方外遊侶

○釋氏之有教無類

亂世與宗教信仰

永曆時寺院之保護及建置

弘光出家之謡

〔一〕廿八年：爲廿九年之筆誤。

（三〇）一九四〇年一月二十五日

七日曾復廿七、八日函並佛教考題目，想收到（似寫錯廿八年一月）。連日候遺民録無消息，頗不痛快，靠人真難也。六日來信收到，新圖書季刊此間頗難得，頃已見到第三期，未知第四期已出否？似在上海出，但港購（是否）用港幣，太不上算。中華書局廿六年七月印（陳）東塾書札一册甚佳。此間售七毛五一册（桂皓庭文燦上款，即東園先生之父也）。已購到二册，如港購需港幣，可寄港一册也。佛教考已成十篇七萬言，一月後可脱稿，然已百舉俱廢矣，奈何！此示博兒。父字。一月廿五日。

（三一）一九四〇年一月三十一日

廿五日曾復一緘，想收到。即接十九日來信，並遺民録等三册，渴望已久，一旦得見，喜慰何如。袁公雅意，將何以報之？約來書言得校對職，佳事也。若能遇到主稿者係好手，則大可學文。聞從前温雄飛先生即由此學得主筆先生作文改稿之法，居然能爲桐城派之文，要在自己能留心耳。鄉信幸即設法寄去，然鄉間來書，郵政竟通，奇也。此示博兒。父字。一月卅一日。

（三二）一九四〇年二月十九日

前月卅一日曾復十九日函，十一又復超孫一函，十二又付超孫一畫本，想收到。即接六日函，祖母已搬沙富，慰極。滇賢生卒考，不必再催。東塾書札是接信前已見之，抑接信後始見。商務書，此間照碼加八成。英華下學期繼續否，念念。初教書，先要站得穩，無問題，乃安心。認真（即盡心之謂）多獎勵，要學生有精神，生趣味爲要。凡説學生懶學生鬧者，必教者不得法之過也。寅丈函並目録即寄去爲幸。此示博兒。父字。二月十九日。

（三三）一九四〇年二月二十四日

十九晚曾復六日函，想收到。生卒考及十二日函均收到。方君二書，頗多錯誤，奈何。

時賢著作能滿人意者何少也？但厚意可感，將來疑年録刻成，乃寄一部去何如？廠甸已完，逛了三次，無所獲，只共購一二元耳。惟佛教考今日完成初稿。記得去年燈節後開始閲嘉興藏（海内孤本），至此適一年，亦巧也。寅丈信及目録諒已寄去。餘未一一。兩新孫佳否？此示博兒。父字。二月廿四日。

（三四）一九四〇年四月六日

前月廿夕曾復十四日來函，想收到，即接廿七日函，寅丈失眠，有赴評會〔一〕否？改選十人，來單疑有誤字。秉恭是否應作秉志，胡光是否應作胡先驌，便取異本一校。倫丈久無消息爲念。怡叔病可慮，因舊病復發，至爲擔心也。文道希致節庵尺牘，余藏有百餘葉，言政事者多，言學者少。前竹居先生刻陳慶笙集，余曾鈔慶笙致節庵手札十餘通與憬老，中有叙及道希者。憬老以爲道希無行，不欲其名見陳集云云。所謂無行者，指梁夫人作文夫人事也。節庵曾被參帷薄不修，即指此。道希札吾亦無暇整理，且不甚重之，有人願考道希事，或有用得着處。從前似曾告遐丈〔二〕（指余藏書札），此外關於此人事跡，全不知也。遐丈言其劄記有關宗教，是何宗教？余近作文目録二紙，便可寄遐丈，因渠喜言佛教也。今想起一事，久欲告汝，凡與學生改文，應加圈，將其佳句圈以旁圈，俾其高興。改不必多，圈不妨多，平常句亦須用單圈圈之。因見有改文只改而不圈者，殊不合，故告汝。餘未一一。此示博兒。父字。四月六晚。

新孫名，爲父者全權主之。

〔一〕評會：中央研究院評議會。

〔二〕遐丈：葉恭綽。

（三五）一九四〇年四月十九日

六夕曾復廿七日函，中有寄遐丈目録。寄字打圈，非要緊之意，乃用郵寄，不必親交之意。今又有徵引書目，亦郵寄，免親去費事也（關於利根和尚歷史，除顯愚衡語録之方册藏經序外，遐丈有何所見，幸賜示）。即接六日書，胃病早已愈。商務聞只有版税辦法，緩不濟急，暫緩商，待想過再説。自三月五日初稿成，至今二稿尚未發抄，成一書殊不易。分省叢書辦法甚佳〔一〕，但刻板乎，排印乎？刻板則板藏何處，排印則書藏何處，由何處發售，頗費斟酌也。有可以幫忙處，自然幫忙，顧問云云，殊不必。華表先生係何人（何名，何縣）？孝可係枚伯先生（己丑孝廉）之子，君浩先生之姪，雅才作賊，可惜。亦遐丈舊人，可告遐丈也。此示博兒。四月十九日。

〔一〕指當時籌編廣東叢書。

（三六）一九四〇年四月二十五日

十九日曾復六日函。即接十四日函，知怡叔事，可爲一慟。此子太生性，與寧弟同，實吾家莫大之損失，不知何以慰兩老人也！寅丈函可感，但未寫明季二字，恐有材料寄來時與明季無關者則無用矣。方國瑜君爲師範時門人。前寄遐丈引書目〔一〕，曾寓目否？所引明季書四十餘種，滇黔書五十餘種，多人間共見之書，而不知其有佛教史料。所引僧家語録六十餘種，多人間未見之書，更不料其有明季滇黔史料矣。此三百年沈霾之寶窟，待時而開，不足爲外人道也。寅丈詢在何處發表，未定。守和〔二〕先生來信，云可刊在西南文獻叢刊，彼有函致商務云。但第一條件要能在數月内出板，若積壓至數年，如北大四十週紀念文，則殊無意思。此文現已發抄第二稿，二人抄，至快要二十天。籌款一節，已可緩，先謀速發刊也。又徵引目，存汝處，如材料已見徵引者，不必寄來，或叫約照式鈔一份寄寅丈，亦可。前寄寅丈目録，未有目録後語，今寄約，亦可叫約抄一份寄去也。此後語即作提要用，並可以代序文也。此示博兒。四月廿五日。

〔一〕引書目：指明季滇黔佛教考之徵引書目。
〔二〕守和：袁同禮。

（三七）一九四〇年五月三日

廿五日復十四日來函，並引書目三紙，又由約轉目録二紙，想均收存。即接廿一日函，道希尺牘，因屢次搬家，只找出已裱（原裱）者十餘開，尚有散張一厚叠，找未齊，改日找齊再算。本係舊信，郵寄不識方便否？道希學問無甚足取（寅丈頗知其生平），整理他劄記，不見得有大收獲，恐徒勞而無功也。

佛教考尚未抄好，前函已説過，擬先抄好，向輔仁提出，如果無款印，乃再作道理，所謂先招親房人等也。本文之着眼處不在佛教本身，而在佛教與士大夫遺民之關係，及佛教與地方開闢、文化發展之關係。若專就佛教言佛教，則不好佛者無讀此文之必要。惟不專言佛教，故凡讀史者皆不可不一讀此文也。三十年來所著書，以此書爲得左右逢源之樂。俟抄好提出輔仁後，如何再報。

圖書館任編輯事，誠如來書。小子身體可慮，從長商議後乃定可也。

石刻拓本如果寄來再算，但不必催。文已成，此等材料未必合用，怕白領人情也。此文意中所想材料，均已到手，無甚遺憾。如果寄來，近尚可，遠則人情太大，而未必合用，擬聽其自然也。

前函問遐丈利根禪師事，因張菊老紀念論文，遐丈藏經考曾提及利根，故欲知其出典也。

前日余世兄〔一〕來問汝住址，大約寄託轉交寅丈單印本，或留起俟寅丈到港時轉交亦可。

昨接德芸〔二〕先生書，言新撰八股文學一書，分九章，十四萬言，欲在北方印。但未見稿，不易接洽，擬日間復之。如晤面時，彼先提及，亦不必提也。

至商務印余文，能快出版否，此節便仍照前函打聽告我。餘不一一。此示博兒。父字。五月三日。

即日找道希札，無意中已將約前年寄來之所臨聖教找出，稍暇當寄回，便轉告可也。

〔一〕余世兄：余嘉錫之子余遜。

〔二〕德芸：陳德芸。

（三八）一九四〇年五月五日

前日曾復廿一日函，昨日並已將道希舊札找齊，計已裱者十九開，未裱者九十四頁，分二包（内有約臨聖教一册）挂號寄。與此項札有關者，尚有汪康年等札，但恐徒勞無功，不值得整理耳。守公札即寄去。餘未一一。此示博兒。父字。五月五日。

（三九）一九四〇年五月三十日

前接五日函，即馳書慰問三叔。久不接三叔書，後接其十二日函，始知有八日來書，前日乃收到。又久候汝五日以後書，至今日始接十六日函，又知有十三日來書，至今尚未收到，何也？

五日夾方君書，四譯館則，本可以贈他，但聞滇港印刷郵件停寄，故未付郵。又聞有一法，譬如寄方君件，寫港通菜街八十三號陳宅方某某收，如陳宅接到此件時，即注此人已遷某處，退回郵局，即可寄去，不必另貼郵票云云。試打聽此法能行否？聞寄守和先生書，寄平山圖書館，自然轉到，在港不另粘郵票也。

方君信不便復，料彼亦無甚新鮮材料可助我，此是寅丈好意（對他説），我未求其助我材料也。寅丈未識回港否，欲寄稿請寅丈一閱，並欲求其一序也。

廣東叢書名單已寄來，其中未識有無漢學者，甚怕與漢學家伍也。港幣甚高，最好撥些款在平抄書，四五毛一千字，港幣一毫餘耳。新借到木陳忞布水臺集卅二卷，約五百七十葉，二十餘萬言，鈔工港紙二三十元，太便宜矣。餘近又鈔得木陳弟子旅庵月奏對録一卷，四十餘葉，於董妃順治事甚詳，可惜旅庵非粤僧耳！粤僧天然函昰，剩人函可，阿字今無，各語録易找否，余均已找得。茆溪録我有抄本，照原行款，將來必須印，但不必作頭幾種耳。北游録我有精校本，前寄遐丈之本，須再校也。

疑年録本用勵耘書屋名刊行，現輔仁亦欲用輔仁名，已許之，改封面。

叢書簡則，云通過之日施行，而全則無年月，奇也。閲此知易丈健在，爲可喜耳。羅香林，遯丈〔一〕佳壻也。此示博兒。父字。五月卅夕。

〔一〕遯丈：朱希祖。

（四〇）一九四〇年六月四日

卅夕復十六日來函並袁丈函，想收到，一日又寄港轉方君四譯館考二册，能寄則寄，否則暫置之可也。即日已直接復方君一函，言港郵通則寄，又以油印目録及征引書一份寄去，言佛教考已付印，省得他寄不相干材料來，人情大而無用也。

十三日來信，今日始收到，原來給港檢查。即日寄約收校補釋例一册（外寫樂素收），内夾照片二張，久想寄汝閲（汝修年譜〔一〕時），遍尋不獲，日前找道希信發見之。照相寄汝，此余與三水〔二〕一段因緣。三水不喜人讀書〔三〕，所以不能久處，然在今日思之，當時若隨三水不去，亦不過如劉鐵城等，多賺幾個錢而已，孰與今日所就之多也，爲之一歎。

佛教考過數日寄港，請寅丈到港時一閲（不知到否），並欲丐其一序，將來另有信也。兼士先生閲佛教考後賦詩相贈，有「傲骨撑天地，奇文泣鬼神」之句〔四〕，不知何所見而云然也。

三月中旬教部發表聘任史地教育委員會委員十五至廿一人，未知有何許人，曾見報否？

昨談（前函）布水臺集，借來已久，恐不能久待，晤遐或不必提，省一事得一事也。此示博兒。父字。六月四日。

目録以備不時之需，露封以便檢查。

〔一〕年譜：梁士詒年譜。

〔二〕三水：梁士詒。

〔三〕三水不喜人讀書：現存重刻辯學遺牘封面，有梁士詒題詞：「去夏游靜宜園，曾以所購元也里可温考贈援庵。昨游園，復得此書。援庵撰述甚夥，人將愛之，詒將哀之，因襲近人詩贈之曰：銷磨一代英雄盡，故紙堆中問死生。是耶？非耶？民九四月二十七日士詒記。」

〔四〕沈兼士詩全文如下：「援庵先生見示近作明季滇黔佛教考，奉詒一首：吾黨陳夫子，書城隱此身。不知老將至，希古意彌真。傲骨撑天地，奇文泣鬼神。一編莊誦罷，風雨感情親。兼士。五、二十一。」

（四一）一九四〇年六月二十七日

十九日曾復五日函，想收到。即接十七日函，言病愈八九，又女中聘書已接，至慰。向覺明（達）以圖書館員留歐數年，回國任聯大研究所導師，名甚美，唯只得百餘元，八扣，聞已離去，以是知女中之不可棄也。

寅丈返港之説無變卦否？余丈〔一〕有宋江考抽印本寄汝轉寅丈，已轉否？佛教考自前月廿七日發稿，至六月十八日始排得卅二頁，第一卷完。至廿六日始排得六十四頁，第二卷尚未完。預計八月初可畢。寅丈賜序能於斯時寄到，尚可排入。但須先探陳公意，願作序否？如願，則多候數日無要緊，因此書舍陳公外，無合適作序之人也。顧亭林言著書如鑄錢，此書尚是採銅於山，非用舊錢充鑄者也。袁丈另自有信來，言館有哈佛燕京社撥印書款數萬元，何其闊也！（德芸丈書能介紹否？）學校暑假，關於大學教員之續聘與否有商量。有一教員因爲學生反對，至不能聘。又有因分數過寬，近於不負責任，亦不續聘。甚矣謀生之不易也！又中學教員有批評學生不用心，或講話，或睡覺（音教）者，分明係教者之不能引起興趣，或不得法。又大學教員有上堂只批評人，説人人都不成，以自顯其能，學生反問他，則又不能滿答。凡此種種，皆不適宜。大約教書以誠懇爲主，無論寬嚴，總要用心，使學生得益。見學生有作弊（指考試偷看等）或不及格等等，總要用哀矜而勿喜態度，不可過於苛刻，又不必亂打八九十分討學生歡喜，總不外誠懇二字爲要。對同事尤須注意，得人一句好話，與得一句壞話，甚有關係。偶有所感，順便告汝。約來信日子（月份）似錯，我燈下作書，眼花看不真（甚苦）。此示博兒。六月廿七日。

〔一〕余丈：余嘉錫。

（四二）一九四〇年七月二十三日

十三夕復卅日來函後，十五日又寄一函，並轉吴子馨函，十六日又寄轉吴訪古録等三本，另疑年録一包，想次第收到。疑年録係樣本，頗有誤字，萬勿送人。最好在書皮上，注「樣本」二字，以免與將來定本相混也。前兩日接四日、五日函，即日又接十一日函，藉悉一切。小子放假，應多玩少讀書爲佳。港地不靜，殊可念耳。

佛教考已印至第五卷，隨印隨改，頗有增補。久找語嵩塔銘未獲，月前寄油印目録與石公，石公竟將語嵩塔銘抄寄也。寅丈序不必急急，在此時節，復經勞頓，請其作序，殊覺不情，慢慢等等可也。係作大學叢書出板，板式與學誌一樣，但單行耳。

宋江考係寄平山圖書館某人轉云云，如未收到，當係寄失。

新印一録一考〔一〕，港中相識有可贈者，便開列姓名住址，以便直接寄去，免得轉折。二書性質不同，可在名下注「録」字或「考」字或「録考」二字，以好此類書者爲限，不願明珠暗投也。女中事暫可聽其自然。此示博兒。父字。七月廿三日。

〔一〕一録一考：指釋氏疑年録及明季滇黔佛教考。

（四三）一九四〇年七月三十一日

廿三日曾復十一日函，想收到。前日接到十七日函，並寅恪先生序〔一〕。第六卷將印畢，正好趕到，喜出望外。兹有復先生一函，便寄去。佛教考稿現在何處，寅丈看過後，口頭有何批評，至緊告我。近日又接到方國瑜君函，云四譯館則收到，但未有半條材料鈔來。港地人心稍靖否，念念。黄仲敏先生近狀何如？黄霄九先生世兄啓慶，聞在港嶺南教書，是否？希文弟宗衍，有作賦否？便告我。其兄作賦，則已聞之矣。此示博兒。父字。七月卅一日。

〔一〕指陳寅恪先生爲明季滇黔佛教考所作序。

（四四）一九四〇年八月十四日

九日曾復廿六日來函，及疑年録校記二小紙，又尹、葉、寅、袁四部疑年録，想均收到分別轉交矣。即接二日來函，言港中學下學期不一定開學，至爲懸念。暫且靜觀之，萬方一概，亦無可奈何也。聞聯大有搬家之説，是否。即接到孟真〔一〕先生撰性命古訓辨證一部二册，内多新材料，新解釋，不可不一讀。商務出板，即取閲可也。圖書季刊二卷二期，已將佛教考目録登出，真不好意思。已見否？辛姊窮，能在港賣幾部疑年録或佛教考濟之乎？昔楊惺吾先生嫁女無錢，寫對聯百副與之，每聯二元，亦二百元耳。余不能書，只可賣書也。此非戲言，幸一籌之。性命古訓辨證售國幣二元，售港幣若干，告我。羅孫來信，「本」字有鈎，書籍作「藉」，此極顯淺，而竟寫錯（字亦不甚佳），面誡之使不忘爲要。此示博兒。父字。八月十四晚。

〔一〕孟真：傅斯年。

（四五）一九四〇年八月十六日

十四夕復二日來函，想收到。昨寄寅、尹、繆、遜、哲生、子馨、袁、傅並汝，共九册佛教考，未知何時收到，照轉爲幸。前稿汝閲過否，閲後何無一言？余閲性命古訓辨證，深知余已落伍，未知在他人覺得如何耳。方豪司鐸，前辦益世之報，聞近已遷居巴縣。久無通訊，欲寄佛教考一册，未知能達到否？周寄梅先生聞在貴陽，亦欲寄去一册。此示博兒。父字。八月十六日。

（四六）一九四〇年九月十日

二日復十九日函，並佛考正誤表五紙，想收到。隨接廿二晚函，知疑年録（四部）收到。彦叔出院，甚慰。即日又接卅日函，知佛考九册收到，但郵未通，姑候之。至圖書館代售書事，可試辦。日前寄三叔年録一部，已轉贈圖書館。今日付出録、考各五部，録照來信定港幣三元五，甚合，但考售港幣一元五或一元二（均連郵費），可酌辦。（是否要登廣告，又要花本也。）情形要當地乃知，細思港非談學之地，此等書未必能售，姑試試，能售時再寄。許可送録、考各一部，馬對録未必有用，只送考一部何如，酌之。又有人發見録卷二第十頁二行「珠林三二」，應作「三三」云，校書真不易也。今日寄五部，「二二」字已改正。莫天一五十萬卷樓藏書目録廿二卷，商務印，已見否？末册附自著書目凡五十餘種，何其鉅觀也。粤人不讀書則已，讀則輒出人頭地，亦風氣使之然耶！來信言又病，雖愈，甚念。若言南地卑濕，則前在平時，亦見汝病一次，或不是地方關係，起居應有節制爲要。此示博兒。父字。九月十日。

（四七）一九四〇年九月二十三日

十日曾復卅日函，及寄録、考各五部，想已收到。連日望信不至，甚念，以爲汝病未愈也。今日始接七日來信，蓋經港檢查，故遲到也。前談賣書法，純爲欲收回幾個錢，可以接濟辛姊等。但如何能使人知有此書，甚麻煩。如果要登廣告，現正隱姓埋名時候，非可在報紙上見名字也，故勉强即不必。料賣不得多少，幸勿彰揚爲要。中學鐘點，多至若干，太多恐招呼不來也。我今年亦開一新功課〔一〕（舊名新法），現已開學，預備亦甚費事，且精力不及也，奈何！有人説吴子馨（其昌）已離武大，唐蘭（立庵）離聯大，就滬（前）無錫國文專修館，有所聞否？欲寄考一册與湯用彤先生（字錫予），從前在聯大，未知今何在？湯先生專門佛教史，商務出南北朝佛教史，甚佳。餘未一一。此示博兒。父字。九月廿三日。

約六日來信收到。

〔一〕新功課：史源學研究，後改名史源學實習。

（四八）一九四〇年九月二十四日

廿三日復七日函後，即接十三日函，即日又接十五日寄回佛考稿六册，無破損，勿念。諸書恐未易寄出了，姑聽之。港中情形，甚念，能好好教書否？辛困難情形可憫，此間匯港，每百元須補水十七八元，在港收廿三元，太不上算，真可謂四海困窮也。中研院出集刊，近忽寄到二册，數年不見矣。其他雜誌，均不見有。圖書季刊九月份（即二卷三號）者亦未見，未知港曾見否？無善可陳。此復博兒。父字。九月廿四晚。

（四九）一九四〇年十月六日

廿三日復七日函，廿四夕又復十三日函，想收到。頃接廿日函，經港檢查。仲勉先生與陳述兄同地，寅丈寄來秦婦吟（凡考證文先要觀其利用何種書籍爲要）已收到，分送並復謝矣。一日曾代兼士先生寄抽印本八册至港，亦分寄諸友者，能辦則代辦，不能則暫置之。

佛考稿收到，前信已提。彦叔病甚念，餘未一一。此示博兒。父字。十月六日。

（五〇）一九四〇年十月二十五日

十四日曾復一日來函。前日北風怒號中，接十三日彦叔之赴，竟日爲之不樂，竟夕爲之不寐也。當時不能復信。曾寄荊公年譜一部，想收到。即日始接十一日函，此函先寄後到。彦叔立遺囑，必定因有財産，尚有他事否？遺囑内有何言語，便幸告知。前函問吴子馨，因寄去訪古録，未接收到回信，不知能寄到否也？錢先生〔一〕赴齊魯，從何道去？此間滇蜀航函不通。元胎兄曾有來函，經（直接）寄去佛教考一册。前者每册郵二角，今加倍。又向覺明達先生來信，託抄一文，已抄就，不知如何寄去，試打聽代寄去可也。圖書季刊九月份，此間已見，材料豐富，可見學術趣味尚濃厚，可慰也。荊公年譜從前少見，以爲佳書，自燕京印出後，始知其書編纂無法，未爲佳製也。連日聞彦叔事，人不快，昨夜睡不寧，兼之肝處作痛，晨起較好。餘未一一。此示博兒。父字。十月廿五日。

袁丈年録（共二部）已寄去否？

〔一〕錢先生：錢穆。

（五一）一九四〇年十一月八日

廿五日曾復十三日函，想收到。日前接十九晚函，即日又接卅晚函，此函甚快。余生朝陽曆是十一月十二，精力日頹，恐不能爲較大著述矣，奈何？倫丈到省，大約是教書，聞來信屬人寄明清史講本。

袁書暫不能寄，尹書已寄去未？又佛考各本已寄出未？

近又欲作一文，名清初僧人之鬬諍〔一〕，將佛考法門紛爭篇放大，未知能成否？近此間滇渝航信不能寄，平信太慢，遂嬾寫也。潛信（並書目）能代寄去爲幸，地址四川江津中白沙，上松林鄧宅，但來信郵戳是「東川白沙」，可酌寫。博兒。父字。十一月八日。

〔一〕清初僧人之鬬諍：後定名爲清初僧諍記。

（五二）一九四〇年十一月二十六日

八日曾復卅晚來函，想收到。久候家信未至，前日接六晚函，即日又接十四日函，均經港檢查，所以較慢也。荆公年譜可不必寄回。清朝人爲荆公研究者，尚有嘉道間沈欽韓。荆公詩本有李壁（李肅子）注，沈爲補注四卷，又爲文注八卷，皆注本事，非熟悉有宋一朝掌故不可。沈又爲蘇詩查注補正四卷，皆爲研究宋事者所必讀，非止爲蘇、王詩文而已。注書例有二派，一注訓詁典故，一注本事。如施國祁之注元遺山詩，亦注本事也。凡研究唐宋以後史者，除正史外，必須熟讀各朝一二大家詩文集，能有本事注者更佳，可以觀其引用何書，即知正史之外，詩文筆記如何有助於考史也。

覺明信仍盼寄去，子馨書仍盼查詢，此書（使華訪古録）不易再找，既找得，失了太可惜。或去信子馨先生一問何如。即使失了，亦使彼知予曾替他找得，並非置之不理也（因來信託找之故，覺明信亦然）。餘未一一。此示博兒。父字。十一月廿六日。

省城曾有火燭，是否？定三姑何故想返港？

(五三) 一九四〇年十二月十一日

前月廿六日曾復十四日來函，想收到。昨日接廿三日函，藉悉一切。聞守和先生日間到港，書籍如何寄法，一詢便知。九月份季刊載責善月刊一卷五期有中國現代史學界檢討一文，未知如何説法，港能見此報否？餘無可陳。此示博兒。父字。十二月十一日。

(五四) 一九四〇年十二月二十七日

十一日曾復廿三晚來函，想收到。數日前接八日函，因未晤傅公〔一〕，遂未能復。前日晤之，原來他所藏七籤〔二〕，僅得一板，三十行，二十七字。蓋原爲梵夾本，每五行一摺也。昨已送來，擬影一片付回。道藏輯要，光緒丙午成都重刻本，由彭瀚然發起，請賀龍驤助校，故所謂彭瀚然本，即賀龍驤本，非有二也。不過原刻輯要無子目(只有總目)，賀又編爲子目，並彙抄道家書目，名道門一切經總目，連子目初編，共八册，附輯要以行。今所見本無之者，當係購書時所缺。洞經示讀一種，原附氏集三大洞玉經後。因原目漏載，故裝訂時缺去，已屬書店代找，未識有單行本否？既有缺者，則必有多餘者，或找得未定也。然找不得亦無要緊，因所謂道門一切經總目者，係彙抄四庫總目之道家類，及道藏目録，陳、晁二家及通考、通志等道家、神仙家目録而成，皆習見之書，只費一寫官之力耳。所謂子目初編者亦然。此示博兒。父字。十二月廿七日。

〔一〕傅公：傅增湘。

〔二〕七籤：雲笈七籤。

（五五）一九四一年一月十九日

十日付佛教考一册，内夾雲笈七籤書影一張，十一日又復廿四日來函，想收到復在途矣。即接七夕來函，詢道藏輯要源流，未知港大有其書否，如有，甚易明白，如無則不甚易明白也。輯要原本刻於京師，爲嘉慶間侍郎蔣元庭輯。今所通行者，多爲光緒間彭瀚然重刻於成都，前函似已説及。但屬書店找單行本輯要子目初編，至今未找着，恐不易有也。余近年購書甚少，故書店不甚來往，屬他找書，亦不如前此之聽命。商人唯利是視，無利可圖，故不踴躍也。寅丈港大演講，繼續否，近有何新著，講何題？余著清初僧諍初稿已成，十章三卷四萬言，惜重鈔一回不易，不然，則寄寅丈請教也。晤時便可告之，如有所提示，幸告我。十章目如下：五燈嚴統諍第一，晦山天王碑諍第二，五燈全書諍第三（以上卷一濟洞之諍）；天童塔銘諍第四，密雲彌布扁諍第五，靈巖樹泉集諍第六，牧雲五論諍第七（以上卷二天童派之諍）；雲門雪嶠塔諍第八，平陽御書樓諍第九，善權常住諍第十（以上卷三新舊勢力之諍）。末附餘論。不一一。此示博兒。一月十九日。

（五六）一九四一年二月三日

廿六日曾復十六日來函，想已收到。即接廿三日函，言佛考有錯簡，恐不能免。聞北平圖書館館員言，知許君〔一〕曾託北平館抄道藏輯要子目初編，料單行本不易購。但子目即由輯要鈔出，有輯要本可自鈔，不必根據賀本也。德芸先生寄來廣東未刻書籍一文（晤時幸謝之），已見否。其中有一名言，謂在港集款六萬元，似較易於售書六十部，奇哉！今早復辛姊母子一函，似寫錯二月十四日發，不知何一時糊塗至此，晤時幸代我更正。餘不一一。此復博兒。父字。二月三日。

〔一〕許君：許地山。

（五七）一九四一年二月十五日

三日曾復廿三日函，想收到。昨接一日來函，知幹侄亦改行學商，始歎吾道之窮，一大家庭欲培植一讀書種子果如是之難也！鄉中穀貴，有缺食之虞否，甚念。守和先生仍在港否？聞其放洋，未有盤費，是否？靜安遺書，是指商務館新印否？已見目，未見書，聞與前印之忠愍公集大同小異也。僧諍記二稿成，加一「記」字。遲日或寄請寅公一閱，未知公嫌煩否耳？此示博兒。父字。二月十五日。

（五八）一九四一年三月十一日

二日曾復十八日函，想收到。即接廿五日函，說約已得拔萃教席，至慰。遐家事如此，想必不快，宜少晤。官僚底子太深，不可救藥也。其姪曾晤否？尤不易相與，避之可也。至汝下年館事，如果人不送關，則無可說，若不是人不請，則自己必須下年生計有把握，始可毅然辭之也，幸慎處之爲要。鄉信早已接到。僧諍稿完，現擬一題，名南宋初河北新興三教〔一〕，即元史釋老傳之全真、真大道、太一三教也。三教祖均宋之遺民，人多注意宋入元之遺民，北宋入金之遺民，甚少人注意。此文未知能成否，成亦不長。飽食終日，無所用心，姑以此爲消遣耳。此示博兒。父字。三月十一日。

〔一〕南宋初河北新興三教：後定名爲南宋初河北新道教考。

（五九）一九四一年五月七日

十四日及廿五日函收到。僧諍記如能寄則寄，不管兩個月三個月，能寄到便佳，好容易即一個月也。航寄殊不必，無此需要也。藿生〔一〕先生及彬兄等，可代送一部，有未署名者即爲此，有時想不起應送何人也。國學門〔二〕購入藝風堂拓片，仍在原處，何以問此？其中關於道教一部分，十五年前我已録得八九，可惜未能詳校耳。此等史料，尚未有人利用過。來函言港不易居，滬更不可居也。五十年來中國之新史學，已見，新字當改作古字。此雜誌已出數期，無一篇有力文字，所謂海派者非耶？約廿一日來信亦收到，作文方法等書，向未見過。欲作文言，只有熟讀論、孟，亦一捷徑。能多讀熟讀，則出筆成文言。最忌先做成白話，乃改易爲文言，則難得佳作矣。四宅珍莊侄三月五日在聯大來信，關於（他前在輔仁）作文及體育分數事，（三月廿五日）已由校復他。是時我適病，未回信。聞他將返港（如未返，則函他亦可），便能問他收到復函否爲幸。此示博兒。父字。五月七晚。

〔一〕蘿生：陳大年。

〔二〕國學門：北京大學國學門。

（六〇）一九四一年六月七日

廿一日曾復八日函，想收到。即接廿三日函，問藝風拓片，封鎖在漢學家手，無往來。至藝風堂金石文字目十八卷，光緒間已有刻本。全五代文無甚意思，時短地狹，新鮮材料亦不多。至於碑刻，佳文固少，完整之碑尤少。鈔書易，鈔碑難；抄碑易，校碑難。尋丈拓片，攤置一室，剥蝕模糊，煙墨狼藉，鈔碑談何容易？如欲輯五代文，港地書籍缺乏，如地方志等等，從何檢閲，不易爲也。但第一步應先編目，嚴氏編全上古文，亦先編目，凡百三卷，有刻本，即名全上古三代秦漢三國晉南北朝文編目，每人作一小傳，（每文注出處）極費力，極有用。後來全上古文刻本，即按此目録所指定之出處，抄出付刻也。其實只有一編目已足，凡易找之書，不必抄刻，難得之書及散篇然後抄之，想亦無多。但抄易校難，若鈔而不校，無用也。近因故宫新印李北海嶽麓寺碑，嘗取全唐文一校，原來全唐文脱去四百字。官僚所編之書，如此其不可靠也。全上古文當少此病。且全上古文注出處，全唐文不注出處，一塌胡塗，殊可笑也。寅丈在近，如果人不討厭，不妨多請教，但不宜久坐，此機會不易得，幸勿交臂失之爲要。至於好擺架子之官僚，可以少見了。昨日孫子書〔一〕先生屬代寄近著一册，收到在家信中復謝幾句，以便交代。又即日付汝中和月刊六册，間有可觀。港郵已通未？此示博兒。父字。六月七夕。

〔一〕孫子書：孫楷第。

（六一）一九四一年六月二十七日

七日曾復廿三日函，想收到。日前接一日函，即日接十三日函。四朝成仁録最近有刊本未見（亦未知果有否），東塾記餘亦未見。因近年不買書，書估不上門來，我亦永不出門，消息甚陋。鈔書事現無閒人。五代文事前函已大略言之，罕見資料，尚未想得。南宋初河北新興三教考，三月八日定題目後即病，今已成十一章，差不多成了一半，大約暑假後可脱稿。不耐久視，最苦人也。此復博兒。父字。六月廿七日。

（六二）一九四一年八月十六日

五日曾復七月廿一日來函，想收到。連日盼汝家書不得，望眼欲穿矣。七月十三日復六月廿九日來函，云汝患感冒，已愈，又有復陸先生言成仁録書，廿一日又寄約交汝公穆〔一〕先生手書，並言東塾雜俎未刻成等等，計時皆應有回信，豈中間有失落耶？最近孔德研究所出板李玄伯〔二〕著中國古代社會新研一册，售申幣十二元，極多新義，不可不一讀，曾看見否？李禁錮多年，幸有此書，足以不朽，古所謂塞翁失馬，安知非福者此也。許地山四日逝世消息，此間遍傳，而約六日來信尚未提及，豈訛傳耶？固幸其訛傳也。然言之者鑿鑿。繼任者〔三〕何人？寅丈最合式，但怕不耐酬應耳。下文如何，想有詳報。傅公〔四〕聞已辭中研院總幹事，前云入醫院，近狀如何，有所聞否？袁公聞頗不得意。公超近在港否？此等消息，惟汝能復我，至於家事，尚有別人可問也。勁庵〔五〕云來，何以久未到。鏡池接女中，已定否？此信目的，本爲李玄伯書，順及他事耳。此示博兒。父字。

八月十六日。

德芸丈函，以爲可交則交去，否則作罷。

〔一〕公穆：陳慶修，陳澧長孫。

〔二〕李玄伯：李宗侗。

〔三〕許地山原任香港大學中文系主任。

〔四〕傅公：傅斯年。

〔五〕勁庵：李棪。

（六三） 一九四一年八月二十二日

十六夕付汝一函，言李玄伯新出中國古代社會新研，於古史研究甚有幫助，想已收到。前日接一日函，即日接九日函，藉悉一切。寅丈對港大事，有希望否？於汝甚有益也。玉書〔一〕所用續通鑒長編，係局本，經乾隆改譯，人地名全不用得，可惜。七月十三夕信及中和月刊失了，此是罕見之事。昨接莫天一先生函，言教部有奬學條款，他有著作，想請余介紹，已答應之。但此等文件，余未寓目，未知何如。兹復他信，並可連同（港存）佛教考、僧諍記各寄去一册。地址「澳門新馬路十三號益羣藥房莫培樾醫生收」。莫蓋其兒子也。

又七月十三夕曾夾復陸丹林先生書，言四朝成仁録此間同人及書估均未見過。此函失了，擬不再復，晤時可致意，並代道歉爲幸。

釋氏疑年録卷五關於釋家五代文，有須鈔者，可告我着人鈔出。惜乎所用書記，月來已另找事，家中現在無書記也。此示博兒。父字。八月廿二日。

〔一〕玉書：陳述。

（六四）一九四一年九月三日

八月廿二日曾掛號復九日來函，内有復莫天一先生信，想已收到照轉。昨日又掛號寄釋氏疑年録通檢十册，即日又寄南宋初河北新創三教考目録油印三份，收到照轉爲幸。即接十七日函，寅丈事能成爲事實則佳矣，防馬公阻礙否？開來五代文（應名全五代十國文）參考書，似應先注意金石書。金石書有録全文與不録全文二例，尤須注意録全文者。如南漢金石志，嶺南遺書本，此目前重要之書，何以遺却？他如山右石刻叢編卷十，兩浙金石志卷四，偃師金石遺文卷上末之後梁贈太尉葛公神道碑等，皆可收入。又有八瓊室金石補正，凡録全文者，均應參考。有重複者，則應互相校勘，取其精確。因録全文者，每有異同及缺漏，如金石萃編等，體例甚佳，而所録文一塌糊塗，試以現存拓本校之，錯漏百出。此事非親力親爲不可，王蘭泉晚年患目，萃編悉委門客代撰，故其謬如此。如全唐文等官書，其謬尤甚，不可不注意也。餘未一一。此示博兒。父字。九月三日。

（六五）一九四一年九月六日

三日曾掛號寄新著目録三份，又復十七日來函，想收到。劉氏嘉業堂刻南唐書箋注，已見否？前函漏寫。即接廿五日函並潛函，今復之，便請寄去。寅丈事極佳，人同此心，真猜到也。三教考極欲寅丈一閱，惜無書手，寫一部不易。前書手用之十年，因生活不能維持，已另就事，現甚不便。余眼日差，不能寫正書。石公聞下年就貴陽師範國文系主任，前云結伴東歸，想未實行也。此示博兒。父字。九月六日。

（六六）一九四一年九月二十二日

六日曾復廿五日函，後接廿八日函，九日即掛號寄去中國古代社會新研一册，想收到。即日接七日函，又掛號寄去佛教考二册，僧諍記一册，共一包。漱公不甚熟，似由彬兄處一晤。袁公前患熱病，發譫語，得罪貴人，爲人譖構，不得志，至今鬱鬱，奈何！前言釋録五或有材料，非一定有也。如有需用，乃着人抄之。本宅寫字人已散，新撰三教考（六萬言）

欲鈔一副本寄寅公，亦未有人，至不便。歷代賦彙末卷（即一四〇）有王周蚋子賦，二百七十字；外集卷十三，有杜光庭紀道德賦，四百八十字；補遺卷十七逸句，有南唐江文蔚蟹賦兩聯廿八字，餘有徐鉉賦三篇，已見本集。上述王、杜二賦，未知已見否？滬上人來，説孟真須休養三年，森玉先生已回港，季明竟繼地山後任，是否？聞辛姊與其子有事，甚喜。朱逖老薦其壻羅香林入國史館，竟爲人所攻，拂衣去。奇也，壻不能薦耶？近又做一短文，名明末殉國者陳于階傳，約二千五百言。于階天主教徒，上海人，然教中人鮮知之也。餘未一一。此示博兒。父字。九月廿二晚。

（六七）一九四一年十月一日

廿二夕曾復七日函，想收到。即接十四日函，言山右石刻叢編、兩浙金石志等，俟稍暇檢之。來函言森丈代友濳處購書能寄，何以佛教考、僧諍記不能寄也。新創三教考擬改爲新道教考。至前函言釋年録五有無五代文可採，係指所引傳狀碑銘有五代人所撰否？今細閲之，實寥寥。因僧是五代僧，文未必五代文也。乾隆中蜀人李調元編全五代詩百卷，在函海中，曾見否？前函似未見提及。此書前十七卷五代詩，自十八卷以下十國詩，每人有小傳，可參考，惜不注出典耳。契丹、高麗、南詔文確在五代時者，亦可附録（但難確定耳）。莫丈〔一〕著述介紹書，大意甚佳，可即代署名，因往返需時，且有不便也。如果太長，可稍節之，以就程式。又「冠絶八省」句，怕招妬否，統與元胎兄酌之。能不動原文，尤妙也。此示博兒。父字。十月一晚。

〔一〕莫丈：莫伯驥。

（六八）一九四一年十月十日

四日復廿日函，想收到。莫公函所謂條款，當指建炎，諒不是阜昌〔一〕，如是阜昌，則非追回不可，當時未想到此節也。

九月六日復汝一函，並潛女函，何以至今未見復，豈不是又失了？本月七日曾掛號寄汝兩浙金石志、台州金石録、越中金石記、偃師金石録（又名金石遺文記）各一册，山右石刻叢編二册，共六册一包。凡金石文除造像、經幢外，成一篇文章者，即應採入。又李晉稱天祐至十九年，吳楊稱天祐至十五年，雖是唐年，亦應歸入五代，因唐天祐只有四年也。南唐末造有稱宋建隆年者，亦可歸入五代。八瓊室金石補正（嘉業堂刻本）卷七九至八一，皆五代石刻，已見否？劉喜海金石苑，又名三巴漢石紀存，有影印本，八册，從前甚易得。其第二册有碑記三篇，已收入未？各志有重複者，可作校勘之用。各家考證跋，可參考，不盡可據。

昨接希文弟宗衍來書，託抄天然和尚（名函昰）行狀，云欲作天然年譜。此題甚佳，往年北關仔做學問，每得風氣之先，不料至今猶是也。

又金武祥粟香四筆卷一，有南漢石數通，爲南漢金石志所未載。此書（粤刻本）易得，已見否？賦彙文二首鈔寄。久候九月六日復函未到，乃書此示博兒。父字。雙十節。

〔一〕建炎、阜昌：建炎，宋高宗年號，阜昌，僞齊劉豫年號。借此暗示當時遷至重慶之國民政府及在南京之汪僞政權。

（六九）一九四一年十月二十三日

七日寄金石書六册，十日付一函，言金石苑、粟香四筆等有南漢及蜀金石，想已收到。隨接九月廿七日函，頃又接十日函。南唐書箋注未見，想無甚要緊。顧櫰三補五代史藝文志所載現存之書，序跋有作於五代時者，皆可收入。凡唐末、宋初人，其文作於五代時者，亦可收入。補五代史藝文志，金陵叢書乙集及鶴齋叢書三集有刊本，已見否？陳仲魚鱣撰續唐書，以後唐繼唐，南唐繼後唐，而至宋，廢梁晉漢周四代，其説頗有見地，廣雅本。此示博兒。父字。十月廿三日。

德芸丈謂余入學似在光緒丙申，非也。余少不喜八股，而好泛覽。長老許之者誇爲能讀大書，其非之者則訶爲好讀雜書，余不顧也。幸先君子不加督責，且購書無吝，故能縱其所欲。丁酉赴北闈，首場冉求之藝，文之以禮樂，題本偏全，放筆直書，以爲必售。出闈以眎同縣伍叔葆先生，先生笑頷之。榜發下第。出京時重陽已過，朔風凛烈，叔葆先生遠送至京榆路起點之馬家鋪。臨别，珍重語之曰：「文不就範，十科不能售也。」雖感其厚意，然頗以爲耻。既歸，盡購丁酉以前十科鄉、會墨讀之，取其學有根柢，與己性相近者，以一圈爲識，得文數百篇。復選之，以兩圈爲識，去其半。又選之，以三圈爲識，得文百篇，以爲模範，揣摩其法度格調，間日試作，佐以平日之書卷議論，年餘而技粗成，以之小試，無不利矣。庚子、辛丑科歲兩考皆冠其曹，即其效也。然非叔葆先生之一激，未必肯爲此。迨壬寅借闈汴梁，改試策論，前功遂廢。丙申余十七，辛丑余廿二也〔一〕。便幸轉告德丈。十月廿三日又及。

〔一〕關於此段經過，援庵一九六一年與北京師範大學歷史系本屆畢業生談話時説過：「十八歲（一八九七）入京應試，因八股不好，失敗。誤聽同鄉一老先生的勸告，十九歲一面教書，一面仍用心學八股。等到八股學好，科舉也廢了，白白糟塌了兩年時間。不過也得到一些讀書的辦法，逐漸養成了刻苦讀書的習慣。」（載中國青年一九六一年十六期）。

（七〇）一九四一年十一月十一日

廿三日曾復十日函，並告德芸先生學八股經過，想早已收到。久候回覆十月一日、四日兩函，不至。前日始收到十八日函，蓋覆十月一日函者。即日收到廿五日函，則覆十月十日函者。而四日之函，未見提收到，亦未見提不收到，奇也，豈我十日之函未提到四日有函耶？此函係述嶺大國文事，蓋覆九月廿日來函者。

冊府〔一〕所有五代文，以詔令、奏議、牋表爲多，如將帥部之傳檄門，則亦有檄文也。茲將冊府五代史料目録二冊寫本，及金石苑（即所謂三巴金石苑也）第二冊掛號寄汝，或稍有幫助未定。凡冊府行數稍多者，其中大概有文在内。但每文須自加題目，及要參考薛史與會要已載否耳？八瓊室金石補正百卅卷，陸增祥撰，民國十四年吳興劉承幹（即嘉業堂主人）希古樓木刊本，不難得。但余無此書，學校有，又不敢拆散寄汝，防萬一遺失也。道教考作輔仁叢書第八，陳于階傳入學誌，均已付刊。尹默先生詩字二紙附寄，「再同」者兼士先生幼名也。風雲緊急，港能安居讀書否，甚念。漢姪、幹姪等近狀如何，至爲念念。此示博兒。父字。十一月十一日。

〔一〕册府：册府元龜。

（七二）一九四一年十一月十九日

十二日復廿五日函，並寄金石宛一册、册府五代史料目録二册，想收到。即接六日來函，但仍未見提十月四日之函，何也？德公欲將前函發表，但前函因德公問到，順筆裁答，未識有不檢字句否？如果認爲無礙，亦可發表，但作訪聞口氣，似勝於據本人自述，因此等事不值得自述也。請德公酌之。欲寄信與嶺南大學，須寫何地址，幸告我。又有張漢三老先生，名學華，光緒庚寅詞林，此人在港抑在省，能一查否？此示博兒。父字。十一月十九日。

（七二）一九四二年三月三十一日

二月十八日函昨始收到，在途四十日矣。寅丈願在輔仁授課，此夢想而不得者也。當未接此信時，曾與余季丈談及，昨接信後，即告同人，皆大歡喜。所惜者輔仁報酬向來微薄，教授最高額四百元。近因物價高昂，始有五成津貼，總六百元。然因國際經濟關係，將來津貼減成與否未可料。聞寅丈前所住屋未退，則住不成問題。如能北來，真如天之福。請一言爲定，因郵筒往返甚需時日也。專復博兒，並代候寅丈起居爲幸。卅一年三月卅一日。援。

（七三）一九四五年一月三十一日

十一月廿一日曾復七月十六日來函，廿五日又寄柴〔一〕撰謝三賓考，兩次共四函，及通鑒胡注表微目録，未知收到否？至今相隔兩月，未接來信，至爲懸念。小子佳否？行止無變否？胡注表微至今始寫定本朝及出處二篇。成書殊不易，材料雖已找出一千一百餘條，未必條條皆有按語。如果按語太少，又等於編輯史料而已，不能動衆。如果每篇皆有十餘廿條按語，則甚不易。説空話無意思，如果找事實，則必須與身之〔二〕相近時事實，即宋末及元初事實，是爲上等；南宋事實次之；北宋事實又次之；非宋時事實，則無意味矣。因「表微」云者，即身之有感於當時事實，援古證今也。故非熟於宋末元初情形，不能知身之心事，亦不知身之所指者爲何也。青峰兄有通信否？聞他已到白沙，遵儉〔三〕已見之，博識多聞，於遵儉大有裨益。汝等能圖一晤，亦甚佳也。表微目録，爲本朝、書法，校讐、解釋、舊文、避諱、考證、察虚、糾繆、評論、感慨、勸戒，爲前篇，論史法；君道、治術、相業、臣節、倫紀、出處、兵事、邊情、民心、夷夏、生死、貨利，爲後篇，論史事。每篇三十至七十條，通鑑頂格，胡注低一格，表微低二格。通鑑提其要，胡注全録，表微即按語，或有或無。防前信不收到，故重書之。餘未一一。此示博兒。父字。一月卅一日。

三叔久未通信，其子女現在如何，便望告我。

〔一〕柴：柴德賡（青峰）。

〔二〕身之：爲資治通鑑作注之胡三省。

〔三〕遵儉：援庵次女壻張遵儉。

（七四）一九四五年五月一日

自去年十一月接過汝七月十六函後，至今日始接汝今年一月廿八日函，當即通知阿益，因等汝信等到疲了。十一月廿五日續寄汝三賓考中二函，今年一月卅日又寄汝一函，未知收到否？三叔處止接到去年六月函，今年二月曾接施大姑姐十月廿三日函，知三叔等平安，今接汝函，知各姪等下落，至爲安慰，只欠約處未有消息耳。青兄處亦久未接信。胡注表微付寫者只有本朝、書法、校勘、解釋、避諱、出處六篇，每篇約八千言，餘尚未寫就也。全書格式，每篇前有小序，低二格；次引通鑒，頂格；次引注，低一格；次爲表微，亦低二格。今將已成諸篇，各抄一段寄閱，亦可略知書之内容也。盼望不斷來信，不可等到信到然後覆，防中有遺失，彼此等，則信息更遲也。張孟劬、馬幼漁二公新逝，有所聞未？一月卅一日寄青兄一函。二月廿八日復寄潛女胡注表微提要數份，屬轉青兄及汝，未知收到否？敏姪與十妹、十一妹俱與容兒同在一地，冬女亦在處，未知他們兄妹見面認識否，殊可笑也。當未接汝一月廿八日函時，時時與益胡猜亂想，久不知汝消息，並向各方打聽。今接來書，不啻大樂。余讓之〔一〕接青兄一月廿一日信，已見。如有通函，並爲我問及爲盼。兒婦及各小子佳否？此復博兒。乙酉五月一日。

〔一〕余讓之：余遜。

（七五）一九四五年十月七日

自五月一日接一月廿八日函後，當即復過一函，此後音問即斷。近始接來電，並石公先生電，始知汝等平安，至慰。廣州、香港尚未有消息，辛、約等亦未有信，殊爲焦灼，諒必平安也。鄉中老人更未知如何，今年八十八矣，所謂一則以喜，一則以懼也。浙校還浙，想不能太快。年來南中消息斷絶，暇時尚望將文教有關之人事見告（如不能詳，剪報寄來亦可）。又出板新籍及論文，亦願得知一二。兼士先生來，云寅恪先生已游英，孟真先生將赴美養病，是否？青峰兄常有信否，余極念之。六月卅日曾復伊二月九日來函，由濳夫婦轉，未知渠收到否，余極願他回輔仁也。表微擬在學誌發表一部份，汝有何意見，可以助我。青峰走後，余竟無人可商榷也。語言歷史研究所有何舉動，聞有信派余讓之遜接收北平舊址及檔案。

木刻僧諍記刻得一半，工飯大長價，至不能刻完，現竟爛尾。承刻之人匿不敢見面，只可聽之而已。謝三賓考究竟全份已接到否？

雪妹夫婦在何處？做何事？便幸告我。此間自去年秋天接過三叔六月十二日函後，至今一年零四個月未接信，其挂念爲何如耶？甚擬交通復原後，即南歸一轉，未知何時路通耳？有見甚麽新書、新友，信中一一詳叙爲盼。此信亦想到那一處就寫到那一處，非一氣呵成者。各小子諒已高大，不認得。此復博兒。父字。十月七日。

鄭韶翁老而遇此，可惜。

（七六）一九四五年十一月二日

十月七日曾復汝來電一快信，未知收到否？遵義航信不通，快信恐要一兩個月乃能收到。今由重慶張堉處轉汝函，料可快些，因重慶可通航也。連日等汝來詳函，久候無有，至念。南中學術界消息久斷，昨有人寄來復旦大學長沙陳子展撰龜曆歌，知董作賓撰殷曆譜，魯實先作糾譎，皆學術界好消息，何以不見告？又寅丈遊英亦未見提及，何耶？接石公先生函，極誇奬汝。又言柳髯〔一〕極稱許謝三賓考，可見有目共賞，非阿所好也。中研院始終有開會否？評議員第二屆已滿期，歷史學續選者何人？故宫理事第六屆聞已改聘，中有何人？報載不詳，全靠家信。方司鐸〔二〕所辦雜誌，繼續出至幾期？有何佳作？聞東方雜誌繼續出到四十餘卷，有何重要論文？圖書季刊僅見第五卷一期，前後有何消息？凡此種種，便幸告我。約之信新接到，九月十三日在「蕉嶺三南樓」來，是一粤東鹽務管理局。餘未一一。此示博兒。父字。十一月二日。

小子何以不來信？

〔一〕柳髯：柳詒徵。

〔二〕方司鐸：方豪。

（七七）一九四五年十一月十日

十月卅日來函收到多日，滿擬俟收到九月廿六日函乃復，至今未收到，何也？近數天常接到南中去年來信，此等信在途中一年，不知擱在何處？約之蕉嶺信亦收到，雪姪滬信亦收到，但港及廣州信未收到一函。方司鐸寄來真理雜誌目録及益世報副刊等，兒無一文，想必有因。復旦魯君撰殷曆譜糾譎（未見），陳君子展撰龜曆歌和之（魯君寄來油印一份），學術消息似不寂寞。更有何所聞否？遵儉告我，有人在東方雜誌四十卷七號撰一文名「陳垣」，魯君在復旦創刊號撰一文名陳氏日曆訂誤，均未見，已分託遵儉及方豪司鐸剪寄。予生平作文，與世無爭，竟有人顧及，亦美事也。

智超來信，信皮寫得甚老練，初以爲自己寫的，然與信内字不同，未識是何人所寫？教課之下，應自做文章，甚盼甚盼。照片一張寄智超，余右爲沈先生，左爲張先生。餘未及。此復博兒。父字。十一月十日。

（七八）一九四五年十二月十三日

十一月十四及十七晚函均收到，因勞及腸病以致不能作文，殊可感喟。最近接三叔十月十二日勝利後第一次在港來信，云廣灣號〔一〕三宅溢利九十餘萬元，已去信囑其匯十萬與汝。如需用，仍可再撥。身體第一要緊，其次則學問。因生活而勞，因勞而病，以致不能有所述作，最不值得也。教書固然要緊，然全力放在教書上，而自己無所就，亦不上算。年前吾防汝隨便發表文章，囑要謹慎，今因汝久無文章發表，又想汝注意於此。

書籍最要緊，青峰近兼圖書館主任，甚佳。余老先生之壻周祖謨，字燕孫，近承袁守和先生之託，整理北大所購李木齋盛鐸之書，亦一好差事。兼丈〔二〕北來，首先注意東方圖書館，其辦公處即駐於此。敵人二十年所搜羅，不啻爲吾人積也，豈非一大快事！

不倚賴浙大，將來家屬東行，誠不易易。然東行後行止如何，能有一機關半教書半研究，而可以解決生活，多寫幾篇文章，最上算也。有所圖否？即使有研究機關，不能完全解決生活，而由家中幫補解決生活，亦中策也。年一過往，何可攀援，乘精壯之年，養好身體，多著幾部書，最有意思，幸留意也。

閱《圖書季刊》近數期，西南學風仍不寂寞。陳雪屏先生來，帶上姚從吾士鰲先生贈我法幣萬元，受之殊愧。本月七日已將此款託中央銀行匯去貴陽羅永昌，其母子飄零，殊可念也。

三十年來，我自己雖未用家中之錢，然家人亦不能得我一文，教書人何能有此。已去信三叔，此九十萬，應撥贈何人即撥之，存之亦無用也。溍、慈婚事，亦未嘗需我分文，慈、容出國，亦未嘗要我接濟，此爲幸事。不然，教書人何能栽培子姪出洋，念念抱歉不已。嘗對三叔言，子弟讀書，應盡力供之，錢留無用。不做買賣，亦不能有錢。汝有兒女多人，家中應幫助汝。汝所業是教讀，家中尤須幫助汝。家中無錢則已，如有，任汝花消也。益近狀尚好，勉强過得去。約自己會向三叔要錢。容、冬一時尚不用接濟。惟汝子女多，應由家中補助也，免得時時要兼謀生活，何能讀書邪？不够用，向三叔處匯可也，或由我轉知亦可。身體要緊，著述第二，幸緊記。表微本朝篇一份寄汝，有意見可告我，聲明第幾頁幾行便悉。餘未一一。出處篇亦油印一份，已寄青峰，他能知我心事也。又感慨篇一份寄遵儉了。此示博兒。大小好否，念念。父字。卅四年十二月十三日。

〔一〕廣灣號：指在湛江（當時名廣州灣）之陳信義藥材行分號。

〔二〕兼丈：沈兼士。

（七九）一九四六年二月三日

一月十八日曾復十二月廿四及一月五日來函，想已收到。頃接一月廿四日函，知赤坎之款尚未到，至爲念念。想因交通不甚暢快之故。當亦去信三叔問之。

陶淵明之思想，已託人去信成都，不見得能自動寄來，因此間未嘗與成都燕大通訊也。德公〔一〕何以不能再入嶺南？容元胎在粤中大，近來信欲北來，不知又何以不安於中大？一個人第一要有本領，第二要有人提拔。有本領而無人提拔，不能上臺，有人提拔而無本領，上臺亦站不住也。

九龍書籍散失，未知年前付港之零本（爲全五代文）如何？一部書失去一本，與失全書無大異。幸所寄者無借人之書耳。聞五代文〔二〕近託王一中（庸）代辦，王君曾與向覺明、賀昌羣同在北平圖書館，地學專門家也。

表微訂誤表甚佳，尤其是通鑒卷數有誤，非細對不可。至於煕、簒等誤，於排印尚無礙，因鉛字不至誤也。唯符、苻、偏、徧等字，鉛字有二，鈔本誤則排字誤矣。

曉峰〔三〕先生補文院長，兼主任否？前函圖書館事如何，能進行否？減少教書鐘點，或少改課本，爲唯一自救之方法。不然，舍己芸人，殊不值得也。教大學（要自己勞）與教中學（要對學生勞）不同，亦須注意。至於家務之勞動，則作爲讀書教學之休息可也。余不理家務，不管生計，以在家讀書爲用功，到校教書及辦公，則作爲休息。亦幸是教會學校，校務有人當家，故得借此休息及躱懶，非教會學校不能也。利用環境，順其自然，偷閒讀自己之書而已。此示博兒不一一。父字。卅五年二月三日。

智超一月十二日在遵義來信收到，有信去，幸提及。

〔一〕德公：陳德芸。

〔二〕五代文：指葉恭綽主編之全五代文。

〔三〕曉峰：張其昀，時補浙江大學文學院長。

（八〇）一九四六年二月十五日

博兒閲：

二月三日曾復一月廿四日函，想收到。此函第一次寄中山北路三五九號也。數日前收到二月一夕來函，因想搜集些「七七」後日人研究東洋史成績，一時找不得，故遲遲答復。原來日本有歷年出板東洋史研究文獻目録，我所見者只出到民國廿七八年的，且有一半是洋文，頗厚不便寄，拆散又可惜。而其他出板年鑒等等，數月前書攤常見（聞人說的），近則絶少，因此等書人以爲無用，紙貴，盡挪去作還魂紙熳滅了。此間日人辦有一近代圖書館，當有資料，因勝利後被接收封存，尚未開館，亦無由查起，所以未有好答復。自太平洋戰事起，東、西京東方學報似亦停刊，日前往日調查會，聞袁守和先生薦你去，何以辭之？

楊聯陞君曾見過，忘記何處人，是粤人否？皮君是否湖南皮鹿門（錫瑞）先生後人。

「舍己芸人」一語，幸切記。總要留一點日子爲自己修養之地，教大學與教中學不同也。小子疹想已愈，念念。日前于主教來，言曾見你，是在何處？美國人哈佛柯立夫翻譯你北盟會編論文。此問大小安好。父字。卅五年二月十五日。

（八一）一九四六年三月二日

二月十五日曾復二月一日來函，想收到。廿七日託中央銀行北平分行李良廙君匯汝五萬元，因遵義無分行，先匯到貴陽徐副理鍾瀚設法轉汝（信内有甘泉鄉人曝書雜記三頁），未知何時才能到也。家信久不談學問，接二月十六日函，喜慰無已。直齋〔一〕本名瑗一節，前此未見人説過，可算是一發見。但此等作法甚勞，而所獲不算大，在乾嘉諸老中，不過筆記一條，擴而充之，則爲今人一論文矣。譬諸煉奶，一匙可冲水一大碗也，爲之一笑。但當搜索材料時，應並注意他題，或同樣諸題，庶不至勞多獲少耳。

解題續成都古今集記條之己丑，認爲己卯無不可。惟卷十四琴譜條，曾言己卯分教鄞學，可惜寶慶、開慶及延祐四明志，均找不着陳瑗蹤跡。至謂其改名當是避理宗嫌名，引寶慶丙戌崇古文訣序爲證，亦可成立。但孝宗曾更名瑗，謂避孝宗舊諱可乎？續成都集記條之末一段，當是隨齋批注之類。隨齋是程棨，甘泉説引沈叔埏説。沈，乾五二年進士，秀水人，較十駕説爲長。然謂其説具載演繁露，則謬甚。演繁露當作雍録，雍録九有論石鼓文七篇，故隨齋言其説甚博也。

酉宋志載洛陽名園記跋與解題所載有異字，皆以解題所載者爲長。

陳玉父玉臺新咏後序，今存本皆有之，不必引自酉宋志。且近南陵徐氏重刻明寒山堂趙氏覆宋本，不見陳下有空字痕跡，解題新咏條，亦未見提及此序，好在外家李氏云云，尚可作一旁證。

惟解題卷二，三禮圖及禮象條，卷十四法書撮要條，均以吳興爲吾鄉，與袁清容跋稧帖稱爲霅溪陳侍郎者合，何以又稱永嘉陳瑗？此層應有解釋，或者永嘉人而寄籍吳興者乎？

照來信分名字、成書、卒年、學行四項，甚妥。學行改言行，何如？解題中有考證、評論、感慨等等（陳不喜釋老，時於解題見之，與晁氏大異）。可摘出演染成一篇有意義文字，亦不乾燥也。

來信頗有誤字。張氏十咏圖見野語，誤作癸辛雜識。國粹學報撰晁陳傳之陳祺壽，是光、宣間人，在陸心源後，非嘉、道間之侯官陳左海也。來信「祺壽」二字倒。又道古堂跋解題，在卷廿六，來信誤作廿五。

方著愛國史家，已見，標榜太過，恐惹人反感〔二〕。徐昭法言（語見僧諍記四三頁），一有讚歎，又爲不讚歎者生嗔，奈何？

書成待鈔件未發。雪侄自滬來，具知抗戰期中家人各處消息，即遵義情形，亦第一次親聞，爲之快慰。又接到三叔二月廿日港郵函，云已匯汝廿萬元，想不日可收到。當初聽見遵義未有中央分行，據雪侄言則有其他銀行，或不至甚轉折也。又中央行之信，未知何時到？重鈔寄曝書雜記（即甘泉鄉人稿）一段。頤綵堂集未見，因檢演繁露無考石鼓文事，檢考古篇亦無之，原來在雍録，皆程大昌撰，頤綵蓋誤記。因此愈信人言之不可輕信，引書非親睹不可也。因此並「程棨字儀甫，號隨齋」云云，亦不一定可靠（元詩選三千餘人，無程棨）。頤綵原文，未説明此八個字所出也。周益公作文簡墓誌亦未見，輔仁似無周集，此事尚須一查。又同治湖州府志七四陳振孫傳，與宋史翼全同，「安吉人」云云（宋詩紀事六五作安吉縣人，四庫作安吉人），頗疑安吉者是「安吉州」非安吉縣。吴興郡隋以來改置湖州，宋寶慶初又改湖州爲安吉州，故吴興、湖州、安吉皆郡名，不指今安吉縣。然則謂直齋爲吴興人、湖州人、安吉州人，皆可也。謂直齋爲安吉人，似不妥。直齋一定居郡城，不居安吉縣，觀解題卷二、卷十四及卷三春秋比事條，卷四、三國志及五代史纂誤條口氣可見。

學津本野語，時有誤字，引用時應注意。牟巘陵陽集及吴師道禮部集各一條，未知有用否？

魯巖所學集有跋五篇，皆空洞，似無裨於考證。今日星期六，下半日放假，書記先生要休息，要過幾日乃抄完，故今先將已抄各條付郵。儀顧堂無材料，方志想諸家已見過，如宋史翼所引之勞志，今不易得見矣。

白沙女子學院解散，未知青峰如何？博兒閱。父字。卅五年三月二日。

〔一〕直齋：直齋書録解題作者陳振孫。

〔二〕指方豪所撰愛國史家陳援庵先生一文。

（八二）一九四六年三月八日

三月二日曾復二月十六日函，並付去鈔件七頁，想已收到。嗣接二月廿八日函，言三叔之款已到，慰甚。至日人發表宋代論文，尚無所見。卅二年五六月寄遵之宋代法典刻板考及永樂大典本宋代法律書金玉新書及淳祐新書考二種，皆未收到，思之至爲可惜。此等書今想找一部再寄，亦不可得矣。此路殆絕了。最近兩年，各刊物亦因被炸而停了。

柯君譯北盟會編考，已出板否亦未知。昨日有人攜嶺南大學文學院長莊澤宣君最近來函（致其所親），云聞我有回粤消息，肯在嶺南講學否（屬其探我口氣）？又云本擬聘約之爲講師，因被汕頭市長拉去作祕書，可惜云云，亦一新聞也。粤中人材，何缺乏至是。最近亦曾接冼玉清、李鏡池二君在嶺南來函，然與前消息絕不相聯，各道各事而已。白沙師院解散，青峰未知何如？此等風潮，加入固不妥，不加入亦甚難處，所謂無可如何也。此示博兒。父字。三月八日。附鈔件三紙。

（八三）一九四六年三月二十日

八日曾復二月廿八日函，並魯巖抄件，想已收到。連日接函四封，計有去年八月十一日、九月廿六日舊信，又有今年三月八日及十二日新信。九月信乃復我卅三年十月十二日函者，及今閱之真如夢寐也。惟「六百六年六六翁」云云，尚有兩六六，一爲身之卒後六十六年國土始復，即洪武元年也；一爲身之乙酉成書後六六三百六十年，國土又復淪亡，即崇禎之十七年甲申也。此皆偶合，然其數適爲六，則奇也〔一〕。

四庫提要與宋志〔二〕，大體尚穩，余丈批了三處：一、第二行引宋志序，「前後部帙有亡增損互有異同」，應在「損」字絶句；二、包拯奏議條，宋志是元至正本，非成化本；三、中興小曆條，四庫改作小紀，是避清諱耳。圖書季刊在何處刊，何人管，待探實後乃交去。客户云云，未見有人注意，日文雜誌中似亦未見有此等目録。

前爲汝編五代十國文時，寄去香港零本書數册，曾記得否？幸在是自己書，如果是借人的，則不好意思了。料此等零本尚存港地否？又我之粵雅堂本崇文總目，武林掌故叢編本南宋館閣録，汝曾借過否？遍詢無着，因順及之。頤綵引文，謬誤如此，是爲引書不檢元文者戒。真所謂「毋信人之言，人實迂汝」〔三〕也。此示博兒。父字。卅五年三月廿日。郵票便轉智超。

〔一〕援庵一九四五年七月所作通鑒胡注表微小引云：「鑒注成於臨安陷後之九年，爲至元二十二年乙酉；表微之成，相距六百六十年，亦在乙酉，此則偶合者耳！」乙酉（一九四五年）援庵六十六歲，故云「六百六年六六翁」。

〔二〕此文後發表於圖書季刊新第七卷第三、四期，題爲四庫提要與宋史藝文志之關係。

〔三〕此語亦見援庵講授「史源學實習」課之導言：「考尋史源，有二句金言：毋信人之言，人實迂汝。」乃引詩經語。

（八四）一九四六年三月二十五日

廿日復八月十一日及九月廿六日、又三月八日及十二日函，想收到。頃接三月十八日函，並尊生先生吟稿，拜讀。又苹庵詩史一册，四十年舊雨，讀之隕涕〔一〕，但未知此稿應否寄回及寄存何處，便探黄公意告我。

黄祺壽文引黄諫書傳，未知何據？此書未見傳本，經義考八八作黄諫書傳集義，亦云未見也。

客户文是何意思？能將題解開列及此文提要抄來，或可找找日本雜誌有此類論文否，空洞「客户」二字，無從知其内容也。張亮丞先生昨日中風，半身不能動，今年僅六十，可惜。嶺南來信約予夏間南下講學，其意甚殷，不知吾形已不逮也。因亮丞事，更爲之不懌。

宋志稿寄回抑暫存，現尚未知負責季刊者何人，及應寄何處也。陳直齋文，照來信題目可以。棠姪云赴美，是何路數？官價外匯取銷，私費出洋不易，如何便告我。青峰情形，殊可念，吾甚欲其北來，未知途中易走否也？餘未一一。此示博兒。父字。卅五年三月廿五日。

〔一〕廖平子（苹庵）：援庵一九一一年在廣州主編震旦日報時同事。

（八五）一九四六年四月八日

三月廿五日曾復三月十八日函，想收到。頃接三月卅日書並陳振孫文，甚好。惟有一笑話，以梅磵詩話爲胡身之詩話是也。宋元間以梅磵爲號者不止一二人。故此文未有給別人看，今簽改數處寄回，可自斟酌，不必盡依吾說也。

此外尚有兩點須注意：一、此文引號多，傳寫排印，易於脱落，故須預備其有脱落時，亦不至令人誤會乃可。則行文時須做到不加引號，而引文與己文分别顯然，乃足貴也。二、此文小注不少，其多者乃至二三行，此必須設法減少，或改爲正文，如十一頁前數行是。因近日印品多用五號，再有小注，須用七號，大不宜也。且作文自加注，只可施之詞章，如詩賦銘頌之屬，字句長短有限制，不能暢所欲言，有時不得不加自注。史傳散文，自注甚少，除表及藝文志之屬爲例外。宋書謝靈運傳山居賦、北齊書顔之推傳觀我生賦，亦自注。

非注，人閱之不懂也。史傳與注相類之句，如語見某傳，事具某志等類，亦皆作大字正文，不作小注。又如孟子引詩「天之方蹶，無然泄泄」，即以當時語釋之曰：「泄泄，猶沓沓也。」又引書「洚水警予」，即解釋之曰：「洚水者，洪水也。」又引詩「畜君何尤」，即解釋之曰：「畜君者好君也。」皆作正文，並不作小注。大學引淇澳之詩，加以解釋曰：「如切如磋者，道學也」云云，亦不作小注。此狠可效法者。又如論語，「子曰從我於陳蔡者，皆不及門也」，以下「德行顔淵」云云，亦是注釋，然並不作小字。所以我近日作品，力避小注，不論引文、解釋、考證、評論，皆作正文。此體將來未知如何，我現在尚在嘗試中，未識能成風氣否也？且要問注之意義爲何，無非是想人明白，恐人誤會耳。既是想人明白，何不以作正文？若是無關緊要之言，又何必注？此文在研究院集刊發表如何？九公與三叔信云，約到廣州以至去汕頭，未嘗見九公一次，貴人事忙云云。我難辭不能訓子之責矣，慚愧之極。此示博兒。父字。四月八日。

東行時是否與家眷全去，抑分批？水行、陸行抑航行，均須謹慎勿急，至爲念念，勿爭先。

（八六）一九四六年四月二十四日

四月五日書，早收到。頃又接四月十六日函，知直齋文決將小注改作正文，抑何遷善之勇也。西莊語本預備作文末餘話，亦可博一笑。哀扇工歌，見知不足齋叢書十八集清波別志上，無作者姓名，厲樊榭據梅磵詩話知爲沈作喆撰，遂採入宋詩紀事四十四卷。今將婁縣姚椿樗寮詩話一則抄寄，姚即道光間輯國朝文録之人也。報載傅孟真先生日間來平，未知是否？客户文此間未見有日人著作。有人説浙大史系主任有屬汝之説，好做否？

前兩日由陸宗達先生介紹蕭仲珪〔一〕夫人來見，具述汝等在遵情形，雅意可感。又説兒婦勤勞，子女聽話種種，爲之欣慰。念其勤苦，又爲之泫然。竺校長〔二〕由中國銀行匯來萬元，屬交馮子衡〔三〕先生家屬，已代送去，回條一紙，照轉爲幸。餘後及，此示博兒。父字。四月廿四日。

書成待發，又接銀行通知，有曉峰先生來萬元，想亦是馮宅賻款。俟取款交去後，有回條，再寄遵。

〔一〕蕭仲珪：蕭璋。
〔二〕竺校長：竺可楨。
〔三〕馮子衡：馮承鈞。

（八七）一九四六年四月二十七日

廿四日復五日、十六函，云蕭夫人來見，並付去竺校長回條，已收到否？即接廿日函，言辭職事，頗有斟酌。所言教部審查事，我常爲此擔心，此我之責也。我不能監督你們，所以至此。今日最難者，虛寫不好，實寫無用，如教中學等，不能成一資格。廿年前我最怕填履歷至出身一項，但捱到現在，則老起面皮，竟直對此項不寫，表示非學校出身也。然老人可以如此，年輕人在今日説不過去。第二項履歷，我從前亦畏難，近日則老實不客氣，填任北平輔仁大學校長二十年。此皆捱到現在，然後免此躊躇也。故以爲此困難，應如何渡過，要斟酌。所難者目前。至於資格云云，浙大算一好資格，但要注意，資格是不能一時得的，須要積，最好能積至五年，則算一段落矣。現行款則，每有任大學教授五年以上等條文，少有云三年以上者。故予意，以爲必不可留，則不容説，如果可留，以能容忍至五年以上爲妙。再一層，復員後即去，在你以爲功成而退，在他人看之，或以爲非常時期你可以混，平時即幹不下去，此節亦須注意到，因不能逢人解釋，不知者或有此誤會也。故昨晚我想了一夜，放心不下，所以即復汝，應細斟酌。廿四日函言主任「好做否」？我意是不宜做也。資望淺，令人妬，而且起眼。對於聘人，聘者固然得好感，不聘者則生惡感矣，故暫不好做也。過幾年資歷稍深，則又當別論。今日之函言教授「好辭否」？我意是不可辭也。稍積數年，著作日多，實力充足，則無施不可，此時可自由矣。最要者是要基礎穩固，能任教授五年以上，非常時及平時皆曾任過，此所謂打好基礎也。若一到平時，則須舍去，是未打好基礎也。細斟酌爲要，看看如何渡過此難關就是（指審查）。

嶺南來信，邀我甚緊，殊可笑。先是我復嶺南友人函説過，交通便，可以南返，欲借住康樂可否？因此該校院校長遂來信邀約，已誠意正式辭之。近又來信，只要肯擔任名目（指文科研究院），不必管事，帶幾人（指助手及研究員），要住多少地方，普通報酬外要有甚麽特別云云，皆不是我意思。我近來老得厲害，預備印完表微後即須暫停工作。餘未一一。張曉峰先生馮宅回條照轉。此示博兒。父字。四月廿七晨四時。

（八八）一九四六年五月十三日

四月三十日及五月五日函收到，浙大事暫不辭，甚好。履歷以一地方年代多爲貴，不以轉移地方多爲貴也。前數日晤傅孟真先生，知直齋文已收到。客户文如何能得出色，未知内容，無從懸揣。據此間燕大人言，寅丈回國仍在燕大，與來函所説不同。會編及徐考〔一〕，此間早已無存，即舊本亦找不着，記得已掃數寄汝矣。此復博兒。父字。五月十三日。

友人要轉入輔仁三年，本可以。但人不在平，無法考試，非到平後，乃可報考。憑空講，無從答應能取與否也。頃接浙大史地教育研究室三月廿八日來函，不知何以今日乃收到？史學叢書第一、二輯是何等文字，能録其目寄來否？是普遍徵求，抑有所選擇，所已徵求者何等人，亦願知之。回條兩紙轉交爲幸。又及。五月十三日。

〔一〕指三朝北盟會編考及徐夢莘考兩文。

（八九）一九四六年六月一日

五月八日及廿一日函早收到，忙未得復。史學叢書事，余無文可選，大約要交白卷了。本應由主編者見到某人某文可選，乃與某人商量徵求其本人及出板處同意，較爲妥適。若由本人自選，似不甚妥也。

關於汝所擔任功課，我想鮚埼亭集可以開，不管用甚麽名目，但以此書爲一底本，加以研誦及講授，於教者學者均有裨益。我已試驗兩年，課名是史源學實習，即以此書爲實習。每期選出文四頁，長者一篇，短者二篇，預先告學者端楷鈔之，雖自有書亦須鈔，亦一種練習。且應先預備同樣格紙百頁，以便一年之用。鈔好後即自點句，將文中人名、故事出處考出，晦者釋之，誤者正之。隔一星期將所考出者綴拾爲文，如某某文考釋或書某某文後等等，如是則可以知謝山〔一〕文組織之方法及其美惡。惟其文美及有精神，所以不沾沾於考證，惟其中時有舛誤，所以能作史源學實習課程，學者時可正其謬誤，則將來自己作文精細也。余用力於此書者四年，隔年一講，故已講過兩次。甚欲用經典釋文體，作一鮚埼亭集考釋。但其書博大，未易畢業也。僅於一、二頁短文中釋得數十篇，可以够一年多講授之用耳。未講此書前，余曾講日知録兩年。又前，曾講廿二史劄記好些年，皆隔年一次。錯誤以劄記爲最多，鮚埼次之，日知較少。學者以找得其錯處爲有意思，然於找錯處之外能得其精神，則莫若鮚埼也，故甚欲介紹於汝。我已有底子，做下去更易也。且於浙大講浙東學術，尤其本地風光，可細想復我。

智超身體何如？停一年不讀書，縱其自習，亦一樣有益。甲午〔二〕廣州大疫，余停學一年，讀書之基樹於此也。此示博兒。父字。六月一日晨四時。

〔一〕謝山：鮚埼亭集作者全祖望。

〔二〕甲午：一八九四年（光緒二十年），時垣老十五歲。

（九〇）一九四六年六月十六日

六月三日來信收到。一日曾復五月廿一日函，已收到否？函内説鮚埼亭集事也。香港錢甚貴，聞法幣千元只值港幣二元餘，可歎也。東方蔣君文已見。徵文名單，人材濟濟，老人應退避三舍了。日前有謝文通君來見，云在浙大相識，今到北大云云，熟否？

即接方司鐸由青島來電，云不日來平云云，從前未見過面也。傅先生日間飛京中研院開會。昨日接四川灌縣青城山常道觀道士易君來函請南宋河北道教考，方外之交，萬里來書，甚有趣。憶吾書初出，此間白雲觀道者曾踵門求書，羅浮酥醪觀住持鍾玉文亦托人函購。假定吾他日游山，不怕無因緣也。青峰留滯重慶，不能奮飛。楠叔聞已回粵，有消息否？九公〔一〕今年七十大慶，殊可祝也。因自茂台、良英、海學〔二〕以來，百年之間，男子無有七十者。古稀云云，證之吾家，良不誣也。寅恪先生聞仍在清華，燕京、浙大之說，均成過去。友濳之病殊可慮，惜無以慰之。遵儉人甚忠實，余對此常耿耿，奈何。昨看亮丞先生，比數月前大好，可以不扶杖送客出門，大約休息一年可以復原未定。竹汀先生亦癱後二十年乃卒，且書成於癱後者不少也。晨起無事，拉雜書示博兒。父六月十六日晨四時。

〔一〕九公：援庵之九叔維鑣。
〔二〕茂台、良英、海學：援庵之高、曾、祖父。

（九一）一九四六年六月二十三日

十六日曾復三日函，想收到。後又接十日函，云前信開口，蓋因夏天漿糊化水之故。聞願下年開鮚埼亭，至慰。但史源學一名，係理論，恐怕無多講法，如果名史源學實習，則教者可以講，學者可以實習。余已試用兩年，覺頗有趣。可先將全集點讀一遍，選其千字以内之文爲課本。兩年來（中隔一年）我所選前集廿五篇，外集四十八篇，一年約講五十篇，其中有兩年同講一篇者。點讀之後，如有意見及疑問，即來信討論可也。蕭穆敬孚類稿有跋嚴修能批鮚埼亭集，國粹學報似亦曾登過。嚴批本有傳抄本，李莊研究所〔一〕即有一部，此間亦有數人過録，可助考釋。香雪崦叢書有鮚埼亭集㪺識一册，商務出板有謝山年譜亦有用。未識諸書南中易得否？總之，朱竹垞、全謝山、錢竹汀三家集，不可不一看，此近代學術之泉源也。能以爲課本者，全氏最適宜。黔中所得殘本，亦可用。先找出五七百字一篇者讀之，稍暇我當命人録能講目寄汝。現書手太忙，未暇也。

昨日方司鐸由青飛平，廿年通訊，一旦晤面，喜可知也。具言在遵時過從之事，藉知種種，甚慰。兒婦之賢能，南來者衆口一詞，殊可喜也。又有南海謝文通君，亦謂相識，此人何如？據方司鐸言，浙大曾有學術論文有傷本地大姓感情之事，足證予近日所主張凡問題足以傷民族之感情者，不研究不爲陋。如氏族之辨，土客之爭，漢回問題種種，研究出來，於民族無補而有損者，置之可也。古人謂食肉不食馬肝，未爲不知味，亦是此意。

日本史如何講法？據日人所著之本國史最佳者選用而批評之（口頭），豈不甚善？如自做講義，學生流布，有弊病否？唐史用何講本？如何講法？便可告知一二。教書最好能教學相長，詳人之所略，略人之所詳，而後能出色。杭州書籍不少，地方亦佳，余甚慕之，大可做學問也。

今日輔仁已放假，表微尚有最後貨利一篇未做好，大約要七月底完成也。餘未一一。此示博兒。父字。六月廿三日。

〔一〕李莊研究所：指抗戰時遷至四川南溪李莊之歷史語言研究所。

（九二）一九四六年七月七日

六月廿九日來信，收到。前日蕭仲珪兄來，此次見面才是第二次也。第一次（廿八年）

與牟潤孫來。牟自兩年前離輔仁往商邱，近始由滬來平。前接青峰六月十六夕函，云十七離渝往西安東下，月底可至南京。但至今未接西安、南京信，亦不知十七日離渝否也？

鮚埼亭集已講過之目，録寄。此七十餘首中，只有一出典未找出，即外編二十八跋岳珂傳之張端義（即撰貴耳集之人）奏議也，餘均考出。敬孚類稿跋又見國粹學報，閱不閱不要緊。凡授課不要作爲授課，作爲自己用功可也。

據仲珪兄言，將來浙大教員住處，大成問題。此事不獨浙大然，各處無不然。以現在北平論，教學月入，房租須占三之一，或二之一，如何能了？

鮚集所選，略分六類。參考書最要者，續甬上耆舊集、宋元學案、乾隆鄞縣及寧波府志，與本集相互證明而已。有疑問隨時劄記寄來，可以代爲解答。餘未一一。此示博兒。父字。七月七日。

（九三）一九四六年七月二十九日

七月廿晚來信收到，將有長途旅行，頗爲繫念。凡事謹慎，不焦急，作爲「游歷想」可也。杭州地方太好，得書亦易，可惜房子不容易找而已。校中文院解聘、新聘人選爲何人，便告我。

王西莊譏陳振孫係南宋微末小儒，此語結果有用否，便亦告我。

遵義現在書少，只可隨其自然，遇有可以涉獵泛覽時，則以博觀爲是，遇無可博觀時，則專讀一書，亦能有益處也。鮚埼亭讀出有頭緒未？文章、意義均佳，在清人集中總算第一流。考據稍疏，此其所以能爲史源學實習課本也。若全篇無甚錯處，則不能作課本用矣。

余自胡注表微完後，尚未有第二題目，要稍爲休息。聞胡先生〔一〕今日到平，晤後當有所觸發也。姚從吾來，出示全真教文甚佳。方司鐸爲田樞機祕書，將辭南京中央日報主筆及上海復旦，專在北平，辦天主教編譯館，並在輔仁任課，亦甚活動也。附寄蕭穆敬孚類稿及四當齋文共六頁，未完。此示博兒。父字。七月廿九日。

〔一〕胡先生：胡適。

（九四）一九四六年九月九日

八月廿六及卅一晚、九月一晚由遵來信均收到。茲照前信由震興行馬卓青君匯交貳拾萬元，又三叔八月卅一函一紙付閱，可與琪記、敏妹接洽也。

賀昌羣先生現來平，四五日後返京。渠現主中央大學史系，因金毓黻先生離校，欲請汝補其闕。前日有一電致遵交汝，不知汝已離遵也。其意甚殷，但浙大不容易辭耳。他從生活方面着想，謂杭不如京云。他想電長沙及漢口截汝，惜無收電地址也。餘未一一。只祝汝大小平安耳。此示博兒。父字。九月九日。

（九五）一九四六年九月三十日

八月廿六日及卅一晚又九月一晚函，均於九月九日作復，寄滬四馬路石路聚源坊十一號樓上震興化粧品行馬卓青先生轉交。續接二晚、五日、七晚、六晚（遲到）、九晚各函又佳電，及十三晚由漢口來函，雖遲到先到不一，然均按日收到無失。又接宥電並儉電，知已安抵杭州，至慰。儉電已轉南京中央大學，賀君久已離平，此電當成明日黃花矣。惟是未見至滬之信，頗以爲念。何時至滬，及取款事順手否，想已有信在途。十月廿日中研會在京開會，旅費已寄到，余或到京一行，與適之先生同幫。因生平未嘗坐過飛機，正如鄉下佬出城也。小子讀書已安置妥未？房已租妥未？尚有鮚埼亭集跋數紙，已抄好，待接有住址信即寄，防此信或有失也。餘未一一。此示博兒。父字。

九月卅日。

（九六）一九四六年十月五日

卅日曾復十三晚以前，及佳、宥、儉等電，寄杭州浙江大學史地系，未知能收到否？續接廿二晚在漢長興輪來書，又接廿九晨在杭來書，藉悉一切。何以又病，至念。身體疲勞，應以心理調節之。凡遇苦境，皆須作爲一種練習，欣然接受。所謂長安雖亂，吾國泰然，不可無此修養也。不然，血肉之軀，何能抵敵種種苦患耶？滬款取得順利否？所差尚遠，港粵須年底結算後乃有消息，只有忍耐數月。卅日函言我本月廿日出席中研院評議會，想已知到。

今夾附結埼亭件三頁。通鑒表微前十篇已出版，惜未能寄。大約年底全書可出。結埼亭課能開否？有把握否？有疑問可來信。

此間各報紛紛辦文史及讀書等周刊，學術空氣尚濃厚。滬、渝、津三處大公報合辦文史周刊，請適之先生主編，本月十六日出版，銷流頗廣。有短文可在此發表，酬報較豐。此示博兒。不一一。父字。十月五日。

（九七）一九四六年十一月十八日

十一月五日信早收到。遵儉二人五日飛平。七日入附屬醫院。潛雙目已全失明，情形不甚佳，奈何！陳振孫文將於後日在大公報一次發表，信到時當已見。此文在日報發表頗可惜，但久寂，藉此一鳴亦好。此次京中數家，自我離開後都散，無常至此，不勝感喟。各小子初到杭，皆好否？浙大課已開，情形順否？選者幾人？表微下册，差廿頁印畢。新戰綫尚未闢，將軍老矣。此復博兒。父字。十一月十八日。

（九八）一九四六年十二月五日

廿四日來信收到。一病十日，昨日起銷假。鐘點由九點回復爲四點，實在教不了也。潛飛平剛剛一月，眼無大進步，奈何！卓然等到台，已有信來。鮚埼順卷次講，甚好。照前目專講宋代，豈不更省事？姑以前集言，照前所開目，與宋代有關係的，便是卷廿三之陳忠、大愚、宋忠三篇，廿四之宋蘭、寧波二篇，卅之宋樞、蕺山二篇，卅六之真志三篇，共十篇。此十篇皆有小錯漏，可爲校釋之用。今將陳忠一篇録寄，以下各篇，如有疑問，即行來信可也。表微誤字不免，乾禍之誤，乃印時二字脱出，工人隨手塞入，非校之過。又梅澗不誤，所據本不同耳。餘未一一。十二月五日。

（九九）一九四六年十二月十七日

九晚函悉。十一日寄表微下册兩部，另全册一部，未識何時收到？余感冒已愈，胃口仍不開。鮚埼外集十四巾子、東浦，十六同谷、石坡、杜洲，十九宋王，二十六宋詩，二十八胡文、張邦、胡舜、岳珂、陳謙，三十一題真、跋汪，凡十四篇，皆講宋代的。兹鈔寄二十八二胡及張三首，如謂「宋史不爲高登立傳」，殊可笑。最宜使學生查對，查出時必大高興。前輩工具書不完備，史源實習之事不可少也。遵儉等十五日回津，南開事已到任。潛回夫家，有人照料，比在京好。春假能來平，甚佳。餘未一一。此復博兒。父字。十二月十七晚。

（一〇〇）一九四七年一月九日

卅一日及一月三日來信均收到，資格事告一段落，三四年間，得到此地位，幸甚。魏文節事略未見，此等事輯，不啻一魏杞索引，甚有益於人。人得此資料考證而研究之，則可成一佳文。此書當是其後嗣所爲，余平日未嘗注意其人也。

潛女於三日上午三時在津寓去世，已葬萬安公墓。是日益與雪及潮叔之女如瑛均到場。不卒於重慶、南京而卒於津，且與舅姑同住者半月，可謂不幸中之幸。一月九日。

（一〇一）一九四七年二月二日

一月九日函久未見復，正以爲念，因有鮚埼考釋多首並湯道未件，僅剩一二份之故。十四日復函並文昨始收到，知此函尚未失，至慰。昨與青峰談起黄晦公〔一〕書法，憶及鎮海樓手卷實爲晦公晚年絶作，未知此卷在何處，便幸告我。又往年秋湄〔二〕先生曾用珂羅版印行晦公所書王公墓志，曾見過否？小楷亦精。十年未購入書畫，年底忽有人攜來謝山字條，愛不忍釋，以廿萬元購之，亦所謂還心願也。須作二萬字之文乃能够本。茲以影片示汝。小子佳否？有何新見之書，新識之人及海上文壇消息，能不斷告知爲望。此示博兒。父字。二月二日。

〔一〕黄晦公：黄節。

〔二〕秋湄：王薳。

（一〇二）一九四七年二月十七日

二日及七日來信並古代日本文均收到，此間所識無研究日本事者，故此文未有交別人看。應如何處置，便告我。凡發文要注意所投之報及雜誌如何？同是一文，因所投之報及雜誌不同，所生影響遂不一。北平館信，已電詢袁公，得其復函如另紙，當有信逕復汝矣。我對他説，頗不客氣，一非自投，而係應徵。二如不願登，即告知，因有多處索文也。因袁手下某君，頗勢利，余故爲是言。

三叔久未來信，有來信時，當將汝事順告之。四海困窮，非一二人之事也。遵儉現在南開，我以爲不如中央圖書館，前途希望較大也。小子病宜少讀書，停一二年不入學無要緊，身體第一，讀書第二，幸注意。

南宋定都文，我心目中無甚新資料。浙中所見新出板書報，有何佳文及值得注意之作，幸告我。孫子書楷第先生前日在圖書週刊文（一），已見否？似乎閒話多些，長些。同人有何批評？專此復博兒。父字。二月十七日。閲畢付丙。

日本文稿有幾個字要注意，如代字易訛爲什，改字易訛爲政。前振孫文已有此誤云云。

〔一〕指發表在大公報圖書週刊第七期評介南宋初河北新道教考之文。

（一〇三）一九四九年十一月十四日

九月卅日及十月廿九日來信，早收到。兩月來不寫家信，正想寫信與你，剛接十一月九夕信，知功課稍有眉目，至慰。當初接你信，言白拿錢，甚痛苦，誠然。人不勞動，不應得食也。史系現停，明年有復開之望否？如果不復開，史學教員何所事？不是現在好意思不好意思問題，而是明年如何着落問題。今既留校教公共科社會發展史，是否變成了政治課教員？史學專門課，將來仍然有否？此層要注意。我當初因你來信云白拿錢，我就想到能否請華東局介紹入華北大學政治研究所，或華東有類似此項機關可入否？個人自修，不如集體學習，單是讀書，不如實地訓練，就是作一回下鄉調查工作，也是實地學習之一。既云學校方面不肯放走，是學校何人，校委會抑系主任等等，幸復我。

來信問社會發展史研究提綱，只見有艾思奇著的社會發展史提綱，未算定本，擬明日寄汝一部。又有恩格斯的從猿到人，薛暮橋的政治經濟學即社會發展史，又有人怎樣變成巨人及北京出板的雜誌名學習，已出了兩期。以上各書，未識你已有否？如未有，而需要，可照寄。但寄重複，則無謂了。所以最好想要甚麽書，及已有甚麽書，開列單來，可以酌寄。如果先頭開單未有，後來已有，亦應告知，以免寄重無用。沈志遠譯歷史唯物論，上册出後，到出下册時，不單賣，連上册爲一册，只可重買。但有人説此書譯得不算好，有難解處即其錯誤處云，未知是否？此間教政治課的教員稀少，都係合千百人聚於一堂，用擴大器播講，名爲「上大課」。次則分組討論，有問題不能解答的，彙齊請教育部專家解答。教部亦每兩星期開會討論一次，聚各校教此課之教員討論云。

相片收到，夏作銘〔一〕先生晤時幸道及。容兒就南開電機系副教授，每週七小時，有餘暇自修。近學俄文，頗有興致。益少見。樸孫原在輔大農學系，現清華、北大農學院，與華大合併，輔仁農系取銷，樸亦改入北大合成農業大學，也學俄文。牟潤孫有消息否？方司鐸在復旦不甚得意，現在何處知否？譚季龍〔二〕君行止何如，有聯絡否？

余忙於事務，學習一無進步。傅沅老已於數日前過去。張星烺半身不遂，已退休。余老丈也因病休假。張懷請入華北大學政治研究所，剛由美國回。黄倫芳請入新法學研究院。蕭仲珪在輔仁，其國文系主任顧隨先生，前日午睡，至六時未醒，家人唤之，已昏迷，即送醫院救醒。餘未一一。此示博兒。父十一月十四日。

簡琴翁〔三〕來信，云有二子欲來京入大學，尚未回信。又云寅恪夫人對時局認識不清，尚疑爲大亂將至，亦新聞也。琴翁書法大佳，但來信，經檢草字彙，仍有一二字未識，可見余之孤陋，爲之一笑。約之最近曾有十月廿三日信，省港郵件，仍未大通云云。賀昌羣君有消息否？繆鳳林君究竟有入震旦否？有所聞，幸告我。又及。

〔一〕夏作銘：夏鼐。
〔二〕譚季龍：譚其驤。
〔三〕簡琴翁：簡經綸。

羅永昌〔一〕

（一）一九四六年一月二十日，批復〔二〕

汝伯父現在何處？ 應有信去請安問候，並向伯母請安。

復，音服。 複，音福，重複也。 成，此字要先撇後畫。 如果先畫後撇，一定寫不好。 記緊記緊。 感字等亦要先撇後畫。

去年十二月廿五日來信收到。

〔一〕羅永昌（一九二七—一九九四），援庵外孫，桂辛之子。

〔二〕此時永昌與母親在貴陽。

（二）一九四六年一月二十日，批復

來相片收到。但送相片與人，必須寫日子。

寫字筆畫先後要講究，如「成」字一定要先寫一撇，而後寫一畫。

來信寄北平後門外興化寺街五號，比寄輔仁大學收到快，因在家時候比在校時候多也。記緊。

十二月廿六日復你十一月廿六日來信，已收到未？今次來信皮，已比前兩次寫得好，小子易進步。

（三）一九四六年二月四日，批復

一月廿日付回四日及十日來函，想已收到。所言成字及左字右字的寫法，想已明白。如果寫不慣，最好用手指在桌上寫一百幾十回，就可以轉過來了。來信不過幾個月，字已大有進步，可爲喜慰。

孔夫子說：「君子不怨天，不尤人。」尤，怪責也。一個人不必怪責人，人待得我好，固然於我有益，人待我不好，亦未必於我無益。故此不必怪責人，此孔夫子之訓也。記緊記緊。

二月四日付回。

（四）一九四六年七月十四日，批復

來信甚有進步，爲之欣慰。你如果要去台灣，我有幾句話送汝：存心要忠厚，做事要勤慎，對人要謙和。不可貪不義之財，不可爲犯法之事。要想長遠，不可徒顧目前。要顧名譽，不可徒想富貴。孔子曰：「君子懷刑，小人懷利。」恕不多寫，多寫怕你不記得。打圈之法，中西不同，西文由左至右，中文由右至左。

七月十四日付回，祝你母子平安。

（五）一九四六年十一月九日，批復〔一〕

好孩子，比前進步多矣，可喜。此係舊信。因最近來信，「雖」字仍錯，故此寄回。「雖」

係雖然，「須」係須要。十一月九日。

〔一〕此時永昌在台灣鐵路部門工作。

（六）一九四七年一月十日

十二月卅一日來信收到。所言台人對國内來台人員，多含憤恨，此是自然之理。至要謹慎謙和，不可趾高氣揚，以爲自己了不得，至緊至緊。你母來信，收到你款，甚安慰，稱讚你孝順，我亦爲之喜慰也。來信問潛姨，由重慶返南京，又由南京返天津，已於一月三日上午三時逝世。與舅姑同住者半月，終比卒在重慶、南京好，亦不幸中之幸也。

來信又問善姨夫婦，他們到台北，住旅館，□信只言寄台北郵局一三八號信箱，長久住址未定。你如找他，可寄一三八信箱黄卓然詢問他地址也。今日我亦將你地址寄他。諒未一一。此示昌孫。外祖。一月十日。

近日來信比去年文字好得多，爲之欣慰。

（七）一九四七年七月二十二日

屢次來信，收到。知到汝近來歷練得多，老實得多，孺子可教也。年輕人最緊要「老實」，不荒唐，不大砲，不貪不義之財，不欺負人，至緊至緊。我見荒唐人，講得滿口好聽的話，不久即爲人告發，或自己犯罪，而入牢獄者多矣。尤其在勝利以後，此等事更常見也。因此我聽見你近來歷練得多，老實得多，心中爲之大慰也。勉之勉之。

接港電，我母〔一〕病重，現正接洽飛機返粵，待今日下午決定。大約你接此信時，我已到粵也。粵通信處，廣州河南栖柵南街生生醫舍。或者到港，則可見汝母。此示永昌外孫。外祖字。七月廿二日晨。

〔一〕援庵過繼母親李氏。

（八）一九四七年九月三十日，批復

七月廿二日在平寄汝一函，收到否？何以未見提及。

客氣空話，少寫爲佳。
謹慎、忠實，至爲要緊。我此次回南，在香港見汝母，甚好，不必掛念。看汝近日來信，進步得多，欣慰無已。謹慎謹慎，不貪不浮，幸甚幸甚。九月卅日付還。

（九）一九四八年二月五日，批復

來信字大有進步，可喜。比起在貴陽時來信，可謂進步千里，爲之欣慰。
十一月廿二有信給你。批在「疊月未接來示」旁。
十二月八日有信給你母親。批在「慈親亦些時未接大人函示」旁。
自己知到淺，便會求深。
自己知到空虛，便會求充實。
我時時防年輕人犯罪入監牢，因近時生活艱難，貪心易起。論語上説得好，「君子懷刑，小人懷惠」，懷刑就係掛念會犯罪，懷惠就是想錢。
對上應該實在，不要只知巴結。對下尤應客氣，不要欺負人。
不必當人是奸惡，先要自己學好。批在「未諳人之奸惡」上。

去信要緊。批在「慈親時有來信」上。

究竟回信你寄信箱好，抑或寄别處好，不甚明白。

你常常寫信給我，不如常常寫信給你母親。因你母親常常掛念你，需要得到你的安慰，而且你母親係孤人一個，在港寄居人家，甚可憐、甚可念也。二月五日付回。

（一〇）一九四八年二月十二日，批復

「尊前」，前字要點句。下文有捧字，上句奉字可删。批在「外祖父大人尊前敬禀者」旁。

寫信要明白，閒話要少，要切實。重複字句，尤要檢點。

我不敢多寫給你，防説話多，你不記得，隨隨便便看過，失了我深意。

格，音革；恪，音洛。批在「小子格遵之功」旁，並改格爲恪。

寫字要講究。譬如未、余、途三字寫法，單寫「未」字可以捺，寫「余」字則下截要改爲點，寫「途」字則上截亦要改爲點。一個字不能有三捺，「途」不成字。

未，捺；　余，捺；　途，捺；　途〔一〕，捺捺捺。

「禀」字要點句。批在「餘容另禀」旁。

「此」字要點句。批在「專此」旁。

「安」字要點句。批在「福安」旁。

凡收句更要點句。

「羅」字上頭不要太闊。二月十二日。

〔一〕來信「途」字有三捺。

（一一）一九四八年十一月二日，批復

誰是六舅父〔一〕？此等稱呼不妥，應即改正。批在「拜見六舅父」旁。

雖窮，不聞犯法，至爲欣慰。余所掛慮青年人，常恐其犯法也。今聞汝安返廣州，至慰至慰。凡事謹慎爲要，目前困乏，忍耐可也。

廿七日來信收到。一個人不能一往順利，中間必有挫折。善處世者利用此挫折，來修養自己，樣樣反省，「不怨天、不尤人」。尤是怪之意，不尤人，不怪人也。説話要老實，面色要和藹。暫時失意，不要緊。切切。此示永昌外孫。外祖字十一月二日。

〔一〕指援庵第三子約，可能爲大排行。

（一二）約一九四八年

你知到久不覆你信的緣故否？因你每次來信，都有三個刺眼的字〔一〕，常常惹起此間家庭不快，所以一見你來信，不敢拆，即焚燬。你係好意，但係累人，請以後信内不可提及這三個字。不告你，你永遠不明白，忍不住，乃告你。

〔一〕應爲「外祖母」三字，指援庵髮妻鄧照圓女士。

（一三）一九五〇年九月十一日，批復

信皮字畫太細，不相宜。地址竟看不明白，無法回信，只可寄省轉。批在信封上。

閒話宜少説。

人不能不與人來往。批在「無心與任何人等來往」旁。

無人説壞話，不必多心，好好工作便是。經歷與年歲俱進，至可欣慰。批在「大人明察，當以讒言瀆聽爲不齒」旁。

在港最好看大公報，或文匯報，所得祖國消息較正確。九月十一日付還。

（一四）一九五一年九月三十日，批復

以上是閒話，家信用不着，可以省去。

我五月廿八日離京，九月廿七日由重慶飛京，整整四個月。批在「聞大人到重慶」旁。

是的。批在「祖國的欣欣向榮」旁。

回到祖國，就有政治學習的機會，不愁學識不够。批在「遺憾是學識跟不上工作的現實」旁。

要虚心、要樸實。批在「能力是創造出來的」旁。

老年人何嘗不應該前進。但要緊認清自己是那國人。批在「青年人應該與時代一同前進」旁。

問你母親好。九月卅日復。

陳雪品〔一〕

（一）約一九四六年六月十六日

雪侄如晤：

本月九日再復汝四月廿五日來函，並原來信皮，我誤看三號爲五號。今又接五日來信，又改地址，不知我九日之信，能收到否？來信言家中兄弟和睦，至慰。凡事貴能謙讓，未有謙讓而不和睦者也。賣書云云，似非要務，存書不比存錢好嗎？且存錢何用，現方有人將錢買書，如非必要，似不必賣。既然問到我，我就不主張賣也。所謂宋明板，是否真的，明板書不算難得，宋板則希罕了，但未知真假耳。此事我都稍懂得的，未識能將書目板本開給我看看否？如有書目，掛號或有順人帶來一閱亦好〔二〕。專此，即問闔府潭安。

援字。六月十六日。

信寄北平後外興化寺街五號，收到較快。

〔一〕陳雪晶（一九一五—二〇〇〇）：援庵胞弟國鍵長女。畢業於嶺南大學，與孫傳芳次子結婚，此時在天津夫家。後在香港政府福利署工作。她曾致函編者：「我的名字是大伯替我改的。我出生後，爸爸給他去信，那時剛下雪，他老人家說：『叫她做雪吧！』一九三七年我隨徐錫齡先生北上，打算到北京後，即轉燕京。不料到定縣後數天就『七七』事變，和走難的隊伍，攀上火車後梯，輾轉逃到青島、上海，乘輪南返（香港）。」

〔二〕雪晶曾致函編者：「在津時，（我）每周都往北京，住大伯家。他老人家常代我看孫家的書和字畫。」

陳　善[一]

（一）約一九四七年

十一月十四日來信收到。卓然[二]近日光景如何？既然能另住東山，料必光景較好，至慰。一個人年紀日增，經驗自富，想汝二人近日必比前幾年更有進步也。我無時不以汝等爲念，可惜無能力多多幫助汝們耳。北平各人平安，但傭人真成問題。現在要生火，事情又（下缺）

〔一〕陳善（一九一四—二〇〇二）：援庵第四女。時爲廣州培道女中教師。

〔二〕卓然，姓黄，陳善之夫。

（二）一九四七年十一月

賀壽電及來信收到。妞〔一〕國語講演第一，國文又數一數二，我聽見真高興。據我看來，他不獨國文好，將來英文亦一定好，從今日起，英文自會進步。因凡事都有一個時候，未到時候，不會發生，到時候就自然表現了，今後是他英文進步時候也。因他父親英文好，他也一定好。日前我寫了一張「條幅」，想寄卓然，因寫得不甚稱意，是以未寄上。將來再寫，一定寄上。（下缺）

〔一〕妞，陳善之女黄知怡小名。

（三）一九四八年八月二十九日

廿四日來信收到。基、雪白〔一〕在廣州考輔仁，兩人均已考上，你知道否？此最可慶幸之事也。四姑姐處，我已去信，他知道一定高興了。

教書對學生要誇他，誇他就高興。他有進步，固然要誇他，他無進步，亦要誇他。等他高興，自然用心，自然進步。一個學生最怕你說他不行。你說他不行，他就自暴自棄了。總要鼓勵他，獎掖他，此是教學最好方法，至緊至緊。

上課之前，自己要好好預備。上課時，總要學生明白，寧慢莫快，總要他聽得懂，聽得有味。他在堂上鬧，不用心，不能盡怪學生，先要反省自己講得清楚否？明白否？他聽得有味，自然不鬧了。

卓然近況何如？至念。九月廿三日中研院又開會，我大約又要飛京一次。知恒〔二〕、知怡前者來信，均收到。漸漸大個起來，真開心也。不見又一年了。此復善女。父字。八月廿九日。

〔一〕基、雪白，援庵姪、姪女。

〔二〕知恒，陳善子。

（四）一九四九年六月十四日

自二月廿五日復你來電後，至今未寫信，難怪你們掛。但電報你們有收到否？係由生生〔一〕轉。在後又接過二月十四、三月廿日函，均未復。今日又收到你四月廿五日函，知到你們四月廿五日以前平安，甚慰。北平各人均好。哥哥〔二〕每兩禮拜由津來平一次，日前已與劉姓女士訂婚。

昨日收到慈女〔三〕四月廿三日信，此等信都係戰前到上海，今日清理出來轉到北平的。從前你們掛住北平，現在北平掛住你們，真真煩悶也。

我自二月底胸前胸後出「發泡疹」，早已好了，但至今患處猶麻木，大約要過一個夏天乃能完全恢復。勿念。

輔仁情形不佳，中外同人感情不洽，辦事甚棘手。

知恒二月十四及四月廿日信收到。

四姑姐處久未寫信，日間擬去信問候。此示

善女。父字。六月十四日。

託人帶來食物，收到。

〔一〕生生，援庵四妹珞卿在廣州診所。

〔二〕哥哥，援庵第五子容，在天津大學任教。

〔三〕慈女：援庵第五女，時在美國。

（五）一九五〇年二月九日

六日由四姑姐轉汝一函後，接一月廿七日函，又即寄回你。七日又寄你轉慈、冬〔一〕女各一函，未知收到否？今又有七日人民日報一張，中有舒舍予先生「由三藩市到天津」一文，可寄冬女參考。文中述到與他同船回來的有二十二位留學生，聞大多數現在華大研究所改造思想。我今日掃屋，不能多寫。二月九日。

〔一〕冬，援庵第六女，時在美國。

（六）一九五〇年五月十三日

善女閱：許久未寫信與你，已有三個多月了。四月廿六日來信並冬女信早收到。本月五日已由輔仁出一證明書與他，未知有效否？但輔仁另外有人在美國讀書要回來，也是如此。此非一人之事，一定有法子解決。信已由三叔轉寄，因此處郵局寄美國信，亦由香港轉，故不如由我們自己寄香港轉也。娃娃〔一〕不斷見面，但不算多，月至多一二次而已。忙，用功讀書，知到艱難，甚好。你們能組織旅行團，甚便甚好。四姑姐早就説要到北京遊，現在係時候了。我到北京四十年，今年始逛過明十三陵，兹寄汝照片一張，也可見老子興復不淺。你們思想搞通未？到此新時代，舊人要經過思想鬥爭，好幾個月才搞通，搞通就高興了。此祝

康樂。父字。五月十三日

〔一〕娃娃，知恒小名，時在燕京大學學習。

（七）一九五〇年七月二十六日

六月廿五日來信收到，七月九日託人帶來信並波羅等也收到，但太費事了，嗣後不可以此託人，人費力錢車錢不少。最好郵寄，不能郵寄，不必寄也。知恒早已南下，不必掛。現在社會，都係集體行動，互相幫助，可放心也。七月廿一日來信，亦收到。三妹〔一〕十日

有信來，云九月初可抵大沽。容兒明日由京往漢，轉廣州，不日你們可以與他夫婦見面。餘未一一。此示

善女。父字。七月廿六晚

〔一〕三妹，陳冬。

（八）一九五一年一月二十三日

一九五一年一月廿三日，知恒外孫南歸省親，特書數字問吾女夫婦好。

援。

（九）一九五七年

善女閱：十一月廿六日來信内有滙票五十元，知恒來已照交他。他昨晚動身出國，有治裝費七百元，不怕無禦寒衣服。現在國家一切都爲人民打算周到，你們可放心。這次知恒在瀋陽回京，我出街，二日又來，食了飯才走。他在京住科學院招待所，身體甚好。這次他們

化學所選二人往蘇研究，他是二人之一，實不容易，你夫婦聽見真開心了。他過津時，曾見過你媽，都很平安。臘腸等收到，謝謝。容兒通信處寄你。他與知恒不同一地，但相隔不遠。他今年九月曾回國，十月再去。夾上我最近相片四張，内一張有容兒的。祝你夫婦健康！〔據底稿〕

（一〇）一九六〇年十一月二十三日

善女閲：十一月十日來信收到。生日我不願提，安安靜靜渡過一年一度的日子就好。你們合份寄食物，合份打電報，都有一點鋪張，我心實過意不去。知恒歸，你夫婦應高興，我亦替你們高興，可惜他來看我，匆匆一面，未能留一飯，至歉。最近接冬女十月十一日信，都是家常話，已轉津，今將他新住址寄汝，並寄去照片四張，聊示近狀。並祝健康！援。十一月廿三日。

（一一）約一九六五年

善女閱：

二月六日來信收到。你説我「不會不理你」，是的，我常常掛念住你們。與街坊鄰里要相處得好，要謙恭，不要驕傲，不要作壞事。人有時對你不好，你要自己反省，不可專怪人。這些都是我常常挂住你們的。即祝

你們健康！

（一二）一九六六年三月十五日

黄知怡並未來信要錢，因想起她子女多，就寄她幾個錢用，並非她來信，且她也久未來信。

此復

善女。一九六六年三月十五日。援。

陳維鏕〔一〕

（一）一九五一年

自己又不是無得食，散一點財産給大衆農民兄弟，豈不是好事？社會主義社會，私人財産無甚用處。來諭説本堂子弟不滿，這是暫時的，過一下就明白了，你老人家也不必怪他們。

〔手稿〕

〔一〕陳維鏕（一八七七—一九五六）：援庵九叔。

族人

（一）一九五一年十一月八日

土地改革是人民政協共同綱領規定的，要將封建半封建的土地所有制，改變爲農民的土地所有制。就是沒收地主階級的土地，分配給無地少地的農民，這才可以解放農村生產力，發展農業生產，爲新中國的工業化開闢道路。我們應堅決擁護這政策。

如果我們父兄是地主，我們就要鬭爭我們的父兄；如果我們自己是地主，我們就要鬭爭我們自己。換言之，我們要站在無產階級立場，如果我們是地主階級，我們就要背叛自己的階級來作自我鬭爭，我們是要廢除地主階級，但不是要消滅地主的肉體。

地主們既占有土地若干年，今日還給人民，是最公平的，最合理的，應該老老實實遵守政府法令，向農民大衆低頭，聽受羣衆處理，羣衆對你好不好，就看你平日對人好不好，自作自受，也是心安理得。我們應相信人民政府，相信人民羣衆，一定會給你一個適當處理的。一九五一年十一月八日。

〔原稿〕

（二）一九五一年十二月十四日

前信族人見之，是否痛快，但思想搞通後，知到理應如此，心中自然舒泰。來信說鄉間消息少，消息少的原因，係因爲羣衆發動後，地主就孤立起來，除一二甘心作地主狗腿的，誰肯替地主通信。渡馬〔一〕站在農民一邊，對地主一樣仇視，地主想從渡馬得消息也不可能，因此鄉間消息就少。

你們的思想，近來鍛煉到怎麼樣，這次廣東土改，你們中學教員無機會參加，可惜。但革命革到自己門前，也是最好考驗的一關，你們能接受這個考驗，正係絶好的機會。

病眼中倩人代書。一九五一年十二月十四日。

〔原稿〕

〔一〕渡馬係廣州人稱來往城鄉替人帶信的。

陳珞卿〔一〕

（一）一九五二年五月

我妹生日在光緒壬辰〔二〕農曆四月初八，就是公曆一八九二年五月四日。如果用公曆計算，我妹生日永遠是「五四」青年節。今年「五四」爲我妹六十周年紀念，是值得慶賀的。如果用農曆計算，今年我妹六十周年適逢公曆「五一」勞動節，也是值得慶賀的。但我還願意用公曆計算，年年一樣，以「五四精神」祝我妹永遠青年！珞卿四妹。胞兄垣。

〔一〕陳珞卿（一八九二—一九八三）：援庵四妹，醫師。

〔二〕光緒壬辰：光緒十八年。

（二）一九五七年二月十三日

四妹：我昨晚一夜睡不寧，正想着我弟〔一〕生日，今早九點才起牀。十點接港電，突然一驚，我親愛的獨一無二的弟弟與我們長辭了。當即覆港一電，未知何時收到。今特重寫一函，請你轉去，並知我情形也。此祝

大家平安！

大、三妹均此。

〔一〕我弟，援庵胞弟國鍵。

（三）一九六二年

三妹八月五日、四妹八月十一日來信早收到。約之來京帶來食物，謝謝。後來阿彩來京，又帶來貴重物品。太貴重了，令我心却不安。我正掛住你們經濟情形，但照帶來物品

估計，你們經濟情形並不算壞，不然，何能送此厚禮。只可這樣想，開解自己。你們太多禮了。

大妹近狀如何？何以不告我。

阿彩又帶來外甥施如櫻、施鑑光、施佩瑜等送我物件，太無謂了。政府現正提倡生產節約，何以破費至此。我一面口説多謝，一面心裏難過。要你們花錢，大可不必。也照對你們想法，知道他們經濟情況尚好罷了。見面時請替我説一聲，不能一一回信了。

（四）一九六四年四月十二日

四妹如晤：溥儀著的我的前半生可以作小説看。以前只有油印本，不便寄汝，今印本已出板，特寄你們一册，比看京劇好些。看後如何，請告我。此祝

大家健康！援。四月十二日。

（五）一九六四年五月十六日

四妹如晤：

我今寄你們一本好書，你們一定歡喜看的。此書買了許久，大家都爭着看，故此好似舊書一樣，實非舊書也。此祝大家健康！援。五月十六日。

（六）一九六四年十月五日

四妹如晤：

你們好嗎？

潘拙庵先生回粵，曾見過否？他曾來過我處，談得甚歡。溥儀自傳，有功夫看否？看看可以解悶。解悶就是消遣的意思。你前次作憂慮解，真可笑。

今年聽你話，不到別處避暑，安安靜靜，在寓渡過暑天。身體尚安適，勿念。最近全身門裝相片一張，神情尚似，哂存爲幸。祝

你們大家平安！

（七）一九六五年五月

久不用毛筆寫字，近日始試爲之，因此問四妹好，三妹好；憬熙妹好，姨婆好。

一九六五年五月。援。

颯爽英姿五尺槍，曙光初照演兵場，中華兒女多奇志，不愛紅裝愛武裝。

毛主席爲女民兵題照

施如英〔一〕

番薯乾早已食完，土鯪魚尚捨不得食。番薯難得，煮熟曬乾，手續麻煩，更難得，謝謝。聽見陳永貞甥孫的消息，真係高興。這完全是得於母教的。好兒女不在多，一個就足够開心了。

我因此爲施如英甥女賀，並爲我大妹安慰。

〔一〕施如英：援庵甥女，大妹之女。

陳振傑〔一〕

（一）一九五七年二月十三日

傑姪兄弟姊妹同閱：

你們的父親、我親愛的獨一無二的弟弟離我們長逝了。我接電忍不住悲痛，當即覆一電祝你們大家平安和睦，免我掛念。想已收到。特再寫一函，重祝你們平安和睦！援。二月十三日。

〔一〕陳振傑，援庵之姪，國鍵長子。

陳致易〔一〕

一九五八年十一月十一日

致易孫閱：

來信收到。你愛勞動是最好不過的事。

祝你

健康！

援。十一月十一日。

〔一〕陳致易（一九四〇年生）：陳約長子，時在武漢華中師範學院學習。

陳珍漢〔一〕

（一）

珍漢姪台如晤：

七日來信收到。如匯款寫陳垣收便得。〔二〕姪台處理事情真是細緻，至佩。有甚麼書籍想在京買的，請告知爲幸。付上最近相片四張，請哂存。即祝

健康！

〔一〕陳珍漢：約生於一九〇五年，援庵堂姪。時在香港。

〔二〕款指陳信義藥材行新加坡分行之收益，九宅均分，爲數不多。

（二）

珍漢姪台如晤：

七月廿三日來信收到。當初我以爲此人是我家子弟，原來不是。此人四十年未見，近日仍然在教會裏討生活，其不甚長進可知，似不與來往爲宜。爲此瑣事，費姪台一番周折，歉甚。專復，即祝

健康！

（三）

珍漢賢姪：

某某日由中國銀行匯來之款，經已如數收妥。諸費清神，實爲感謝。專復，即祝

健康！

港中、家中有何新聞，便幸告我。

（四）一九六四年六月

珍漢賢姪：

六月八日來信並款收到，費神之至。近接你秀嬋姊在丹竈圩來信，説你八妹夫婦在湖南的大學教書，你有來往否？他夫婦是何名字？學校又是何名字？你知道否？便幸告知。又你需要何書在京尋找，亦望告知。此復，即祝

健康！

（五）

珍漢賢姪：

一月十八日來信收到，藉知近狀安吉，至以爲慰。所言寄款事，請按址寄至北京興華胡同十三號我收便得。此是新改門牌，並非遷居。專此，即祝

新年快樂！

（六）一九六五年二月

珍漢賢姪如晤：

十三日來信收到，港幣折人民幣二四九·五八元亦已照收，勿念。費神之至。專復，並祝

健康！

陳秀嬋〔一〕

（一）一九六四年九月

秀嬋姪女：

來信收到。茲寄上五十元，請收用並復。

〔底稿〕

〔一〕陳秀嬋：約生於一八九〇年。援庵堂姪女。此時在江門丹竈圩。

陳智仁〔一〕

一九六四年十二月二十日

智仁孫閱：

十一月十日及十二月十二日來信，均收到。告我杭州市大改革情形甚痛快。來信詞句亦清楚可喜。但字太細，老年人看來甚費力。現在毛選都特印大字本以便老年人閱讀，爲何來信的字越寫越細呢？

此復，即祝

你們大小平安！

〔一〕陳智仁（一九三七年生）：樂素次子。時在杭州大學工作。

劉慧如〔一〕

（一）

慧如同志：

本月十日由郵局匯你收百八十元，請轉交奶奶一、二、三三個月家用，未見回信，未知收到否，請復校長爲幸。〔二〕

〔一〕劉慧如：援庵第五子容之妻，在天津南開大學工作。

〔二〕此函由援庵起草，以劉乃和名義發出。

（二）

一、二、三三個月用費，請交奶奶，收到復我。

（三）

一、二、三三個月家用交奶奶。小苹來信收到，寫得甚好。

（四）一九六四年

茲匯上七、八、九月母親家用，收到請復。祝

大小平安！

附　陳垣簡譜

一八八〇年(清光緒六年　庚辰)生

十一月十二日(農曆十月初十)生於廣東新會縣石頭鄉富岡里。

祖父海學，取堂名陳寧遠堂，於一八三七年在廣州創陳信義藥材店，店址在老城晏公街閩漳會館舊址。

海學九子，三子維舉，五子維啓。維啓別字勵耘，有兩子四女，長子即垣，次子國鍵。

維舉光緒十一年卒，無子，由垣入繼。

垣字援庵，族中大名道宗。

一八八五年(光緒十一年　乙酉)六歲

離鄉至廣州。

一八八六年(光緒十二年　丙戌)七歲

在廣州入私塾，啓蒙師爲馮掖薇。當年讀紅皮書，八歲讀大學、中庸、論語，九歲讀孟子，十歲讀詩經，十一歲讀易，十二歲讀尚書(以尚書難讀，故先讀易)。

一八九二年(光緒十八年　壬辰)十三歲

讀禮記,有關喪服諸篇不讀。

發現張之洞的書目答問,漸漸學會按着目録買自己需要的書看。

一八九三年(光緒十九年　癸巳)十四歲

讀左傳,在私塾未讀完,在家補讀。

開始閱讀四庫全書總目提要。以後幾年中,又把此書讀了幾遍。

一八九四年(光緒二十年　甲午)十五歲

廣州大疫,學館解散,有時間讀自己喜歡讀的書,打下學問的初步基礎。

一八九七年(光緒二十三年　丁酉)十八歲

入京應順天鄉試,因八股文不好,失敗。回廣東後苦讀苦練八股文。

一八九八年(光緒二十四年　戊戌)十九歲

開始教蒙館授徒,仍學八股文。

一九〇〇年(光緒二十六年　庚子)二十一歲

新會縣案第二。

一九〇一年(光緒二十七年　辛丑)二十二歲

新會縣案第一。

一九〇二年（光緒二十八年　壬寅）二十三歲

補廩。入開封參加鄉試，因改試策論，前功盡棄。

一九〇三年（光緒二十九年　癸卯）二十四歲

讀趙翼廿二史劄記。

一九〇四年（光緒三十年　甲辰）二十五歲

再入開封。游肇慶、瓊州，住香港。

與潘達微等人籌辦時事畫報。

一九〇五年（光緒三十一年　乙巳）二十六歲

積極參加廣州人民反對美國政府迫害華工的愛國鬥爭，爲廣州拒約會負責人之一。

時事畫報創刊，負責報中文字，以錢罌、謙益等筆名發表借歷史題材反清的文章。

一九〇六年（光緒三十二年　丙午）二十七歲

因觸犯時忌，被迫離開廣州，在新會篁莊小學教書。

一九〇七年（光緒三十三年　丁未）二十八歲

先任廣州振德中學教員，後入美國教會辦的博濟醫學院學習西醫。

一九〇八年(光緒三十四年　戊申)二十九歲

憤而離開歧視中國師生的博濟醫學院,與友人創辦光華醫學校,并在該校學習。同時在醫學衛生報發表文章,宣傳近代醫藥衛生知識及醫學史。閲讀歷史文獻,在方功惠處借讀抄本元典章。

一九〇九年(宣統元年　己酉)三十歲

赴日本訪醫學史書籍,得見多紀元胤醫籍考等書。

一九一〇年(宣統二年　庚戌)三十一歲

在光華醫學校畢業,爲該校第一期畢業生。留校任教,講授生理學、細菌學、解剖學等。

一九一一年(宣統三年　辛亥)三十二歲

兼任廣州震旦日報主編,編鷄鳴録副刊。

一九一二年(民國元年　壬子)三十三歲

任中國同盟會廣東支部評議員。

一九一三年(民國二年　癸丑)三十四歲

當選衆議員,從此在北京定居。

一九一五年（民國四年　乙卯）三十四歲

熱河文津閣四庫全書運至北京，開始閱讀、研究四庫全書。

一九一七年（民國六年　丁巳）三十八歲

因研究宗教史，向英華借閱宗教史書籍。當時英華在香山靜宜園主持輔仁社，因訪英華，而有首部史學論著元也里可温考之作。

十月，隨梁士詒赴日本。在日本購縮印藏經，尋得貞元釋教目録等書。

一九一八年（民國七年　戊午）三十九歲

繼續研究基督教史，編成基督教史目録。

十月，與葉恭綽等游大同雲岡石窟寺，寫成第一篇佛教論文記大同武州山石窟寺。

一九一九年（民國八年　己未）四十歲

校刊基督教文獻及撰寫基督教人物傳。

一九二〇年（民國九年　庚申）四十一歲

六月至八月，在張宗祥等人協助下，檢查文津閣四庫全書，大致摸清了四庫全書的情況。

發表開封一賜樂業教考。

一九二一年（民國十年　辛酉）四十二歲

二月，主持孤兒工讀園。九月，創辦平民中學。

十二月，署理教育部次長，代理部務（總長黄炎培不到職）。

一九二二年（民國十一年　壬戌）四十三歲

任北京大學研究所國學門導師。

任京師圖書館（北京圖書館前身）館長，閱圖書館所藏敦煌遺經八千卷。

五月，辭去教育部次長職務。

研究伊斯蘭教史并開始寫作元西域人華化考。

一九二三年（民國十二年　癸亥）四十四歲

在北京大學國學季刊發表火祆教入中國考、摩尼教入中國考及元西域人華化考上篇。

一九二四年（民國十三年　甲子）四十五歲

編成道家金石略一百卷，以校讎不易，未刊。

完成敦煌劫餘録初稿。

十月，馮玉祥驅溥儀出宫，清室善後委員會成立，爲委員。因會長李煜瀛經常出京，常受託主持工作。

一九二五年（民國十四年　乙丑）四十六歲

十月，故宫博物院成立，爲理事，并任故宫博物院圖書館長。

二十史朔閏表出版。

一九二六年（民國十五年　丙寅）四十七歲

一月，英華逝世，臨終以輔仁大學校務托付，任輔仁大學副校長、校長，直至一九五二年。

中西回史日曆出版。

八月，奉系軍閥張作霖準備武力接收故宫博物院。與馬衡等盡力抵制，爲憲兵司令部逮捕。下午獲釋後，有憲兵二人駐家中監視，直至十二月始撤走。

一九二七年（民國十六年　丁卯）四十八歲

元西域人華化考下編在燕京學報發表。

一九二八年（民國十七年　戊辰）四十九歲

任中央研究院歷史語言研究所特約研究員。

任燕京大學國學研究所所長。

史諱舉例在燕京學報發表。

一九二九年（民國十八年　己巳）五十歲

任北平師範大學史學系主任，親自給一年級同學講授國文、中國史學名著選讀、史學名著評論等基礎課。

任北平圖書館委員長。

一九三〇年（民國十九年　庚午）五十一歲

春，完成敦煌劫餘録。

夏，校沈刻元典章，校出錯誤一萬二千餘條。

一九三一年（民國二十年　辛未）五十二歲

任北京大學史學系教授、名譽教授。

完成沈刻元典章校補及元典章校補釋例（後改名校勘學釋例）。

一九三三年（民國二十二年　癸酉）五十四歲

主持宋會要輯稿的影印工作。

在師範大學新開「史源學研究」（後改名「史源學實習」）課程。

一九三四年（民國二十三年　甲戌）五十五歲

元祕史譯音用字考由歷史語言研究所刊行。

元西域人華化考作爲勵耘書屋叢刻第一種刻板印行。

三月，生母周太夫人逝世，回新會奔喪。

一九三五年（民國二十四年　乙亥）五十六歲

當選爲中央研究院第一届評議員。

一九三六年（民國二十五年　丙子）五十七歲

撰寫有關吴歷（漁山）的系列論文。

一九三七年（民國二十六年　丁丑）五十八歲

四月，完成吴漁山年譜。

七月七日，盧溝橋事變。月底，北平爲日本侵略軍占領。留平主持輔仁校務，教育青年。

下半年，繼續撰寫舊五代史輯本發覆，年底完成。

一九三八年（民國二十七年　戊寅）五十九歲

十月，完成釋氏疑年録。

一九三九年（民國二十八年　己卯）六十歲

發現嘉興藏，有清初僧人語録二百餘種，據以修改釋氏疑年録十一、十二卷。

自九月至次年十一月，系統閱嘉興藏。

七月，搬家至興化寺街五號，在此居住至逝世。

一九四〇年（民國二十九年　庚辰）六十一歲

三月，完成明季滇黔佛教考，表彰明末遺民之民族氣節，并首次大量採用僧人語録入史。

一九四一年（民國三十年　辛巳）六十二歲

一月，寫成清初僧諍記，借以抨擊結隊赴日本朝拜、歸以爲榮的漢奸。

七月，寫成南宋初河北新道教考，大量採用碑刻資料，表彰金初河北抗節不仕之遺民。

一九四二年（民國三十一年　壬午）六十三歲

九月，完成中國佛教史籍概論，其中論斷多針對時事而發。

以通典及册府元龜補足流失八百年的魏書缺葉。

一九四三年（民國三十二年　癸未）六十四歲

「史源學實習」課改以全祖望鮚埼亭集爲教材，目的在「正人心，端士習」。欲爲鮚埼亭集考釋，未果，但作了大量批注，并寫了多篇範文。

一九四四年（民國三十三年　甲申）六十五歲

開始寫作通鑒胡注表微。

一九四五年（民國三十四年　乙酉）六十六歲

通鑒胡注表微寫成大部分，抗日戰爭勝利結束。前十篇在輔仁學誌發表。

一九四六年（民國三十五年　丙戌）六十七歲

十一月在家書中説：「表微下册差廿頁印畢。新戰綫尚未闢，將軍老矣。」

十二月，通鑒胡注表微後十篇在輔仁學誌發表。

一九四七年（民國三十六年　丁亥）六十八歲

在報刊上發表史源學範文及中國佛教史籍概論散篇二十餘篇。

一九四八年（民國三十七年　戊子）六十九歲

當選爲中央研究院院士。

十二月，蔣介石派飛機欲接往南京，拒絶南下。

一九四九年（中華人民共和國成立　己丑）七十歲

一月，北平和平解放。

四月二十九日，作給胡適之先生一封公開信。

一九五〇年（庚寅）七十一歲

輔仁大學由中央人民政府教育部接辦，仍任校長。

任中國科學院專門委員。

一九五一年（辛卯）七十二歲

夏，任西南土改工作團第二團團長，到四川巴縣參加土地改革，歷時三個多月。

一九五二年（壬辰）七十三歲

高等學校院系調整，十月起，任北京師範大學校長，直至逝世。

一九五三年（癸巳）七十四歲

十一月，因腦血管硬化入院治療百餘天。此後多次住院治病。

一九五四年（甲午）七十五歲

當選爲第一屆全國人民代表大會代表。後又當選第二、第三屆代表。

兼任中國科學院歷史研究二所所長。

一九五五年（乙未）七十六歲

當選爲中國科學院哲學社會科學部學部委員。

一九五八年（戊戌）七十九歲

補選爲第一屆全國人民代表大會常務委員。後又當選第二、第三屆常務委員。

一九五九年（己亥）八十歲

加入中國共産黨。

作影印明本册府元龜序。

一九六一年（辛丑）八十二歲

開始點校舊五代史及新五代史。

一九六五年（乙巳）八十六歲

十月，寫完兩封無名字無年月的信，這是最後一篇著作。

一九六六年（丙午）八十七歲

「文化大革命」爆發。

一九七一年（辛亥）九十二歲

六月二十一日在北京醫院逝世。家屬遵照遺囑，將積存稿費四萬元全部交作黨費，珍藏的四萬餘册圖書及千餘件文物，全部捐獻給國家，珍貴文物現由首都博物館收藏，圖書、手稿及部分文物由國家圖書館收藏。